PSICANÁLISE DE CRIANÇAS SEPARADAS
Estudos clínicos (1952-1986)

Jenny Aubry

PSICANÁLISE DE CRIANÇAS SEPARADAS
Estudos clínicos (1952-1986)

Texto editado e prefaciado por
Élisabeth Roudinesco

Tradução
Procopio Abreu

Editor
José Nazar

Companhia de Freud
editora

Título Original
Psychanalyse des enfants séparés

Direitos de edição em língua portuguesa adquiridos pela
Editora Campo Matêmico
Proibida a reprodução total ou parcial

Editoração Eletrônica
Victoria Rabello

Tradução
Procopio Abreu

Revisão
Sandra Regina Felgueiras

Editor Responsável
José Nazar

Rio de Janeiro, 2004

FICHA CATALOGRÁFICA

A918p

Aubry, Jenny, 1903-1987.

Psicanálise de crianças separadas: estudos clínicos (1952-1986) / Jenny Aubry; texto editado e prefaciado por Élizabeth Roudinesco; Tradução: Procopio Abreu; revisão: Sandra Felgueiras. – Rio de Janeiro: Campo Matêmico, 2004.

400p.; 23cm.

ISBN 85-85717-86-6

1. Psicanálise infantil. 2. Crianças separadas – Psicologia. I. Título.

CDD 618.928917

Companhia de Freud editora

Endereço para Correspondência
Rua da Candelária, 86 – 6º andar
Tel.: (21) 2263-3960 • (21) 2263-3891
Centro – Rio de Janeiro
e-mail: ciadefreud@ism.com.br

Índice

Prefácio

Élisabeth Roudinesco

Crianças expostas, crianças entregues, crianças de Deus, crianças da Nação ou da República, crianças de reis ou de miseráveis, crianças do "turno", crianças da Assistência Pública, crianças da DASS[1]: pouco importam seus nomes, prenomes, apelidos ou origens, essas crianças sempre foram crianças separadas, crianças do ódio, da infelicidade e da tragédia. Fadadas à vergonha porque eram "bastardas", prometidas ao infanticídio ou ao abandono porque estavam "a mais", às vezes sobreviventes de todos os maus-tratos e de todos os abusos, e em geral machucadas, enfermas, espancadas, retardadas ou doentes, durante séculos conheceram os tormentos de uma escravidão que ainda perdura em muitas regiões do mundo. E não deve ser um acaso se Freud, preocupado em dar um fundamento mítico à disciplina que ele acabava de inventar, voltou-se, em 1897, para o destino de Édipo, a criança encontrada, a criança de pés furados, a criança de lugar nenhum, a criança que, através do crime e do incesto, arrasta em sua queda não só a

---

1 Turno [*tour*]: prato circular girando em torno de um eixo e situado no interior de um orifício feito na parede de um hospital. Esse "guichê" permitia aos pais abandonarem os filhos de maneira anônima. Sob o Antigo Regime, o "turno" reduzia o número de infanticídios e, a partir de 1811, seu emprego se generalizou. DASS: Direção da ação sanitária e social. Organismo criado em 1964 para gerir a maioria dos serviços de saúde e de higiene, e notadamente os serviços de psiquiatria infantil. Cf. André Gueslin, *Gens pauvres, pauvres gens*, Paris, Aubier, 1998, Philippe-Jean Hesse, "Des exclus absolus: les enfants abandonnés", em *Démocratie et pauvreté*, Paris, Albin Michel, 1991. Muito obrigado a Jacques Sédat que teve a gentileza de corrigir as provas deste livro.

cidade de que se acha o dono, mas o conjunto de sua progenitura: a esposa que é sua mãe, seus filhos homens que são seus irmãos, suas filhas que são suas irmãs.

Entretanto, por mais terrível que seja, a história de Édipo escapa à grande saga coletiva dessas crianças de pobres, pelas quais Jenny Aubry tinha uma espécie de devoção. Pois hoje se sabe bem, graças aos trabalhos dos historiadores, que o abandono de crianças tinha por causa maior, tanto sob o Antigo Regime quanto na época burguesa, a indigência das famílias. Mas é no século XX que é contada, pela primeira vez na literatura ocidental, sob a pluma romântica de Victor Hugo, a imensa atrocidade dessas vidas minúsculas, dessas vidas de destroços e de infâmia, vividas pelas crianças da miséria. De Fantine a Gavroche, e de Jean Valjean a Eponine, desdobra-se para o leitor de ontem e de hoje, muito melhor que num tratado filosófico, o fantástico quadro dessas infâncias desesperadas, desnaturadas, desfeitas, desagregadas, degradadas, da era industrial: uma infância ausente, mas sempre sublimada pela travessia de um impulso redentor. A Acrópole dos pés-rapados assim descrita nada mais é que a própria viuvez de uma infância não encontrável[2], de uma infância separada. E, por isso, cada personagem torna-se a um só tempo o pai que ele não teve, o filho que ele não pode engendrar, a mãe que lhe faltou, o amante que ele não conhecerá e a esposa que nunca será a sua.

A priori, a infância de Jenny nunca se assemelhou à infância dessas crianças às quais ela dedicou a vida. Mas, para entender por que ela foi tão sensível à infelicidade delas, é preciso tentar levantar o véu sobre o que foi a formidável aparência de normalidade da família de que ela era oriunda.

Jenny tinha por bisavô materno um rico banqueiro próximo de Jacques Laffite. Representante típico da burguesia judia vinda do Leste, Léopold Javal aliava o liberalismo a uma preocupação filantrópica. Foi a um só tempo construtor de estradas de ferro, criador de cidades operárias e fundador de uma grande loja. Pertencia à segunda geração do Consistório e tinha de longa data renunciado aos cultos e rituais. Seu ideal de emancipação fazia-se acompanhar de uma forte vontade de integração que fazia dele um israelita

[2] Victor Hugo, *Les Misérables* (1862), Paris, Robert Laffont, 1985, coll. "Bouquins".

francês, um judeu desjudaizado. Membro de uma elite parisiense que não podia se prevalecer de uma linhagem nobre, esforçou-se, como todos os seus correligionários da classe dominante, em preservar o pertencimento à sua classe de origem, não por crença religiosa, mas por apego a uma idéia comunitária herdada dos princípios de 1789.

Emile Javal[3], seu filho, poderia ter, como tantos outros jovens de sua época, levado uma existência ociosa. Não gostava muito do mundo dos negócios, ao qual preferia os livros e a erudição. Mesmo assim, para não desagradar o pai, prestou concurso para a Escola Politécnica. Mais tarde, desejoso de cuidar da irmã, que sofria de um estrabismo convergente, orientou-se para a medicina e tornou-se o maior oftalmologista francês de seu tempo. Em 1882, entrou para a Academia de Medicina e, vinte anos mais tarde, quando perdeu a visão por causa de um glaucoma, publicou o estudo de seu próprio caso. Em 1903, mandou publicar um livro de conselhos para uso dos cegos[4], o que logo o conduziu pela via de uma grande utopia. Com efeito, lançou-se no combate em favor do esperanto, convencido de que seu emprego generalizado traria aos que não viam uma solução para seus problemas de comunicação e, para a humanidade inteira, uma saída pacifista para os conflitos das línguas e dos dialetos.

Jeanne Laval, a filha de Émile, criou os seis filhos[5] no culto das Luzes, da ciência e dos valores republicanos. Muito ligada ao pai, que ela venerava, não teve o destino que desejava. Pois este, com medo de que ela não encontrasse marido, proibiu-a de estudar. Ele nem por um instante imaginava que uma mulher pudesse desejar outra coisa que ser mãe a cuidar exclusivamente do lar. Depois de se casar com Paul Weiss, um alsaciano rígido e limitado, oriundo de uma longa linhagem de pastores, notários e engenheiros de minas, Jeanne sofreu uma terrível decepção. Esse homem, que ela fingia admirar, considerava as mulheres seres inferiores, fadados por natureza aos trabalhos domésticos e à procriação. Por isso se opunha de

---

[3] Cf. Élisabeth Roudinesco, *Généalogies*, Paris, Fayard, 1994. Dr. E. Sulzer, *Louis Émile Javal (1839-1907)*, Paris, Douin, 1907.

[4] Émile Javal, *Entre aveugles*, Paris, Masson, 1903.

[5] Louise Weiss (1882-1983), Jacques Weiss (1894-1987), Francis Weiss (1896-1978), André Weiss (1898-1950), Jenny Weiss (1903-1987), France Weiss (1916-).

modo tão duro ao ideal de emancipação que ela preconizava. Tentou em vão proibir as filhas de continuarem a estudar: *Kinder, Kirche, Küche*, eram estes a seus olhos os três domínios reservados aos mulheres[6].

Jeanne era uma mulher extravagante. Usufruindo de um luxo confortável, negava a existência das riquezas de que se cercava e que faziam dela uma herdeira dos valores da grande burguesia. Cultivando a austeridade, as privações e um certo ascetismo, não hesitava em fazer valer um anticlericalismo feroz. Assim, em 1899, no momento em que o conselho de guerra reunido em Rennes declarava Alfred Dreyfus de novo culpado, ela escreveu estas palavras: "O fantasma do jesuíta nos alegra. É, no entanto, a única coisa que me dá realmente medo. Como e por que é dado o todo-poder a essa gente? Por que a Inglaterra conta tantas conversões todos os anos? A volta ao catolicismo é um problema incompreensível. Que nele apodreçamos, entendo. Que dele nos livremos, perfeito, mas que voltemos a seu vômito[7]...". Sob certos aspectos, Jeanne se assemelhava a um mercenário sempre em busca de campos de batalha e sempre pronta para as ações mais violentas. Ela gostava de mostrar-se "canalha" e de imitar as maneiras do povo sem, aliás, se interessar pelos sentimentos dos empregados que a serviam. Um dia, quando atravessava o Champ-de-Mars, cruzou com o General Mercier, responsável pela condenação de Dreyfus: tratou-o de assassino e cuspiu-lhe na cara.

A rebelião que ela trazia em si não a conduziu a questionar, realmente, a ordem moral que havia entravado seus desejos. Muito pelo contrário, Jeanne estava marcada pelos estigmas da ideologia que ela contestava no esposo. Por isso teve por única ambição uma violenta vontade de ver os filhos – mas sobretudo as filhas – terem êxito a qualquer preço. "Ser tudo ou não ser nada": tal foi o credo vingador brandido por essa mulher fora do comum, e ao qual ninguém tinha o direito de se esquivar. Era preciso, à guisa de desforra contra uma humilhação vivida pela mãe, que os filhos desta fossem os primeiros por toda parte, os primeiros nas melhores escolas da República e sobretudo os primeiros nos ramos científicos ou nos corre-

---

6 Os famosos KKK da educação bismarckiana alemã: crianças, igreja, cozinha. Cf. Célia Bertin, *Louise Weiss*, Paris, Albin Michel, 1999.

7 Jeanne Weiss, carta a Juliette Droz, citada por Célia Bertin, *Louise Weiss*, op. cit., p. 42.

dores do poder político. Entre os Weiss, as artes e as letras, o pensamento especulativo, o afeto, a sensibilidade, a criatividade, os impulsos da alma, os devaneios, a subjetividade eram considerados qualidade negligenciável. Essa arrogante vontade de dominar os outros só podia desembocar na competição, nos concursos, nas grandes faculdades.

Nesse universo, em que o simulacro da norma social prevalecia em relação ao desvelamento da intimidade, só era valorizada a positividade de uma existência inteira fecundada por um utilitarismo selvagem. E quem não se dobrava a esse imperativo arriscava o aniquilamento, a loucura, a errância, a marginalidade. Quando Jean Javal, irmão gêmeo de Jeanne, matou-se, em dezembro de 1915, porque recusava, como deputado da Yonne, enviar para as trincheiras novos conscritos, Jeanne conservou a calma. Enquanto a mãe berrava de dor, ela relatou friamente o acontecimento adotando um estilo "clínico": "Jean se matou com uma bala no coração. Uma profunda neurastenia aumentada por uma guerra que sua alma pacifista julgava detestável. Sua mulher ignora o suicídio[8]". Não só era preciso ter êxito, mas era preciso, ao mesmo tempo, dissimular os fracassos, a fim de que a família fosse preservada de todo risco de ataque à sua dignidade. Assim, durante longos anos, o suicídio do tio Jean tornou-se objeto de todas as espécies de rumores.

Habitada por um estranho sentimento de masculinidade, que a fazia temer não ser olhada como mulher, Louise percorreu o mundo em busca de si mesma. Obcecada pela paixão de agradar, e sempre decepcionada por não alcançar uma felicidade inencontrável, ela bem cedo teve o sentimento de ter de aceitar o desafio materno sem jamais ser reconhecida por um pai que invejasse a sua inteligência. Quando foi aprovada no concurso para professora da faculdade de letras, em julho de 1914, este exclamou, virando-se para a esposa: "Tua filha teria feito melhor casando-se e eu teria preferido que teu filho saísse primeiro da Politécnica[9]". Quarenta e um anos mais tarde, convocada pela mãe à cabeceira do pai moribundo, ela ainda tinha a esperança, na idade de cinqüenta e dois anos, de ouvi-lo pronunciar

---

8 Célia Bertin, *Louise Weiss*, op. cit., p. 72.

9 Ibid., p. 56.

palavras que nunca tinham estado em uso na família. Ela se aproximou do leito e beijou-lhe a mão. À guisa de resposta, Paul Weiss murmurou com uma voz apenas audível: "Sempre odiei a tua liberdade por não ter sabido preservar a minha[10]".

Após ter fundado o jornal *Europe nouvelle* e ter militado pela independência das nacionalidades do antigo império austro-húngaro, Louise engajou-se, no entre-guerras, no combate em favor do direito de voto das mulheres. Durante muitos anos, encarnou os valores de um sufragismo revoltoso que fez dela uma das grandes figuras do feminismo e do pacifismo francês. Foi a melhor parte de sua vida. Mas, em 1940, enganou-se de campo e ofereceu seus serviços ao Marechal Pétain, sem perceber que podia ser, em razão de suas origens, ameaçada pelas leis antijudias. Foi então bem rápido convencida pela família[11], o que lhe permitiu em seguida inventar para si um passado de resistência[12]. Após a Segunda Guerra Mundial, viajou por todos os continentes, fez filmes documentários, redigiu numerosas obras autobiográficas, depois tentou inutilmente não só ser candidata à eleição presidencial de 1965, mas ser eleita para a Academia Francesa ou obter o prêmio Nobel de literatura. Em 1973, redigiu um panfleto contra o aborto[13] e, seis anos mais tarde, opôs-se à lei que Simone Veil conseguira fazer votar pela Assembléia Nacional: "A supressão autorizada da vida – diz ela – sempre foi obra de legisladores dominados pelos imperativos da conjuntura e sem intenção de conquista sexual". No fim da vida, sempre insaciável, mas cheia de glória e decorada com as insígnias de Grande Oficial da Legião de Honra, Louise foi eleita decana dos deputados do Parlamento Europeu. Reencontrando a força da juventude, subiu à tribuna e pronunciou um soberbo discurso de abertura[14].

---

[10] Louise Weiss conta ela mesma a cena no último volume de suas *Mémoires d'une Européenne*, t. 6, Paris, Albin Michel, 1976, p. 23.

[11] Notadamente por seu irmão André, militante gaullista de primeira hora e por sua irmã Jenny.

[12] Cf. Célia Bertin, *Louise Weiss*, op. cit.

[13] Louise Weiss, *Lettre à un embryon*, Paris, Julliard, 1973.

[14] Discurso de 17 de julho de 1979. Cf. Célia Bertin, *Louise Weiss*, op. cit., p. 474.

Nascida em 8 de outubro de 1903, Jenny tinha dez anos menos que a irmã. Não procurava agradar e não gostava de dinheiro. Criada por uma governanta que foi para ela uma segunda mãe – uma mãe afetuosa e próxima dos sofrimentos do povo –, ela foi a caçula da família até 1916. Bem cedo, manteve com o irmão André uma relação estreita que permitiu a ambos protegerem-se tanto do rigor de uma educação paterna quanto da insolência de um desafio materno. Foi assim que Jenny identificou-se com o ideal filantrópico de Émile Javal: ela queria cuidar e curar. Talvez buscasse, para além das visões de pesadelos que a Grande Guerra lhe havia inspirado, servir à causa das principais vítimas da hecatombe: as crianças órfãs de pai. A guerra fora a grande batalha dos homens, mas permitira às mulheres tomar consciência do lugar que era o delas na sociedade civil. Assim, pois, a matança praticada pelos homens conduzira ao massacre dos irmãos, pais e filhos, embora contribuísse para libertar as filhas, irmãs e mulheres da sujeição que a família patriarcal fazia pesar sobre o destino delas.

Em 1920, na idade de dezessete anos, Jenny escolheu a via da medicina com a firme intenção de juntar-se a uma grande causa que não fosse simplesmente a das mulheres. O caminho da liberdade tendo sido aberto por Louise, ela pôde, por sua vez, aproveitar a vitória arrancada à vontade paterna. À batalha pela emancipação social, em que Louise brilhava, sucedeu na família Weiss o combate pela independência subjetiva. Embora tivesse escolhido o campo da ciência, e não o das letras, Jenny reivindicava, muito mais que a irmã, um desejo de independência que não foi só a expressão de uma revanche, de um cálculo, de uma desmedida egocêntrica ou de uma sede de dominação.

O êxito social das duas irmãs e a valorização de que se haviam beneficiado por parte da mãe tiveram conseqüências sobre o destino dos três irmãos. Num mundo ainda fundado na crença na desigualdade natural dos sexos, eles tiveram de se confrontar com uma inversão de valores que conduziu dois deles às fronteiras da loucura. Todos três tinham conhecido as tragédias da guerra, mas os diversos distúrbios psíquicos de que sofriam os dois mais velhos não tinham por causa o traumatismo do fogo. Piloto de provas e diplomado pela Politécnica, engenheiro de minas nas hulheiras, dono de empresa e pai de família, o mais velho, Jacques, nunca apresentou o menor sinal de loucura aparente. No entanto, depois de ter violentamente rejeitado o anticlericalismo da mãe, ele transformou o protestantismo da linhagem paterna numa nova religião revelada. Interessou-se pela teosofia, pelo esoterismo, pelas curas milagrosas[15] e, embora permanecesse, no mundo dos negócios, o perfeito representante de um liberalismo pragmático, esteve perpetuamente, em seu íntimo, às voltas com o diabo. E acreditou reconhecer sua sombra ameaçadora nos diversos rostos assumidos pelo comunismo no século XX. A vida inteira, ele invocou Deus, Jesus e uma alimentação vegetariana para lutar contra o mal bolchevique que, segundo ele, invadira o planeta, trazendo aos homens o apocalipse.

O segundo irmão teria passado a vida num hospício se a família não tivesse tido a fortuna necessária para evitar-lhe essa triste situação. Ele viveu com a mãe que o lavava e vestia e, após a morte desta, foi colocado em coletividades que o protegiam de todo contato com o mundo exterior. Quando se falava dele, ora se invocava a explosão de obus que – dizia-se – lhe havia atravessado a têmpora, ora uma doença orgânica: encefalite ou meningite. Só Jenny ousou pronunciar a seu respeito a palavra "esquizofrenia[16]". Quanto ao terceiro irmão, André, de humor antes melancólico, ele costumava pensar em suicídio e afirmava não querer ficar velho. Fez um pouco de análise com Lacan e morreu prematuramente num acidente na estrada[17].

Única mulher interna dos hospitais na promoção de 1928, Jenny chocou-se com o ostracismo de uma geração masculina que suportava mal a sua presença em lugares de hábito reservados aos homens. Sofreu ainda mais porque sonhava não só ser amada como uma simples mulher, mas tornar-se mãe. Uma ligação dolorosa permitiu-lhe constatar que nenhum de seus companheiros de estudos estava disposto para tal projeto. Com efeito, a regra no meio médico era casar-se com burguesas desprovidas de ambição profissional. O encanto e a beleza de Jenny não a ajudaram, muito pelo contrário.

---

15 Cf. Élisabeth Roudinesco, *Généalogies*, op. cit., pp. 22-24.

16 A uma pergunta que eu lhe havia feito sobre as estranhezas do tio Francis. Cf. *Généalogies*, op. cit.

17 Cf. Élisabeth Roudinesco, *Jacques Lacan. Esquisse d'une vie, histoire d'un système de pensée*, Paris, Fayard, 1993.

Por isso é que ficou seduzida por Alexandre Roudinesco, que tinha vinte anos a mais que ela e preferia as mulheres intelectuais. O casamento foi celebrado em 25 de novembro de 1928, na prefeitura de Magny-les-Hameaux. Foi um casamento de conveniência, fundado numa admiração recíproca e na vontade comum de construir uma família[18].

Emigrado da Romênia em 1904, Alexandre Roudinesco fizera brilhantes estudos médicos antes de se engajar como voluntário na Grande Guerra e de obter sua naturalização. Ardente francófilo, dreyfusista convencido e grande admirador da epopéia napoleônica, ele havia atravessado a prova de fogo como um herói, sem pensar um instante no horror das trincheiras. Médico-major durante quatro anos, havia dirigido um grupo de padioleiros encarregado da evacuação de feridos. Em 1916, em Verdun, na cota 304, ele quase morrera e, dois anos mais tarde, em Coulemelle, terminara sua carreira militar gravemente intoxicado e prontamente condecorado. Antes de encontrar Jenny, ele tivera uma longa ligação com a filha de Anatole France.

Foi, bem entendido, mal aceito pela família Weiss, que via nele um judeu oriental, estranho ao espírito protestante e mais sensível às artes, à literatura e à história do que aos trabalhos da ciência. Nessa época, ele desprezava os títulos e as medalhas e preferia colecionar obras de arte a fazer carreira na indústria. Após ser aluno de Marfan, depois, de Thierry de Martel[19], ele havia escolhido deixar o hospital e abrir um consultório privado de pediatra e clínico. Sofreu muito por ver-se assim desprezado por uma família à qual queria se integrar. Sentindo-se no entanto superior àqueles que o rejeitavam, respondeu à arrogância com a ironia e ao desprezo com o espírito crítico. Marcado em sua formação clínica pela grande difusão da doutrina anatomoclínica, tornara-se mestre na arte de encontrar a pista, simplesmente pelo olhar, do conjunto das doenças humanas e, entre elas, todas as metamorfoses do mal sifilítico. E, como adorava reconhecer, num

---

18 Foi no território dessa comuna, na aldeia de Brouessy, que Paul e Jeanne Weiss haviam adquirido uma imensa propriedade dotada de um parque e de plantações. Jenny teve três filhos: Luc Roudier, nascido Roudinesco (1930-), Jean-Marc Roudinesco (1932-2001), eu mesma (1944-).

19 Grande rival de Clovis Vincent no campo da neurocirurgia.

piscar de olhos, tanto o talento de um pintor desconhecido quanto as patologias dissimuladas por trás das aparências da normalidade, fez questão de designar como "anomalias" resultantes da organicidade numerosos comportamentos extravagantes cujos sinais ele via se manifestarem nos membros da família de sua mulher. Durante dez anos, ensinou a Jenny essa arte do olhar clínico ao mesmo tempo que a incentivava a adquirir os títulos e as funções que ele não tivera. Ele também queria que ela tivesse êxito e nisso tomou junto dela o lugar que fora o de Jeanne Javal.

Em pediatria, ela foi aluna de Armand-Delille, Guinon, Milhit, em neurologia de Faure-Beaulieu, de Monier-Vinard e sobretudo do grande Clovis Vincent[20], em medicina geral de Boidin, em dermato-sifilografia de Sézary e, enfim, em psiquiatria de Georges Heuyer.

É difícil imaginar hoje o que era naquela data, no recinto dos grandes hospitais parisienses, o espetáculo da mortalidade infantil causada principalmente pelas doenças infecciosas, pela tuberculose ou pelas epidemias diversas. Como todos os externos e os internos de sua geração, Jenny foi confrontada com essa morte e não é um acaso se, em 1933, ela dedicou sua tese ao estudo das lesões encefálicas da difteria[21]. Nesse trabalho, fundado na observação de numerosos casos clínicos, ela efetuava uma síntese entre as diferentes abordagens anteriores à sua e, em conclusão, e não sem amargura, mostrava a impotência dos tratamentos postos em prática pelo saber médico: "Nossas conclusões infelizmente não permitem trazer elementos novos para o tratamento das difterias malignas [...]. Por outro lado, se há muito tempo conhecemos a necessidade de tratar precocemente a difteria pelo soro de Roux, pareceu-nos que durante as difterias malignas o período durante o qual o soro pode agir é ainda mais curto porquanto a difteria é mais tóxica. A melhor oportunidade de curar uma difteria maligna é empregar o soro nas vinte e quatro primeiras horas da doença, o que, infelizmente, costuma ser irrealizável[22]".

---

[20] Aluno de Joseph Babinski, Clovis Vincent foi um dos dois fundadores, com Thierry de Martel, da neurocirurgia francesa. Cf. Élisabeth Roudinesco, *Généalogies,* op. cit.

[21] Jenny Roudinesco, *Les lésions encéphaliques de la diphtérie*, Paris, Vigot, 1933.

[22] Ibid., pp. 124-125. Pierre Roux (1853-1933): aluno de Pasteur, ele havia isolado a toxina diftérica e aplicado pela primeira vez em 1894 um soro contra a doença.

Foi em contato com Heuyer que Jenny, sem deixar o campo da medicina, passou da clínica das doenças infecciosas à clínica das doenças do encéfalo, depois da neurologia à neuropsiquiatria infantil. Já que era impossível salvar as crianças das doenças infecciosas e já que a hereditariedade era "implacável", melhor tentar modificar o que era modificável pelo meio, pela educação, pela relação terapêutica: "O papel respectivo da hereditariedade, da constituição e do meio é um dos problemas que mais preocupam os psiquiatras. De nosso trabalho sobre 'A etiologia de cinqüenta casos de demência precoce[23]' em colaboração com nosso mestre o Dr. Heuyer, sublinhamos a freqüência das taras psicopáticas familiares nos antecedentes dos dementes precoces. Mas, se a constituição não é modificável, se a implacável hereditariedade predispõe certos sujeitos às neuroses e psicoses, pelo menos é preciso procurar a melhor utilização possível das tendências caracteriais inatas por uma educação apropriada. O papel do psiquiatra de crianças, como o do pediatra, deve ser prevenir tanto quanto curar e, para isso, uma colaboração íntima entre psicólogo, educador e médico é indispensável[24]".

É, antes de mais nada, ao oficial de saúde Jean-Marc Gaspard Itard, admirador de Philippe Pinel, que devemos a primeira descrição de um tratamento moral levado a cabo com uma criança. O caso de Victor de l'Aveyron, o famoso "menino selvagem", será considerado o protótipo de uma cura de psicose infantil com autismo e suscitará numerosos comentários. Capturado nos bosques na idade de doze anos e não tendo tido nenhum contato humano antes dessa idade, Victor nunca vai aprender a falar, apesar das tentativas de Itard. Foi em seguida Armand de Chastenet, marquês de Puységur, que pôs em prática a primeira cura psíquica de uma criança, com a ajuda do magnetismo. Enfim, foi Paul Moreau de Tours que redigiu em 1888 a primeira descrição psiquiátrica da loucura na criança.

---

[23] G. Heuyer, J. Roudinesco, "L'étiologie de cinquante cas de démence précoce", *Archives internationales de neurologie*, 7 de setembro de 1936. Nessa época, na França, certos médicos ainda utilizavam o termo demência precoce, embora em psiquiatria tivesse sido adotado o de esquizofrenia, inventado por Eugen Bleuler em 1911.

[24] Jenny Roudinesco, *Titres et travaux scientifiques*, Paris, 12 de setembro de 1949. Constitucionalismo: teoria segundo a qual a doença mental decorre exclusivamente de uma organogênese, que ela é, portanto, de natureza constitutiva e com substrato hereditário.

No fim do século XIX, inspirando-se essencialmente na herança de Itard, Désiré Magloire Bourneville foi o iniciador de um grande projeto de criação de classes especiais[25] para os retardados que visava arrancá-los do hospício e dos alienistas para reintegrá-los à vida social e escolar. Durante o primeiro quarto do século XX, todas as correntes da medicina, da psiquiatria, da pedagogia e da psicologia mobilizaram-se para definir o estatuto daqueles que eram então chamados as "crianças anormais", entre as quais se alinhavam os idiotas, os débeis, os enfermos cerebrais, mas também todos aqueles que, para com as novas normas escolares definidas pelos testes de inteligência aperfeiçoados por Alfred Binet e Théodore Simon, eram considerados retardados escolares ou retardados mentais[26].

De origem modesta e privado do pai, que morreu quando ele tinha dezoito meses, Georges Heuyer apaixonou-se por crianças retardadas, anormais e delinqüentes. Em sua tese de medicina sustentada em 1914[27], ele militava pelo diagnóstico precoce das anomalias psíquicas, cuja origem ele fazia remontar a "dissociações familiares". Adepto da teoria da hereditariedade-degenerescência, depois, da doutrina das constituições, ele considerava que as "taras" herdadas pelos pais ou adquiridas ao longo de uma vida – vício, alcoolismo, separações, brutalidade, anomalias diversas – se transmitiam no seio da família e engendravam assim distúrbios neuropsiquiátricos nas crianças. Para evitar os malefícios ligados a tais disfunções, ele preconizava a criação de ambulatórios específicos. Assim, tratava-se, para ele, por um lado de retirar da psiquiatria todas as suas prerrogativas no âmbito da infância ao trazer a anomalia ao cerne da medicina, e, por outro lado, de arrancar da instituição escolar – e, portanto, dos psicólogos – uma grande

---

[25] As classes de aperfeiçoamento foram criadas pela lei de 15 de abril de 1909.

[26] Cf. André Gueslin e Henri-Jacques Stiker, *Handicaps, pauvreté et exclusion dans la France du XIX siècle*, Paris, Les éditions de l'Atelier, 2003. A respeito de Bourneville, Binet e Simon, vamos nos reportar às notas bibliográficas dos dois primeiros capítulos desta obra.

[27] Georges Heuyer, *Enfants anormaux et délinquants juvéniles. Nécessité de l'examen psychiatrique des écoliers*, Paris, Steinheil impressor, 1914. Cf. Jean-Louis Lang, *Georges Heuyer, fondateur de la pédopsychiatrie. Un humaniste du XXe siècle*, Paris, Expansion scientifique, 1997. Annick Ohayon, *L'Impossible rencontre. Psychologie et psychanalyse en France 1919-1969*, Paris, La Découverte, 1999.

parte da gestão dos problemas de retardamento. Entende-se por que Heuyer foi mal aceito pelos psiquiatras, que recusavam toda clivagem entre a clínica do adulto e a da criança, e pelo corpo docente, que o censurava por querer colocar um psiquiatra por trás de cada criança.

Heuyer teve, portanto, uma carreira atípica pelo fato mesmo de sua quádrupla formação de clínico, pediatra, neurologista e psiquiatra. Em 1925, ele obteve a criação de uma cadeira de neuropsiquiatria infantil, que dependia da cadeira de doenças mentais e da cadeira das doenças da infância. Instalou-se nas dependências do Serviço de proteção à infância e à adolescência, fundado pelo juiz Henri Rollet em 1890[28]. O serviço de Heuyer tornou-se, então, a Clínica Anexa de Neuropsiquiatria Infantil e é ali que será aceita pela primeira vez na França uma consulta de psicanálise confiada a Sophie Morgenstern[29]. Embora fosse médica, ela lá trabalhou gratuitamente, na medida em que Heuyer considerava a psicanálise uma técnica complementar à medicina quando todo o resto havia fracassado: "A Dra. Morgenstern" – escreve ele – "recuperou caracteres que pareciam difíceis, tranqüilizou crianças inquietas, trouxe o reconforto e a cura a crianças que sofriam inconscientemente o contragolpe afetivo de situações anormais[30]".

O ensino de Heuyer teve forte influência na carreira hospitalar de Jenny e em sua abordagem a um só tempo neurológica, psiquiátrica e pediátrica da situação das crianças separadas[31]. Nomeada Chefe de clínica em 1934, ela foi sua assistente até 1939, data na qual, graças a seus méritos, mas também ao apoio de Robert Debré e de Pasteur Valéry-Radot, ambos muito próximos de Alexandre Roudinesco, ela foi aprovada no concurso

---

[28] Situado na *Rue* de Vaugirard, nº 379, no XVe *arrondissement* de Paris.

[29] Sophie Morgenstern (1875-1940): psiquiatra e psicanalista de origem polonesa, formada em Zurique, na clínica do Burghölzli, depois membro da Sociedade Psicanalítica de Paris (SPP) e do grupo da Evolução Psiquiátrica, ela foi amiga de Françoise Dolto, que a reconheceu como sua inspiradora. Suicidou-se quando os nazistas entraram em Paris.

[30] Georges Heuyer, "Prefácio" a Sophie Morgenstern, *Psychanalyse infantile*, Paris, Denoël, 1937, Reed., Paris, Tchou, 2003.

[31] Ela redigiu com ele sete artigos entre 1934 e 1937 e encontramos o rastro de sua influência nos primeiros artigos juntados na presente obra.

dos hospitais, tornando-se, assim, a segunda mulher da França a obter esse título e essa função.

Ao contrário de Françoise Dolto, que cruzou a aventura da psicanálise durante o entre-guerras em contato com os fundadores da SPP, beneficiando-se, assim, de uma análise com René Laforgue e do ensino de Édouard Pichon e de Sophie Morgenstern[32], Jenny Aubry manteve-se nessa época à distância do freudismo francês e de seus representantes da primeira geração. É verdade que encontrou Morgenstern, a Dra. Abramson e Madeleine Violet e por vezes as defendeu quando Heuyer, muito ambivalente em relação à nova disciplina, zombava delas. Entretanto, ela continuava sendo essencialmente médica e cuidava das doenças da infância. Em seu meio familiar e em seu meio profissional, o antifreudismo era vigoroso, e o mestre de Viena era de bom grado visto como adepto furioso de uma sexualidade "teutônica".

Jenny tinha com Heuyer sérias divergências, notadamente quanto à questão da eugenia. Membro da Sociedade Francesa de Eugenia, este pensava, em razão de seu apego à doutrina das constituições, dos retardamentos e da degenerescência, que era possível extirpar as deficiências provocadas na criança pela atitude dos maus pais, realizando amplos diagnósticos das anomalias na população. Em 1936, ele participou com Henri Wallon de uma iniciativa do governo da Frente Popular que visava recensear as crianças que tinham direito a métodos especiais de educação. Mas, quando veio a Ocupação, ele relançou o projeto de investigação junto a 100.000 crianças, o qual foi então posto em prática, em 1943, sob a égide da Fundação Francesa para o estudo dos problemas humanos, dirigida por Alexis Carrel. No mesmo ano, ele assumiu a direção do Conselho Técnico da Infância Deficiente, organismo que tinha por objetivo determinar em que condições deviam se efetuar o diagnóstico, a observação e a reeducação das crianças anormais. As "pesquisas" efetuadas tiveram por conseqüência o voto da lei de 3 de julho de 1944 sobre a proteção dos menores e da infância dita em "perigo". Esta será revogada na Libertação. Quanto aos trabalhos da Fundação Carrel, realizados sob o regime de Vichy, eles foram rein-

[32] Cf. Élisabeth Roudinesco, *Histoire de la psychanalyse en France*, t. 1 (1982), Paris, Fayard, 1994.

tegrados nas publicações do Instituto Nacional de Estudos Demográficos (INED)[33] depois de terem sido depurados do ideal eugenista.

Jenny com certeza ainda estava, entre 1935 e 1940, ligada à noção de constituição e a uma concepção da clínica da criança que integrava os termos retardamento ou anormalidade, mas isso jamais desembocou para ela num qualquer projeto de melhoria da raça ou do potencial mental da humanidade.

Em 1940, ela ocupou funções de assistente no Hospital da Salpêtrière no serviço de Georges Guillain, o biógrafo de Charcot. Em seguida, após uma estada no Hospício de Brévannes, entre 1941 e 1942, ela sucedeu a Heuyer na consulta do Hospital das Crianças-Doentes, no momento em que este assumia suas funções na Salpêtrière. Graças a um falso certificado de batismo[34], redigido por um capelão militar, ela obteve o certificado de "não pertencimento à raça judia" que lhe permitiu prosseguir suas atividades profissionais e clandestinas. Embora fosse gaullista, como o irmão André, o marido e a mãe, ela trabalhou com uma rede comunista, dirigida por Victor Lafitte, para organizar a sabotagem do Serviço do Trabalho Obrigatório (STO). Procedeu a falsificações de exames que lhe permitiram redigir certificados atestando a existência de lesões tuberculosas nos candidatos recalcitrantes.

Foi então que encontrou Solange Cassel, que havia criado, em 1934, com o marido Robert Préaut[35], o colégio médico de Annel, na Oise, destinado a acolher aproximadamente cinqüenta alunos superdotados mas inadaptados. Convocado, Préaut pediu a Pierre Mâle e a Henri Ey o nome de um médico capaz de substituí-lo. Eles designaram Jenny, no momento em que o colégio era evacuado e seus pensionistas alojados na Capela de Saint-

33 Alain Drouard, *Une inconnue des sciences sociales. La fondation Alexis Carrel 1941-1945*, Paris, Éditions de la Maison des sciences de l'homme, 1992.

34 Redigido em 3 de setembro de 1941 pelo abade Jean Bouvet, capelão militar do Hospital de Plantières, em Metz. Ele certificou ter batizado Jenny em 12 de agosto de 1932. Em 5 de setembro de 1941, dirigiu-lhe uma carta de confirmação. O abade Bouvet redigiu numerosíssimos certificados para judeus, entre eles o de Alexandre Roudinesco.

35 Robert Préaut exerceu funções com Heuyer na Fundação Carrel.

Maximin, no Loiret. Ela lá mandou inscrever, sob falsa identidade, numerosas crianças e educadores judeus que, assim, escaparam ao extermínio. Ao percorrer de bicicleta o trajeto que ia da Estação de Orléans ao Colégio, ela parava nas casas dos camponeses para comprar gêneros alimentícios.

Depois de uma breve passagem pelo Hospital Bretonneau, Jenny foi nomeada em 1946 chefe do serviço de pediatria do Hospital Ambroise Paré, de Boulogne, cujas instalações tinham sido destruídas pelos bombardeios. Toda a equipe hospitalar recuara, então, para escritórios provisórios emprestados pelo Ministério da Educação Nacional e situados na *rue* Boileau em Paris. Numa ruela que desembocava na Avenida Chardon-Lagache[36], encontrava-se uma bela mansão, sede da Fundação Parent de Rosan, onde estavam alojadas – ou antes "deixadas" – crianças com menos de 3 anos de idade e em situação de grande desamparo[37].

Separados das mães por causa de doença, parto, prisão, divórcio ou espera de alojamento, e já tendo sido colocados no lazareto[38] ou na seção de Crianças Assistidas do Hospital Saint-Vincent de Paul, ou ainda em outros lugares de internação coletiva, os sessenta pensionistas da Fundação eram muito bem tratados por enfermeiras que cuidavam primeiro da saúde, da higiene, dos alimentos e da limpeza do assoalho e dos móveis. Vestidos com blusas de cor azul – as meninas traziam um nó branco nos cabelos para serem diferenciadas dos garotos –, não lhes faltavam nem cuidados corporais nem comida. Estavam simplesmente privados de palavras, afeto, desejo. Por isso soltavam grunhidos ou gritos sem nunca se olharem nem tomarem consciência da presença de outros. Alguns permaneciam imóveis durante horas, outros se arrastavam ou se balançavam, outros ainda lambiam as grades da cama, chupavam o polegar, arrancavam os cabelos de maneira compulsiva ou sujavam as roupas. Viviam num mundo de silêncio, de tédio e de nada: chamavam-se Gisèle, Maryse, Monique, Robert, Sabine, Nadia. A história deles é contada na maioria dos textos aqui reunidos: "Fi-

---

[36] Villa de la Réunion, 47 rue Chardon-Lagache. Pavillon 2 e 4.

[37] A fundação trazia o nome de um filantropo, Parent de Rosan (1798-1890), e esse nome fora dado anteriormente a uma rua que começava na *rue* Boileau.

[38] Lazareto: local situado no interior de um estabelecimento hospitalar e destinado a receber, durante vinte ou quarenta dias, crianças vítimas de doenças contagiosas.

nalmente", escreve Jenny Aubry, "é nos países mais ricos, aqueles cujo equipamento sanitário é mais desenvolvido, que apareceram com mais nitidez os sintomas discretos ou dramáticos de que sofre a criança separada de sua família e privada de cuidados maternos[39]".

A guerra já havia contribuído para afastar Jenny do marido. Nascido quase vinte anos antes do século, Roudi[40] permanecia ligado àquela velha Europa continental que ele havia tantas vezes percorrido e de que amava os sabores, a gastronomia, a cultura, as artes e as tradições. Ele viajava sobretudo na Itália, na Suíça, na Espanha. Não sabia dirigir, nunca pegava avião, ia de "trem" e de barco, via Freud como um obcecado sexual, não falava uma palavra de inglês e desprezava o *American Way of Life*. Jenny, ao contrário, interessava-se cada vez mais por todas as experiências levadas a cabo do outro lado da Mancha e do Atlântico em favor da infância. Perfeitamente anglófona, sonhava descobrir uma abordagem nova dos fenômenos psíquicos inteiramente desligada do antigo modelo de retardamento, da constituição ou da degenerescência. A experiência de Parent de Rosan, que a conduzirá à psicanálise, acabará, portanto, por separá-la de Alexandre. À clínica do olhar, cuja herança ela vai conservar, ela acrescentará uma clínica da escuta, e à moral familiar posta em prática pela psiquiatria francesa ela substituirá uma filosofia da infância fundada na rejeição das formas coletivas de atendimento: "O instinto materno não existe" – dirá ela – "mas as crianças são grandes sedutoras[41]".

Para transformar por completo o "depósito" que lhe haviam atribuído, ela compreendeu que era preciso demonstrar à administração da Assistência Pública que aquelas crianças, ainda que fossem vítimas de doenças

---

[39] Jenny Aubry, *La Carence de soins maternels*, Paris, Centre international de l'enfance, 1955, p. 9. Reeditado uma primeira vez em 1965, depois uma segunda em 1983 sob o título *Enfance abandonnée*, Paris, Scarabée & Compagnie/A.M. Métailié, com um prefácio de Ginette Raimbault. As histórias dessas crianças são relatadas em vários capítulos da presente obra. A primeira equipe de Parent de Rosan era composta de treze pessoas, entre as quais Geneviève Robert, Myriam David, Marcelle Geber, Robert Lefort, Rosine Lefort, Marie-Cécile Gélinier-Ortigues, Ginette Raimbault, Geneviève Appell, Jacques Palaci.

[40] Roudi é o apelido que davam a meu pai.

[41] Jenny Aubry, Carta a Liane Mozère, datada de 20 de dezembro de 1981.

orgânicas, sofriam de problemas psíquicos que as conduziriam inelutavelmente à delinqüência, ao autismo ou a estados psicóticos que acabariam no hospital psiquiátrico, se nenhuma intervenção psicoterapêutica fosse empreendida no prazo mais rápido possível. A idéia não só era nova na França como era até subversiva. Por isso é que a experiência pioneira de Parent de Rosan permanecerá gravada na memória de todos aqueles que foram os primeiros colaboradores de Jenny: pediatras, psicólogos, professoras de jardins de infância, assistentes sociais. Eles tinham trazido a prova, por estudos de casos, demonstrações, observações, estatísticas, de que era possível curar o flagelo da carência materna através de uma escuta e uma fala apropriadas. Essa experiência será em seguida retomada por gerações de clínicos hospitalares. A tal ponto que hoje está esquecido que Jenny Roudinesco foi a primeira a introduzir na França teorias psicanalíticas que a escola inglesa e americana já havia aplicado de maneira benéfica.

Com efeito, foi nessa época que ela descobriu os trabalhos ainda não traduzidos dos mestres da segunda geração psicanalítica mundial[42]: os de René Spitz sobre o hospitalismo e a depressão anaclítica, de John Bowlby sobre as crianças separadas das mães, de Donald Woods Winnicott sobre a delinqüência e o meio, e enfim de Anna Freud e de Dorothy Burlingham sobre os órfãos e os sem-família. "Nada está, portanto, decidido de antemão", dizia Jenny Aubry. Mas para desfazer a engrenagem mortífera do silêncio e do nada, é preciso por um lado que tenha existido, antes da separação, uma situação afetiva positiva, e, por outro, que um substituto materno – ou parental – possa oferecer à criança uma chance de sair disso[43].

Desde 1946, através do Centro Internacional da Criança, criado por Robert Debré, ela trabalhou em colaboração com a equipe da prestigiosa

---

[42] Estão agrupados nessa segunda geração os psicanalistas que se formaram no entreguerras, ou seja, junto a Freud, ou no divã de seus próximos e que foram, pelo mundo inteiro, o componente essencial da International Psychoanalytical Association (IPA). Cf. Élisabeth Roudinesco e Michel Plon, *Dictionnaire de la psychanalyse* (1997), Paris, Fayard, 2000.

[43] Essas teses, oriundas da escola inglesa, foram popularizadas recentemente na França por Boris Cyrulnik. Cf. notadamente *Un merveilleux malheur*, Paris, Odile Jacob. 1999. Cf. igualmente Geneviève Delaisi, *La Part de la mère*, Paris, Odile Jacob, 1997.

Tavistock Clinic de Londres, e notadamente com Bowlby e James Robertson, o que lhe permitiu obter os créditos necessários para fundar um encaminhamento* familiar[44], publicar um livro, rodar um filme, recrutar uma equipe e transformar inteiramente os locais da Fundação. Deu aulas, criou a primeira consulta de psicoterapia num serviço hospitalar não psiquiátrico (Ambroise Paré) e demonstrou, junto a pedagogos, educadores e médicos, enfermeiros, professores primários e pais, o interesse que havia em tratar de maneira precoce a carência de cuidados maternos. Ela raramente empregava a palavra bebê, tão em moda hoje, e preferia usar outros termos: lactentes ou crianças.

Em 1948, foi a Londres para o Congresso Internacional de Psiquiatria Infantil e lá apresentou dois comunicados, um sobre crianças que roubam e outro sobre crianças agressivas de um a três anos criadas em coletividade[45]. Encontrou Anna Freud, que a incentivou a empreender uma análise, e conheceu um psicanalista da British Psychoanalytical Society (BPS) que havia contribuído, junto com Wilfred Ruprecht Bion e John Rickman, para renovar a psiquiatria de guerra. Tiveram uma ligação que durou alguns anos.

Foi então que ela obteve uma bolsa Rockefeller para uma viagem de estudos de um ano nos Estados Unidos. Não querendo se separar de mim durante tanto tempo[46], partiu por três meses e escreveu-me a cada dois dias, o que não me impediu de correr durante horas pelo jardim dos Champs-Elysées para tentar "chegar à América". Quando voltou, pôde constatar o quanto certas separações eram dolorosas numa época em que ainda não se tinha o hábito do telefone nem das viagens-relâmpago. Ao ir a Yale no

---

* Em francês é *placement*, termo médico derivado do verbo *placer* [instalar, colocar]. O serviço de *placement* é comum nos hospitais. Vamos optar, na maioria dos casos, por *encaminhamento*. (NT)

44 Cf. cap. 8 da presente obra.

45 Jenny Roudinesco, "Le sentiment de culpabilité, étape nécessaire du traitement psychothérapique des enfants voleurs", *Congrès international de psychiatrie infantile*, Londres, t. III, 1949; "Réactions agressives des enfants de un à trois ans en milieu collectif", Ibid, t. II.

46 Eu tinha então três anos e meio.

serviço de Arnold Gesell e ao visitar numerosos centros de orientação infantil, recebeu na cara o espetáculo espantoso de uma psicanálise em expansão e a serviço de uma melhor integração da infância em desamparo. Em Princeton, encontrou Albert Einstein, que criticou duramente o modo de vida dos sábios trancados em suntuosos *campus*.

Ela voltou à França com a firme convicção de que, para levar a cabo a experiência de Parent de Rosan, ela mesma devia entrar em análise. Ela imaginava bem que ao fim da cura psicanalítica sua vida conjugal ficaria de pernas para o ar.

Jenny havia encontrado Jacques Lacan por volta de 1930 num salão da grande burguesia da *Rive droite*. Ela sabia que seu irmão André fora seu analisando e foi por isso que, ao visitar os membros da SPP, recusou categoricamente ir para o seu divã. Considerando seus títulos, todos os didatas estavam dispostos a lhe oferecer um lugar, apesar de sua idade e do temor que tinham de vê-la divorciar-se. Ela visitou Sacha Nacht, Marc Schlumberger, Maurice Bouvet, Michel Cénac. Julgou o primeiro bruto demais, o segundo rígido demais, o terceiro obsessivo demais e decidiu-se pelo quarto. A cura psicanalítica durou dois anos e o saldo final foi uma rejeição. Cénac era conformista demais para se confrontar com os problemas de uma mulher bem superior a ele. Ele a dispensou e ela voltou para Nacht, no divã do qual ela permaneceu dois anos.

Em 1951, depois de um congresso na cidade do México onde fora eleita presidente da Associação Internacional de Neuropsiquiatria Infantil, ela passou por Nova York para encontrar Margaret Mead. Convidada à casa desta para uma recepção, conversou com Heinz Hartmann e Ernst Kris, que lhe pediram notícias da cena psicanalítica parisiense, e notadamente de Lacan. Eles acabavam de saber que a SPP atravessava uma crise muito grave e que uma batalha arriscava começar entre os partidários da autoridade médica e os detentores da tradição universitária. Ela não soube lhes responder. No entanto, em 1952, no momento em que foi nomeada chefe de serviço na Policlínica do bulevar Ney, que dependia do Hospital Bichat, e que ela começava a lá desenvolver um trabalho de pesquisa sobre a adaptação das crianças à escola maternal e nas creches, tornou-se o porta-voz dos alunos revoltados que reclamavam uma mudança radical dos currículos de formação no interior da SPP. Ela fazia então sua supervisão com Lacan e ainda estava em análise com Nacht: "Acontece" – escreve ela – "que a minha situação pessoal não está em questão. Minha análise foi começada porque constatei a impossibilidade de conduzir corretamente as psicoterapias de crianças sem conhecer a disciplina analítica; ela me permitiu, embora não fosse totalmente segura em razão de minha idade e de minha situação, resolver meus problemas pessoais à minha satisfação e à sua. Uma de minhas análises de supervisão, feita por Lebovici[47], terminou com a aprovação dele desde abril, a outra ainda está em curso, mas, de acordo com você, eu tinha a intenção de apresentar a minha dissertação e a minha candidatura à Sociedade proximamente[48]".

Em junho de 1952, Jenny foi novamente a Londres para um colóquio organizado pelo Centro Internacional da Infância a fim de lá apresentar o filme que ela havia realizado com Geneviève Appell sobre as crianças de Parent de Rosan[49]. Um mês mais tarde, participou ativamente de um seminário de três semanas organizado pela OMS em Chichester sobre o desenvolvimento da criança "em meio rural e em meio urbano". Acompanhei-a. Foi nessa época que ela conheceu Pierre Aubry, professor de matemática no Liceu Louis-le-Grand e especializado na preparação para a Escola Politécnica. Após um divórcio difícil, casou-se com ele em 14 de novembro de 1953.

De origem modesta, e mais do interior que parisiense, Pierre Aubry[50] não foi bem aceito pelas irmãs e pela mãe de Jenny, que consideraram que

---

47 Serge Lebovici (1915-2000): psiquiatra, psicanalista, analisado por Sacha Nacht, membro da SPP. Jenny fizera uma supervisão com ele, de que ela fala na entrevista com Mario Cifali sobre Françoise Dolto. Cf. capítulo 18 da presente obra.

48 Jenny Aubry, Carta de 15 de maio de 1953, citada em *Histoire de la psychanalyse en France*, t. 2, op. cit., p. 255. Em 1953, Daniel Lagache, Jacques Lacan, Françoise Dolto e Juliette Favez-Boutonier fundaram a Sociedade Francesa de Psicanálise (SFP), nascida de uma cisão da SPP. Dez anos mais tarde, uma nova cisão ocorreu, que vai desembocar, em 1964, na criação, por um lado, da Escola Freudiana de Paris (EFP), dirigida por Lacan, e, por outro, da Associação Psicanalítica da França (APF), reintegrada à IPA.

49 As histórias de crianças que estão reunidas nesse filme são objeto de vários artigos da presente obra. Cf. notadamente os capítulos 2, 5 (nota 17), 8, 17.

50 Pierre Aubry (1907-1972) era viúvo e pai de uma menina, Martine, que era minha colega de escola e que se tornou minha irmã.

ela se desclassificava uma segunda vez. Censurada por ter antes se casado com um imigrante que poderia ter sido seu pai, ela foi olhada, na idade de quarenta e nove anos, como uma mulher escandalosa porque amava um filho de camponês um pouco mais novo que ela e que não era nem da Escola Politécnica, nem da Escola Normal Superior. Pior ainda: ao se orientar para a psicanálise – essa doutrina "sexual" –, ela estava abandonando a brilhante carreira médica que fizera sua fama em seu meio. Sua família aproximou-se então de Alexandre Roudinesco, o qual encontrou junto às mulheres Weiss um apoio que no entanto nunca o enganou. Quanto a Jenny, ela conservou, na aparência pelo menos, boas relações com os seus, o que não a impediu, às vezes, de deixar estourar a sua cólera: "Eu não esperava servir ajudar a sua publicidade" – escreverá ela a Louise em 1976. – "Que você se vanglorie de suas relações com os pintores que conheceu em nossa casa, sem falar de Roudinesco, com certeza não tão célebre para que isso lhe traga um benefício, é assunto seu, da mesma forma que as suas façanhas supostamente de resistência, passando em silêncio as suas tentativas americanas e de Vichy, mas faço questão de lhe dizer que não sinto orgulho de ser sua irmã[51]".

Para falar a verdade, ao participar da cisão e ao se engajar resolutamente ao lado de Lacan, Dolto e Lagache, Jenny Aubry integrava-se cada vez mais à comunidade freudiana então em plena efervescência. Chefe de serviço, presidente da Associação para a Saúde Mental da Infância, e em breve professora no Colégio de Medicina dos hospitais de Paris, ela empreendeu, apoiando-se na psicanálise, um duro combate contra o fracasso escolar sem hesitar em intervir no campo de maneira pragmática. Ela costumava dar conselhos aos educadores ou aos pais sobre a alimentação, as horas de mamadas, a roupa, a entrada na escola maternal, a vida cotidiana nas creches, a adoção, etc: "Descobri na Dra. Roudinesco" – escreve Daniel Widlöcher – "que a psiquiatria da criança era a psicanálise. Ela pôs-me nas

---

[51] Carta de Jenny Aubry a Louise Weiss, datada de 11 de outubro de 1976. Citada por Célia Bertin. Louise tinha então exposto numa galeria o retrato de Jenny por Raoul Dufy, que lhe fora legado por seu ex-cunhado depois que ele recusou desposá-la. Num curioso romance que conta a história de uma mulher masculina e frígida, Louise Weiss exprime a fascinação e a repulsa que lhe inspira a psicanálise. Cf. *Sabine Legrand*, Paris, Julliard, 1951.

mãos um menino, pedindo-me para tomá-lo em psicoterapia sob sua supervisão [...]. Ele ficava sem cessar fazendo rolos de massa de modelar e depois os cortava com frenesi; eu não sabia o que pensar. Um dia, então, durante a reunião de supervisão semanal, eu havia falado disso. A Dra. Roudinesco puxara uma tragada na piteira e me dissera com um ar inspirado: 'Angústia de castração, é preciso interpretar-lhe isso'. Enchendo-me de coragem [...], eu dissera ao menino: 'Sabe, muitas vezes, os meninos imaginam que vão lhes cortar o piruzinho'. Nesse momento, ele me olhara e me dissera: 'O meu, de qualquer forma, foi cortado'. Aí, ele me contou uma história de circuncisão médica. Aí, então, acabei meio que convertido à psicanálise de um só golpe[52]".

Na Policlínica, onde ela fez vir Françoise Dolto para uma consulta, Jenny dirigiu uma sólida equipe de médicos[53], psicólogos, assistentes sociais, educadores, internos e externos: "Sei também" – escreve Marcelle Geber – "que ela maltratou uns e outras. Seu julgamento era pronto, direto, sem apelação. Ela dava claramente a entender que não havia lugar junto dela[54]". À medida que ela cumpria essa tarefa, sempre com objetivos educativos e profiláticos concretos, ela fazia uso do ensino de Lacan que ele mesmo estava elaborando, em seu famoso *Seminário*, uma conceituação nova.

Foi em contato com ele que Jenny passou progressivamente de uma abordagem clínica da infância herdada da escola anglo-americana, a uma iniciativa nitidamente mais lacaniana, cujo rastro encontraremos nos textos individuais e coletivos publicados entre 1955 e 1965[55].

---

52 *Quartier Lacan*, entrevistas feitas por Alain-Didier Weill, Émile Weiss e Florence Gravas, Paris, Denoël, 2001, pp. 232-233. Foi Jenny Aubry quem aconselhou Daniel Widlöcher a entrar em análise com Lacan. Mais adiante, no momento da segunda cisão, ele escolherá a Associação Psicanalítica da França (APF). Após brilhante carreira hospitalar, será eleito presidente da IPA em 2001.

53 A equipe era então constituída notadamente de Geneviève Robert, Ginette Raimbault, Raymonde e René Bargues, Micheline Guiton, Odile Lévy-Brühl, Anne-Lise Stern, Marcelle Geber.

54 Marcelle Geber, "Jenny Aubry. Professeur au Collège de médecine des hôpitaux de Paris (1903-1987)", *Semaine des hôpitaux de Paris*, 73e année, 13-14, 17-24 avril 1977, p. 233.

55 Cf. os capítulos 5 a 11 da presente obra.

Preocupada em intervir de modo ainda mais radical no campo da infância dita "inadaptada" ou "delinqüente", Jenny Aubry aceitou em 1954 dar entrevistas à imprensa, o que era raro na época. Eis seu retrato feito por uma jornalista do *France-Soir*: "Uns cinqüenta anos. Alta e distinta, mas uma voz ligeiramente rouca[56] e seca. Uma abordagem glacial que nos espantamos de encontrar numa mulher habituada ao contato com crianças. Talvez seja por respeito por sua arte, para a qual exige exatidão e precisão, e por terror de ver suas palavras deformadas, o fato é que a Dra. Aubry é, de toda a nossa galeria de 'mulheres de hoje', a que mostrou mais desconfiança durante a minha entrevista". Lendo essas linhas, podemos nos perguntar se Jenny não tinha um pouco razão de desconfiar. Em todo caso, durante a entrevista, ela explicava que as crianças que fogem, que roubam, as violentas e mentirosas que lhe eram trazidas para consulta, exprimiam um descontentamento interior, e às vezes inconsciente, de que elas mesmas sofriam. E ela acrescentava: "O objetivo nem sempre é trazer a criança para um conformismo total, mas para reações que levem em conta a realidade da vida. Se o meio no qual a criança vive é desfavorável, o problema é inverso: a inadaptação é nela uma reação sã".

Depois de ter cuidado durante quinze anos de crianças separadas e de ter assim demonstrado a eficácia das psicoterapias precoces, Jenny Aubry prosseguiu sua carreira hospitalar em outro caminho. Com efeito, em 1963, ela foi nomeada chefe do serviço de pediatria do Hospital das Crianças-Doentes. Desde 1933, data em que se sentira tão impotente diante da difteria, a medicina tinha radicalmente mudado. Não só a introdução dos antibióticos e a generalização das vacinas permitiam reduzir de maneira espetacular o número de falecimentos, mas a aplicação em crianças de tratamentos anticancerígenos[57] – ou de longa duração –, até ali reservados a adultos, começava a transformar o destino de certas doenças julgadas ainda incuráveis. Apesar da importância das patologias genéticas ou letais, para as

---

[56] Jenny fumava muito. Entrevista realizada por Nicole Pineau em 14 de dezembro de 1955. Numa revista feminina, Jenny Aubry era, ao contrário, descrita como uma mulher aberta, calorosa e simpática. Cf. igualmente *Le Monde*, 21 de outubro de 1954.

[57] Notadamente sob o impulso de Odile Schweissguth, pioneira francesa da oncologia infantil no Hospital de Villejuif.

quais o prognóstico permanecia sombrio, uma nova esperança de cura aparecia e, de imediato, a mortalidade infantil tornava-se para os pais, os médicos e os enfermeiros cada vez mais intolerável. Para Jenny chegara o momento de se confrontar de outra maneira com as relações entre as doenças orgânicas e os distúrbios psíquicos[58], atendendo crianças que, longe de estarem abandonadas pelas famílias, eram sujeitos "comuns", mas vítimas de doenças crônicas ou fulminantes, benignas ou malignas, mas que necessitavam, em todo caso, de uma hospitalização mais ou menos prolongada.

No meio da medicina hospitalar francesa, dominada pela figura mandarina do "grande patrão", essa nomeação suscitou a calúnia. Como uma mulher – diziam – teria a autoridade necessária para dirigir um dos maiores serviços parisienses de pediatria? Uma mulher divorciada – acrescentavam – tinha o direito de exercer tal função? E como cada um sabia, além disso, que Jenny Aubry era psicanalista e próxima de Jacques Lacan, seus colegas dos hospitais temiam que ela deixasse morrer as crianças sob sua responsabilidade ao se interessar apenas pelos problemas psíquicos.

Consciente do que estava em jogo num tal combate e bem decidida a criar na França a primeira consulta de psicanálise num serviço de medicina[59] infantil, ela reuniu à sua volta, ampliando-a, a equipe que ela já havia constituído desde a experiência de Parent de Rosan. Como não havia praticado mais a pediatria há vários anos e não queria de modo algum ser acusada de desconhecer os progressos da medicina moderna, chamou para consulta dois jovens especialistas, Jean-Claude Dalloz (chefe de clínica) e Jean-Claude Gabilan (assistente), que tiveram por tarefa prescrever os tratamentos. Colocou em cada sala um psicanalista que, embora tivesse direito à palavra junto às crianças ou ao corpo médico, não podia de modo algum contestar as iniciativas tomadas pelos pediatras[60]: "Muitos jovens

[58] Sobre a concepção que tinha Jenny Aubry da medicina dita "psicossomática", vamos nos reportar ao capítulo 11 da presente obra, "Medicina psicossomática na criança da primeira idade".

[59] Fora da psiquiatria.

[60] A equipe era composta de vinte e cinco psicanalistas, membros em sua maioria da EFP. Entre eles, Ginette Raimbault, Micheline Guiton, Raymonde Bargues, Anne-

psicanalistas, médicos ou não" – escreve Marcelle Geber –, "assistem às suas consultas. Ela forma seu corpo de enfermeiros na escuta das crianças hospitalizadas e dos pais. Faz com que as enfermeiras aceitem que os pais venham a qualquer hora do dia e que também permaneçam o maior tempo possível, que dêem de comer aos filhos. Fortalecida por sua experiência de Parent de Rosan, ela sabe que é melhor uma criança chorar quando a mãe vai embora do que ficar passiva ou indiferente. Reticente no início – não era o hábito e era incômodo –, o corpo de enfermeiros logo constata os benefícios dessas relações pais-filhos mantidas ao máximo e que as crianças adormecem com mais facilidade[61]".

Tornando-se, em 1964, membro fundador da Escola Freudiana de Paris (EFP)[62], no momento mesmo em que se difundia a experiência das Crianças-Doentes, Jenny Aubry aproximou-se ainda mais de Lacan, de seus alunos e dos membros de sua família. Amiga de Sylvia Bataille[63], de Maud Mannoni, de Françoise Dolto, de Moustapha Safouan, de Solange Faladé, de Xavier Audouard, de Lucien Israël e de Jean Clavreul, ela participou da expansão de um freudismo de obediência lacaniana sem jamais cair na ido-

---

Lise Stern, Radmila Zygouris, Maria Landau, Irène Diamantis, René Tostain, Micheline Jouin, Agnès Dupont, Dominique Lambert, Huguette Lawrence, Émile Raimbault, Stéphane di Vittorio, Elise Poyart, Jeannine Mouchonnat. Marie-Thérèse Hayem era sua inspetora geral. Cf. Jenny Aubry, "L'aventure des Enfants-Malades", *Lettres de l'EFP*, 17 de março de 1976, pp. 234-255. Sobre a maneira de abordar um caso do duplo ponto de vista da medicina e da psicanálise, vamos nos reportar ao capítulo 11 da presente obra: "Nicole entre a vida e a morte", assim com aos capítulos 12, 14 e 16, que se referem às relações da medicina e da psicanálise.

61 Marcelle Geber, "Jenny Aubry...", op. cit., p. 432.

62 Sobre a história da segunda cisão do movimento psicanalítico francês que culminará na criação da EFP de um lado e da APF do outro, Cf. Élisabeth Roudinesco, *Histoire de la psychanalyse en France,* op. cit.

63 Sylvia Bataille (1908-1993): primeira mulher de Georges Bataille e atriz de Jean Renoir em *O passeio no campo*, ela foi a segunda esposa de Jacques Lacan e a mãe de sua terceira filha, Judith Miller, ela mesma membro da EFP. Laurence Bataille (1930-1986): filha de Georges e de Sylvia, esta, era psicanalista e membro da EFP. Jenny contribuirá para a publicação por Jacques-Alain Miller dos documentos sobre as cisões e escreverá a seu pedido um texto sobre esse assunto: "Où les chemins divergent", *Ornicar?*, 9, 1977, pp. 43-73.

latria pelo mestre. Admirava Lacan, que apreciava seu bom senso, sua retidão, sua valentia e a lucidez de seu julgamento. Ele tomou o hábito de convidá-la para almoçar uma vez por mês para consultá-la sobre os assuntos da EFP, notadamente sobre a constituição dos júris de admissão. A seu pedido, ela entrou no Conselho de Administração. Ela teve, então, numerosos alunos em formação e não foi mais simplesmente vista na Escola como uma especialista da infância.

Em 1968, na idade de sessenta e cinco anos, aposentou-se como médica de hospitais para instalar-se em Aix-en-Provence, onde comprara uma casa[64]. Infelizmente, a direção de seu serviço foi então confiada a Pierre Debray-Ritzen, professor de psiquiatria infantil[65], próximo das idéias da Nova Direita e grande inimigo da psicanálise há longos anos. Ele desmantelou inteiramente a experiência a ponto de querer apagá-la da memória da instituição hospitalar[66]. A equipe foi progressivamente se dispersando e só a transmissão oral permitiu a cada um lembrar-se dessa singular aventura.

Em 1973, no congresso da EFP, em Montpellier, Jenny foi violentamente atacada pela corrente dos "anti-edipianos" que fazia então uma barulhenta entrada no seio do lacanismo. Uma polêmica estourou entre Jenny e a equipe da clínica de La Borde que, através de Jean Oury, Félix Guattari e Ginette Michaud, representava a herança da psicoterapia institucional. Os "labordianos" a acusaram de ter ela mesma contribuído para a liquidação de sua experiência e de não ter sabido impedir a dispersão de seus colaboradores. Eles esqueciam que a dita experiência não podia prosseguir, já que achava um limite na aposentadoria obrigatória de seu principal iniciador. Jenny não se defendeu bem e nenhum dos membros de sua equipe a apoiou durante os debates que terminaram em vantagem para seus adversários[67].

64 Situada em Luynes. Pierre Aubry sempre desejara viver no campo.

65 Pierre Debray-Ritzen, *La Scolastique freudienne*, Paris, Fayard, 1962. Sobre seu itinerário, Cf. Élisabeth Roudinesco, *Pourquoi la psychanalyse?*, Paris, Fayard, 1999. Inventado no início do século, o termo pedopsiquiatria foi progressivamente tomando o lugar do termo neuropsiquiatria infantil.

66 Nenhuma sala traz o nome de Jenny Aubry.

67 Jean Oury: psiquiatra, psicanalista, analisado por Lacan, membro da EFP e fundador da Clínica de La Borde em Cour Cheverny. Félix Guattari (1930-1992): psicanalista,

Longe de ficar inativa, Jenny Aubry desempenhou um papel importante para o desenvolvimento da psicanálise na região mediterrânea, onde, até a sua chegada, só estavam presentes os representantes da APF e da SPP. Ajudada por Daniel Bordigoni, ela deu expansão à corrente lacaniana em Aix e em Marseille ao formar alunos que vão em seguida se tornar, após a dissolução da EFP, os fundadores do Grupo Regional de Psicanálise (GRP)[68]. Convidada por José Guey, organizou um ensino sobre a família na Universidade de Aix[69]. Mandou vir Moustapha Safouan para supervisões e organizou em maio de 1971 o congresso da EFP sobre a técnica da psicanálise. Lá valorizou os grupos do interior: Marselha, Estrasburgo, Montpellier.

Ginette Raimbault e Radmila Zygouris, que trabalhavam então no serviço de nefrologia do Hospital das Crianças-Doentes, a pedido do professor-doutor Pierre Royer, apresentaram nesse congresso um "Estudo da relação médico-doente nas relações eventualmente mortais da criança num serviço especializado". Ali falavam das conseqüências psíquicas do emprego generalizado, na medicina moderna, da tecnologia e da bioquímica, as quais tendiam a tomar o lugar da clínica incerta do olhar e do tato, uma prática da certeza científica tanto mais eficaz porquanto se apoiava no laboratório, no microscópio, na radiologia, etc: "Eles nem mesmo me tocam mais", lhes havia murmurado uma criança doente ao designar seus médicos, mais angustiados em ler os resultados de sua análise sangüínea que em levar em conta o sofrimento de seu corpo[70].

Depois que Jenny deixou seu serviço do Hospital Ambroise Paré, os dossiês da Fundação que continham as histórias de casos foram destruídos

---

analisado por Lacan, membro da EFP, fundador da revista *Recherches*. Participou da experiência da Clínica de la Borde e foi em 1972 o coautor, com Gilles Deleuze, do *L'Anti-Œdipe. Capitalisme et schizophrénie*, Paris, Minuit, 1972. Em 1973, eu era membro da EFP há quatro anos e ex-aluna de Gilles Deleuze. Fui a única em Montpellier a intervir nos debates para apoiar Jenny. Ginette Michaud foi a mais violenta, ao passo que Guattari e Oury mostraram-se mais moderados.

[68] Ela foi analista ou supervisora notadamente de Jean-Paul Ricœur, Paul Alérini, Charles Arrighi, Geneviève Baurand, Jean-Hervé Chamant, etc.

[69] Esse curso está reproduzido no capítulo 14 da presente obra.

[70] *Lettres de l'EFP*, 9, dezembro de 1972, p. 268. Sobre essas questões, vamos nos reportar aos capítulos 12 e 13 da presente obra.

e as crianças dispersadas para novos depósitos. Da mesma forma, quando se aposentou, a experiência das Crianças-Doentes foi – como eu já disse – apagada. Apesar de todos esses escolhos, Jenny continuou a cuidar de suas queridas crianças, recebendo, em particular, famílias vindas da França inteira. Em 1975, no serviço de psiquiatria infantil de Uzès, ela participou da criação de um encaminhamento familiar para crianças psicóticas e autistas[71].

Seis anos depois da morte de Pierre, ela não tinha mais nenhuma razão para permanecer no sul da França. Por isso voltou a morar em pleno coração de Paris, sua cidade natal, sua cidade de eleição. A dissolução da EFP e a agonia de Lacan a afetaram profundamente[72], como mostra a longa carta que ela lhe endereçou em janeiro de 1980: "Minha resposta é, portanto: sim ao ensino de Lacan, não à sua inserção numa nova escola, ainda que fundada e dirigida por você. [...]. Se nossos caminhos divergem, permaneço, meu caro Jacques, e permanecerei sua amiga[73]".

Em outubro de 1986, quando soube ser vítima de um tumor cerebral inoperável, recebeu durante dois meses os amigos, dispensou os analisandos e recusou qualquer forma de hospitalização e de tratamentos. Quis, então, que abreviassem seus sofrimentos. Ginette e Émile Raimbault aceitaram ajudá-la. Morreu em 21 de janeiro de 1987, pedindo-me para escrever sobre ela um artigo para o jornal *Libération*, o que fiz[74].

Além de sua tese de medicina, Jenny Aubry publicou um único livro, duas vezes reeditado[75], e uns bons sessenta artigos em geral redigidos com os alunos ou os colaboradores. Mas, sobretudo, conservou em seus arquivos dezenas de histórias de crianças, acompanhadas de desenhos, testemunhos, comentários. Várias vezes, eu me interrogara sobre a sorte dos peque-

---

71 Cf. Pierre Marie, "Autisme et identification préspéculaire", *Lettres de l'EFP*, 22, mars 1978, pp. 247-253.

72 Disso encontraremos eco no capítulo 15 da presente obra. Cf. igualmente, Élisabeth Roudinesco, *Jacques Lacan. Esquisse d'une vie*, op. cit.

73 Carta de Jenny Aubry a Jacques Lacan, datada de 12 de janeiro de 1981.

74 Élisabeth Roudinesco, "Feu le génie de Jenny", *Libération*, 26 de janeiro de 1987.

75 E hoje esgotado: *La Carence de soins maternels*, op. cit.

nos pensionistas de Parent de Rosan cuja triste existência eu descobrira vendo o filme sobre a carência de cuidados maternos. Aquelas crianças tinham nascido no fim da guerra e eu por vezes me identificara com a infelicidade delas. Talvez quisesse parecer com elas para desafiar a autoridade de uma mãe que lhes havia dedicado uma parte essencial de sua vida? O fato é que fui, durante um curto momento de minha adolescência, delinqüente, indisciplinada, má aluna.

Em julho de 1989, numa época em que eu ainda não sabia que um dia reunirei, a pedido de Alain Vanier, os artigos de Jenny, recebi uma carta da Sta. Jacqueline A.: "Encontrei num hospital parisiense" – escrevia ela –, "quando tinha sete anos, uma médica que se chamava Roudinesco. Colocaram-me, então, nesse hospital que se chamava, creio, Ambroise Paré, para observação. Eu era uma criança que estudava muito bem na escola, sempre primeira, mas que tinha cóleras insuportáveis. Eu tinha na verdade enormes problemas familiares: um pai que se casara com minha mãe porque ela estava grávida, mas recusava o filho que não era dele, e uma mãe que se culpava e não queria desagradar o marido que havia salvado a sua honra. É assim que se poderia resumir a situação. A doutora Roudinesco orientou-me para uma escola 'nova' na Drôme. Sofri muito por me separar de minha família, mas acho que era necessário. Lá pude encontrar certos valores e raízes que me permitiram ser o que sou hoje. Gostaria de ter agradecido à sua mãe se ela ainda está viva ou então ler seus livros se ela os escreveu. Acho que ela me entendeu bem e me salvou a vida".

Dedico este prefácio e este livro a Jacqueline.

1.
A saúde mental da criança pequena num hospital parisiense[1]

Os fatores que influenciam a saúde mental da criança são numerosos e complexos. Por isso é importante saber em que medida uma ação preventiva permitiria evitar o aparecimento de distúrbios do comportamento na criança.

Durante os seis primeiros anos de sua vida, uma criança deve atravessar um certo número de etapas e adaptar suas necessidades às exigências da realidade e da vida social. À medida que se desenvolve a maturação de seu sistema nervoso, de sua motricidade e de sua inteligência, ela aprende a andar, a controlar seus esfíncteres e a adquirir o domínio de suas necessidades corporais. Mas ela deve também ser capaz de diferenciar os sexos, de entrar na escola e de estabelecer relações interpessoais com adultos e crianças fora de seu meio familiar. Além disso, ela deve com freqüência aceitar a vinda de uma nova criança em seu lar.

Em nossa civilização, ela só pode atravessar essas etapas graças à presença estável de um casal parental que, embora a proteja e lhe dê segurança, a olha como um sujeito em via de se tornar autônomo.

---

[1] Publicado sob o título "Sobre alguns problemas relativos à saúde mental da criança de 1 a 6 anos num hospital parisiense", e sob o nome de Jenny Roudinesco na *Revue de l'infirmière et de l'assistante sociale*, 2e année, 4 avril 1952, pp. 1-3. Observação realizada na Fondation Parent de Rosan. Durante o entre-guerras, Jenny Aubry havia publicado vários artigos médicos sobre questões equivalentes. Cf. notadamente, Jenny Roudinesco e Madeleine Violet, "Recherches sur le niveau intellectuel d'écolières parisiennes", *Groupement d'études de neuropyschopathologie infantile*, 1939.

A experiência das orientações infantis mostra que todos os casos graves de distúrbios do comportamento na criança pequena têm por origem uma perturbação do vínculo afetivo desta com os pais e sobretudo com a mãe. Num certo número de casos, essa perturbação é, aliás, consecutiva a distúrbios da personalidade dos próprios pais. Daí a necessidade de intervir através de um tratamento a um só tempo da criança e do pai cuja atitude pode ser nociva para ela. Em tais patologias, as únicas medidas eficazes são medidas terapêuticas de que conhecemos o preço elevado, a demora e as dificuldades.

Em outras situações, são circunstâncias fortuitas que acarretam traumatismos: tais como a morte de um parente, uma separação, como vimos com tanta freqüência durante a guerra, mas também uma doença grave e dolorosa, notadamente quando ataca a integridade corporal. Nesses casos, talvez uma perfeita compreensão do problema da criança possa atenuar os efeitos do traumatismo? Mas trata-se, aí ainda, de terapêutica e não de prevenção.

Em compensação, quando a personalidade dos pais parece razoavelmente estável e equilibrada, sem problema de importância maior, é preciso tentar elucidar as causas dos distúrbios do comportamento da criança. Pois é possível, então, ter esperança de não só isso se remediar bem rápido, mas de tomar medidas preventivas que permitam evitá-los. Antes de mais nada, importa conhecer a proporção dos casos sujeitos à jurisdição dessa ação preventiva.

O estudo aqui apresentado não pretende trazer uma resposta a essa questão, válida para toda a França, e ele só é dado a título de exemplo da contribuição que poderiam trazer os psiquiatras de crianças para os problemas da saúde mental.

Nossas observações foram colhidas no Hospital Ambroise Paré, em Paris, no âmbito de uma consulta externa de psiquiatria infantil e de um centro de tratamento psicoterápico.

O recrutamento difere um pouco do das *Child Guidances* britânicas e americanas[2]. Pois as crianças por quem somos responsáveis não são envia-

---

2 Centros de orientação infantil: Centro médico-psicológicos que reúnem psicólogos, psicanalistas, pedagogos, reeducadores encarregados de cuidar de crianças ditas "inadaptadas". Esses centros desenvolveram-se consideravelmente no entre-guerras nos Estados Unidos e na Grã-Bretanha sob a influência da psicanálise. Na França, a

das ao centro em vista de um tratamento. Elas lá são enviadas ou entregues às vezes por médicos e às vezes pelos serviços de proteção materna e infantil. Operários, funcionários públicos ou com empregos modestos, os pais vêm pedir um diagnóstico e conselhos sem saber que um tratamento psicoterapêutico pode ser posto em prática. A consulta funciona, pois, como um centro de diagnóstico de "triagem" dos casos suscetíveis de um tratamento de longa duração.

Entre os dossiês estabelecidos há dois anos, separamos trinta e dois nos quais as informações colhidas pareceram suficientemente completas para atender ao objetivo deste estudo. Os casos complicados de lesões neurológicas foram eliminados.

Em dezesseis casos, ou seja, 50%, os distúrbios da personalidade de um dos pais – os da mãe quase sempre, ou dos dois pais a um só tempo – eram manifestamente a causa do comportamento anormal da criança. Era preciso, pois, pôr em prática tratamentos de longa duração.

Nos dezesseis outros casos, estamos às voltas com uma etiologia que, se tivesse sido levada em conta conforme uma perspectiva de higiene mental, teria permitido que se evitassem os distúrbios. Podemos, portanto, estabelecer a seguinte classificação: dois casos de canhotos contrariados; cinco casos de distúrbios ligados ao nascimento de uma segunda criança; quatro casos em relação direta com uma etapa do desenvolvimento. Nos cinco últimos casos, era uma separação fortuita a causa principal dos distúrbios. A esse respeito, convém sublinhar a responsabilidade dos serviços médico-sociais, que não levaram em conta esse fenômeno de separação.

1. Os canhotos

De maneira geral, os canhotos são socialmente mal aceitos na França, com facilidade considerados inferiores, impolidos, malcriados, até mesmo

verdadeira expansão desses centros data dos anos 1950. Chamamos Centro médico-psico-pedagógico (CMPP) um estabelecimento público ou privado onde são acolhidos crianças ou adolescentes em dificuldade escolar. Sobre essa questão, vamos nos reportar ao capítulo 7 da presente obra: "Adolescentes em internato".

anormais[3]. É sobretudo depois da entrada na escola que se manifestam as dificuldades, mas muitos pais exercem uma forte pressão sobre os filhos para obrigá-los a usar a mão direita, pensando erradamente que assim eles serão hábeis com as duas mãos. Em geral, conseguimos convencer os pais a mudar de atitude, insistindo no fato de que um canhoto é uma criança tão "normal" quanto um destro e que só está em jogo um problema de simetria invertida. Com certeza uma ação foi empreendida junto aos professores primários? Quanto aos professores de jardins de infância, eles costumam intervir junto aos pais com a mesma convicção que a nossa. No entanto, seria necessário que uma ação similar fosse empreendida junto às enfermeiras dos ambulatórios de proteção materna e infantil que vigiam as crianças até mais ou menos dois anos.

2. Nascimento de um novo filho

Nos cinco casos estudados, tratava-se de uma menina, mais velha, com menos de 3 anos. O pequeno número de casos estudados não permite deduzir conclusões gerais para um problema tão complexo. Pois a vinda de um bebê sempre coloca um problema para uma criança de menos de 6 anos: mais difícil de resolver para o mais velho que conheceu a situação de filho único, e mais complexo em geral na menina. Quando se está às voltas com uma criança de menos de 3 anos, cuja expressão verbal ainda está incompleta, percebe-se que a agressividade que ela manifesta é mal tolerada pelos pais. Por isso é fortemente reprimida, o que conduz a regressões e a inibições. Enfim, pelo fato mesmo de que a linguagem do mais velho é pouco desenvolvida, os pais sentem-se impotentes em preparar o filho para esse nascimento. "Ele não pode entender": é este o argumento alegado com mais freqüência.

Nunca as mães que vimos, e que tinham mesmo assim freqüentado uma consulta pré-natal, tinham tido a oportunidade de discutir seus proble-

[3] É difícil imaginar hoje como os canhotos foram vítimas de discriminação durante séculos. Sabemos que o sinistrismo contrariado pode conduzir a distúrbios tais como a enurese, a dislexia e a gagueira. Cf. Jenny Roudinesco e J. Thyss, "Considérations sur l'éducation des gauchers", *Semaine des hôpitaux*, 28 de junho de 1946.

mas com as parteiras, as enfermeiras ou os médicos. Estes, aliás, não recebem atualmente formação alguma que lhes permitiria desempenhar esse papel.

O estudo mais detalhado dos casos mostra que só três vezes o nascimento foi o único fator em causa; duas vezes, as meninas reagiram por inibição e uma certa angústia. Após a aquisição da limpeza, elas tiveram de novo incontinência urinária. A terceira teve uma reação extremamente violenta.

Josiane C., com 4 anos e 11 meses de idade, tem um QI de 122[4]. Ela manifestou um violento ciúme quando nasceu sua irmã (2 anos e meio) e seu irmão (18 meses). Afirmando que eles não existiam, ela ficou deitada na cama da mãe durante os dez dias em que esta ficou de cama. A partir desse momento, ela rói as unhas.

Num outro caso, a criança reagiu com agressividade, cóleras e fugas: Chantal D., com 3 anos e 9 meses de idade, inteligente (QI = 115), tem uma irmã de 2 anos e um irmão de 7 semanas. Ela foi separada da mãe em más condições no momento dos dois partos sucessivos desta. Bate na irmã, foge, diz que a mãe morreu. Sua reação foi mais violenta durante o segundo nascimento, embora sua agressividade tivesse sido dirigida contra a irmã e não contra o irmão. Marie B., com 2 anos e 6 meses de idade, reagiu por uma forte oposição ao controle dos esfíncteres que foi exigido no momento do nascimento da irmã, quando ela tinha então 17 meses.

Em geral, esses distúrbios desaparecem bem rápido sob a influência do tratamento, ao longo do qual se exprime a agressividade da criança para com o bebê. Eles devem sua persistência apenas às reações parentais que

---

4 Quociente intelectual (QI): relação expressa em centésimos entre a idade mental medida por testes e a idade real da criança. Uma criança de 10 anos que tem um desenvolvimento intelectual de uma criança média de 8 anos tem um quociente de 8/10 ou 0,80 ou 80. Se seu desenvolvimento atinge o de uma criança de 12 anos, seu quociente é 12/10 ou 1,20 ou 120 ou 122 (JA).
Inventado em 1911 pelo psicólogo Alfred Binet (1857-1911) e o psiquiatra Théodore Simon (1873-1961), o quociente intelectual, ou teste de inteligência, foi objeto de violentas críticas pelo fato mesmo de sua pretensão de "medir" a inteligência e diagnosticar o retardamento. Ele esteve na origem do desenvolvimento da psicometria. Cf. Michel Tort, *Le Quotient intellectuel*, Paris, Maspero, 1977. O quociente de desenvolvimento (QD) mede a relação entre a idade do desenvolvimento e a idade real de uma criança pequena, multiplicada por 100. As escalas de desenvolvimento utilizam observações referentes à postura, à coordenação dos gestos, ao controle das necessidades corporais, às emissões vocais e às relações com as pessoas à volta.

provocam. Por isso resultam essencialmente de uma ação preventiva ao longo da gravidez ou no momento do nascimento.

3. Distúrbios ligados ao desenvolvimento

Pouco numerosos, esses distúrbios costumam ter por origem fatores intercorrentes acontecidos quando a personalidade dos pais não está diretamente em causa.

Em dois casos, um controle esfincteriano obtido antes de um ano, por um condicionamento artificial – e não pelo fato da maturidade do sistema nervoso –, acompanhou-se de anorexia. Essas duas crianças, suaves e dóceis, eram de uma extrema passividade em todas as suas ações, mas puderam retomar rapidamente o apetite após alguma sessões de tratamento. Uma outra anorexia, ligada ao desmame, apareceu em Anita F., 2 anos e 10 meses, terceira filha de uma mãe já idosa e que desejava um menino.

Em Jean-Claude E., com 5 anos e 4 meses de idade, constatamos um desenvolvimento afetivo muito retardado: ele chupa o polegar e o avental, não quer se afastar da mãe e recusa ir à escola. Com 48 anos de idade e muito desejosa de ter um filho, a mãe havia desenvolvido uma ansiedade bem grande durante a gravidez, temendo notadamente ser "velha demais", depois desejando manter o filho em estado de dependência. Bastaram algumas entrevistas com a mãe para melhorar o comportamento de Jean-Claude.

Nesses quatro casos, as mães tinham mais de 35 anos no nascimento do filho e tinham ficado muito ansiosas com a idade ao longo da gravidez. Nenhuma delas tinha encontrado nas consultas pré-natais a possibilidade de falar de seus temores.

4. As separações[5]

O papel importante das separações da mãe na produção de distúrbios graves merece reter nossa atenção. Pois elas costumam ser favorecidas, se-

---

[5] A importância da separação da jovem criança de sua mãe é tão grande para a saúde mental da criança que o Centro Internacional da Infância subvenciona atualmente

não impostas, pelos serviços médico-sociais. É preciso, portanto, tomar medidas para evitá-las. Entre os trinta e dois casos estudados, onze vezes a separação da mãe foi a causa principal dos distúrbios. Ora, do estudo detalhado desses onze casos resulta que cinco vezes a separação estava ligada a uma rejeição materna e a distúrbios da personalidade dos pais, os quais tinham tido uma infância infeliz, no seio de um lar dissociado, ou pelo fato ora de uma rejeição materna, ora de um desaparecimento prematuro de um dos pais.

Não é menos verdade que, entre os seis outros casos, os efeitos nocivos da separação poderiam ter sido em parte evitados graças a uma melhor organização dos serviços sociais: em cinco casos notadamente.

Para dois casos, a separação aconteceu durante o parto da mãe. A conselho dos serviços sociais, a criança foi colocada em instituição ou numa creche, no meio de gente desconhecida e sem nenhum preparo. Daí um extremo desamparo. Em seguida, apesar de um retorno bem rápido ao lar, as seqüelas foram duráveis. Angústias, terrores noturnos, inibição, agressividade contra o recém-nascido, cóleras e fugas, etc.

Eis outros exemplos para os quais uma melhor organização dos serviços sociais teria permitido evitar desastres.

Gérard B., 18 meses, vem de uma família unida em que três crianças são criadas sem nenhuma dificuldade. Mas, quando a mãe contrai tuberculose, dois dos filhos são colocados na casa dos avós, que não podem cuidar do terceiro. O pai busca então um encaminhamento familiar, mas não tem os recursos necessários para o financiamento. Assim, o filho é "deixado"

---

duas equipes de pesquisadores, uma em Londres, dirigida pelo Dr. John Bowlby, a outra em Paris, dirigida pela Dra. Jenny Roudinesco, para estudar os efeitos nocivos dessa separação e prevenir seus efeitos (JA).

Centro Internacional da Infância: organismo fundado em 1949 por iniciativa da ONU e do governo francês e dirigido por Robert Debré. Ele tinha por objetivo favorecer as pesquisas relativas aos problemas da infância. O CIE editou a primeira versão de *A carência de cuidados maternos* e financiou o documentário que dela é tirado.

John Bowlby (1907-1990): psiquiatra e psicanalista inglês, diretor da prestigiosa Tavistock Clinic de Londres, especialista de crianças separadas. Como sublinhei em meu prefácio, ele teve uma influência considerável sobre o trabalho de Jenny Aubry. Cf. *Attachement et perte*, Paris, PUF, 2 vol., 1978.

numa instituição. O menino fica triste e apático, recusa reconhecer o pai quando este vem visitá-lo. Vira-lhe as costas e, algumas horas mais tarde, tem uma reação de desamparo intenso. Desidrata-se e tem de sofrer uma transfusão de urgência. Serão precisos dois meses de tratamento psicoterapêutico para que ele possa ter direito a um encaminhamento familiar.

Michel M., 3 anos e 3 meses, nascido de pai desconhecido. Sua mãe, para trabalhar, o coloca na casa de uma ama*. Após cinco deslocamentos sucessivos, ligados a razões "administrativas", ele encalha numa instituição onde é deixado deitado na cama durante um ano. Vítima de retardamento, perde todo contato com o mundo exterior, embora a mãe tenha se casado com um homem que aceitou reconhecê-lo e dar-lhe seu nome.

Daniel B., 5 anos e 1 mês, esteve com freqüência doente desde a idade de 7 meses. Por três vezes, teve estadas de convalescença de seis meses, aconselhadas pelos médicos em razão de seu medíocre estado físico. Ele agora tem crises de anorexia, cóleras durante as quais ameaça a mãe de não mais amá-la e de deixá-la. Durante sua última estada na colônia de férias, teve asma e urticária, depois começou a se masturbar de maneira compulsiva.

Conclusão

Esse estudo é com certeza limitado demais para permitir conclusões definitivas. Ele nos parece mesmo assim indicar uma linha geral de conduta em matéria de higiene mental. Centros de tratamento psicoterapêutico são, com certeza, indispensáveis. No entanto, um esforço mais frutuoso poderia ser tentado no sentido da prevenção. Um certo número de conhecimentos adquiridos no âmbito da psiquiatria, graças ao estudo dos casos patológicos, pode agora ser posto em prática. Com efeito, é sabida a importância das relações entre pais e filhos ao longo dos primeiros anos da vida e a influência que elas têm na formação do caráter e da personalidade. Toda

* Em francês é a *nourrice* (la "nounou"). Vem do verbo *nourrir* [nutrir]. A *nourrice* é uma mulher que tem por profissão guardar e criar crianças pequenas. O termo que mais se aproximou em português é *ama*. O pai *nourricier* e a família *nourricière* serão traduzidos por pai e família *de criação*. (NT)

ação suscetível de melhorar essas relações favorecerá a saúde mental. Na França, onde a rede das assistências sociais é atualmente muito desenvolvida, onde os serviços de proteção materna e infantil funcionam em todo o território, apoiando-se em ambulatórios com consulta pré-natal e consulta de lactentes, a prioridade em matéria de higiene mental deveria caber à formação das assistentes sociais enfermeiras-visitadoras e pediatras. É uma medida relativamente pouco custosa e seguramente produtiva[6].

---

6 É de propósito que Jenny Aubry não utiliza neste estudo a palavra psicanálise. Tratava-se nessa data, teremos entendido, de fazer passar, nas diversas instituições psiquiátricas, pediátricas e médico-psico-pedagógicas, a idéia, pouco admitida na França, de que a causalidade psíquica tinha uma importância muito maior na gênese das psicoses e das neuroses infantis que a causalidade orgânica.

2.
Clínica do abandono: Gisèle, Maryse, Christine, Jeannot, Monique, Robert[1]

Há alguns anos, numeroso autores chamaram a atenção para a gravidade da carência de cuidados maternos ao longo dos primeiros anos da vida.

Aliás, as publicações são, em sua maioria, estudos retrospectivos ou a longo prazo que mostram o atraso intelectual, as dificuldades de adaptação, a freqüência da delinqüência e da indiferença afetiva nos adolescentes que efetuaram longas estadas em instituição durante os três primeiros anos da vida.

Num depósito da Assistência Pública do Sena[2], foi-nos dado observar e tratar de numerosas crianças de menos de 3 anos cujo desenvolvimento psíquico fora gravemente perturbado por uma carência prolongada de

---

1 Esta conferência, que resume as teses enunciadas em *La Carence de soins maternels*, op. cit., foi pronunciada diante do grupo da Evolução Psiquiátrica, animada na época por Henri Ey (1900-1977). Nessa data, acabava de se encerrar a crise interna na SPP que culminara na primeira cisão da história do movimento psicanalítico francês e na criação da SFP em junho de 1953. Assim, encontram-se reunidos entre os debatedores psicanalistas que tinham se tornado adversários uns dos outros: notadamente René Diatkine, Serge Lebovici, Daniel Lagache e Françoise Dolto. Publicada em *L'Évolution psychiatrique*, sob o título "As formas graves de carência de cuidados maternos", 1, 20, 1955, pp. 1-32. Essa conferência relata notadamente a história de "Roberto o lobo", comentada várias vezes por Rosine Lefort, a partir de uma observação levada a cabo por ela em Parent de Rosan. Embora se trate de histórias de vida e de estudos clínicos, conservei os termos "caso" ou "observação", utilizados por Jenny Aubry.

2 Trata-se sempre da Fundação Parent de Rosan. Assistência Pública: estabelecimento público criado em 1849 e encarregado da gestão e dos hospícios públicos.

cuidados maternos, isto é, pela ausência de uma figura materna permanente, quer se trate da mãe natural ou da mãe de criação. Quase todas essas crianças tinham sofrido numerosas mudanças que múltiplas circunstâncias traumatizantes tornavam ainda mais nocivas.

Segundo nossa experiência, a carência grave de cuidados maternos pode reproduzir a maioria dos distúrbios mentais da primeira infância: distúrbios reacionais à base de inibição ou de agressividade, paradas de desenvolvimento e retardamento psicomotor, neurose obsessiva, demência de tipo autístico e até psicose.

Essas noções levantam numerosos problemas de ordem teórica sobre a formação e a etiologia dos distúrbios mentais durante a jovem idade que nossos conhecimentos atuais não permitem resolver inteiramente.

Tentaremos descrever aqui os tipos clínicos mais característicos e indicar os fatores que parecem desempenhar um papel preponderante no advento de certos distúrbios. A nosso ver, esses fatores são constituídos pela idade no momento da separação, pela duração e pela qualidade dos cuidados maternos de substituição durante a separação, pelo número e pela natureza das mudanças sofridas pela criança, e enfim pelo número e pela natureza das situações traumatizantes ocorridas durante a separação.

A idade no momento da separação e a qualidade dos cuidados maternos antes dessa separação parecem condicionar a estrutura psíquica de base da criança e, portanto, a própria natureza dos distúrbios – distúrbios reacionais, paradas de desenvolvimento, desintegração da personalidade – assim como a reversibilidade ou a irreversibilidade deles.

Os outros fatores, isto é, aqueles que intervêm após a separação, assumem em cada caso uma forma particular, modificando assim as reações somáticas ou as causas especiais de ansiedade.

1. Distúrbios reacionais

Os distúrbios reacionais que não atingem a estrutura psíquica são observados em crianças separadas bem tardiamente e que receberam durante longos meses bons cuidados maternos. Por isso, resistem por mais tempo e melhor à carência. No início de uma separação, todas as crianças passam por um período de distúrbios, reagindo assim ao traumatismo da separação. Esses distúrbios podem desaparecer se a criança for colocada num meio familiar normal. Entretanto, eles persistem se a criança for colocada numa coletividade, pois a carência de cuidados maternos se acrescenta, então, aos distúrbios causados pela perda da mãe. Seja qual for a idade da criança, a volta à família pode fazer desaparecer os distúrbios, contanto que separação e carência não sejam de duração longa demais. Ao contrário, se a carência persistir, os distúrbios se agravam; eles se organizam e não desaparecem mais, ainda que a criança seja colocada num meio familiar normal. Todavia, nas crianças de mais de 2 anos e meio ou 3 anos, cuja estrutura psíquica é mais evoluída, os distúrbios podem guardar um caráter puramente reacional e ser reversíveis sob a ação do tratamento.

No conjunto, essas crianças são medrosas e inibidas, gostam de brincar sozinhas, temem as outras crianças e apanham sem se defender. Só procuram o adulto quando precisam de proteção: por exemplo, se forem atacadas por outras. O resto do tempo, querem antes se fazer esquecer e se mostram pouco exigentes. Se permanecem um certo tempo na instituição e se conseguem se apegar a uma enfermeira, tornam-se ciumentas, insaciáveis e agressivas para com as crianças pelas quais a enfermeira preferida se interessa. O apetite raramente é normal, a bulimia e anorexia se observam com igual freqüência. O atraso psicomotor é moderado e o quociente de desenvolvimento se situa habitualmente em torno de 0,80 com uma crise eletiva da linguagem.

Mesmo entregues a uma boa ama, essas crianças adaptam-se mal ao meio. São facilmente caprichosas, exigentes, coléricas, urinam na cama e sentem ciúmes das outras crianças, com as quais podem se tornar muito agressivas. As amas as suportam mal, pedem para se ver livres delas, e cada deslocamento agrava, para a criança, os distúrbios do comportamento. Ao contrário, após uma psicoterapia relativamente curta, de alguns meses, um encaminhamento familiar tem todas as chances de dar certo.

A observação de Gisèle ilustra essa descrição. Prematura de 7 meses, Gisèle pesava 1,9 kg ao nascer, em 11 de agosto de 1950. Logo foi entregue a uma boa ama que vai criá-la até a idade de 2 anos e 11 meses. Mas, em julho de 1953, quando a mãe de Gisèle não teve mais meios de financiar a guarda da filha, a ama deixou esta no Hospital Saint-Vincent de Paul. Depois de dois deslocamentos sucessivos, Gisèle chegou a Parent de Rosan. Ela tinha então 3 anos de idade. Segundo as informações fornecidas pela ama, que manifestava o desejo de retomá-la, Gisèle era uma criança cativante, alegre e normal: "Ela cantava e dançava, mas era um pouco preguiçosa para comer".

A situação familiar era, assim, das mais precárias. A mãe, que se tornara dançarina num bar, tinha contraído sífilis antes de afundar na prostituição. Ela mesma criada num orfanato, dele saíra na idade de 17 anos, tomando então conhecimento de que seus pais tinham se suicidado. Ela teve primeiramente uma ligação estável com o pai de Gisèle, que a abandonou em 1951, quando nasceu a segunda filha. Em 1954, como não podia mais pagar a ama, ela decidiu, contra a vontade, dar a filha caçula para adoção. Sentindo-se culpada por esse abandono, quis a todo preço guardar Gisèle consigo, esforçando-se para contribuir para sua manutenção. Envergonhada da profissão, angustiada com a situação, ela hoje é alcoólatra, droga-se e não visita Gisèle mais de uma vez por ano.

Ao chegar a Parent de Rosan, Gisèle encontra-se, pois, num estado medíocre. Menina morena, de traços regulares, de tipo longilíneo, é magra e hipotrófica. Tem os dentes cariados e apresenta alguns estigmas discretos de raquitismo. O exame visceral e as reações sanguíneas não revelam rastro de sífilis. Gisèle sorri quando se aproximam dela, mas seu sorriso é fixo, o que dá a seu rosto um ar envelhecido. A expressão dos olhos não varia nunca, os gestos são bruscos e mal coordenados. Gisèle brinca sozinha, veste e despe indefinidamente uma boneca que ela deita num berço e esse jogo assume um caráter estereotipado e ritual. Assustada com as outras crianças, que não cessam de atacá-la, ela de bom grado se refugia junto do adulto que se encontrar na sala. Mas só se consola quando pode de novo brincar sozinha em seu canto. Gisèle quase não fala. Ela solta grunhidos que acompanha com um gesto demonstrativo. Se não entendemos o que quer, ela fica imóvel durante horas, congelada em seu corpo, seu rosto e seu sorriso. Às vezes, aceita que um adulto cuide dela contanto que o faça participar de seu jogo ritual sem nenhuma modificação. Enfim, ela apresenta uma anorexia quase total. Segundo o teste de Gesell[3], o desenvolvimento

---

[3] Arnold Gesell (1880-1961): psicólogo e médico americano, inventor dos *baby-tests* (inventários de desenvolvimento) que se aplicam às crianças de 4 semanas a 60 meses

psicomotor de Gisèle é próximo do normal, exceto para a linguagem, que é muito deficiente. O quociente de desenvolvimento é de 0,86.

A partir de 16 de setembro de 1953, Gisèle terá direito a uma psicoterapia à razão de três sessões por semana. Ela bem rápido estabelece relações com a terapeuta e se anima em sua presença enquanto se reativa a cada partida a angústia da separação. Renuncia, então, a esse apego decepcionante e busca satisfazer suas necessidades afetivas em casa. Apega-se à professora do jardim de infância, mostra-se ciumenta e agressiva com as outras crianças do grupo, mas progride na vida corrente e recomeça a falar. Ao contrário, em sessão, para marcar a sua decepção, volta a jogos rituais silenciosos e estereotipados.

Ela vai progressivamente ampliando suas relações, seu rosto animado agora é atraente, ela interessa e seduz a maioria das enfermeiras, das quais é a preferida, e também se apega a duas crianças do grupo. Só a anorexia persiste.

Ao fim de uma sessão em que a terapeuta lhe interpreta a relação entre sua anorexia e o traumatismo da separação, Gisèle vai por si mesma, na hora da refeição, reclamar a comida e depois come normalmente.

Após seis meses de tratamento, Gisèle, cujo quociente de desenvolvimento subiu a 0,98, tem todas as chances de se adaptar a um bom encaminhamento familiar.

Criada por uma boa ama, Gisèle teve um desenvolvimento normal até a idade de 3 anos. Separada em seguida de sua mãe de criação e colocada numa coletividade após duas transferências, ela reage à ausência de cuidados maternos e ao temor que lhe inspira esse novo meio, pouco satisfatório,

---

e que dizem respeito ao desenvolvimento motor, verbal e ambiental. Gesell utilizou o cinematógrafo para filmar as etapas da maturação da criança. Jenny Aubry foi uma das introdutoras das teses de Gesell na França, e na Fundação era Marcelle Geber quem as aplicava. De fato, há um vínculo entre as teses de Gesell e as de Henri Wallon (1879-1962), em quem se inspira Jacques Lacan para a elaboração da noção de estádio do espelho. Cf. Arnold Gesell, *L'Enfant dans la civilisation moderne*, Paris, PUF, 1949, Jenny Roudinesco e Micheline Guiton, *Le Développement de l'enfant. Manuel d'instruction pour l'application des tests du professeur A. Gesell*, Paris, PUF, 1950. Émile Jalley, *Freud, Wallon, Lacan. L'enfant au miroir*, Paris, EPEL, 1998. Élisabeth Roudinesco, *Jacques Lacan. Esquisse d'une vie,* op. cit.

mostrando-se inibida e buscando isolar-se. Seu desenvolvimento, no entanto, não é atingido e o fundamento de sua personalidade permanece inalterado. Ela é magra, mas seu tamanho e sua motricidade são normais. Quanto às suas performances no teste de Gesell, elas continuam um pouco inferiores à média em razão de seu medo de tomar a palavra. Gisèle teme o contato com as outras crianças, a justo título parece, pois não é capaz de se defender bem da agressividade das outras. Além disso, desconfia dos adultos, já que, desde que se separou de sua ama, estes só lhe causaram decepções. Permanece mesmo assim desperta, consciente do mundo exterior, disposta a apegar-se a um adulto que lhe traria uma segurança. Nos mecanismos de defesa que põe em prática para fazer frente ao medo, ela não apresenta nenhum sintoma obsessivo. Numa palavra, sua estrutura psíquica está intacta. Pode-se, portanto, pensar que ela irá rumo a uma cura completa contanto que seja colocada de maneira permanente num lar estável e sem nenhuma transferência suscetível de reativar a angústia do primeiro traumatismo.

2. Paradas do desenvolvimento

O caso Gisèle põe em evidência os distúrbios reacionais habituais de uma criança que já adquiriu uma certa autonomia e que não está mais inteiramente dependente da mãe. Se a separação acontecer mais cedo, quando a dependência da criança é maior, uma parada total do desenvolvimento pode acontecer; se, todavia, ao longo de seu primeiro ano, a criança usufruiu durante alguns meses de bons cuidados maternos, ela pode conservar intacta uma estrutura de base que lhe permitirá ulteriormente expandir-se de novo em certas condições particularmente favoráveis. É difícil precisar as idades limites nas quais aparecerá tal ou tal tipo de distúrbios, indicar a margem de segurança que permite à criança continuar a se desenvolver. Sua maturação efetiva, ela mesma ligada à qualidade de calor materno de que foi cercada, intervém mais que sua idade real. Habitualmente, os distúrbios reacionais aparecem, nas crianças separadas, após 2 anos ou 2 anos e meio, as paradas de desenvolvimento nas crianças separadas e colocadas em coletividade entre 8 e 18 meses. Com 8 meses, às vezes até com 6, uma criança reconhece a mãe, embora ainda dependa inteiramente dela, e a diferencia das outras pessoas. Se for colocada com uma boa ama, pode adaptar-se após alguns distúrbios reacionais passageiros. Mas, se a situação não for estável e se a criança sofrer várias mudanças ou viver em coletividade, ela pára de crescer. Bem entendido, a qualidade dos cuidados da ama tem um papel importante: certas crianças se desenvolvem ainda com uma ama medíocre, mas ao fim de alguns meses manifestam atrasos.

O atraso ou a parada de desenvolvimento são globais: o peso, o tamanho, a circunferência cefálica, a motricidade, a linguagem, a adaptação social são os de uma criança mais jovem e dão a impressão de um retardamento grave. O diagnóstico entre o retardamento constitucional orgânico e o atraso ligado à carência de cuidados maternos costuma ser delicado de ser estabelecido, e o tratamento permanece longo e difícil.

O caso Maryse põe em evidência essas dificuldades assim como os resultados obtidos após uma longa psicoterapia[4]. Mas, sobretudo, ele ilustra de maneira impressionante o papel dos traumatismos afetivos no desenvolvimento físico da criança e o aparecimento de distúrbios somáticos.

Abandonada pelo marido em 1940, a mãe de Maryse foi progressivamente se tornando um destroço social. Em 1945, ela contrai sífilis. Segue regularmente um tratamento, mas tem dois abortos espontâneos de 6 a 7 meses. Em seguida dá à luz dois meninos, sendo que um morre com 14 meses de idade, depois por fim tem Maryse. Em julho de 1951, sua decadência é tal que é internada com o diagnóstico de debilidade e manifestações hipocondríacas. O avô materno suicidou-se, a avó materna morreu, jovem, em conseqüência de uma tuberculose.

Maryse nasce por fim em 27 de setembro de 1949 na casa materna de Vésinet, pesa 3,850 kg e fica com a mãe até 10 de janeiro de 1950. Durante toda a duração de sua estada, esta dá a Maryse cuidados maternos calorosos.

Na idade de 3 meses e meio, a menina é deixada no Hospital Saint-Vincent de Paul[5]. Seu desenvolvimento físico é normal (5,6 kg, 61 cm),

---

[4] Com Rosine Lefort.

[5] Nas Crianças Assistidas: depósito situado na Av. Denfert-Rochereau no recinto do Hospital Saint-Vincent de Paul.

mas nota-se um leve estrabismo e um fígado gordo. O baço não é palpável. Maryse passa um mês no serviço de medicina, depois outro mês na creche, antes de ser alojada no Centro de Criação de Montfort. É então assinalada como uma criança muito nervosa, que não dorme apesar dos calmantes e que grita muito. Nada sabemos, infelizmente, do que se passou com ela nesse Centro, a não ser que foi mandada embora em seguida para o Saint-Vincent de Paul, onde contrai rubéola, catapora e diversas infecções menores, o que tem por resultado oito mudanças de hospitais ou de serviços. Finalmente, entra em Parent de Rosan em junho de 1951, com 21 meses de idade e num estado de grande degradação.

Ela pesa 9 kg (peso de 11 meses), mede 76 cm (tamanho de 15 meses), apresenta fortes sinais de raquitismo e de hipotonia muscular. O panículo adiposo é quase inexistente. Durante seis meses, ela é vítima de diarréias permanentes e de uma otorréia crônica com acessos febris que requerem paracenteses múltiplas. Quatro meses mais tarde, seu peso e tamanho não mudaram. Em outubro, as performances de Maryse são as de uma criança de 11 meses, ou seja, um quociente de desenvolvimento de 0,43.

Ela não fala, nem mesmo gagueja, deixa-se manipular e examinar como um saco, sem chorar nem reagir. Passa os dias na cama, ora imóvel com os olhos fechados, ora sentada balançando-se violentamente ou chocando-se contra as grades da cama. Parece ignorar a presença de outras crianças. Quando é colocada no chão, desloca-se sentada com a ajuda das mãos, mas com as pernas dobradas por debaixo.

Durante uma discussão, os membros da equipe estabelecem um diagnóstico de retardamento orgânico provável, agravado pelas estadas hospitalares e pela carência de cuidados maternos. Em razão dos antecedentes, esse prognóstico é, portanto, pouco favorável.

No entanto, vários sintomas retêm a atenção e dão esperanças de que uma recuperação ao menos parcial será possível. Com efeito, uma enfermeira percebeu que Maryse podia andar sozinha, de móvel a móvel, quando achava estar só. Posteriormente, um aplicador de testes pôde constatar que ela era capaz de performances, contanto que nos desviássemos dela. Enfim, quando se encontra frente a frente com um adulto, ela parece reagir. Depois de um início de balanceado, durante o qual deixa errar ao longe seu olhar, ela se põe a tocar o observador com a ponta dos dedos ou a bater nele com um brinquedo. Ela apresenta uma bulimia de caráter particular. Não estando nunca saciada, devora todas as sujeiras que encontra.

Um tratamento de prova é, pois, decidido. Ele começa em 5 de novembro de 1951. Durante os três primeiros meses, Maryse desperta. Volta à vida, anima-se e mostra-se capaz de brincar, de se deslocar, de aceitar, depois, de procurar a professora do jardim de infância. Seu estado geral melhora de maneira espetacular. Em dois meses, ela cresceu 7 centímetros e seu peso alcança 11,5 kg. Quanto à circunferência de sua cabeça, aumenta 2 centímetros. Ora, durante os quatro meses que precederam ao tratamento, o estado geral de Maryse tinha ficado estacionário. Segundo o teste, o nível global passou de 0,43 a 0,60. Entretanto, longe de ser linear, essa evolução é entrecortada de breves recaídas: episódios diarréicos ou rinofaringites. Cada incidente somático parece, aliás, corresponder ou ao aparecimento de uma dificuldade durante o tratamento, ou a uma ausência da terapeuta (férias de Natal). Mas também pode ser induzido pelo comportamento da menina, quando, por exemplo, após uma sessão, ela manifestou uma agressividade ou uma rebelião.

Em janeiro, enquanto Maryse ainda está frágil, ocorre um conflito dramático de ciúme com outra criança tratada pela mesma terapeuta, ciúme recíproco, aliás, e de extrema intensidade dos dois lados. Maryse atravessa, então, uma fase de oposição violenta. Repele a terapeuta e torna-se novamente diarréica. Além disso, vomita, parece esgotada e adormece em qualquer lugar, até no assoalho, o que obriga a equipe a deixá-la na cama. Essa reação lhe é então interpretada como uma necessidade de posse exclusiva de uma mãe. Enfim, após seis semanas, a crise é superada.

Durante os meses seguintes, Maryse se desenvolve normalmente. Durante uma fase de recapitulação, ela consegue dar significação a todos os distúrbios somáticos que apresentou.

Ressaltemos que, por sua bulimia, ela tenta preencher o vazio causado pela separação. Por isso come qualquer coisa – até sujeiras –, já que a comida perdeu para ela todo valor afetivo no momento da perda do objeto amado. Maryse também atravessa uma curta fase de anorexia, demonstrando assim que não pode aceitar nenhum alimento, já que a terapeuta não pode assumir de maneira permanente o lugar de uma mãe. De todo modo, ela acabará por encontrar seu equilíbrio, depois, por comer sozinha e de modo limpo, embora marque suas preferências e afirme sua gula.

Só a diarréia persiste como um sintoma tenaz que se manifesta sempre que Maryse, impotente em exprimir sua cólera e sua agressividade, as volta contra si mesma a fim de destruir-se, esvaziando-se de sua substância. No entanto, após três sessões espetaculares, durante as quais se exprime essa espécie de mutilação anal, a diarréia desaparece totalmente, embora nenhum medicamento tenha se revelado eficaz.

Durante os meses seguintes, Maryse refaz, durante as sessões, o tratamento de suas otites, assim como todos os cuidados e exames médicos que ela sofrera no passado. Assim ela supera a angústia que eles haviam feito nascer nela.

Em julho de 1952, suas atividades no jardim de infância são as de uma menina normal. Em 9 meses, cresceu 15 centímetros, ganhou 3,5 kg e viu a circunferência de sua cabeça aumentar 3 centímetros e meio. Ela tem de agora em diante um quociente de desenvolvimento normal (3,96).

No momento das grandes férias de verão, o tratamento é interrompido por uma duração de sete semanas. Quando a terapeuta volta, Maryse não perdeu nenhum dos ganhos adquiridos. No entanto, seu peso e tamanho permaneceram estacionários. Quanto ao estrabismo, que havia desaparecido, está de novo bem marcado. Por essa nova parada de desenvolvimento, Maryse refaz uma última vez, de modo somático, a cena traumática da separação. Quando o tratamento recomeça, ela cresce 2 cm e ganha 500 gramas.

Três meses são ainda necessários para elucidar a significação do estrabismo. Constitucionalmente, Maryse apresenta uma ligeira assimetria facial e um estrabismo apenas perceptível. Quando se encontra numa situação angustiante, ela utiliza essa fraqueza orgânica para não ver o que lhe dá medo: ela se coloca de perfil e desvia fortemente o olhar para que desapareça de seu campo de visão o que a inquieta.

No mês de março de 1953, o tratamento acaba. Maryse tornou-se uma menina de 3 anos e meio, um pouco frágil, mas harmoniosa em seu desenvolvimento: pesa 14 kg e mede 96 centímetros. Sua circunferência cefálica atinge 49 centímetros. Os distúrbios somáticos desapareceram, os resfriados não se complicam nem em otite nem em diarréia. Só o estrabismo reaparece quando a menina está presa a uma emoção violenta. A linguagem é normal e o quociente intelectual atinge 110, o que indica uma viva inteligência. Maryse é alegre, maliciosa, bem adaptada à coletividade. Para que continue a crescer, encontramos para ela um lugar que ofereça as mesmas garantias de estabilidade que uma adoção tornada impossível pela internação da mãe.

Maryse está agora, há um ano, na casa dos pais de criação. Sua adaptação é satisfatória, mas ainda imperfeita, com certeza porque os pais de criação, bem incultos, sentem-se um pouco superados pela viva inteligência de sua pensionista. Eles não a adotaram realmente pelo coração. Talvez Maryse tivesse precisado de um clima afetivo excepcional? Não é o caso. A mãe de criação a julga teimosa e pouco apta à obediência. Acha-a tagarela, embora reconheça que se vira bem e que é inteligente. Quanto ao pai, afastado, não cuida muito dela. Maryse apegou-se a uma irmã de criação de 18 anos, muito maternal com ela.

Vários pontos dessa observação merecem ser sublinhados:

Apesar da gravidade de seu estado inicial, Maryse conseguiu expandir-se rapidamente. Talvez tenha conservado no fundo de si mesma o "capital afetivo" que sua mãe lhe havia transmitido durante os quatro primeiros meses de vida. O fato de em seguida ter sido entregue a uma ama, ainda que medíocre, facilitou essa conservação. Vemos bem aqui que a separação da mãe calorosa, na idade da oralidade, foi sentida pela criança como um aniquilamento e como uma mutilação grave que lhe tiraram o gosto de viver. Mais adiante, cada traumatismo e cada conflito foram vividos como a repetição de uma impressão de destruição e percebidos, por conseguinte, como a perpetuação de uma castração oral. É preciso notar, enfim, que o paralelismo entre os distúrbios somáticos e os acontecimentos da vida afetiva da criança deve ser interpretado de maneira nova a fim de que se possa elucidar numerosos problemas psicossomáticos da primeira infância.

3. Atrofias psíquicas

A despeito da importância dos distúrbios que uma separação de repetições múltiplas pode provocar na criança pequena, vimos que esta pode conservar por muito tempo uma organização psíquica que lhe permite desenvolver-se normalmente. À condição, no entanto, que possa transferir para a pessoa do terapeuta os sentimentos que ela antigamente experimentou pela mãe. Quando a criança nunca conheceu cuidados maternos, pelo fato mesmo de uma estada permanente numa coletividade, ela apresenta certas características bem particulares dentre as quais a mais constante é a incapacidade de se apegar eletivamente a uma pessoa determinada.

O estado dessas "crianças de berçário" é, aliás, dos mais variáveis. Com efeito, no interior de um mesmo berçário, uma criança nunca recebe exatamente os mesmos cuidados afetivos que uma outra. As crianças que têm um físico atraente – e notadamente as meninas louras cacheadas de olhos azuis – são sempre mais mimadas que aquelas cujo aspecto é ingrato. Certas enfermeiras são mais calorosas que outras e certas crianças sofrem traumatismos suplementares em razão de doenças intercorrentes.

Certos berçários parecem particularmente nocivos. Em conseqüência, as crianças que lá efetuaram longas estadas são manifestamente muito mais deficientes que as outras. Por isso é que as noções adquiridas nestes últimos anos sobre os efeitos da carência de cuidados maternos tornam injustificáveis certas práticas ainda correntes.

Nesses berçários, as crianças dormem em camas muito profundas de paredes cheias. Lá são colocadas em permanência e só têm por espetáculo o teto da sala onde ficam, a maior parte do tempo amarradas, o que lhes restringe a motricidade. Alimentadas nos berços – e às vezes até com a ajuda de uma mamadeira amarrada acima delas –, não têm contato humano algum.

Na Fundação Parent de Rosan, observamos sobretudo as formas mais graves de ausência de cuidados maternos. Mas sabemos hoje, graças aos numerosos trabalhos publicados em vários países, e inteiramente concordantes, que as crianças criadas nos berçários apresentam sintomas desfavoráveis a toda evolução ulterior. O quociente de desenvolvimento médio dessas crianças sempre é inferior ao normal e o atraso aumenta conforme a estada for sendo prolongada[6]. Constatam-se, além disso, uma diminuição

---

[6] Cf. Spitz e Wolf, Simonsen, Durfee e Wolf, Rheingold e Lévy. A partir da 8ª semana, observam-se reações anormais cuja ordem de aparecimento Gesell e Amatruda analisaram (JA).

da capacidade de reação e um defeito de integração no comportamento de 8 a 12 semanas, assim como uma disparidade entre a utilização das posições deitada e sentada. A que se acrescentam uma inquietude excessiva diante de pessoas estranhas – entre 12 e 18 semanas –, um atraso geral, uma falta de mímica facial, uma falta de iniciativa, um automatismo sensori-motor – entre 24 e 28 semanas –, uma incapacidade de se adaptar às novas situações e resistências exageradas a estas – 10 e 12 meses. Quanto ao atraso de linguagem, ele se situa entre 12 e 15 meses.

Os estudos feitos com adolescentes que permaneceram em instituição ao longo dos três primeiros anos da vida mostram que essas desordens os marcam para a vida inteira. A maioria deles apresenta atrasos graves[7]. São, além disso, incapazes de abstração, hiperativos mas agitados, e não conseguem muito se concentrar. Demonstram uma intensa necessidade de afeição, mas não se apegam a ninguém e só estabelecem contatos sociais superficiais. Muitos deles são delinqüentes recidivistas e de uma inacessibilidade exasperante para todos os que tentam ajudá-los[8].

Na Fundação Parent de Rosan, observamos e tratamos várias crianças que, em razão de uma carência total de cuidados maternos, se apresentavam como objetos vazios de todo conteúdo e não tinham nenhuma estrutura psíquica. Certos sucessos só foram obtidos ao preço de esforços prolongados. Mas, de maneira geral, esses casos são os únicos para os quais o fracasso da psicoterapia é freqüente. Quando essas crianças saem de seu nada, elas afundam num estado psicótico que requer internação. Vamos ilustrar nossa posição através dos relatos de duas histórias de crianças.

No momento de sua admissão na Fundação, Christine[9] mora com o pai e a mãe, que vivem maritalmente num pequeno alojamento miserável.

---

[7] QI a 0,70.

[8] Cf. W. Goldfarb, "Effect of Psychological Deprivation in Enfancy and Subsequent Stimulation", *American Journal of Psychology*, 102, 1945, pp. 18-33.

[9] Interrogada por *La Gazette de Lausanne*, de 1º de abril de 1958, Jenny Aubry declarou a respeito de Christine: "Christine tinha oito meses. Ela balançava o dia inteiro da direita para a esquerda, de olhos fechados, insensível ao mundo exterior. Parecia idiota, surda e cega. Separada da mãe com dez dias de idade, ela sempre vivera em

Duas outras crianças estão presentes no lar, uma de 5 anos e outra de 3 anos. De acordo com o que dizem os pais, essas duas crianças são "normais". Elas vão à escola, e são com freqüência acolhidas no sanatório numa colônia de férias. Mais tarde, o pai deixa o lar, abandonando a mãe, vítima de um nistagmo[10] congênito que a deixou quase cega desde bem pequena. Essa mulher ainda é jovem, mas parece sem idade. Pequena e mal feita de corpo, desenvolveu-se com dificuldade por causa de sua deficiência e só andou na idade de 4 anos. Além dos três filhos, teve quatro abortos espontâneos. Ela se interessa por Christine, vem vê-la regularmente e segue de bom grado os conselhos que lhe são dados.

Nascida com atraso em 17 de janeiro de 1948, Christine foi transferida desde sua vinda ao mundo para o Hospital das Crianças-Doentes por uma diarréia com prolapso intestinal. Lá ficou até a idade de 3 meses. Em seguida permaneceu sete meses num berçário onde os cuidados eram particularmente impessoais. Durante os cinco meses seguintes, foi admitida em cinco hospitais diferentes até a sua chegada a Parent de Rosan em junho de 1949.

Com 17 meses de idade, Christine tem um aspecto miserável. É muito pálida, sua tez é amarela, é hipotrófica e pesa 6,5 kg. Sua fisionomia é totalmente inexpressiva; exceto alguns movimentos da boca que parecem um esboço de sucção, seu rosto redondo é imóvel, os olhos estão quase sempre fechados e cobertos por longas mechas de cabelos finos que caem sobre o rosto. Quando ela levanta as pálpebras, o olhar de seus olhos azuis e redondos é tão imóvel e tão vago que ela parece cega.

Encontramos Christine sentada ali onde foi colocada, as pernas abertas, os pés virados para fora e completamente chatos, a cabeça pendida para

---

hospitais e berçários. Foram precisos quase três anos para recuperar Christine. Corta-me o coração evocar desesperanças de crianças, de bebês inconsoláveis, aquele imenso medo instalado neles e diante do qual os adultos pareciam impotentes". E ela acrescentava: "Vocês poderão dizer a todas as mães que lerão vocês que, se as crianças confiadas a Parent de Rosan apresentavam de maneira aguda esse estado de carência, muitas outras, mesmo vivendo em família, podem, à revelia dos pais e apesar da boa vontade destes, ser vítimas de distúrbios de origem psíquica".

[10] Nistagmo: fenômeno patológico caracterizado pela existência de abalos rítmicos dos globos oculares.

o lado esquerdo. Ela se balança indefinidamente da direita para a esquerda, num movimento lento bem amplo, como uma planta oscilando ao vento. Por outro lado, ela parece nada perceber de si mesma. Nem mesmo tem consciência de suas eliminações.

Esse estado de amorfismo total é mais ou menos permanente. Para que Christine perceba o mundo exterior, é preciso um contato físico direto e, nesse caso, suas reações permanecem anormais. Se colocarmos um objeto em sua mão, ela o pega num movimento reflexo e o leva contra seu olho direito, arregalando os olhos e fazendo careta. Às vezes, faz funcionar os dedos como objetos desligados de seu corpo. Se a tocamos, ela bate no rosto e puxa os cabelos, fazendo caretas com gestos bruscos de fantoche. É difícil de ser alimentada, só aceita purês açucarados e papas e prefere a mamadeira.

Christine é quase impossível de testar. Durante longos momentos, ela fica imóvel e inconsciente antes de se interessar enfim por um chocalho[11]. Seu comportamento é, pois, totalmente anormal. Ela não tem nenhuma expressão nem nenhum gesto que possa ser comparado aos de uma criança normal, mesmo mais jovem. Ela nada tem de harmonioso, nada de humano, quase nada de vivo.

O tratamento se inicia em setembro de 1949. Vai prosseguir durante três anos até que Christine possa ser entregue a uma ama. Durante o primeiro mês, ela dá a impressão de estar mergulhada no nada ou num grande vazio interior. Todavia, faz alguns progressos motores, amplia o campo de suas percepções e mostra um certo interesse pela terapeuta.

Com uns cinqüenta meses de tratamento, Christine se desloca sozinha e dá prova de uma atividade caótica e desordenada. Ela dá a impressão de estar sempre sob domínio de necessidades instintuais primitivas. Ela rola na água ou na lama, chupa tudo o que fica a seu alcance, utiliza um jargão incoerente marcado pela violência e pela insatisfação. Em sua atitude para com as pessoas e os objetos, ela costuma conservar um ar perdido e perseguido.

Só após dois anos de tratamento, quando a motricidade se tornou normal, é que Christine começa a integrar e a organizar suas aquisições. A

---

[11] Ela tem um quociente de desenvolvimento de 0,40 (JA).

partir de janeiro de 1952, ela se apega intensamente à terapeuta e passa novamente por todas as etapas do desenvolvimento normal da criança. Durante o ano de 1952, Christine, em certos momentos do dia, parece com uma menina normal, mas atrasada para a idade. Em outros momentos, bruscamente, e sem razão aparente, seu olhar torna-se novamente perdido, seus gestos sobressaltados, sua atividade desordenada. Ela dá, então, a impressão de estar quase demente. Progressivamente começamos mesmo assim a notar que os períodos anormais se tornam mais raros e mais fugazes. Em maio de 1953, Christine dá a entender à terapeuta que não está satisfeita e que precisa da presença permanente de uma mãe que seja a sua.

Ela está então preparada para um encaminhamento familiar e deixa a Fundação Parent de Rosan em julho de 1953, com 5 anos e meio. Do ponto de vista físico, ela está normalmente desenvolvida, mede 103 cm e pesa 16,1 kg. Entretanto, do ponto de vista psicomotor, sua evolução permanece insuficiente[12]. Christine fala, mas seu vocabulário e as formas gramaticais nas quais ela se exprime são as de uma criança mais jovem. Seus movimentos são bem coordenados, mas não têm fineza nem precisão. Seus interesses são os de sua idade: canções infantis, brinquedos de boneca, imitação das atividades do adulto. Christine adapta-se mal às atividades de grupo. Exclusiva e ciumenta da afeição que os adultos têm pelas outras crianças, ela entra em violentas cóleras, rola no chão e puxa os cabelos quando não obtém o que deseja. A intensidade dos sentimentos que ela exprime, as alternativas de suas alegrias radiantes e de seus desesperos raivosos indicam que o equilíbrio ainda não está atingido.

Enfim entregue aos pais de criação, Christine de agora em diante mora numa pequena casa com quintal e animais. Avisados das dificuldades que poderiam encontrar, os pais foram convidados a ir de dois em dois meses visitar a filha. O pai tem uma profissão, ao passo que a mãe fica no lar com a filha de 17 anos. A aldeia e a escola são distantes 2 km, o ambiente é calmo, compreensivo, caloroso. Os pais de criação mantêm boas relações com a mãe de Christine, que veio ver a filha por duas vezes e lhe envia regularmente encomendas e pequenas somas de dinheiro.

---

[12] O Quociente de desenvolvimento é de 0,70 (JA).

A evolução afetiva de Christine é, no conjunto, satisfatória. Ela se lembra de seu passado na Instituição, fala daqueles que lá conheceu, mas "recebe" a terapeuta e lhe fala de "sua casa" e de sua mãe, que ela procura diferenciar de sua ama. A afeição que ela tem pelos pais de criação parece sólida e real, com uma predileção pelo pai. Bem rápido, ela renunciou a suas cóleras, contenta-se em gemer e fechar a cara quando não está satisfeita e aceita a disciplina cotidiana. Dificuldades subsistem quando ela se vê com outras crianças. No início de sua estada, ela tem um prazer intenso por ser a única criança da casa. Recusa divertir-se com outras, depois se liga a uma pequena vizinha. Cinco meses depois de sua chegada, a família resolve cuidar de um menino de 3 anos, Christine lhe manifesta hostilidade e assume um ar descontente e carrancudo quando a ama cuida dele. Este é em seguida substituído por outro, mais bem aceito. Christine quer ocupar o primeiro lugar na casa.

Em abril de 1954, com 6 anos e 3 meses de idade, Christine entra na escola. Adapta-se à disciplina e segue as atividades, mas tem alguma dificuldade de participar das brincadeiras de grupo. Isola-se de bom grado, assume facilmente um ar perseguido, mostra-se incapaz de se defender e parece aniquilada mal outras crianças a ela se opõem.

Seu desenvolvimento físico e motor está em plena expansão. O corpo é harmonioso, a tez é fresca e a pele é colorida. Quanto ao rosto, ele tem uma expressão calma e serena que nunca existira antes. Christine tornou-se habilidosa, corre, sobe alto, pula corda, entrega-se a pequenos trabalhos manuais e inicia-se na costura.

O desenvolvimento intelectual é mais lento ou, mais exatamente, as funções intelectuais sofrem flutuações que tornam difícil a avaliação de seu nível. Em geral, Christine fala com uma voz calma, inteligente e cheia de nuanças. Ela articula corretamente as palavras, constrói bem as frases e consegue enriquecer seu vocabulário. No entanto, quando está excitada ou emocionada, às vezes retoma seu tom monocórdio. A ama se queixa da incerteza de sua inteligência e de sua memória. Segundo ela, Christine "se enrola", diz uma palavra em vez de outra, não entende mais o que entendia na véspera. Ela parece meio "bobinha", mas é tão boazinha que lhe perdoamos suas insuficiências.

Ao longo de seu primeiro ano, Christine não teve cuidados maternos. Durante muito tempo, ela ficou como uma casca de noz vazia, fechada por todos os lados e impossível de preencher. Depois, o instinto de vida venceu o instinto de morte[13]. A menina acabou por satisfazer suas necessidades elementares como um pequeno animal. Para se tornar um ser humano, Christine teve de percorrer as etapas afetivas de um lactente. Sua personalidade parece atualmente normal, mas ela permanece um pouco "débil intelectual[14]". Essa debilidade é hereditária? É bem possível, considerando o fato de que a mãe é ela mesma "débil". Mas é impossível afirmá-lo. Em tais casos, a hipótese de uma atrofia progressiva irreversível das faculdades intelectuais, ligada à carência prolongada de cuidados maternos, está longe de ser excluída.

O caso Jeannot. Não reconhecido pelo pai, que continua casado com uma primeira mulher, esse menino mesmo assim vive sob o mesmo teto que ele com sua mãe. De uma primeira ligação esta teve duas meninas, nascidas em 1946 e 1947, que ela alimentou durante três meses. Ela em seguida as entregou a uma boa ama e retomou a mais velha, que vai à escola, enquanto a caçula ainda está na casa da ama. Em 1945, a mãe de Jeannot contraiu sífilis. Foi regularmente tratada e não transmitiu a doença aos filhos. De sua ligação com o pai de Jeannot ela tem uma outra filha, nascida no início de 1950 e que está alojada na casa da mesma ama que sua meia-irmã. Muito deprimida durante a gravidez, a mãe fez uma tentativa de aborto de que se sente muito culpada. Não conseguimos, nessas condições, obter informações sobre os primeiros meses da vida de Jeannot. Ao longo das entrevistas, ela repete num tom monocórdio: "Não me lembro, ele é assim, não é culpa minha". Parece que essa mãe não pôde se apegar ao filho em razão de seus sentimentos de culpa para com ele. O pai bebe e as brigas do casal são freqüentes.

Jeannot nasceu de 8 meses, em 22 de novembro de 1948. Pesava 2,6 kg. A mãe o alimentou durante três meses, mas não parece ter-se apegado a ele. Em vez de entregá-lo à ama junto com seus outros filhos, ela o enviou a um berçário para crianças débeis: ele lá ficou durante quinze meses. Se-

---

13 Como numerosos autores dessa época, Jenny Aubry utiliza o termo instinto para designar a pulsão.

14 No sentido do QI.

gundo o médico e o pessoal do berçário, Jeannot parecia normal na idade de 3 meses. Olhava as pessoas que se aproximavam dele, dirigia-lhes sorrisos, mas foi pouco a pouco se tornando indiferente e deixou de lado os brinquedos ao mesmo tempo que se afastava do mundo exterior. Com 18 meses de idade, pesa 10,250 kg, mede 0,76 m e tem seis dentes. Trata-se, portanto, de um desenvolvimento físico quase normal, embora o menino seja hipotônico e não fique de pé. A ama de suas irmãs o considera "anormal" e esforçou-se, sem sucesso, em fazer com que progredisse. Dois meses mais tarde, vítima de uma otite, ele foi hospitalizado durante três semanas no Hospital de Villeneuve-Saint-Georges. Em seguida voltou para a casa da ama que, julgando-o cada vez mais anormal, o conduziu à Consulta do Hospital Ambroise Paré para um diagnóstico e uma observação.

Jeannot tem agora 2 anos. Seu aspecto físico é normal à primeira vista, ele mede 82 cm, pesa 11 kg, sua pele é clara e sua nutrição é boa. No entanto, seu comportamento é totalmente anormal. Entregue a si mesmo, Jeannot balança para frente e para trás, os olhos longínquos. Parece inconsciente da existência do mundo exterior. De vez em quando, pára de balançar, faz alguns movimentos com as mãos, depois leva a mão esquerda à boca. Com a ajuda do dedo médio, ele faz então estalar o lábio superior depois olha de novo as mãos, às quais imprime movimentos atetósicos[15]. Logo estoura num riso estridente, quase inumano, e recomeça a balançar. Em outros momentos, produz curiosos ruídos com os lábios. Aceita a comida em papa, mas não mastiga e não sabe beber numa cuia. Não parece consciente de suas eliminações. Mal o tocam, Jeannot chora. Se o pegam e, sobretudo, se tentam fazê-lo andar, ele berra. Só volta a ser uma criança normal quando está doente e febril. Abatido, deixa-se cuidar e mimar. Durante breves instantes, seu rosto assume uma expressão distendida e feliz de todo bebê pequeno.

O exame neurológico é negativo e o eletroencefalograma normal. Pode-se, portanto, pensar que a estada no berçário está na origem dos distúrbios.

Em 1949, nosso conhecimento dos casos graves de carência de cuidados maternos e de seu tratamento ainda era limitado. Uma externa do

[15] Atetose: síndrome caracterizada pela existência de movimentos involuntários.

serviço encontrou Jeannot todos os dias para tentar entrar em contato com ele. Em alguns meses, sua motricidade melhorou, embora ele não pudesse utilizá-la de maneira coordenada. Ele corre de uma ponta à outra do terraço do pavilhão das crianças, em geral empinado na ponta dos pés como se fosse vítima de uma paraplegia espasmódica[16]. Ele vai e vem sem objetivo aparente, o olhar longínquo ou fixo no pedaço de papel ou no pedacinho de pau que ele está segurando. Se se aproximam dele, ou se é contrariado, em geral sem razão aparente, ele se põe a soltar gritos penetrantes. Para acalmá-lo, as enfermeiras lhe dão abaixa-línguas. Jeannot sempre escolhe três que ele dispõe em leque na mão esquerda. Ele os aproxima do olho direito, depois os afasta antes de retomar sua corrida errante ou balançar de um pé para o outro, conservando preciosamente seu talismã.

Um tratamento mais sistemático começa em abril de 1950 sem grande resultado. Certo, um contato eletivo foi instaurado entre Jeannot e a terapeuta, mas ele parece ignorá-lo. Assim que ela entra no quarto, ele se agarra nela, pede para ser carregado no colo ou a puxa para a sala onde se desenrola a sessão. Mal chega ali onde queria, não a olha mais, vira-lhe as costas e entrega-se a atividades estereotipadas ou desordenadas. Durante os primeiros meses, ele joga e dispersa os objetos na sala, depois escolhe um com o qual brinca de refugar e retomar. Ao mesmo tempo, aproxima-se da terapeuta, depois logo a refuga. Em novembro de 1951, o serviço do Hospital Ambroise Paré é fechado e Jeannot é então transferido para a Fundação Parent de Rosan. A agitação devida à mudança se manifesta por crises mais freqüentes de berros. Dois meses são então necessários para acalmar Jeannot. O tratamento prossegue sem trazer progressos notáveis. Jeannot se acostuma com o jardim de infância, mas continua sempre isolado. Corre por toda parte, buscando arrancar galhos de árvores que ele colocará em leque de três, e berra se não consegue alcançá-los. Em sessão, amontoa os objetos uns sobre os outros para formar uma pilha instável. Se a pilha cai por si mesma ele berra, mas se o monte está, ao contrário, acabado, ele o joga no chão num único golpe e estoura num riso demente.

---

16 Paraplegia espasmódica familiar: paralisia dos dois membros inferiores de origem hereditária.

Ao longo do dia, Jeannot parece inconsciente do mundo exterior. Entretanto, um certo número de fatos prova que ele vê sem olhar e ouve sem escutar. Ele obedece a ordens ou, ao contrário, manifesta uma vigorosa oposição, embora conserve um ar ausente.

Eis o resumo de um teste efetuado em maio de 1953 e que dá uma idéia bem exata do comportamento do menino. Jeannot passeia no jardim, o olhar vago, com seus três pedaços de pau numa mão. A psicóloga o chama, ele se vira sem parecer vê-la. Ela avança, Jeannot corre para longe; ela quer pegá-lo, ele se senta, depois rola no chão. É então que uma enfermeira o leva para a sala do teste. Ele lá permanece imóvel, segurando sempre seus pedaços de pau. Ao fim de um momento, ele faz idas e vindas de um canto da sala ao outro, o busto inclinado para a frente, o queixo contra o esterno sem parecer notar os objetos do teste, nem as pessoas presentes. Ele prossegue seu jogo durante mais ou menos quinze minutos e só interrompe para olhar pela janela quando ouve barulho. Pára, enfim, no meio da sala, cantarola uma melopéia suave, depois se dirige subitamente para a mesa e joga todos os cubos no chão. Recomeça seu vaivém durante dez minutos, depois joga de novo os cubos no chão.

A psicóloga lembra que, durante o teste precedente, Jeannot conseguira algumas performances no chão. Assim, ela dispõe os cubos no assoalho e os manipula. Jeannot não parece vê-los, mas, durante seu vaivém, ele os contorna cuidadosamente. E depois, de um só golpe, ele se põe na ponta dos pés, os calcanhares afastados, as pernas oblíquas para trás, debruça a ponto de fazer pender a cabeça entre as pernas e, sem largar seus pedaços de madeira, constrói com muito jeito, nessa posição incômoda, uma torre de nove cubos. Ele a levanta, a leva ao olho direito, a olha intensamente, a repousa sem deixar cair um único cubo antes de recomeçar a sua marcha. Um pouco mais tarde, senta-se no chão e, sem olhar, insere os blocos no encaixe, os repõe sem erro depois que a prancha foi virada. Após tais façanhas, ele retoma seu vaivém e não se interessa mais pelos outros objetos.

Durante os meses seguintes, a atividade de Jeannot torna-se cada vez mais desordenada, entrecortada de ritos curiosos para com objetos heteróclitos, de que não podemos dar todos os detalhes. Se nos opusermos a um de seus ritos, ele manifesta um grande furor, tenta quebrar os vidros, ataca as outras crianças ou berra durante horas inteiras. Torna-se intolerável para a coletividade e é preciso interná-lo. Sua partida é dramática. Diante da ambulância, Jeannot procura fugir, agarra-se numa enfermeira, debate-se, depois parece renunciar a lutar. Senta-se, enfim, muito pálido e tremendo com todos os membros, o rosto inundado de suor, como se pressentisse a sua sorte.

Como Christine, Jeannot nunca conheceu cuidados maternos e parece, à primeira vista, totalmente inconsciente. Quando sua motricidade se desenvolve, ele a utiliza de maneira desordenada e, mesmo assim, não consegue nem transpor o muro que o separa dos outros seres humanos, nem integrar suas pulsões para se construir. Seu jogo ritual, que consiste em erigir torres para em seguida destruí-las, parece reproduzir simbolicamente suas tentativas infrutuosas de integração. Certas circunstâncias foram desfavoráveis à sua evolução. Jeannot mudou duas vezes de terapeuta e, por infelicidade, sempre que se apegava a uma enfermeira, esta se interessava por outra criança ou deixava a instituição. É difícil dizer se o fracasso está ligado à gravidade da carência de cuidados maternos, à insuficiência do tratamento, às condições de vida coletiva ou a elementos inerentes à constituição da criança e que determinaram a própria gravidade da psicose. Mas podemos dizer que, entre as crianças que tratamos, as únicas que não tiveram direito ao tratamento eram crianças que viveram em coletividade entre três e quinze meses.

4. As desintegrações da personalidade

A qualidade dos cuidados maternos recebidos pela criança antes da separação é o fator essencial da estruturação nascente da personalidade. Várias crianças hospitalizadas em Parent de Rosan passaram os primeiros meses da vida com mães vítimas de graves distúrbios mentais antes de sofrerem múltiplas mudanças e uma carência prolongada de cuidados maternos. A estrutura psíquica delas não está nem atrofiada, como nos casos de ausência de cuidados maternos, nem parada em seu desenvolvimento, como nos casos de separação tardia, mas bem desintegrada e caótica. Alguns dirão que essas crianças, nascidas de mães dementes, são tais em razão da hereditariedade. Sem negar a fragilidade psíquica dessas crianças, constatamos, estudando a evolução e as reações que tinham ao longo do tratamento, que os comportamentos anormais da mãe para com o filho desempenham um papel preponderante na formação da psicose.

O caso Monique[17] é outro exemplo disso. Filmamos essa menina em *A carência de cuidados maternos nas crianças pequenas*[18]. Embora balance e pareça atrasada como Maryse, Monique não é autística. Ela sempre está consciente da existência do mundo exterior, mas a angústia é dominante no quadro clínico. Durante o tratamento, enquanto Monique se desenvolve fisicamente, os ritos de caráter obsessivo, que a protegem contra essa angústia, se multiplicam e se organizam. É preciso que, ao longo de sessões dramáticas, ela refaça as cenas das primeiras semanas de vida, quando a mãe a sufocava ao alimentá-la, e que destrua, esmagando-a, uma boneca símbolo de si mesma para que, progressivamente, ela possa sair desse estado e reconstruir um "eu" [*moi*] normal. O caso Robert é ainda mais impressionante.

O caso Robert[19]. Nascido em 4 de março de 1948, de pai desconhecido, o menino passa os seis primeiros meses de vida com a mãe, que muda sem cessar de casa materna e mostra-se incapaz de cuidar do menino. Ela

---

17 Publicado na *Revue de psychiatrie infantile*, Zurich, 1951, 6, vol. 18 (JA). A menina foi acompanhada em psicoterapia por Geneviève Appell. Segundo Jenny Aubry, a mãe de Monique foi internada num hospital psiquiátrico. A família veio em seguida procurar a menina para deixá-la aos cuidados de uma ama. Posteriormente, após um trajeto escolar normal, Monique pôde aprender um ofício. Cf. Jenny Aubry, "Entrevista com Henri Deluy", primavera de 1986, inédito.

18 Documentário em duas partes realizado por Geneviève Appell a partir do estudo feito em Parent de Rosan por Jenny Aubry e sua equipe (1949-1952). Primeira parte: "A carência de cuidados maternos nas crianças pequenas". Segunda parte: "Cuidados maternos e apetite". O filme foi financiado pelo Centro Internacional da Infância. Realização técnica: Pierre Gonse, Jean-Jacques Petter. Nove crianças são filmadas: Jacques, Monique, Christine, Laurent, Louis, Nicole, Charles, Sabine, Violaine. Sobre o caso Sabine e sobre a maneira como o filme foi recebido na SFP, vamos nos reportar ao capítulo 5 da presente obra: "Ambivalência e autopunição numa criança separada".

19 Em 1956, Rosine Lefort publica uma primeira versão da história desse caso que corresponde à exposição que dele é feita por Jenny Aubry e à maneira como o tratamento se desenrolou em Parent de Rosan. Cf. Rosine Lefort, "A criança do lobo", *La*

esquece de lhe dar mamadeira e deixa-o quase morrer de fome. Diante do estado de desnutrição de Robert e convencido de que sua mãe arrisca infligir-lhe sevícias, um dos médicos das casas maternas faz com que ele seja internado no Hospital Trousseau. Ele lá passa dois meses, contrai uma otite bilateral grave, que requer uma antrotomia[20] dupla, depois é enviado a um berçário medíocre, onde fica da idade de 8 meses a um ano. A mãe é, então, intimada a retomá-lo e ele passa novamente oito meses com ela. Finalmente, ela o deixa, com 20 meses de idade, no centro Saint-Vincent de Paul.

Um ciclo infernal começa, então, para Robert, que, de berçário a hospital, conhece quinze mudanças sucessivas, de novembro de 1949 a dezembro de 1951, data em que entra em Parent de Rosan. Durante esse périplo, ele é examinado várias vezes. São primeiramente assinaladas profundas perturbações somáticas, depois, quando o estado físico melhora, distúrbios psíquicos. Com 2 anos e 3 meses de idade, Robert anda com as pernas duras como se fosse vítima de paraplegia espasmódica, embora até seu fundo de olho seja normal, da mesma forma que a encefalografia gasosa. Sua agitação não permite fazer um eletroencefalograma. Com 3 anos e meio, ele apresenta distúrbios do comportamento tão graves que a admi-

---

Psychanalyse, 2, 1956, pp. 145-165. Trinta e dois anos mais tarde, ela expõe novamente o caso de maneira completamente diferente. Cf. Rosine Lefort em colaboração com Robert Lefort, *Les Structures de la psychose. L'enfant au loup et le Président*, Paris, Seuil, 1988. Esse livro é dedicado a Jacques Lacan e a Jenny Aubry. Rosine e Robert Lefort lá transformam o tratamento de Robert numa cura psicanalítica muito diferente do que foi a realidade da abordagem terapêutica efetuada em 1950 e que Jenny Aubry relata aqui de maneira muito mais exata. Da mesma forma que para o tratamento de Maryse, que foi igualmente confiado a Rosine Lefort. Cf. Rosine Lefort em colaboração com Robert Lefort, *Naissance de l'autre*, Paris, Seuil, 1980. Numa carta de 24 de outubro de 1980 dirigida a Jenny, Rosine escrevia: "Este livro, cara Jenny, faz parte de nossa vida e você nele está. Nele está mais, e você sabe disso, que a referência formal do livro deixa aparecer, já que é em você que nos encontramos e que cada um de nós se engajou na via da análise de que este livro é testemunha. Eu, Rosine, não é sem grande emoção que penso ainda e sempre na confiança que você teve em mim, humanamente falando, já que nenhum título oficial podia fundá-la".

[20] Antrotomia: trepanação do antro mastóide no lactente. Essa intervenção cirúrgica dolorosa era praticada, nessa época, sem anestesia. Achava-se, com efeito, que era muito perigoso adormecer crianças muito novas. Só por volta dos anos 1990-2000 foram levados em conta os sofrimentos dos lactentes operados.

nistração pensa em interná-lo. Mas, antes de adotar essa solução, ela decide colocá-lo em observação na Fundação Parent de Rosan. Nesse momento, a mãe é internada pela quarta vez e, parece, desde julho de 1952, por uma duração ilimitada. Durante a gravidez, ela já se mostrara instável e reivindicadora. Ela se arrastava de hospício noturno a hospício noturno. Obcecada, perseguida, reivindicadora, ela enviava cartas de reclamações ao secretário de segurança e ao presidente da República.

Ao chegar à Fundação, e apesar de uma otorréia bilateral crônica, Robert, com 3 anos e 9 meses de idade, está em bom estado físico. Sólido e bem constituído, mede 94 cm e pesa 13,2 kg. No entanto, seu comportamento é anormal.

De imediato ficamos impressionados com o prognatismo que marca o seu rosto e com o olhar obcecado de seus olhos, os quais parecem colocar-se em permanência sobre um objeto imaginário situado a alguma distância dele[21]. Sua agitação perpétua torna-o dificilmente tolerado numa coletividade. Ele corre sem cessar e sem objetivo, soltando gritos guturais ou risos discordantes, usando apenas duas palavras sempre gritadas, "senhora" e "o lobo". Sem cessar, ele arrisca levar um tombo. Com efeito, seu andar permanece incerto e suas pernas duras. Ele não sabe subir escadas e não pode retificar um movimento começado. Para alcançar um objeto, projeta brutalmente as mãos para a frente, em geral erra o alvo e deve então repetir o mesmo gesto. Sabe comer só, mas não pode ficar sentado mais de alguns segundos, o que torna as refeições difíceis.

Robert não diferencia nenhum brinquedo e só usa os objetos para deixá-los cair, o que desencadeia nele um riso anormal. Da mesma forma, se se agarra ao adulto e não pode suportar vê-lo partir ou cuidar de outra criança, utiliza-o apenas para amontoar nele objetos que ele em seguida deixa cair. Só parece consciente da presença de outras crianças quando estas soltam gritos. Robert então se precipita na direção delas, o punho na frente,

21 "De toda essa observação", escreve Rosine Lefort, "domina em minha lembrança uma impressão: pela primeira vez, encontro-me diante de uma criança louca. Tudo em Robert concorre para dar essa imagem da loucura: seu rosto vermelho, vultuoso, em geral suado; seu olhar a um só tempo fixo e de uma mobilidade incessante, olhar de uma intensidade estranha que dá medo", em *Les Structures de la psychose*, op. cit., p. 63.

como se quisesse bater nelas, e a boca aberta como que para devorá-las. No entanto, não as toca e limita-se a lhes dirigir com violência sílabas isoladas que se assemelham a invectivas. As crianças têm medo dele e ficam como que paralisadas diante de sua violência. Fato curioso, quando fica só com um adulto, age como se as outras crianças o cercassem, embora, por seus gestos e sua mímica, ele se dirija ao vazio. Com certeza está alucinado.

Sobre esse fundo permanente de agitação incoerente implantam-se, várias vezes por dia, crises que ocorrem subitamente, cessam da mesma forma e poderiam fazer crer na existência de convulsões. Durante as crises, Robert berra "o lobo". Sua fisionomia fica então muito vermelha e seu corpo todo sacode em movimentos desordenados. Quando fica perigoso, ataca as outras crianças com o objeto que tem na mão ou então procura estrangulá-las. Certos acontecimentos cotidianos desencadeiam tais crises: tirar a roupa, tomar banho, o esvaziamento dos penicos, as portas abertas, a escuridão, as mudanças de sala, os gritos das outras crianças. Mais raramente, Robert cai em estados depressivos durante os quais fica prostrado, sem movimento e com o olhar vago[22].

Apesar desse comportamento caótico, Robert não é de modo algum autista. Consciente da existência do mundo exterior, só consegue entrar em contato com ele através dos objetos e protegendo-se por ritos obsessivos, uma hiperatividade e uma angústia destruidora.

Quando faz o teste de Gesell, interessa-se brevemente pelos objetos e realiza as performances de uma criança de 15 meses[23]. Ao fim do período de observação, é estabelecido um diagnóstico de neurose obsessiva grave evoluindo para um estado psicótico, com um prognóstico muito reservado. Decide-se, no entanto, tentar a prova terapêutica. O tratamento começa em janeiro de 1952 e desemboca, após múltiplas peripécias, num encaminhamento familiar em julho de 1954.

Durante os dois primeiros meses, os distúrbios do comportamento se agravam. À medida que Robert instaura um vínculo com sua terapeuta –

---

[22] Rosine Lefort interpreta seus sintomas como o resultado de um "comando do Outro": "O que alucina, portanto, não é um objeto de desejo oral para ele, é o comando do Outro", em *Les Structures de la psychose,* op. cit., p. 28.

[23] Por essa razão, atribuem-lhe um QI de 0,43 (JA).

vínculo de que ele tem uma necessidade vital –, ele é tomado de um medo frenético de ser destruído, uma vez mais, pelo desaparecimento do objeto amado. A angústia suprimida ou mascarada pela hiperagitação e pelos ritos torna-se de novo aparente. Em conseqüência, as crises para-convulsivas tornam-se mais graves e mais freqüentes e, portanto, incoercíveis. Por isso uma estreita vigilância é necessária para prevenir os ataques de Robert contra as outras crianças e para protegê-lo de si mesmo. Mas essa própria angústia é um elemento favorável, pois indica que Robert abandona o caminho da psicose e do mundo imaginário para voltar a uma realidade com certeza penosa, mas contra a qual é possível ajudá-lo.

No mês seguinte, com efeito, Robert, por seu jogo em sessão, dá a significação dos acontecimentos cotidianos que desencadeiam suas crises. E, por conseguinte, essa significação perde seu poder destruidor e angustiante à medida que ela lhe é interpretada. Toda noite após uma sessão, Robert suporta o acontecimento que havia provocado uma crise.

Esse princípio destruidor que ele traz em si, e que remete às mudanças de que foi vítima, Robert o chama "o lobo". E esse "lobo" possui múltiplas facetas. Uma porta aberta pode significar, por exemplo, que a criança se sente em perigo de ser levada para outro lugar: é "o lobo". A escuridão pode indicar que o lugar onde ele se encontra é sempre incerto: é "o lobo". Outro exemplo: se Robert é conduzido a outra sala que aquela onde ele está, é "o lobo". Enfim, se lhe retiram a roupa da Assistência Pública, que, por sua uniformidade, lhe assegura uma certa permanência no cerne de um processo de separações em cadeia, é "o lobo".

Robert nunca conseguiu identificar seu corpo e nunca soube distinguir os objetos que o cercavam. É bem por essa razão que, se lhe retiram a roupa ou se jogam as suas fezes nos sanitários, onde elas desaparecem ou são destruídas, ele tem a impressão de que lhe retiram uma parte dele mesmo ou de que procuram aniquilá-lo.

Com a terapia, os ritos do deitar, da mudança de sala, de esvaziamento dos penicos ou do vaivém das portas abertas tornam-se toleráveis, da mesma forma que ficar no escuro. Desde que, no entanto, Robert disso participe, ajudando as enfermeiras, notadamente para a separação das fezes. Ao fim de algum tempo, o menino consegue levar com seus semelhantes uma vida de grupo. Certo, ainda não se trata de modo algum de uma integração real na coletividade, mas do aparecimento de um sentimento de segurança. Tudo se passa para Robert como se a presença da terapeuta tirasse do meio à sua volta seu poder destruidor.

Durante os três meses seguintes, Robert transpõe uma nova etapa. O lobo não está mais somente exterior a ele, mas *nele*. O menino absorveu o mal com a má comida que lhe dava uma mãe que o deixara com fome. Ele mesmo se vê como ruim, bate em sua imagem no espelho gritando "o lobo" ou se representa simbolicamente por um vaso contendo uma mamadeira quebrada em pequenos pedaços e leite misturado com urina e areia. Robert rejeita fora de si o lobo, e se vê vazio mas apto, enfim, a receber a boa comida que lhe permitirá construir-se, em vez de estar sempre destruído. Ele atravessa de novo, então, as fases normais da primeira infância, ao mesmo tempo que se mostra capaz de receber e de dar[24]. Por isso se transforma em defensor dos mais fracos, buscando prestar serviço ou ainda interessando-se por alguma boneca que ele acalenta, alimenta e deita. Doravante, participa de jogos coletivos, durante um tempo ainda breve, e aceita dobrar-se à disciplina do grupo, suportando até ser punido. Como os distúrbios motores quase que desapareceram, Robert fica limpo durante o dia. Esse equilíbrio ainda precário fica à mercê de uma mudança da rotina cotidiana, mas, ainda que o menino mostre alguma dificuldade para se adaptar, ele é atingível e procura ajuda junto aos adultos quando está angustiado.

Em julho, a terapeuta sai de férias por sete semanas. Ela tomou o cuidado de preparar Robert para sua ausência, insistindo na permanência do meio à sua volta, o que permite a este suportar relativamente bem a separação. Mas, quando a terapeuta volta, ele reage no plano somático: diarréias, vômitos, síncopes, estado subfebril, etc. Ele reproduz mais ou

---

[24] Vemos aqui que Jenny Aubry interpreta o caso misturando os conceitos freudianos com os da clínica inglesa kleiniana e pós-kleiniana, embora aí introduza a noção lacaniana de estádio do espelho (1936-1949). Ao contrário, Rosine Lefort reinterpreta o conjunto do caso fazendo de Robert o filho psicótico de uma mulher "paranóica", marcado em sua história infantil por uma "foraclusão do nome do pai". Isso lhe permite comparar o caso com o de Daniel Paul Schreber na reinterpretação que é dada por Lacan em seu seminário de 1955 sobre as psicoses. Cf. Daniel Paul Schreber, *Mémoires d'un névropathe* (Leipzig, 1903), Paris, Seuil, 1975. Sigmund Freud, "Remarques psychanalytiques sur l'autobiographie d'un cas de paranoïa" (1911), em *Cinq psychanalyses*, Paris, PUF, 1954. Jacques Lacan, *Le Séminaire, livre III. Les psychoses (1955-1956)*, Paris, Seuil, 1981.

menos os sintomas que havia apresentado com seis meses de idade, durante a primeira separação. Simples coincidência, talvez. Mas, como temos a oportunidade de constatar a freqüência de tais manifestações nas crianças separadas, somos tentados a lhes atribuir uma significação psicológica.

Robert supera essa crise, o tratamento prossegue e, ao longo das sessões, ele revive certos acontecimentos traumáticos de seu passado. Várias vezes, ele tenta reproduzir uma cena que o angustia: usa a mamadeira para se sufocar enquanto leva a mão à orelha com uma mímica de intenso sofrimento. Segundo a investigação que fizemos no serviço hospitalar que havia acolhido Robert, pudemos constatar como são tratadas as crianças que sofrem uma antrotomia. Para que não berrem durante a intervenção, uma mamadeira é mantida à força na boca. Daí o fato de que para Robert a comida esteja associada a uma destruição dolorosa.

No entanto, o menino atravessa um período difícil quando manifesta um extremo ciúme em relação a Maryse, tratada pela mesma terapeuta que ele. Várias vezes, tenta estrangulá-la, ao mesmo tempo que quer se tornar ele mesmo uma menina. Acredita assim poder ser amado por sua terapeuta e evitar que ela o abandone. Certa noite, inteiramente nu na cama, ele faz menção de cortar o pênis com uma tesoura de plástico diante de uma platéia de meninas aterrorizadas. Pouco a pouco, no entanto, ele progride e instaura uma relação fraterna com Maryse, pretendendo protegê-la das outras crianças. Ele manifesta gostos, desejos, atividades pessoais, ao passo que seu quociente de desenvolvimento passa de 0,43 a 0,76.

O tratamento é interrompido durante oito meses em razão do estado de saúde da terapeuta. Robert conserva, então, todas as suas aquisições, mas, cuidado por enfermeiras e cercado sobretudo de meninas e de crianças mais novas, ele não consegue nem se desenvolver, nem diferenciar os sexos, nem se identificar com um homem. Instável e retardado demais para ter direito a ser encaminhado a uma ama, é tomado em tratamento por um terapeuta homem com o qual ele liquida sua agressividade para com *sua* terapeuta e, ao mesmo tempo, para com as mães destruidoras e que mudam. Logo instaura um vínculo muito positivo com *o* terapeuta, o que lhe permite livrar-se das atividades construtivas. Graças ao entendimento que intervém entre os dois terapeutas, Robert adquire um sentimento de unidade que o conduz pela via de uma integração psíquica e de uma independência.

Num dado momento, ele fecha à chave numa sala os dois terapeutas e se dirige sozinho para o jardim de infância. Sempre ansioso, volta várias vezes para verificar a existência e a presença deles, depois, completamente relaxado, retorna então a suas ocupações. Após ter sido assim preparado para um encaminhamento, Robert, acompanhado de seus dois terapeutas, visita quatro vezes seguidas seus futuros pais de criação. Em julho de 1954, vai viver com eles. Três meses mais tarde, parece ter-se adaptado bem e ter aceito a disciplina firme e calorosa que lhe impõe a ama. Toda noite, ele vai buscar o pai na saída da fábrica. Tendo ficado amigo do neto da ama, um pouco mais velho, ele recebe os terapeutas, fazendo-os visitar a casa e o quintal como se se tratasse de seu próprio lar. A linguagem progride, mas permanece deficiente.

Para entender melhor a história do caso, sublinhemos que, depois de ter sido criado por uma mãe que o deixava com fome e o destruía, Robert tornou-se um ser inteiramente em pedaços. As mudanças às quais foi submetido e as múltiplas separações que viveu nunca lhe permitiram construir-se. No início, reagia à separação por distúrbios somáticos. No entanto, sempre que acontece uma doença, acarretando uma nova hospitalização e, portanto, uma mudança vivida como uma mortal punição, Robert parece emparedado em si mesmo. Ele mergulha, então, em seu universo caótico, que o faz deslizar para a psicose.

5. Conclusões

Ao termo dessa descrição clínica dos diversos aspectos das formas graves da carência de cuidados maternos, eu gostaria de precisar certos pontos.

É preciso, antes de mais nada, marcar as diferenças entre a separação da mãe e a carência de cuidados maternos, no entanto intimamente misturados em todos os casos descritos.

A separação, que implica a perda da mãe, é um traumatismo. Ela produz na criança pequena um choque comparável a uma doença aguda e próxima, por seus sintomas, da síndrome de intoxicação aguda. Em tais situações, observamos fenômenos de desidratação, com modificações da fórmula sanguínea, semelhantes aos que acontecem na doença de Selye[25]. Os sintomas podem desaparecer rapidamente se a criança separada logo encontrar um substituto materno adequado. Só resta da doença, então, uma sensibilidade à separação e à mudança.

A carência de cuidados maternos é uma doença crônica de evolução progressiva que pode culminar em lesões permanentes, até mesmo irreversíveis. Podemos compará-la, em certos casos, à atrofia muscular que se observa após longas imobilizações e, em outros casos, à atrepsia[26].

Os quadros nosológicos que tentamos traçar para classificar as diferentes formas de carência grave não devem ser considerados compartimentos nitidamente distintos uns dos outros. Certas crianças criadas por amas – que recebem elas mesmas cinco crianças simultaneamente – podem ter sintomas idênticos aos que vemos aparecer nas crianças de berçários. Em algumas delas, os cuidados são suficientemente individualizados para permitir uma estruturação elementar da personalidade. Mona, por exemplo, criada entre 4 e 13 meses num bom berçário, teve uma parada de desenvolvimento mais que uma atrofia da personalidade.

Certas mães, hostis ou indiferentes, não se interessam pelo filho e se comportam como robôs. Os resultados são então idênticos aos colhidos nos berçários mais nocivos. As diferenças constatadas são, aliás, mais aparentes que reais, já que, com efeito, os fatores essenciais permanecem os mesmos: qualidade dos cuidados maternos, maturação da criança antes da separação, natureza e qualidade dos cuidados recebidos após a separação.

Enfim, nossas múltiplas observações deixam claramente aparecer que existe na criança, desde os primeiros meses de vida, uma estrutura psíquica organizada cujo desenvolvimento é função da qualidade dos cuidados maternos que ela recebe. A maioria dos psiquiatras considera que a criança só se estrutura realmente por volta dos 6 ou 7 anos e que os distúrbios do comportamento, mesmo de tipo obsessivo, são distúrbios reacionais e não distúrbios ligados à estrutura psíquica.

---

[25] Em 1950, o pesquisador americano Hans Selye definiu o estresse como uma reação não específica de um organismo em resposta aos estímulos provenientes de um meio perturbador. Cf. Pascal-Henri Keller, *La Médecine psychosomatique en question*, Paris, Odile Jacob, 1997.

[26] Atrepsia: doença incurável da nutrição que começa já nas primeiras semanas de vida.

Pensamos que o período que se estende do 4º ao 15º mês é o período crucial para a construção do eu [*moi*], de onde derivam a consciência do esquema corporal[27], a consciência da identidade de um ser humano e a possibilidade do desenvolvimento da expressão verbal. Toda carência que ocorre durante esse período arrisca perturbar gravemente o desenvolvimento psicomotor e afetivo da criança.

Discussão[28]

SERGE LEBOVICI: A interessantíssima conferência da Dra. Aubry traz documentos clínicos de grande valor, que mostram de maneira irrefutável a gravidade das carências afetivas maternas nas experiências primárias da criança. Apesar das conclusões muito prudentes da autora, acreditamos que é importante sublinhar, no entanto, que toda a psiquiatria do lactente ainda está por ser feita e que não deixa de ser inconveniente empregar, a respeito de distúrbios cujo prognóstico é difícil de precisar, a terminologia psiquiátrica clínica. Já há grandes dificuldades em assimilar distúrbios que são observados na criança cujo eu [*moi*] está, apesar de tudo, em via de constituição, ao fim do período de latência, por volta dos 6-7 anos, aos estados terminais que os psiquiatras de adultos descreveram. Mas a comparação dos distúrbios do lactente com os que observamos no adulto não nos parece muito admissível. Não se pode pensar, apesar da grande importância que se deve reconhecer às experiências afetivas do lactente, que sua estrutura psí-

---

[27] Jenny Aubry utiliza aqui a noção de esquema corporal formulada em 1911 pelo neurologista inglês Henry Head (1861-1940) para designar a experiência que cada um tem de seu próprio corpo e de suas relações com o meio.

[28] Essa discussão mostra que Jenny Aubry foi a primeira na França a introduzir uma prática da psicanálise em meio hospitalar, que se apoiava, por um lado, na idéia de que existe na criança, e desde os primeiros meses de vida, uma estrutura psíquica organizada, e, por outro, no princípio segundo o qual a carência afetiva precoce determina uma parada ou uma diminuição na velocidade do desenvolvimento psíquico. Os trabalhos de Diatkine e Lebovici são posteriores aos de Jenny Aubry. Cf. Serge Lebovici e Michel Soulé, *La Connaissance de l'enfant par la psychanalyse* (1970), Paris, PUF, coll. "Quadrige", 2003.

quica é realmente organizada no primeiro ano de vida. Não é menos verdade que distúrbios dinâmicos muito importantes podem encontrar sua gênese nesse período cuja importância decisiva para o futuro da criança a Dra. Aubry muito bem mostrou.

GINETTE AMADO[29]: Pude observar, em crianças muito cedo abandonadas, ou uma evolução contínua dos distúrbios, ou uma recaída após uma remissão momentânea. Mas tais crianças, mesmo acompanhadas por muito tempo, nunca apresentaram neuroses estruturadas.

RENÉ DIATKINE[30]: Penso que se trata no lactente, cuja imaturidade é por definição essencial, de "reações" mais que de "estruturas" neuróticas. Não se deve perder de vista que, na edificação de sua personalidade, a criança pequena deve superar tarefas e dificuldades que ela nem sempre pode enfrentar, em razão de sua fraqueza.

JENNY AUBRY: Subscrevo às observações que acabam de ser feitas. É certo que não se pode falar a respeito da criança pequena de "estrutura neurótica". Aliás, falei sobretudo da estrutura do esquema corporal que, esta, se organiza na primeira idade de vida.

DANIEL LAGACHE[31]: A discussão mostra uma vez mais que é possível dar um sentido diferente à palavra "estrutura". Para Jean Piaget, por exemplo, o "adualismo" é um nível de estrutura[32].

---

29 Ginette Amado: psiquiatra, psicanalista, chefe de serviço no Hospital Sainte-Anne.

30 René Diatkine (1918-1997): psiquiatra, psicanalista, ex-chefe de clínica de Georges Heuyer, analisado por Lacan e membro da SPP. Co-fundador com Serge Lebovici, em 1954, da Associação de Saúde Mental do XIIIe *arrondissement* de Paris, depois, em 1958, do Centro Alfred Binet e da revista *La Psychiatire de l'enfant.*

31 Daniel Lagache (1903-1972): psiquiatra, psicanalista, filósofo de formação e ex-aluno da Escola Normal Superior. Foi o introdutor da psicanálise na Universidade pelo viés do ensino da psicologia clínica e o fundador da SFP, depois, da APF. Cf. *Œuvres complètes (1932-1968)*, 5 volumes, edição organizada por Eva Rosenblum, Paris, PUF, 1977-1982.

32 Adualismo: termo introduzido em 1895 pelo psicólogo americano James Baldwin (1861-1934) para designar o estado de indiferenciação primitiva no qual se encontra

JACQUES LACAN: O estudo da linguagem das crianças examinadas é de natureza precisamente a elucidar a estrutura de suas relações sob seu aspecto mais profundo e decisivo. A esse respeito, as observações da Dra. Aubry são muito significativas.

HENRI EY: Na conferência que acabamos de ouvir, gostei principalmente do estudo bem metódico do campo da percepção em função da organização libidinal. Mas sempre me pergunto, quando ouço falar desses "comportamentos neuróticos" do lactente, em que medida eles resultam ou da situação, ou da má-formação da vida psíquica. Talvez possamos dizer que é a situação carencial que forma a disgenesia. Isso talvez seja verdade, mas isso não é absolutamente evidente, ou porque nessas "reações" nem sempre sucede uma neurose, ou porque a neurose não se deixa reduzir a tais peripécias dramáticas, em suma comuns a toda vida de criança. A frustração depende das circunstâncias, mas ela depende também da dinâmica interna das pulsões e das necessidades. E, se certas crianças sofrem anormalmente da falta de cuidados maternos, outras são mais anormais ainda quando disso sofrem estando, no entanto, cheias deles. Mas, apesar dessas reservas, aceito de bom grado que os estudos sobre a situação afetiva da primeira infância devem reter toda a nossa atenção, já que, da mesma forma, aí se trata de uma via de acesso para a terapêutica e a profilaxia.

HENRI AUBIN[33]: As interessantes observações da Dra. Aubry inscrevem-se no quadro das pesquisas de grande envergadura empreendidas na Inglaterra e nos Estados Unidos. Para responder a uma questão colocada durante esta discussão, posso precisar que em Yale, por exemplo, comparações muito frutuosas se extraem de observações feitas paralelamente sobre o desenvolvimento de crianças normais e anormais.

---

a criança que confunde o eu [*moi*] e o não-eu. Jean Piaget (1896-1980) enumera três formas de adualismo: aquela em que a palavra e a coisa fazem apenas um; aquela em que o externo e o interno se fusionam; aquela em que o pensamento e a matéria são confundidos.

[33] Henri Aubin: psiquiatra, fundador de uma casa para crianças autistas em Sollies-Pont (Var).

Bowlby, numa importante obra publicada em 1951[34] pela Organização Mundial da Saúde, resume as conseqüências da carência de cuidados maternos ao longo da primeira infância; ele conclui formalmente pela influência decisiva desse fator, por um lado sobre o desenvolvimento físico (atrasos de crescimento, anorexia, enuresia, etc) e psíquico (associabilidade, indiferença, atraso de linguagem, estereotipias) do lactente, por outro lado na gênese dos distúrbios do caráter, das inadaptações sociais (delinqüência), das neuroses e das psicoses. Parece que muitos oligofrênicos[35], cuja origem nos parece misteriosa, têm a ver com essa etiologia; é o que nos afirmava em particular, em Boston, o Dr. Lovell.

Nossas próprias observações no Centro Médico-Psicológico Infantil de Clermont-Ferrand nos permitem freqüentemente assinalar nos testes de projeção de nossos pequenos retardados, durante a segunda infância, o emocionante eco de uma situação de insegurança, de uma existência dolorosamente vivida sob o signo do abandono, do desamparo, de um pessimismo profundo irredutível. Mas esses elementos costumam escapar ao exame clínico, talvez porque não conheçamos suficientemente sua semiologia. A Dra. Aubry pode nos precisar alguns dos sinais que nos poriam na boa pista? Pode ela nos dizer, por um lado, como se resolveu o problema da separação do recém-nascido da mãe (*rooming in*) e se pensamos que poderia haver aí um primeiro traumatismo afetivo? Enfim, não é indicado, nos lactentes que tenham sofrido uma carência patogênica de cuidados maternos, confiá-los o mais cedo possível a uma ama de elite, a uma "mãe artificial" – segundo a expressão de Anna Freud –, em vez de tratá-los num serviço hospitalar?

PIERRE LUQUET[36]: Eu gostaria de intervir num sentido vizinho do de Serge Lebovici. Apreciamos muito o interesse que a Dra. Aubry dá a esse problema da deterioração devida à ausência de imagem materna na primei-

[34] John Bowlby, *Soins maternels et santé mentale*, OMS, 1951.

[35] Oligofrenia: termo de psiquiatria que serve para designar todos os estados de insuficiência mental da infância.

[36] Pierre Luquet: psiquiatra e psicanalista, membro da SPP.

ra idade. Uma das conseqüências capitais dessa demonstração será, temos esperança, uma melhor compreensão dos serviços públicos da imperiosa necessidade que existe de manter a criança pequena num meio estável. Muitas obras oficiais ainda deslocam as crianças por simples razões administrativas. Muitas crianças são separadas de suas mães sem razões suficientes. Sou menos de acordo quanto à maneira de caracterizar clinicamente esses estados graves. A Dra. Aubry às vezes nos fala em termos de estrutura (obsessão, por exemplo), embora se trate, na verdade, do comportamento de uma criança de 2 ou 3 anos. Não é certo que existam estruturações da personalidade desse tipo nessa idade. Durante uma observação de crianças abandonadas ou arrancadas à família, ficamos impressionados com o fato de que algumas delas pareciam se recuperar bem rápido, após uma latência, num meio afetivo com uma boa "mãe" (ama).

Finalmente, sempre se chegava a uma retomada da evolução sem que aparecesse ulteriormente – as crianças ficavam misturadas até a maioridade – uma psiconeurose. Alguns raríssimos casos evoluíam para estados graves, evocando a psicose. Em compensação, mais tarde, apareciam graves neuroses de caráter, com enormes problemas de contato afetivo (impossibilidade de receber), que tornavam a adaptação social difícil, às vezes impossível (delinqüência). Isso por outro lado coloca o problema do modo de ação das psicoterapias nessa idade. O fato de cuidar regularmente de uma criança dessa idade, sem agressividade, tolerando a dela e intervindo pouco (todo contato sendo experimentado como perigoso pela criança), não é o modo de eficácia principal dos tratamentos? Poderíamos, então, falar de "psicoterapias reeducativas". Em compensação, mais tarde, o eu estando estruturado, terapias realmente psicanalíticas nos parecem, num primeiro tempo, indispensáveis, antes de toda tentativa de encaminhamento e de adaptação a um meio familiar.

3.
Educar uma criança[1]

Durante os primeiros anos de vida, a criança é a um só tempo frágil e maleável. A educação que ela recebe dos pais, assim como suas primeiras experiências de vida social na escola, marcam profundamente sua vida futura. Carências e erros educativos são ainda mais graves quando a criança é mais nova.

Educar uma criança pode ser muito fácil ou muito difícil: muitos pais, que nunca deram muita importância a considerações teóricas, criam muito bem os filhos e encontram intuitivamente as melhores soluções para problemas às vezes espinhosos. Embora eu cuide sobretudo de crianças em dificuldade, minha experiência de pediatra deixa-me otimista. Na França, no conjunto, uma criança com boa saúde, criada num meio familiar de estrutura normal, não sofre muito de carência ou de erro educativo grave.

---

[1] Intervenção no VII° Congresso da União Nacional das associações regionais para a salvaguarda da infância e da adolescência, Clermont-Ferrand, 22-25 de outubro de 1955. Título original: "Erros ou carências educativas da primeira infância", publicado no suplemento à revista *Sauvegarde de l'enfance*, 1, 1956. Num artigo intitulado "Como evitar as carências educativas", publicado em *Le Figaro* de 24 de outubro de 1955, François Mennelet escrevia a respeito desse congresso que havia reunido 500 pessoas: "A doutora Jenny Aubry, que, pela França, teve o grande mérito de mostrar as conseqüências dramáticas da carência de cuidados maternos, foi a primeira ontem a mostrar, através de exemplos concretos, o quanto a criança, em sua primeiríssima idade, não podia normalmente se desenvolver sem a presença de sua mãe. Ela reconheceu em seu serviço em Bichat que as crianças mais irremediavelmente tocadas eram as que não tinham tirado proveito, durante o primeiro ano de vida, desse contato permanente".

As dificuldades econômicas e sociais, a doença e todas as causas de dissociação familiar são os fatores mais importantes de carência. Entretanto, a evolução geral da vida urbana e industrial, da mesma forma que os progressos técnicos, parecem ter influência na educação atual e tendem a mecanizar os seres humanos ou a fazê-los entrar à força em quadros devidamente cronometrados.

Quatro questões essenciais devem ser aqui levantadas:

Existem carências ou erros educativos importantes para a criança com boa saúde num meio familiar normal? De que natureza são as carências da criança doente ou deficiente em sua família? Quais são as carências ligadas à dissociação familiar? Quais são as carências e erros provocados pelos organismos e administrações encarregados da infância?

A criança num meio familiar normal

1. O nascimento

O leito conjugal recebe cada vez mais raramente a mulher em trabalho de parto, já que a maioria dos nascimentos acontece, hoje em dia, em maternidades ou em clínicas. É certo que a diminuição da mortalidade neonatal, das infecções puerperais e do falecimento das mães está ligada às vantagens oferecidas pelo meio hospitalar. Em compensação, é não menos certo que as maternidades não favorecem a intimidade entre a mãe e o recém-nascido, intimidade mais importante do que se imagina no início da vida.

Com demasiada freqüência, o recém-nascido é posto na creche, ou então colocado ao pé da cama de maneira a que a mãe não possa nem vê-lo, nem trazê-lo para junto de si. Quase por toda parte, as mães são proibidas de ninar o filho ou de pegá-lo fora das horas de mamar.

Pensamos que uma séria campanha deveria ser feita junto a obstetras e parteiras para que o recém-nascido seja deitado ao lado da mãe e esta esteja inteiramente livre para pegá-lo se assim o desejar. Uma mãe precisa conhecer seu filho, observá-lo e manipulá-lo. Um recém-nascido precisa ser pegado pela mãe, familiarizar-se, em seu contato, com seu cheiro e sua voz. Um contato íntimo entre a mãe e o filho estimula as percepções, aumenta a vitalidade e, numa palavra, favorece o desenvolvimento do lactente.

2. A alimentação

A. O horário. Os pediatras costumam prescrever, para os primeiros meses, seis mamadas por dia, à razão de uma de três em três horas, de 6 horas às 9 horas da noite, sem mamada de noite quando a criança pesa mais de três quilos. Eles só autorizam a mamada de noite se a criança for pequena. Nos outros casos, eles aconselham dar um pouco de água com açúcar à criança que chora.

Esse horário está longe de convir à maioria das crianças. Muitos distúrbios do caráter à base de instabilidade, cóleras, "nervosismo", assim como múltiplas anorexias são consecutivos aos distúrbios do sono e do apetite provocados pela aplicação demasiado rígida do horário das mamadas.

Felizmente, as mães tendem por si mesmas a tornar menos rígidas as prescrições médicas. Segundo confessam, a maioria delas dá uma mamada de noite durante quinze dias ou três semanas e não se mostra muito estrita quanto às horas. Mas elas só confessam isso ao médico se estiverem certas de que não serão desaprovadas.

Na verdade, a mamada de noite quase sempre é útil até três ou quatro semanas. E, aliás, ela alivia a mãe que alimenta, evitando os abcessos e os entupimentos da subida do leite. Quanto à criança, ela não pode ficar de imediato nove horas seguidas sem beber. Se chora de 3 às 6 horas da manhã, os pais ficam cansados. A criança tem então tendência a inverter as horas normais de sono, dormindo mais depois da primeira mamada.

Sempre se estabelece a idéia de que é preciso "acostumar" a criança a ficar sem beber de noite. Na realidade, esta cessa de chorar de noite, de maneira espontânea, por volta de quatro semanas, quando fisiologicamente ela pode ficar sem mamar nesse momento.

Costumo aconselhar as mães que alimentam a dar o seio livremente, durante a noite, no momento em que a criança acorda. Muito rápido, o despertar ocorre às 4 ou 5 horas e a criança, tendo tomado uma ração de leite um pouco mais importante, dorme de novo até por volta de 9 horas.

A mamada de três em três horas satisfaz um grande número de crianças, mas não convém a todas. Algumas dormem profundamente três horas após a mamada e bebem mal porque ainda não têm fome. Assim, uma nova mamada sobrecarrega um estômago mal esvaziado, perturba a digestão e provoca regurgitações ou anorexia. Outras, ao contrário, têm fome ao fim de duas horas e meia, gritam durante uma meia hora e, cansadas, mamam mal, o que leva ao mesmo resultado. Uma mãe que observa o filho pode bem rápido decifrar o horário que lhe convém e modificá-lo com jeito conforme as circunstâncias.

A experiência mostra que um horário assim estabelecido não é de modo algum anárquico, mas regular e adaptado à criança. Algumas crianças de peito mamam de quatro em quatro horas de manhã e de três em três horas no fim do dia, quando a lactação é menos abundante.

B. Quantidades – Se o horário das refeições deve ser adaptado a cada criança, o mesmo é válido para as quantidades de comida. Cada criança tem seu próprio metabolismo. Em conseqüência, as quantidades indicadas nos livros publicados pelas firmas industriais e a Previdência Social convêm sem dúvida na maioria dos casos, mas não podem de modo algum servir para forjar imperativos rígidos e draconianos. Uma criança que chora após cada mamada recebe provavelmente uma ração insuficiente, ao passo que aquela que recusa beber engole com toda certeza uma ração forte demais. Se, todavia, o horário estiver bem regrado. Quando a mãe amamenta o filho, não há, na prática, inconveniente em deixá-lo tomar fortes rações, se ele assim desejar. A amamentação artificial sempre é mais delicada de regrar. No entanto, aqui ainda, são as observações da mãe e não as diversas teorias ou as numerosas estatísticas que deveriam guiar o médico.

No conjunto, as mães não se inquietam por ter dado nascimento a um lactente voraz. Ao contrário, o "pequeno comedor" suscita a ansiedade. Nos primeiros meses, o erro educativo mais freqüente é alimentar demais o lactente, o qual rapidamente se torna anoréxico, o que aumenta mais a ansiedade materna. O mesmo círculo vicioso pode instaurar-se por ocasião de uma anorexia passageira causada por uma doença infecciosa benigna.

A anorexia verdadeira do lactente antes do desmame costuma ser causada por dificuldades afetivas da mãe, particularmente por uma hostilidade inconsciente: a alimentação excessiva em meio hospitalar, com freqüência prescrita nos casos graves, aumenta a carência de cuidados maternos e arrisca provocar distúrbios às vezes irreversíveis do desenvolvimento intelectual e afetivo. Para obter uma cura durável, a rejeição materna que está em causa deve ser superada. Em caso de anorexia ligada ao desmame, é preciso ajudar a mãe a compreender as reações do filho, a tolerar sua abstinência a fim de realizar um desmame progressivo.

3. Choros e sonos

A interdição de pegar e de ninar os lactentes, tão contrária a nossas tradições familiares, foi preconizada após a guerra de 14-18, sobretudo em certos meios burgueses. Foram "*nurses*", formadas na Suíça e nos países anglo-saxões, que editaram tais regras. Felizmente, os pequenos cartazes "não toquem em mim" pendurados no berço, como se podia ver por volta de 1930, não se difundiram, mas os berços que permitiam embalar desapareceram. Num artigo recente, Micheline Guiton[2] insistiu nos inconvenientes da ausência total de embalar, suscitando assim uma viva controvérsia entre pediatras e puericultoras.

Como para a alimentação, o bom senso e o conhecimento das necessidades do filho devem guiar a mãe. Esta bem rápido aprende a entender a significação dos choros de seu bebê, que não tem outra maneira de se exprimir. O grito da criança que sofre não se assemelha aos choros queixosos e intermitentes do bebê em busca de sono. O protesto do bebê contra uma fricção vigorosa demais após o banho não se assemelha aos gritos de cólera de uma criança descontente. Muitas crianças enfim gritam, lá pelo fim do dia, por prazer ou necessidade de exercer a voz, ou por um motivo que ignoramos. Esse grito é ainda diferente dos outros.

Se na hora da troca de fraldas e de mamar uma criança é pegada, mimada e carregada no colo durante 45 minutos, é bem raro que ela não durma o resto do tempo. Se tiver alguma dificuldade para dormir, vamos nos perguntar por que seria proibido acalentá-la. É sabido que o acalento traz um alívio à criança doente ou que sofre.

---

[2] Micheline Guiton (1913-2000): médica e psicanalista, analisada por Lacan e membro da APF após 1964. Ela foi uma das próximas colaboradoras de Jenny Aubry. Cf. Micheline Guiton, "O acalento, seu papel no desenvolvimento do lactente, algumas hipóteses psicanalíticas", *Annales de Pédiatrie*, 30, 1954. E Jenny Aubry, "A criança instável psicomotora e o mar", *Revue de neuropsychiatrie*, 15, 3, 1967, pp. 187-198.

Certas mães afirmam que o filho dorme de dia e chora de noite. Essa inversão deve-se, de hábito, a erros no horário da alimentação e à supressão demasiado precoce da mamada de noite.

É decerto necessário que uma mãe conheça bem o filho, satisfaça suas necessidades fisiológicas vitais, mas ela não deve ser escrava do recém-nascido. A presença de um lactente aumenta as tarefas domésticas que lhe incumbem. Se toda mulher devesse deixar queimar o almoço ou interromper a lavagem das roupas ao mínimo grito do filho, a vida cotidiana se tornaria insuportável. Importa, sobretudo, que durante os primeiros meses de vida seja estabelecido entre os pais e o filho um clima de calor e de compreensão que permita uma verdadeira educação. Pois uma criança com boa saúde e satisfeita tolera com mais facilidade as frustrações e as restrições necessárias a toda educação.

4. Aprendizado da limpeza

Na França, a maioria das mães tenta tornar o filho limpo por volta de 9 ou 10 meses, assim que este pode ficar sentado no penico. Se a criança tiver fezes regulares, todos os dias na mesma hora, um condicionamento da defecação aparece mais ou menos rápido e a mãe, satisfeita por ter menos fraldas para lavar, acredita ter realizado a educação dos esfíncteres. Na realidade, o controle destes só pode ser obtido quando a mielinização do sistema nervoso é suficiente para que a contração esfincteriana possa ser voluntária, isto é, quando a criança anda bem e pode subir sozinha alguns degraus de escada.

Algumas crianças tornadas limpas por condicionamento a um ano sujam-se aos 18 meses no momento mesmo em que sabem fazer funcionar voluntariamente seus esfíncteres. Outras são incapazes de fazer cocô se a mínima mudança for trazida ao rito da defecação (mudança de lugar ou de penico), como esta criança, tão limpa com 1 ano de idade, cujos pais tiveram que fazer vir expressamente o penico que ficara em Paris: durante mais de quatro dias ela recusara fazer cocô. Em todo caso, a limpeza só está realmente adquirida entre 20 e 30 meses, seja qual for a idade em que a mãe fez suas primeiras tentativas. A educação esfincteriana pode se fazer em menos de quinze dias se esperarmos que a criança dê um sinal quando estiver suja. Então, torna-se possível educá-la.

Certas mães põem o filho no penico desde a idade de 15 dias ou lhes administram sistematicamente supositórios. A esse respeito, as tentativas precoces demais de adestramento devem ser consideradas erros educativos sérios. Elas têm por conseqüência retardar a evolução afetiva da criança, torná-la mais dependente, mais passiva e reforçar a oposição do segundo ano.

Colocar a criança no penico por volta dos 9 a 10 meses de idade, se a duração não exceder alguns minutos, e se a mãe não ficar contrariada em caso de insucesso, tem menos inconvenientes. Mas com demasiada freqüência se acompanha de um período de anorexia que só cede com a supressão das tentativas de adestramento.

5. Disciplina e sanções entre 1 e 3 anos

A partir de um ano, a criança pode deslocar-se sozinha e começa a explorar o mundo à sua volta. Ela tem, então, necessidade de gastar sua força muscular, de exercer sua habilidade corporal, de desenvolver sua destreza manual, manipulando objetos novos.

A exigüidade dos alojamentos urbanos não favorece o desenvolvimento motor geral: a criança dos meios rurais anda, corre, sobe e pula melhor que a criança das cidades que, em compensação, possui uma maior habilidade manual. Com o tempo bom, as pracinhas com seus montes de areia permitem que as crianças satisfaçam suas necessidades, se sujem e se cansem. Quando a estação reduz as saídas, seria bom deixar as crianças brincar com água na cozinha ladrilhada ou manipular massa de modelar. Exigir limpeza demais de uma criança pequena torna-a com freqüência caprichosa, colérica e diminui seu apetite. O temor de micróbios e de contágios não deve ser excessivo. Se o leite e os gêneros perecíveis devem ser manipulados com cuidado, é mais ou menos impossível impedir uma criança de se sujar ou de chupar os dedos depois de ter posto a mão no chão.

Entre 1 e 3 anos, o educador deve proteger a criança contra os perigos que ela corre por causa de sua ignorância. Ele deve impedi-la de deteriorar os objetos domésticos, embora permita que ela faça suas experiências pessoais para adquirir a noção de perigo. A criança deve ser mantida à distância das panelas e de água fervendo, mas é possível deixá-la aproximar-se do aquecedor e tentar tocá-lo, contanto que seja vigiada a fim de entender melhor por si mesma que aquilo "queima".

Nessa idade, pode-se dar a uma criança papéis velhos que ela possa rasgar, evitando assim que ela ataque livros e bibelôs. É possível fazer com que ela admita um número limitado de interdições, se lhe outorgarmos uma liberdade e uma possibilidade de relaxamento. Com freqüência, basta uma palavra dita num tom autoritário para que uma criança obedeça. Mas um tapa na mão ou nas nádegas pode também ser necessário. De maneira geral, uma criança sente-se ainda mais segura quando encontra diante de si uma atitude firme e consistente.

Entretanto, as ameaças contra a integridade corporal – ameaças de cortar o polegar chupado ou os órgãos genitais tocados – devem ser absolutamente proscritas, da mesma forma que a evocação desses personagens aterrorizantes, imaginários ou reais, que supostamente levam as crianças julgadas más. Essas ameaças perturbam o sono e podem manter um estado de ansiedade permanente, muito nocivo ao desabrochar da criança.

Em todo caso, as sanções devem ser imediatas, pois a criança de menos de 5 anos ainda não pode ligar dois acontecimentos separados pelo tempo. É, portanto, a mãe que proíbe e pune com mais freqüência. O pai, em geral, se faz obedecer com mais facilidade. Mas suas ocupações profissionais o afastam do círculo familiar. Ele sai de manhã antes que os filhos acordem e volta quando já se deitaram. No domingo, cansado, não quer cuidar deles e é a mãe quem fica com a inteira responsabilidade da educação. Essa "ausência paterna", tolerável durante o primeiro ano, torna-se cada vez mais nociva, à medida que a criança cresce. Ela se afigura desastrosa após os 7 ou 8 anos de idade.

6. Como explicar a diferença dos sexos e o nascimento

Entre 2 e 4 anos, conforme a maturidade e conforme a presença ou a ausência de irmãos e irmãs, a criança toma consciência da diferença dos sexos. Ela se identifica com o pai do mesmo sexo, imita suas atividades, toma-o por modelo, mas se apega mais particularmente ao pai do sexo oposto[3]. As brincadeiras mudam e são muito representativas dessa evolu-

[3] Jenny Aubry não só não utiliza a palavra psicanálise como não nomeia o complexo de Édipo. Vale dizer, uma vez mais, a que ponto ela procurava fazer admitir, pelo público mais amplo, o princípio de uma educação fundada na experiência freudiana.

ção. As brincadeiras com bonecas e ursos permitem aos pais seguir a maturação da criança. Se esta maltrata as bonecas, é preciso respeitar suas descargas agressivas, inofensivas, e evitar personalizar as bonecas, dizendo, por exemplo: "você está machucando ela" ou "ela vai chorar". Com efeito, isso arrisca induzir na criança um sentimento de culpa e mantê-la num mundo puramente imaginário. Entre 3 e 5 anos, a criança faz múltiplas perguntas e os pais que respondem incansavelmente a muitas delas costumam ficar constrangidos quando ela aborda os problemas do sexo e do nascimento.

Habitualmente, quando a criança faz uma pergunta, isso significa que sua maturidade é suficiente para que ela conheça a verdade em termos compreensíveis para ela. Aos pais embaraçados, podemos aconselhar fazer falar o filho, fazê-lo precisar o que ele imagina por si mesmo, depois retificar seus erros. Uma criança fica feliz de aprender que foi carregada no ventre da mãe e que dele saiu naturalmente por um orifício reservado a esse uso. Ela costuma imaginar que é preciso abrir o ventre, operar a mãe, ou então que a criança sai ao mesmo tempo que as matérias fecais, o que a assusta e a desvaloriza ao mesmo tempo. Se a criança procurar saber de que maneira foi parar no ventre da mãe, podemos lhe dizer que foi o pai que semeou um grão que se juntou ao grão da mãe. A criança é, pode-se dizer, o "meio grão do pai" e o "meio grão da mãe", o que a garante de sua unidade quando ela sente o acordo profundo de seus pais.

Em geral, se é preferível que a mãe dê informações sobre o nascimento, as informações sexuais mais completas deverão ser dadas ulteriormente pelo pai do mesmo sexo que o filho.

Quando os pais não conseguem falar naturalmente dessas questões, o filho se informa junto aos colegas de escola. As informações errôneas, dadas numa atmosfera malsã, arriscam desviar o desenvolvimento normal da sexualidade ou, em todo caso, inibi-lo de modo mais ou menos sério.

7. Em família

As reações dos pais diante das dificuldades que podem surgir entre os filhos não têm conseqüências muito graves, mas são mais ou menos favoráveis à resolução rápida dos conflitos.

O ciúme: quando se traduz por manifestações abertamente agressivas, é mal tolerado pelos pais. A criança ciumenta é a um só tempo brutalmente repreendida e mimada com excesso. As reações regressivas (chupar o polegar, pedir a mamadeira, sujar-se de noite) são mais bem suportadas, mas em geral mal compreendidas.

O erro mais freqüente é o dos pais que fazem com que filhos de idades diferentes levem uma vida idêntica. O segundo filho às vezes disso se beneficia e se desenvolve precocemente, mas o mais velho é habitualmente infantilizado ou inibido.

Ser o mais velho comporta inconvenientes. Ter sido filho único e perder uma parte da atenção dos pais sempre causa algum rancor. Mas ser o mais velho apresenta vantagens: deitar-se quinze minutos mais tarde, comer à mesa com os pais, sair com papai ou ser autorizado a usar suas ferramentas. É concedendo tais privilégios que se pode exigir que o filho deseje crescer ao mesmo tempo que tem acesso às suas responsabilidades de mais velho.

8. A escola

Pouco importa a maturidade da criança, seu dinamismo e seu desejo de ir à escola, a primeira ida às aulas sempre é uma prova para ela; seu futuro escolar e social dependerá, com muita freqüência, da maneira como ela tiver transposto essa etapa decisiva. Um estudo sobre a entrada na escola maternal atualmente em uso mostrou-nos que era preciso um mínimo de quinze dias à criança mais bem adaptada para sentir-se à vontade no meio escolar. Resumiremos aqui brevemente certas carências e erros freqüentes que pudemos constatar.

As razões que levam os pais a enviar um filho à escola podem ser desfavoráveis à sua adaptação. É o caso quando a escola é considerada um jardim-de-infância onde se deixa a criança para dela se livrar, ou um lugar onde a criança turbulenta aprende a obedecer; o "se você não se comportar eu vou colocá-lo na escola" deve ser proscrito.

Porém certos acontecimentos em si mesmos traumatizantes tornam necessária a colocação na escola. Por exemplo, a doença da mãe ou de um membro da família, acarretando sua ausência; o nascimento de outro filho que torna o mais velho incômodo; a mudança de quadro de vida. Nessas situações, a ansiedade e a insegurança da criança se agravam e a adaptação é mais laboriosa. Assinalemos que a entrada na escola costuma ser associada à vacinação obrigatória que os pais retardam inoportunamente até essa data.

As ameaças proferidas contra uma criança que não quer ir à escola são na maioria das vezes inúteis e inoportunas. Dizem a François: "Se você não for à escola, vai ficar com as orelhas pontudas feito um burro e o policial vai levá-lo". Repetida pelo policial que mora no mesmo endereço que ele, essa ameaça o conduziu a ficar inibido durante mais de um mês e a recusar toda atividade na escola maternal.

Em compensação, a entrada na escola é tanto mais fácil quando os pais consideram a escola maternal um meio de socializar a criança. Filha única, Monique é pouco sociável. Sua mãe a põe na escola para que ela aprenda a brincar com outras crianças. A adaptação é mais fácil quando a criança conhece a escola e a professora ou quando deseja ir lá para fazer como os maiores.

No conjunto, e sejam quais forem as dificuldades do início, a maioria das crianças se adapta à maternal. As únicas inadaptações graves e prolongadas que nos foram dadas observar podiam ser ligadas a separações anteriores com hospitalização ou estada em instituição. Catherine assim efetuou uma estada em San-Salvadour[4]. Ao voltar, manifestou uma instabilidade patológica, procurando fugir. Perturbou a aula, quebrou os brinquedos e atacou as outras crianças. A diretora já encontrou as mesmas dificuldades com uma criança vinda do mesmo sanatório e não quer mais saber de outras. René, 27 meses, passou nove meses nesse lugar. Ele só sabe responder por seu nome de família a todo questionamento e seu mutismo prolongou-se durante várias semanas. Escolhidos entre outros, esses exemplos demonstram o quanto são fortes as repercussões da carência de cuidados maternos sobre a adaptação social e escolar.

A volta às aulas em outubro e após a Páscoa * traz uma desorganização temporária da sala de aula, da mesma forma que a ausência da professo-

[4] Abrigo para crianças tuberculosas, situado em Carqueiranne, na comuna de Hyères. Jenny Aubry costumava comparar esse lugar a um campo de internamento. Lá eram às vezes guardadas 800 crianças.

* O ano escolar na França começa em setembro para as universidades e em outubro para as escolas. As férias de Páscoa duram 15 dias. (NT)

ra e os dias de festa. A volta à véspera das férias, a quarta-feira e o sábado não permitem à criança integrar-se ao ritmo da vida escolar. Elas a deixam desorientada. O novo aluno integra-se melhor a um grupo constituído e não muito numeroso.

Quando a mãe e a criança se encontram diante da escola de que só conhecem a fachada, muitas vezes, para evitar as efusões prolongadas, a zeladora ou a porteira leva com autoridade a criança berrando pelo pátio, deixando a mãe desamparada à porta. Em vez de se sentir confiante em relação à escola, a mãe tem então a impressão de que lhe raptaram o filho, o que a torna ansiosa.

Numerosas práticas correntes nos parecem a esse respeito particularmente inoportunas. Em certas escolas, as crianças são postas em fileira e conduzidas ao banheiro, assim que chegam, para fazer xixi. Robert, que esse primeiro contato faz berrar, vai se sujar na escola durante mais de um mês. Da mesma forma, tirar imediatamente a roupa ou ficar sem um objeto trazido de casa aumentam o desamparo da criança.

A presença da mãe na sala de aula durante os primeiros dias (solução adotada em certas escolas particulares) tampouco parece desejável, pois disso resulta para a professora uma tensão que arrisca em seguida conduzir a criança a só querer se dirigir a ela na presença da mãe.

A melhor solução seria mostrar a escola ao filho acompanhado da mãe e apresentar este à professora. O que evitaria que ele fosse de imediato mergulhado num contexto desconhecido, no meio de figuras estranhas.

Para superar o medo, a mudança de ambiente e o temor do abandono materno, a criança põe em prática, assim que entra na escola, mecanismos de defesa que devem ser entendidos e respeitados pelas professoras. Alguns não prejudicam de modo algum o desenvolvimento da criança, tal como a presença de um objeto protetor[5] trazido de casa e ao qual a criança em dificuldade poderá recorrer. Assim, Line aperta preciosamente contra si sua pasta. Quanto a Jean-Pierre, ele conserva no bolso, no primeiro dia,

---

[5] Trata-se com toda certeza, aqui, da evocação do famoso "objeto transicional" sobre o qual Donald Woods Winnicott acabava de construir sua teoria da relação da criança com o que a cerca. Cf. "Objetos transicionais e fenômenos transicionais" (1953), retomado em *De la pédiatrie à la psychanalyse* (Londres, 1958), Paris, Payot, 1973.

uma imagem que ele olha quando se sente angustiado. Oito dias mais tarde, a pasta permanece junto da cadeira e a imagem é deixada de lado no bolso do casaco. Mas, depois que uma criança lhe falou de sua mãe doente, vimos Jean-Pierre correr angustiado para procurar a sua imagem.

Certos comportamentos regressivos são menos favoráveis (chupar o polegar, balançar, manipular cubos sem objetivo), mas eles desaparecem quando a criança se sente em segurança.

A professora costuma se ver diante de tarefas contraditórias. Ela deve a um só tempo estimular a criança e lhe assegurar um sentimento de segurança, tolerar a agressividade natural nessa idade e obter uma disciplina relativa indispensável ao conjunto da classe. Deve, além disso, resolver todos os dias os pequenos problemas que se colocam entre a mãe, a escola e a criança.

Não é nossa intenção nos estendermos sobre os problemas pedagógicos da escola maternal, mas lembraremos que a maturidade das crianças de 3 a 6 anos é muito variável. Seria, pois, excelente agrupá-las conforme o desenvolvimento e não conforme a idade, e confiá-las às professoras que lhes convêm. Algumas gostam de crianças dependentes, frágeis, emotivas, que exigem cuidados maternos, ao passo que outras preferem o ensino propriamente dito e as crianças dinâmicas desejosas de aprender ou mais autônomas. Estas últimas encontram junto a elas um ambiente favorável.

Assinalemos, enfim, que, com demasiada freqüência, dificuldades administrativas e de pessoal não permitem assegurar a estabilidade indispensável à segurança da criança. Eis um exemplo de horário numa escola maternal em que a diretora é obrigada a assumir o encargo de uma classe (a dos pequenos) além de suas tarefas administrativas.

– 9 horas-10 horas: vigilância por uma primeira zeladora.

– 10 horas-10h e 30: recreação vigiada por uma professora dos maiores num pátio comum. O barulho é infernal, os pequenos são empurrados pelos grandes e aterrorizados.

– 10 h 30-11 horas: vigilância por uma segunda zeladora.

– 11 h-11 h 30 – aula dada pela diretora.

– 11 horas-13 h 30: cantina do jardim. A dona da cantina cuida e, atarefada, dá de comer aos que não comem sozinhos ou aos que não têm muito apetite.

– 13 h 30-15 horas: sesta vigiada pela primeira zeladora.

– 15 horas-16 h 30: aula dirigida pela diretora. Se esta for chamada em outro lugar, os pequenos são divididos pelas outras classes.

– 16 h 30-18 horas: a dona da cantina vigia as crianças que ficam no jardim.

Aí estão, portanto, crianças de 3 anos, dentre elas algumas que nunca deixaram a mãe, e que, de um dia para o outro, arriscam passar pelas mãos de seis pessoas, cada uma tendo em geral uma atitude educativa diferente da precedente. Há com o que ficar desorientado, sobretudo quando aparecem personagens aterrorizantes, tais como as "visitantes de cabelos", enfermeiras especializadas que visitam as classes e fuçam nas cabeleiras sem uma palavra de explicação. E o que pensar da passagem no consultório médico de onde a professora (única conhecida da criança) está excluída por causa do segredo profissional e das vacinações coletivas (trezentas em três horas)?

A criança doente ou deficiente

Uma enfermidade, uma doença crônica, uma afecção aguda grave perturbam profundamente as relações naturais entre pais e filhos[6].

– Uma criança seriamente doente tende a regredir para um estádio afetivo anterior: ela então se torna mais dependente e mais exigente, reclama carinhos, quer que lhe dêem de comer, deseja uma mamadeira, chupa o polegar e às vezes se suja. Os pais, legitimamente ansiosos, tendem a se submeter a seus mínimos caprichos. Mas quando a criança fica curada a lembrança do perigo corrido pode persistir e deixar os pais num estado de ansiedade permanente. Assim, a doença está na origem de casos de superproteção ansiosa, aliás mais freqüentes quando se trata dos que nasceram por último ou de uma mãe idosa. A atitude de superproteção introduz um círculo vicioso ao manter a criança num estado de dependência infantil que aumenta as suas exigências.

Nos casos em que a doença crônica impõe certas precauções sem diminuir as capacidades da criança, é difícil obter o equilíbrio entre restri-

---

6 Seremos breves, pois o assunto foi tratado no último número de *Sauvegarde de l'Enfance* por R. Lafon e J.-L. Faure (JA).

ções excessivas e uma vigilância insuficiente, sobretudo se repousos e sestas fazem parte do tratamento[7]. É por motivos de salubridade e de higiene que muitos médicos preconizam o encaminhamento da criança a um preventório ou a um sanatório, em vez de deixar que seja cuidada na família. A nosso ver, e embora às vezes seja muito difícil cuidar de uma primo-infecção grave ou de uma tuberculose óssea no meio familiar, a gravidade do encaminhamento a uma coletividade para criança pequena não deve ser desconhecida. As grandes coletividades de pequenos (San Salvadour) são extremamente nocivas.

Quando uma enfermidade ou uma deficiência é congênita, um novo elemento entra em jogo. A anomalia da criança às vezes dá aos pais a impressão de que eles são incapazes de produzir um fruto normal. Daí o aparecimento de um vivo sentimento de culpa em relação à criança. Alguns pais rejeitam totalmente a criança deficiente, outros negam a enfermidade ou pretendem que o débil é inteligente, o hemiplégico jeitoso e que os fracassos são devidos à preguiça ou à teimosia. Outros, ainda, adotam uma atitude de superproteção que proíbe à criança realizar as performances de que ela seria capaz. É raro a criança ser aceita e considerada objetivamente tal como é. No entanto, só uma apreciação das possibilidades reais da criança deficiente permite evitar os dois escolhos de sua educação: pedir-lhe demais ou de menos.

Não podemos entrar no detalhe das reações parentais conforme a doença. Digamos apenas que a criança mongolóide[8], dependente e afetuosa, costuma ser mais bem aceita pelas mães que o retardado vítima de uma encefalopatia crônica, e isto apesar do prognóstico sombrio da doença. A epilepsia, apesar de sua freqüente curabilidade, assusta particularmente os pais. Com efeito, o "alto mal" evoca a idéia de uma tara vergonhosa, quase como na Idade Média[9].

---

7 Notadamente com a tuberculose (JA).

8 Hoje se diz trissômica.

9 Jenny Aubry comete aqui um erro: a epilepsia era de fato olhada na Idade Média como uma doença de origem divina e na Antigüidade como um "alto mal", mas nunca como uma tara. Este termo pertence ao vocabulário da nosologia psiquiátrica.

A preferência lateral esquerda não é nem uma enfermidade, nem uma deficiência, nem uma anomalia. Porém muitos pais consideram o sinistrismo uma inferioridade grave. A sinistralidade[10] se manifesta desde a mais tenra idade e sua repressão provoca na criança pequena distúrbios da linguagem – gagueira e tartamudez – e um atraso do levar em conta o esquema corporal. Ela está igualmente na origem do aparecimento ulterior de fenômenos de dislexias e de distúrbios da visualização espacial.

As dissociações familiares

Toda anomalia da estrutura familiar é fonte de carência para a criança e de dificuldades educativas para os pais. Vimos a importância dos cuidados maternos para a criança pequena, da presença materna e da união dos pais para o filho um pouco maior. Nem um homem nem uma mulher podem ser a um só tempo pai e mãe e, mesmo que isso fosse possível, o pai que vive sozinho tem de ganhar a vida e não pode dedicar o tempo suficiente à educação de seu filho.

Fora das dificuldades de identificação que resultam da ausência de um dos pais, as próprias causas da dissociação[11] costumam ter um efeito ruim sobre o desenvolvimento afetivo da criança.

A morte de um dos pais, sobretudo da mãe, suscita sentimentos de culpa na criança e provoca ou um estado permanente de angústia, ou um recuo para si. Fazer silêncio em torno do pai desaparecido é tão nocivo quanto falar demais dele e levar continuamente a criança ao cemitério. Importa, sobretudo, fazer falar a criança e levá-la a desvelar seus sentimentos de culpa para poder mostrar-lhe a inanidade disso e tranqüilizá-la. É preciso também encontrar entre os mais próximos a pessoa suscetível de trazer à criança o calor materno ou a autoridade paterna que lhe falta.

A separação dos pais sempre traumatiza a criança pequena, que não pode tomar o partido de um sem se sentir desleal para com o outro. Às

[10] Sinistralidade: sinistrismo.

[11] O termo é aqui utilizado com uma significação muito diferente daquela que lhe atribui Georges Heuyer.

vezes, a criança não passa de uma arma na batalha travada entre os pais, o que lhe dá o sentimento agudo de estar cortada em dois pedaços, de perder a sua unidade. Sejam quais forem as dissenções dos pais, o interesse da criança deve poder permanecer o objetivo comum do casal dissociado.

A mãe não casada, cujo filho muitas vezes não é reconhecido pelo pai, deve enfrentar dificuldades maiores ainda. Sabemos que a carência de cuidados maternos, em suas formas graves, atinge sobretudo os filhos ilegítimos. Mesmo quando a criança é criada pelos avós, num meio familiar normal, a ilegitimidade arrisca pesar muito em sua vida escolar. É raro a mãe sentir-se capaz de esclarecer o filho quando a situação familiar é irregular. Este percebe a existência de um enigma que paira sobre ele. Em conseqüência, uma confusão quanto à sua identidade se introduz em seu espírito, sobretudo quando ele traz um outro nome que o da mãe.

A criança fora de sua família

Contribuímos amplamente para o estudo e a difusão dos efeitos da separação e da carência de cuidados maternos sobre o desenvolvimento das crianças pequenas e não retomaremos aqui os detalhes de nosso livro. Pois, para nós, a causa está entendida. Separar um filho de sua mãe é provocar nele uma reação de desamparo intenso que pode, aliás, atenuar-se se ele receber cuidados maternos de substituição adaptados a seu estado. Entretanto, as seqüelas das separações de curta duração só desaparecem se a família compreender e cuidar das reações de angústia e agressividade que ocorrem durante a volta à casa. A carência prolongada de cuidados maternos, inevitável nas instituições e nos berçários, torna-se ainda mais grave se a criança for mais nova e se a duração da carência for mais longa. Certos distúrbios da personalidade são irreversíveis, outros só podem ser melhorados com tratamentos difíceis, longos e onerosos.

A rotina dos hospitais e dos serviços de assistência à infância deve ser profundamente modificada. Ela o será quando os pediatras e o pessoal dos serviços sociais partilharem de verdade nossa convicção.

Insistiremos nas carências parciais das crianças postas na creche-dia. Até agora, elas não foram estudadas, provavelmente porque suas conseqüências não são tão espetaculares quanto as do hospitalismo[12], mas é importante conhecê-las, pois nos parece relativamente fácil remediá-las.

As crianças criadas em creches-dia apresentam certas particularidades. As que foram colocadas muito jovens têm um desenvolvimento motor relativamente bom. O desenvolvimento físico delas está ligeiramente abaixo da média para o tamanho e o peso. Essas crianças costumam ser pálidas, fáceis, amáveis. Elas "vão com todo mundo". No entanto, essa amabilidade superficial deve fazer pensar. Uma criança normal de 3 anos é habitualmente reservada e um pouco desconfiada quando um estranho se aproxima. Ela pode ser amável e simpática se estiver segurando a mão do pai ou da mãe, mas só a deixa depois de ter conhecido a pessoa nova. Podemos nos perguntar se essa atitude simpática das crianças de creche não esconde uma incapacidade de se apegar realmente. A amabilidade indiscriminada é uma forma de indiferença, numa idade em que toda relação humana está carregada de emoção. As mesmas características são encontradas nas crianças que foram guardadas durante o dia em casa de várias pessoas diferentes. As crianças postas na creche entre 1 e 2 anos, depois de terem sido criadas inteiramente pela mãe, apresentam reações de desamparo e logo adotam um comportamento que lembra o das crianças que sofreram uma separação. São infantis, dependentes, muito apegadas à mãe. Além disso, suportam mal as frustrações e são facilmente ansiosas. Adaptam-se mal à escola maternal.

Certo, as creches-dia são preferíveis às instituições e ao encaminhamento familiar, já que permitem à mãe que trabalha ter o filho consigo, mas é necessário que a organização da creche facilite e intensifique as relações entre a mãe e a criança. Costuma acontecer o contrário: a mãe deixa a criança na creche de manhã cedo, em geral ainda com sono e sem ter tomado o café da manhã. Ela é então despida, lavada e alimentada pelo pessoal da creche. De noite, a mãe volta para casa cansada, dá rápido de comer ao filho e o deita. Certas mães nem mesmo trocam a roupa do filho e as enfer-

---

[12] Hospitalismo: termo criado pelo psicanalista americano René Spitz (1887-1974) para designar um estado de alteração profunda que se instala nas crianças durante os dezoito primeiros meses da vida, por ocasião de uma hospitalização. Cf. René Spitz, "Hospitalismo. Uma investigação sobre a gênese dos estados psicóticos da primeira infância" (1946), *Revue française de psychanalyse*, XIII, 3, 1949, pp. 397-425.

meiras da creche o encontram de manhã com os nós de sapatos dados na véspera. Nessas situações, todo contato íntimo com a mãe é suprimido e, se o pessoal da creche mudar com freqüência, a criança não conhece imagem materna estável.

Quando uma creche estiver situada no lugar de trabalho da mãe, seria preciso permitir a esta visitar o filho durante o dia. Seria preciso incentivá-la a dar-lhe o almoço. Se a creche ficar perto do domicílio da mãe, esta deveria poder dar-lhe banho ela mesma antes de ele voltar para casa. As instalações sanitárias das creches oferecem mais facilidade que as dos alojamentos e esse sistema tem a vantagem de ligar a creche e a presença da mãe na mente do filho.

Conclusão

Em conclusão, e para extrair os pontos essenciais da ação educativa que nos parece a mais feliz, diremos que é desejável, antes de tudo, que os organismos que são responsáveis pela infância sejam penetrados pela necessidade da existência de um vínculo íntimo entre pais e filhos. Assim seria possível evitar qualquer ação que possa romper esse vínculo: em particular, o encaminhamento. Desejamos que os médicos e as assistentes sociais escutem mais as mães, que levem em conta as suas observações, as solicitem até e lhes ensinem a observar quando não souberem fazê-lo por si mesmas. É preciso também que os pais aceitem mais liberdade e maleabilidade nos hábitos alimentares durante o primeiro ano, que tenham menos preocupações ansiosas e dêem prova de menos rigidez em torno da limpeza e de mais liberdade de expressão e de verdade em suas relações com os filhos entre 3 e 6 anos.

4.
Pais ausentes: figuras da carência em tempo de guerra[1]

Vou me ater, no que se segue, a um aspecto limitado das carências paternas[2]: o caso dos filhos privados de presença e atenção paternas por causa da guerra.

Desde 1949, minha atenção foi particularmente atraída pelos comportamentos de meninos, com idade entre 11 e 14 anos aproximadamente, comportamentos que tinham pontos comuns, que poderíamos resumir por uma tendência geral à inação. Na biografia desses jovens, um ponto parecia constante, e esse ponto era a ausência do pai entre 1939 e 1945. Entre as

---

1 Trabalho redigido em atenção de pediatras, conforme um comunicado feito à SFP, provavelmente em 1955, no âmbito de uma vasta reflexão feita coletivamente sobre as carências parentais. Publicado no *Bloc-Notes de la psychanalyse*, sob o título "Les carences paternelles", 13, 1995, pp. 123-133. Texto estabelecido por Mario Cifali conforme notas de Jenny Aubry. A noção de carência paterna aparece no fim do século XIX. Ela delimita figuras de pais diversas, mas todas definidas por uma inaptidão para exercer a autoridade paterna. Na França, o termo se generaliza após a instauração da lei de 24 de julho de 1889 sobre a destituição de pais indignos. É nessa época que a Assistência Pública passa a se responsabilizar pelas crianças vítimas de tais carências. Cf. *Histoire des pères et de la paternité*, sob a direção de Jean Delumeau e Daniel Roche (1990), Paris, Larousse, coll. "In Extenso", 2000. Sobre a questão do enfraquecimento da função paterna em suas relações com a psicanálise, e sobre o lugar das duas guerras do século XX nas transformações da família, cf. Élisabeth Roudinesco, *La Famille en désordre*, Paris, Fayard, 2002.

2 Esse problema foi abordado por Freud em *Psychologie collective et analyse du moi* (JA). Cf. Sigmund Freud, *Psychologie des masses et analyse du moi*, *OC*, vol. XVI, 1921-1923, Paris, PUF, 1991.

consultas do hospital, como o número desses casos era muito importante, tentei compreender a influência que podia ter tido a ausência de pai sobre essa atitude comum.

Colhi observações a respeito de cinqüenta e cinco casos, mas estudei mais de perto vinte e três, tendo tido a oportunidade ou de seguir alguns em psicoterapia, ou de ver e rever os sujeitos e os pais dessas crianças várias vezes.

É natural que o número desses casos se reparta em função da freqüência das razões de ausência dos pais homens; estas podem ser classificadas em quatro grupos principais:

– soldado que não voltou;
– pai prisioneiro que não voltou;
– pai prisioneiro que voltou;
– soldado que voltou.

Vou lhes apresentar em detalhe três casos típicos, escolhidos em meios mais ou menos semelhantes por sua origem social e suas condições materiais de existência. Estas três crianças pertencem a famílias nas quais o número de crianças difere de um caso a outro. Minha escolha foi ditada pelo fato de que conheço melhor estes três exemplos.

Antes de passar às monografias particulares, desejo resumir algumas observações comuns.

Devo primeiramente indicar que não poderei lhes citar casos que se refiram à primeira categoria indicada acima, pois não possuo observação sobre filhos de soldados que não voltaram. Tampouco posso lhes apresentar estudo de filhas de prisioneiros ou de soldados. O único caso de que lhes poderia falar é o de uma menina de 11 anos, nascida em 1939, cujo pai morreu em maio de 1940, e que não apresentava nenhum sinal caracterial, mas cuja mãe, inteligente e culta, quis que eu cuidasse dela a fim de melhorar seu rendimento escolar e de aplainar certas pequenas dificuldades que são classicamente encontradas entre mãe e filha com lar normal.

Não tive em minha experiência nenhum caso de filho de mãe que tenha tido uma ligação durante o cativeiro do marido; e talvez a menina de 8 anos que eu interrogava e que manifestava muito interesse diante dessa questão tivesse resolvido de antemão esse problema se, em vez de eu perder meu tempo, como ela pensava, em resolver essas dificuldades "esperando a volta do verdadeiro pai, um outro tivesse sido tomado".

Os meninos que eu via nessa época tinham entre 11 e 13 anos e eram trazidos em consulta porque tinham dificuldades escolares.

De modo geral, em nossa profissão, é sempre por essas razões que nos trazem crianças em consulta, embora em muitos casos existam outros sintomas alarmantes há muitos anos. Esses meninos eram mandados embora de vários estabelecimentos escolares, tanto leigos quanto privados, e os pais não sabiam mais o que fazer. Os testes de inteligência desses meninos – teste de Terman e Merrill[3] – eram, em geral, muito bons, com QI superiores à média.

Esse tipo de crianças sempre se apresenta da mesma maneira: é uma criança triste, pálida, que se mexe pouco, ficamos sabendo que fica longos momentos sem fazer nada, que não tem nenhum entusiasmo, que parece perseguir um sonho interior. "Precisa sempre ser sacudido", dizem as mães. Parece indiferente às pessoas, aos acontecimentos. Fora da recusa do trabalho escolar, em geral tende à inação. Recusa os atos repetitivos de todos os dias, não se lava, levanta-se tarde, está sempre atrasado por toda parte, não arruma suas coisas, não quer sair, não tem amigos, não faz esporte. "Temos sempre vontade de lhes dar chutes em algum lugar", dizem os pais homens. Certos sintomas, variáveis conforme os casos, podem se acrescentar a esse quadro geral; sem que haja regra fixa, acontece muito de o menino ser enurético ou onicofágico[4], ou, em todo caso, atormentado por tiques. Essas crianças tiveram, por volta de 5 e 7 anos, uma crise de instabilidade psicomotora.

Ocorrem rompantes de agressividade, a delinqüência acaba exagerada em certas condições e nunca foi encontrada em outras.

Para a simplificação do exposto, resumirei todo esse quadro dizendo que a criança é apática, adinâmica.

Vamos agora passar à descrição dos três casos singulares, seguindo a evolução da criança antes da separação, durante a separação, no fim da separação ou no anúncio de uma separação definitiva.

---

[3] Lewis Madison Terman (1877-1956): psicólogo americano conhecido por ter adaptado em 1937, com M. A. Merrill, o teste de Binet-Simon à população americana.

[4] Onicofagia: tendência mórbida a roer as unhas.

1. Daniel D.

Filho único de um pai em cativeiro, que não voltou porque foi morto pelos bombardeios.

O menino está com 13 anos de idade quando o vejo pela primeira vez. Ele acaba de passar por cinco estabelecimentos escolares, recusa qualquer trabalho e não pode seguir o ritmo da vida em internato. Tem um quociente intelectual de 135. A mãe, viúva há quatro anos, não sabe mais o que fazer. É um rapaz alto, pálido, ausente, que parece imbecil. Tem os traços finos e o olhar triste. A mãe me diz que ele a olha com um ar insolente e que os professores se queixam do mesmo ar, é a única agressividade que lhe seja permitida.

O pai era advogado e o filho tinha 3 anos quando ele foi mobilizado em 1939. Ele tinha, naquele momento, relações muito boas com o pai. Lactente, cresceu sem história, não teve nenhum distúrbio psicossomático antes dos 3 anos e nunca trouxe problemas. Chorou muito pouco. Atribuo um papel a esse fator, pois isso prova que ele tinha de início uma segurança psicossomática, logo, não era frágil psicologicamente. A mãe, inteligente e instruída, continuou a viver só com o filho e dizia que "papai tinha ido para longe e ia voltar". Em 1945, ficam oficiosamente sabendo por um companheiro de cativeiro que o pai morreu e, como diz o filho, "Papai morreu para valer em 1946", época em que recebemos o aviso oficial.

A partir dessa data, diz a mãe que o filho vai pouco a pouco se tornando difícil, é agressivo com ela, tem cóleras violentas, opõe-se a tudo e, após hesitar muito, ela o põe em pensionato (dezoito meses depois da morte do pai).

2. François B.

Filho de pai prisioneiro de 1940 a 1945, que voltou ao lar ao fim do cativeiro, François é o último de uma família de cinco.

Esse menino tinha 6 meses quando o pai foi embora, e 6 anos e 4 meses quando o pai voltou. O que impressiona é seu ar triste, ele tende em geral à inação, lamenta-se muito, não estuda. Seu QI é normal.

O pai é militar de carreira com um grau superior; seu irmão, o último dos outros meninos, tinha 6 anos quando o pai foi embora e todos têm um desenvolvimento normal.

Era um belo bebê que se desenvolveu sem história e teve uma pequena infância normal. Tornou-se duro com a volta do pai, e depois as dificuldades começaram, acentuando-se até se tornarem o que são atualmente, o que necessitou de um exame psicológico.

3. Michel S.

Mais velho de uma família de dois, Michel é o filho de um pai que foi combatente e que voltou ao lar após o fim da guerra. Esse menino tem 13 anos quando o atendo pela primeira vez. Tem o mesmo aspecto que já descrevi, mas, além disso, mau trabalho escolar, rouba dinheiro. Tinha 3 anos quando o pai foi embora e 6 anos quando voltou.

O pai, oficial superior na aviação, fez gloriosamente as campanhas da Itália e da França. A mãe, simpática, bem adaptada à vida, teve um parto muito difícil e levou três meses para recuperar-se física e moralmente desse nascimento.

Embora a pessoa que me enviou o menino tenha pensado numa falta de cuidados maternos, devido a esse parto difícil, penso que as dificuldades têm como origem a ausência do pai. Belo lactente que se desenvolve normalmente, depois menino gentil sem problema até os 6 anos, o pai volta e o menino se torna insuportável. Em casa, na escola – trocam-no de escola –, apesar dos sermões e das punições repetidas, ele rouba. Colocam-no num pensionato, é mandado embora duas vezes por roubo, e retomam-no em casa. Ele continua e me é trazido depois de ter roubado 100 francos da carteira do açougueiro.

Neste caso, um certo dinamismo está misturado à apatia.

Durante a primeira visita, enquanto pergunto aos pais, diante do filho, o motivo da visita, o pai me diz: "É porque ele rouba*"; em seguida

* Em francês *voler* tanto é *roubar* quanto *voar*. Da mesma forma, *voleur* tanto é *ladrão* quanto *voador*. (NT)

fico impressionada com a resposta do filho, enquanto o examino a sós e lhe pergunto o que ele quer fazer mais tarde: "Quero roubar [*voler*]". Foram precisos dois anos de psicoterapia a uma sessão por semana para que o menino tomasse consciência de que roubava [*voler*] para fazer como papai e que a mesma palavra tinha [em francês] dois sentidos diferentes. (Ladrão [*voleur*] de dinheiro, e aviador [*voleur*] que voa [*voler*] no céu.

Vamos agora tentar fazer uma síntese do que recolhemos quanto ao material inconsciente das crianças estudadas, ao comportamento da mãe, enfim ao comportamento do pai – estes dois comportamentos podendo nos esclarecer quanto às reações da criança.

1. Material inconsciente

Em todos os casos, o menino indica dificuldades de identificação com o pai, fantasias de mutilação, sobretudo no caso do pai prisioneiro, que é um pai castrado.

A. Trata-se do pai prisioneiro que não voltou? Com efeito, seria difícil identificar-se com um pai prisioneiro que é desvalorizado pelo fato de estar cativo numa época em que os heróis, os do *maqui*, estão escondidos. Não há, em nenhum caso, uma boa imagem de identificação.

O prisioneiro morre, o filho tem uma dupla razão de estar abatido. Por isso ele é agressivo com esse pai desertor e essa mãe sufocante, e ele se sente em perigo edipiano, perigo ainda maior porquanto ele não tem rival. Com muita freqüência, esse menino saía sem saber para onde, e isso correspondia ao fato de que lhe haviam dito que o pai tinha ido embora e que, assim, ele procurava o pai. Em toda refeição de família, ele se levantava antes do fim sob qualquer pretexto. Pôde-se analisar que era para fazer como o pai que fora embora. Nesse caso, não há sucessor do pai, pois ele continua a esperá-lo. Só durante o tratamento é que ele toma consciência da morte do pai. Tem sentimentos agressivos em relação às mulheres e, em particular, sentimentos mortíferos em relação a essa mãe sufocante, que transferiu toda a sua afeição para o filho.

B. O pai prisioneiro volta para casa, é um retorno sem glória, nem mesmo precedido de uma evasão que poderia ter realçado o prestígio do evadido. O conflito edipiano que se fortificou durante a ausência do pai vai eternizar-se. Na rivalidade edipiana normal, o pai é superior ao filho por sua força, seu tamanho, suas relações com a mãe, e o filho não está no mesmo plano. Ele renuncia à mãe sendo vencido por um pai vitorioso. No caso da volta do prisioneiro, papai é um pobre coitado, e, portanto, é absurdo renunciar à mamãe.

Quando o pai volta, o filho tem bem algumas veleidades de ser agressivo com esse pai que o destrona, mas, por outro lado, esse pai cansado, desmoralizado, está bem fraco e é difícil ser agressivo com um pai tão fraco. O rapaz torna-se progressivamente apático e essa apatia é acentuada pelo comportamento das mães, que estudaremos mais adiante.

C. Se o pai é um soldado que esteve primeiramente ausente, depois voltou, o material das sessões indica uma má imagem do corpo com fantasias de mutilação, sem agressividade dirigida às mulheres, uma tentativa de identificação com um pai poderoso, glorioso, ao mesmo tempo que uma agressividade com esse pai carregado de condecorações. É permitido reagir contra um pai forte. Para tentar compensar essa identificação feminina, ele tenta roubar [*voler*], como seu pai piloto que voava [*voler*]. O dinamismo do pai lhe comunicou um certo dinamismo.

2. Comportamento das mães

A. A mulher do prisioneiro que não voltou concentra-se nesse filho: "Agora só tenho ele", "Não me casei de novo por causa dele", diz-me ela durante minhas visitas. Pouco a pouco, ela vai sentindo muito ciúme desse filho, abre todas as suas cartas e tenta até saber por seu confessor o que pensa seu filho. Ela suporta muito mal a sua puberdade (é um fato geral, as mães suportam mal a puberdade de uma filha, que vai para a sexualidade no momento em que elas mesmas dela se afastam, e os pais suportam mal a puberdade do filho). No caso dessa mãe viúva, esta tem medo de que seu filho púbere a abandone, como seu marido os abandonou. Daí sua angústia: é o duplo abandono que a ameaça.

B. O prisioneiro volta, a atitude da mulher quase sempre é patogênica. É o que chamarei "a mãe gemente", e esse gênero é muito freqüente: em onze casos de pai prisioneiro, descobri dez mães gementes.

Pelas razões que acabamos de expor, essas mulheres tiveram durante o cativeiro do marido uma certa intimidade com o filho. Com a volta do pai, elas se lamentam por duas razões:

– porque o marido é duro demais com o filho;
– porque o filho não é gentil com o pai.

Essas queixas são, para o filho homem, os últimos sinais de intimidade com a mãe, e é preciso, portanto, provocar o máximo de queixas. Para isso, o menino deve ter uma posição de vítima e, assim, ele espera poder seduzir a mãe. Os tratamentos do pai devem ser maus tratamentos, e isso só é possível se o filho não for agressivo demais. Se o filho fosse insuportável com o pai, a punição seria justa e as queixas cessariam. O menino deve manter essa posição passiva, masoquista.

No caso único em que a mãe não é uma "gemente", o filho é muito menos deteriorado. A mãe fica francamente do lado do pai, não escuta o filho. Este deve renunciar definitivamente à mãe: a situação é nítida.

C. Se o marido soldado não tiver ficado marcado pelo campo de prisioneiros e se voltar como herói ao fim da guerra, a situação é diferente: a criança ouve a mãe contar as façanhas guerreiras do marido. Ela costuma supervalorizá-lo. Não mantém a tensão amorosa do casal mãe-filho, pois não está centrada nesse menino toda a sua afeição. Nessa época, em que todos viajavam muito, a criança era um constrangedor que impedia a mãe de ver o pai. Seria antes uma negligente do que uma mãe sufocante. Nota-se aí toda a diferença com as esposas de prisioneiros, pais dos filhos que examinei.

3. Comportamento dos pais

Vamos examiná-lo ou em função do filho, ou em função da mulher.

A. Tomemos o caso do pai prisioneiro na volta do cativeiro:

Atitude diante do filho: eles dizem ter deixado um adorável lactente e encontram um forte rapaz de 6 anos; um deles me disse a mesma frase para um menino de 3 anos e meio! O pai encontra um rival que partilhou a cama de sua mulher. Trata-se bem de uma rivalidade, pois os pais tinham se tornado de novo crianças (ver página 198 de *As férias*[5]: "Sentíamos como se tivéssemos nos tornado de novo aquelas crianças que afastamos na hora dos assuntos graves e das responsabilidades"). Na volta ao lar, a competição pai-filho tornava-se rivalidade criança contra criança a disputar o amor da mãe.

No primeiro atrito, o menino diz, diante do pai: "Mamãe, quando é que o papai vai embora?"; frase que mais da metade de meus casos me relatou e que foi impossível aceitar. Como me dizia um pai, "Era preciso que um dos dois cedesse", e nesse caso foi o filho que cedeu, daí o agravamento de sua apatia.

Atitude diante da mulher: esses dois homens sentiam-se desvalorizados aos olhos de suas mulheres, que haviam tomado decisões e que tinham se virado durante a ausência deles. Para eles, também, era a época em que o culto do herói não existia mais (perdida a guerra, os valores desabavam).

Como todas as estátuas tinham sido fundidas, as únicas que foram respeitadas e repintadas de dourado eram as de Joana d'Arc! Mais uma mulher fálica supervalorizada.

Ao lado disso, a volta ao lar costumou significar a abdicação de uma liberdade reencontrada de maneira inesperada por trás da cerca de arame farpado. Durante anos, como diz o título do livro *As férias*, esses prisioneiros tinham se sentido livres: "O cativeiro representou a liberdade, liberdade contra a rotina cotidiana, contra os cuidados da mulher", contra a rotina do trabalho burocrático, da fábrica, contra as responsabilidades. Após cinco anos de cativeiro, eles não podiam mais suportar ser "doces prisioneiros do amor": "Sou teu cativo", "Amor, como teus ferros são doces", estes clichês traduziam, dali por diante, uma situação insuportável.

Assim, muitas mulheres me disseram que ficaram muito decepcionadas. Toda essa decepção mantinha os gemidos e a atitude passiva do filho.

[5] Francis Ambrière, *Les Grandes Vacances*, prêmio Goncourt (1940), Paris, Seuil, 1984.

De resto, ao contrário do que se podia crer, as mulheres de prisioneiros, após a volta destes, tinham se tornado muito exigentes.

B. Consideremos, ao contrário, o pai não prisioneiro que volta ao lar:

Perante o filho: ele volta como herói, já que ganhou a guerra. Sente-se o mais forte. Seu filho sofreu privações, ao passo que ele foi bem tratado no exército, por isso não sente raiva do filho por ter tido como compensação a presença de uma mãe, sua mulher. Ele não tem ciúmes. Gostaria que o filho estivesse à sua altura.

Perante a mulher: ele não se sente desvalorizado e não tem complexo algum de inferioridade. Não dependia dos pacotes enviados pela mulher, ela é que dependia dele, de seu soldo. Como não foi dependente, não teme sê-lo e suporta bem a rotina familiar, sente-se forte; logo, pode parecer fraco, e há um mínimo de tensão entre ele e a mulher. A situação do casal parental é clara aos olhos do filho.

Eis, pois, terminado o exame minucioso das observações que pudemos fazer, particularmente centradas nesses três casos tipos. Como dissemos no início, em nossa experiência não tivemos casos de menino de pai combatente, morto no campo de honra. Nesses casos, podemos pensar que houve um sucessor do pai porque a mãe se casou de novo, ou porque, *sendo clara* a situação, sem espera hipotética do pai, o filho pôde encontrar substitutos para se identificar, como um padrinho, um professor, etc.

Perante a filha: a primeira hipótese é que essas mulheres fálicas, supervalorizadas, favorecem em nossa civilização a identificação das filhas; por outro lado, que as reações de rivalidade não existem na volta do pai, há duas mulheres para um homem – o pai fica feliz.

No único caso que tivemos, nem um pouco caracterial, tratava-se de uma menina de 12 anos, cujo pai tinha morrido quando ela tinha 1 ano, estando a mãe grávida de uma irmãzinha.

Assim que o marido morreu, a mulher foi viver com os pais; ele com 51 e a mãe com 53 anos, o avô, muito jovem, foi um bom substituto para essa menininha.

Família ampliada. De resto, notamos que, durante essa guerra, a maioria das mulheres separadas do marido vivia só com o filho, como durante a guerra anterior[6]. As mulheres da mesma família tinham se reunido e viviam, de hábito, sob a autoridade do avô, que era uma boa imagem paterna.

Chegou o momento de tirar conclusões do que precede. Partimos de casos que não comportavam praticamente nenhuma diminuição psíquica independente do fator ausência paterna. O QI das crianças examinadas era sempre bom ou superior ao normal. Pudemos descobrir que:

1. Existe uma relação entre a apatia, a idade das crianças quando o pai foi embora e os estatutos dos pais:

– o cativeiro do pai favorece a apatia;

– quanto mais nova é a criança no momento da partida do pai, mais a apatia é acentuada;

– a volta de cativeiro do pai acentua a apatia.

2. Existe uma relação entre a delinqüência dos filhos e o estatuto dos pais:

– a delinqüência não é encontrada entre os filhos homens de pais prisioneiros de guerra;

– ela é desencadeada pela volta do pai combatente;

– para as crianças, nascidas em 1939, essa guerra teve o prolongamento mais desfavorável.

3. O comportamento das mães em geral agrava a situação, a decepção da mãe, ou o estado de tensão consecutivo à retomada da vida conjugal contribuindo para o esmagamento do filho, para o aniquilamento do que lhe resta de agressividade.

Faltaria submeter as conclusões que precedem a uma dupla crítica:

Em primeiro lugar, vimos que uma categoria importante, a mais importante numericamente, dos casos patológicos que examinamos refere-se a meninos que ficaram provisoriamente privados do pai durante a per-

---

[6] Jenny Aubry conheceu ela mesma duas guerras (1914-1918 e 1939-1945), uma quando era criança e a outra quando era mãe.

manência deste no exército, e acreditamos poder estabelecer uma correlação entre essa ausência e o caráter apático e, às vezes, a inclinação à delinqüência desses filhos.

Entretanto, é evidente que o número de crianças separadas, em qualquer idade, do pai pela guerra foi considerável e que a maioria delas reagiu normalmente, sem que uma deterioração sensível tenha sido infligida ao comportamento psíquico delas.

Para que algumas delas, uma ínfima minoria, tenham sido atingidas, foi preciso que interviessem outros fatores determinantes.

Em segundo lugar, o afastamento do pai, em razão da guerra, é apenas um caso particular de uma ausência que podemos encontrar por muitas outras razões e sob muitas outras formas. Seria interessante pesquisar se o mesmo fenômeno apresentando-se sob uma forma diversa causou conseqüências análogas. E caberia falar, igualmente, a respeito da atitude dos filhos homens mais ou menos privados de pai: pais "carentosos e carençógenos", isto é, pais que, embora presentes, engendram no filho homem atitudes como as que acabamos de descrever.

Todos já conhecemos casos de meninos em tratamento cujos pais homens tinham sido criados sem a presença do pai. Nomeio "carências paternas de tabela" essas situações de repetição. Entre nossas observações, são numerosas as crianças que perderam o avô em 1914 ou 1915, avô cujos filhos, nascidos em 1913, estiveram prisioneiros de 1939 a 1945. São seus netos que tive em tratamento. Vinte e cinco anos separam o início das duas guerras (1914-1939), isto é, uma geração. Para concluir, podemos nos perguntar qual pode ser a influência da ausência real de uma tal proporção da população masculina sobre três gerações e qual será a repercussão psicológica e social dessas carências.

5. Ambivalência e autopunição numa criança separada[1]

JACQUES LACAN: Meus deveres vão ser mais simples de cumprir do que eram há algum tempo, já que hoje é uma sessão científica da Sociedade que estou abrindo e, de todo modo, não preciso naturalmente lhes apresentar a Dra. Aubry, que vai hoje lhes comunicar um caso, ao qual ela deu por título, pelo menos provisório: "Ambivalência e mecanismos autopunitivos numa criança separada".

JENNY AUBRY: É muito freqüente ver nas crianças que vivem em coletividade, que não têm cuidados maternos, movimentos anormais estereotipados. Quase sempre, quando esses movimentos existem e são freqüentes, trata-se de formas antes graves. Porém eles podem aparecer já nos primeiros dias da separação. Veremos, aliás, em que circunstâncias.

Esses movimentos são, de certo modo, rituais, sempre os mesmos, estereotipados, inadequados, e suas causas e seus tipos nem sempre são fáceis de elucidar. Mesmo assim, podemos tentar clinicamente, em sua descrição, separá-los em:

- balanceados;
- gestos rituais de tipo protetor;

---

[1] Conferência dada na Sociedade Francesa de Psicanálise (SFP) durante a projeção do filme *La Carence de soins maternels*, sob o título: "Ambivalência e mecanismos auto punitivos numa criança separada", sessão de 22 de março de 1955. Publicada em *Essaim*, 5, primavera de 2000, com uma apresentação de Mario Cifali, pp. 33-59.

– gestos rituais de tipo de auto-agressão.

Os balanceados são muito freqüentes. Eles existem praticamente em todas as formas graves e costumam ser muito precoces após a separação.

Existem, naturalmente, diversos tipos de balanceados:

As crianças balançam para frente e para trás, para o lado, às vezes de pé, às vezes sentadas, às vezes engatinhando. Às vezes, todo o corpo participa do balanceado e, outras vezes, é só a cabeça, mas são sempre movimentos ritmados que parecem proporcionar à criança uma certa satisfação e lhe permitir isolar-se do mundo exterior. Algumas têm aparência muito feliz quando balançam, têm uma expressão boba; a maioria tem antes um ar ausente e algumas têm um ar infeliz.

Entre os gestos rituais protetores – chamei-os assim porque me pareceu que correspondiam a uma proteção da criança contra certas situações que a angustiavam –, que observamos com bastante freqüência, vemos as crianças que levantam os olhos para o teto, mostrando apenas o branco, que seria o gesto "não ver", proteger-se do que é desagradável, a que corresponde igualmente a mão sobre um olho, ou a cabeça na mão. Com bastante freqüência, em vez de pôr a mão diante do olho, a criança pega um objeto, e, às vezes, é sempre o mesmo objeto que serve para isso, o aproxima do olho e o fixa intensamente, absorvendo-se nessa visão.

Esses movimentos aparecem cada vez que tentamos nos aproximar da criança ou estabelecer um contato afetivo, mas eles também podem se manifestar espontaneamente, sem que saibamos muito bem por quê.

Em outros momentos, em vez desse mecanismo "não ver", a tentativa de tomada de contato provoca na criança um contato com outra coisa, um objeto; em vez de uma pessoa, ela se apossa sempre do mesmo – um corta-papel, um algodão, um brinquedo, um pedaço de pau – e se absorve na contemplação desse objeto com o qual ela parece entrar em relação.

O mecanismo "não ouvir" é igualmente bastante freqüente; as mãos nas orelhas; buscar um objeto ausente. Quando nos aproximamos da criança, vemos também gestos mais nítidos como de proteção contra os golpes, tais como pôr a mão diante dos olhos ou pôr os dois braços para cima. É algo que observamos com bastante freqüência nas crianças novas, por volta de 1 ano: pôr os dois braços no ar, sobre o travesseiro, e levantar a cabeça. Fazer "não" com a cabeça parece igualmente um gesto de recusa.

Todos esses gestos, todos esses movimentos anormais se desenvolvem com bastante freqüência e em quase todas as formas de carência de cuidados maternos.

Ao contrário, os gestos que parecem mais particularmente atentar contra a integridade corporal da criança indicam formas mais sérias e são mais raros: arrancar os cabelos, bater em si mesma, socar-se, bater a cabeça são sintomas bastante freqüentes e só nas formas graves de carência de cuidados maternos.

Supus que esses movimentos representavam um certo número de mecanismos de defesa e procurei, assim, verificar se isso era verdade, e então, estudando como e quando esses movimentos aparecem, parece que talvez possamos esclarecer certas coisas.

Após a separação, há na criança pequena uma fase aguda de desamparo, a partir da idade de 6, 7, 8 meses, isso depende da criança, às vezes mais jovem; quanto mais nova é a criança, mais esse desamparo se manifesta por inércia e quanto maior e autônoma é a criança, mais ela se manifesta por um protesto: ela grita e está em hostilidade aberta para com todos os que dela se aproximam.

As crianças inertes são sobretudo as crianças tais como as mostrou René Spitz, crianças de 8 a 15 meses, mas as crianças de 15, 18 meses, mesmo de 2 anos, que são pouco autônomas, muito dependentes da mãe, podem perfeitamente apresentar um desamparo com inércia, até um pouco mais velhas. Habitualmente, a partir de 1 ano, ao contrário, a criança grita e reclama pela mãe e pode, às vezes, exteriorizar sua agressividade batendo nas pessoas que dela se aproximam, mas é bem raro. Em todo caso, ela mostra no início, nos primeiros dias, uma hostilidade muito nítida para com estranhos, e bem rapidamente essa hostilidade franca, aberta, dá lugar a uma certa ambivalência que, a partir desse momento, vai dominar o quadro clínico. Há realmente ambivalência uma vez que sentimos muito bem o conflito muito agudo entre a necessidade que tem a criança de ter carinhos, de ter cuidados maternos, e a impossibilidade em que ela está de aceitá-los de uma pessoa estranha. Vemos, com muita freqüência, crianças que choram desesperadamente na cama; se as pegamos e não recusaram que as pegássemos, parecem apreciar os carinhos, deixam-se ninar, aninham-se, põem a cabeça no pescoço, buscam uma posição na qual parecem bem, acalmam-se pouco a pouco, depois, de repente, parecem perceber que não é a mãe quem as segura e bruscamente se desviam, mostram-se hostis e não suportar mais ficar no colo.

É no momento em que aparecem de modo mais manifesto esses sintomas ambivalentes que sobrevêm os movimentos anormais nos casos em que são precoces, e eles aparecem mais especialmente nas crianças que não puderam, na instituição, formar um vínculo eletivo com um substituto materno.

Os balanceados são muito freqüentes e são os primeiros sintomas notáveis. Eles parecem nitidamente acontecer em forma de recusa de contato e para permitir à criança encontrar uma satisfação auto-erótica que compensa esses vínculos afetivos; eles sobrevêm até fora de qualquer tentativa de tomada de contato; a criança não se consola como faria uma criança em sua família, chupando o polegar ou brincando, mas, ao contrário, balançando para frente e para trás ou para o lado. Vimos balanceados aparecerem desde o terceiro, ou quarto ou quinto dia da separação.

Os gestos protetores, estes, observam-se sempre nas crianças que mostram ao mesmo tempo uma certa ambivalência para com aqueles que cuidam delas. São um pouquinho mais tardios e, ao passo que os balanceados acontecem em qualquer momento, simplesmente quando a criança se entedia e busca uma satisfação, ao contrário, os gestos protetores aparecem muito nitidamente quando a criança sente a tentativa de tomada de contato, que lhe aparece realmente como algo muito perigoso.

Em compensação, todos os gestos de caráter autopunitivo, auto-agressivo não aparecem nos primeiros dias ou nas primeiras semanas. Ao contrário, só os observamos em crianças que, de uma ponta à outra de sua existência, tinham sido carentes e que finalmente nunca tinham tido cuidados maternos totalmente normais. São quase todas crianças separadas muito pequenas, que não só foram afastadas, mas sofreram numerosas mudanças ou cuidados por uma mãe desequilibrada.

Com efeito, é um fato bem curioso o autismo e a perda de contato com a realidade ocorrerem quando há ausência de cuidados maternos de uma maneira contínua e sem mudança; o modelo disso é a criança criada sempre no mesmo berçário e um berçário onde os cuidados são dados de maneira impessoal, mas sem que tenha havido grandes transtornos. Ao contrário, quando os primeiros cuidados foram dados por uma mãe desequilibrada ou demente, ou houve uma série de mudanças que apareceram todas como a inconsistência ou como o desequilíbrio materno – disso foram o equivalente –, parece que vemos com mais freqüência as formas de tipo de psicose ou de psiconeurose e, fato muito mais grave, é nessas formas que se observam ao máximo esses gestos auto-agressivos, essas cóleras em que a criança se arranha, arranca os cabelos, bate em si mesma ou com a cabeça.

Nos casos mais graves, gestos arcaicos acompanham freqüentemente essas diferentes manifestações, em particular o fato de sentir a maior parte dos objetos, que aparece como algo que representa uma crise muito, muito profunda da estrutura psíquica.

A criança que tentamos filmar apresentava no máximo gestos de autopunição e balanceados. Contrariamente a outras que vimos, não estava inteiramente cortada do mundo exterior, e é muito impressionante no filme, talvez mais ainda que quando a observávamos, pois ela recusava manifestamente o contato e fingia não nos ver ou dava um jeito para não nos ver, ou não nos olhava, embora possamos notar muito bem que seus olhos estão extremamente presentes e que ela olha com intensidade, embora finja não ver.

Sabine – vamos chamá-la assim – nasceu em 11 de janeiro de 1950. Aos 7 meses e meio, pesava 2,5 kg. Sua mãe, que vive maritalmente com um árabe, tem quatro filhos. O primeiro faleceu em janeiro de 1947 na idade de 16 dias, e as assistentes sociais consideram que essa criança morreu porque a mãe era incapaz de cuidar do bebê ou dele cuidou mal; disso estou muito menos segura que as assistentes, pois essa mulher tem certamente sentimentos maternos bem fortes, ainda que seja pouco capaz de prestar cuidados.

Sabine é a segunda menina. Em seguida vem Jeannine, nascida em 1951, e há três anos vivendo com os pais de criação, que praticamente a adotaram. A mãe mesmo assim mantém relações com ela, vai vê-la de vez em quando, mas os pais de criação não pedem pagamento algum e são extremamente ligados à menina.

Jean-Noël nasceu em dezembro de 1952; não sei se se chama Jean-Noël ou Jean-Daniel. Daniel era o nome do primeiro filho, e isto tem, portanto, uma certa importância. Ele esteve sob os cuidados de uma ama no departamento do Orne desde que nasceu. O último nasceu com 7 meses de gestação em fevereiro de 1954, pesando 2,5 kg, e é o único que, de acordo com as últimas notícias, estava com a mãe. Ignoro se ficou com ela.

A mãe vive num quarto de hotel, extremamente pobre, bem mantido, mas absolutamente exíguo. Está manifesto que ela não pode ter um filho, ou, em todo caso, dois, no quarto.

As assistentes sociais consideram a mãe incapaz; algumas dizem até que é uma mãe ruim e lhe retiraram os filhos. Na realidade, eles não lhe foram retirados. Ela parece, antes, perfeitamente imatura e pouco em contato com a realidade. Ela sempre fala de encontrar um apartamento de dois quartos onde ficará com todos os filhos, mas seu namorado está desempregado e ela não tem renda alguma.

A criança sofreu doze mudanças antes de chegar a Parent de Rosan. Nascida com 7 meses e meio de gestação, pesando 2,2 kg, foi colocada durante seis semanas na incubadora no Hospital Lariboisière. Durante sua estada, teve uma diarréia e uma broncopneumonia. Depois, foi colocada num berçário religioso. Durante os dois primeiros meses, a mãe a visitava diariamente para lhe trazer leite de mulher, que ela mesma ia buscar. Ela vinha bem pontualmente à sua cabeceira para cuidar dela durante as visitas. Não houve, pois, uma ruptura completa de cuidados maternos, mas, de todo modo, apenas a vida em berçário com visitas da mãe e as idas e vindas que isso comporta.

Aos 8 meses, diz a mãe, Sabine era uma bela criança, que ficava sentada e sorria. De 8 aos 14 meses, diz ainda a mãe, ela ficava com uma ama. Na realidade, parece que Sabine foi colocada no depósito de Crianças Assistidas, depois com a ama, e é na sua volta que pela primeira vez a mãe nota gestos protetores, não ainda gestos punitivos. Ela punha a mão diante dos olhos e levantava o braço diante da cabeça. A mãe pensou que os diferentes distúrbios que se manifestaram posteriormente eram devidos ao fato de que a ama era uma má ama que, desde então, teria sido rejeitada pela Assistência Pública. As cartas da assistente social são muito vagas e ela não parecia ter vontade de dar muitos detalhes sobre essa ama, que devia ser medíocre. Logo, de 8 aos 14 meses, Sabine teve um substituto materno medíocre.

Aos 16 meses, ela é hospitalizada em Bretonneau durante dois meses, porque, de todo modo, estava em péssimo estado ao voltar da casa dos pais de criação. Aos 19 meses, é retomada pela mãe, que não a acha nem um pouco bem. No entanto, pronunciava algumas palavras, mas, diz a mãe, estava "bem maluca".

Muito bonita, gostávamos muito dela; achávamo-la extremamente agradável de olhar, mas de vez em quando tinha crises de nervos; senão, ficava sentada sem se mexer na cadeira.

Para completar esse início pouco promissor, a menina, com 2 anos, é enviada – grande catástrofe – a San Salvadour. É extremamente difícil ter uma opinião porque as datas em cada carta são contraditórias, e reconstituí essa história como pude, mas, de todo modo, ela parece bem ter estado, de outubro de 1951 a outubro de 1953, em San Salvadour. Ali, contraiu catapora e, diz o médico desse estabelecimento, progrediu em peso a ponto de alcançar 200 gramas a menos que a curva de sua idade. Em outubro de 1953, ela volta ao depósito da Avenida Denfert-Rochereau, onde contrai uma doença contagiosa. Ciclo infernal... Ela chega em 8 de dezembro de 1953 a Parent de Rosan, pesando 11,9 kg, isto é, um peso de 2 anos e meio e 90 cm, um tamanho de 3 anos, embora tenha 4 anos.

Um ano mais tarde, ela tinha um peso e um tamanho normais, após ter feito um tratamento.

Eis a descrição naquele momento: a vivacidade, a inteligência de seu olhar são impressionantes, mas sem razão aparente ela passa de uma expressão à outra; ora tem um rosto feroz, os músculos contraídos, os lábios apertados; depois uma expressão suave, com um largo sorriso, mas tem o olhar e o sorriso perdidos. A mobilidade extremamente rápida de seu rosto se acompanha ou não de outras mímicas: ora bate em si mesma violentamente e grita, ao passo que o rosto perde o aspecto duro; outras vezes, canta ou pula – canto muito doce como para adormecer uma criança pequena. Com freqüência, só o rosto muda de expressão.

Vejo-a primeiramente na cama, onde bate em si mesma e grita; com ar feroz, não responde quando a chamam. Bruscamente, pára de bater em si mesma, seu rosto muda instantaneamente de expressão, seu olhar desliza sobre mim; tenho a impressão de que ela me vê, mas imediatamente desvia os olhos; depois põe-se a cantarolar, a sorrir, e então assume uma expressão boba. Passo-lhes os detalhes, já que vão ver o filme.

Os gestos autopunitivos consistem em bater a cabeça e em arrancar os cabelos; vemos placas enormes arrancadas. Sempre um olhar excessivamente fixo, presente, mas que, ao mesmo tempo, recusa parar numa pessoa.

Creio que poderíamos passar a primeira parte do filme que vou comentar, já que não é falado.

Projeção do filme e comentários

Primeira parte: eis a coletividade onde se encontra Sabine. Vocês a vêem com seus tufos de cabelos; ela tem brinquedos com os quais nada faz.

Ei-la com sua vassoura, que é também um dos objetos protetores de que ela se serve.

De todo modo, os olhos são extremamente vivos. E podemos ver movimentos de boca quase contínuos que se assemelham aos de um tritão; ela fica de boca aberta como um peixe. Agora a vemos em marcha lenta...

Uma das primeiras sessões de terapia; há comida na cadeira, e vemos Marie-Cécile Ortigues[2], que lhe interpreta seu medo da comida. Não sei se ela lhe interpreta, mas, enfim, a situação é tal. As piscadas de olho para a comida de que ela tem vontade e muito medo. Vemos os movimentos de boca que voltam.

Vemos como ela arrancou os cabelos. Ela olhou a comida... ela bate em si mesma... e arranca os cabelos de novo... e seu balanceado pára.

Aí, ela comeu. E, quando come, fica bêbada, ou brinca de ficar bêbada. Será ainda mais nítido daqui a pouco. É a ansiedade depois de comer. Após comer, ela deve também bater em si mesma. Ela se enche, ela bate em si mesma... Durante um período de três semanas, em suma, em todas as sessões, logo após comer, ela estava como que bêbada e rodava como a vemos fazer...

Pela primeira vez, ela exprime a agressividade, indiretamente, mas contra a porta; a porta provavelmente foi o símbolo da separação durante

---

2 Marie-Cécile Ortigues: psicóloga e psicanalista, colaboradora de Jenny Aubry. Ela se tornará membro da EFP. Co-autora com Edmond Ortigues de *Œdipe africain*, Paris, Plon, 1973. Ela redigiu em inglês com Jenny Aubry a descrição do caso Paul: "Maternal Deprivation, Psychogenic Deafness and Pseudo-retardation", *Emotional Problems of Early Childhood*, New York, Basic Books, 1954. Cf. "Anexo" ao presente capítulo.

muito tempo. Ela bate em si mesma, mas consegue mesmo assim entrar em contato, um contato ambivalente; por outro lado, o barulho da câmera parava todas as suas agressões.

Ela pede para ser carregada, mas não pode suportar isso... mesmo gesto! Ela olha por debaixo...

Eis um contato, mas num curto momento ela vai recomeçar. Tomada de contato... e logo ela bate em si mesma... ansiedade... recusa de tomada de contato.

Pela primeira vez, a mamadeira está no prato e isso provocou de novo uma ansiedade do mesmo tipo que a primeira vez diante da comida. Ela toca na mamadeira e chupa o dedo em seguida. Na primeira vez, ela havia tocado nela por intermédio de um clipe, que ela chupava depois. Ela foge... vai agredir... vai derrubar a mamadeira... e aí ela estoura num riso quase demente.

Todas as seqüências são mais ou menos tomadas em cinco dias de intervalo. As primeiras são do mês de fevereiro.

Seus cabelos cresceram de novo. Assim que pôde exprimir sua ambivalência e um pouco de agressividade, parou de arrancá-los.

Ela parece querer ir embora. De hábito, ela vai embora assim que uma porta é aberta, e aí ela hesita. Finalmente, ela vai fechar a porta e ficar, após ter retirado a chave.

A agressão virou-se contra a mamadeira, contra a terapeuta, contra a cadeira e contra a porta. Uma vez derrubada a cadeira, ela quer tomar um contato. Ela não precisa mais bater em si mesma. Antes, quando se sentia culpada, batia em si mesma, mas, aqui, ela toma contato.

Ela ainda bate em si mesma, mas não arranca mais os cabelos.

Agressão contra a porta.

Por volta do mês de maio, os cabelos cresceram de novo. Depois que lhe dão de comer, ela vai levantar a cadeira... Isto se situa mais ou menos no mês de maio; embora a terapia tenha começado no mês de fevereiro. Há algumas tomadas, talvez no mês de junho, e vamos rever a menina no mês de setembro.

Eis a história desse desenrolar:

Primeira fase: a ansiedade diante da comida.

Segunda fase: a ansiedade depois de comer, que é todo o período em que a criança está como que bêbada após ter comido, depois os primeiros sintomas em que a ambivalência se manifesta mais nitidamente com a agressividade, a um só tempo contra a mamadeira por um lado, depois contra a cadeira; o contato... não se vê muito a agressão contra a terapeuta, porque, cada vez que ela ocorria e que a câmera começava a funcionar, ela parava. Ela não foi parada em sua agressão à porta, nem à mamadeira, mas, quando a agressão era em relação a uma pessoa, de todo modo ela era parada. No fundo, cada vez que tem uma satisfação, seja essa satisfação a de olhar a comida, de comê-la, ou de ser agressiva, ela tem uma volta de autopunição, batendo em si mesma, mas parou de arrancar os cabelos ao fim de dois meses mais ou menos.

Há um certo número de pontos que são bem particulares, sobretudo quando ela se enche de comida e cambaleia depois.

Segunda parte: ei-la na coletividade. Creio que o que é mais impressionante é que há momentos em que ela parece absolutamente normal, exceto que não brinca com os outros, e outros momentos em que parece quase demente.

Vemo-la brincar, agitar-se em volta de um carrinho de boneca, como pode fazer uma menina um pouco mais nova, mas mais ou menos normalmente. Nesse momento, é ainda uma criança que reage à frustração de uma maneira bem particular. Uma criança vai vir tomar-lhe os brinquedos; ela amontoa coisas no cesto, faz vagamente uma cama, e eis o menino que vem tirar seus tesouros, ela está completamente desamparada, bate em si mesma, foi punida; ela se pune, é culpada, e fica um longo momento a bater em si mesma. Finalmente, consola-se com outro brinquedo... mas guardando aquela espécie de bola na boca.

Devolvem-lhe uma parte de seus brinquedos. Agora, está consolada, mas não soube se defender, e puniu a si mesma. Ela alimenta a boneca após ter feito o simulacro de se alimentar.

A porta foi aberta... e logo ela foge. Trazem-na de volta e ela retorna a seu brinquedo. Lembrem-se de que a porta fora objeto de agressões... essa porta é o símbolo de ir embora...

De vez em quando, retoma suas expressões muito anormais e seus movimentos de boca, ao passo que em outros momentos tem uma atividade quase normal.

Ela balança, e aí a professora do jardim de infância vai intervir para tentar tirá-la de seu desejo autístico... Sempre os movimentos de "bocas de tritão" reaparecem. Sabine não quer... ela resolve assim mesmo... e aí, pela primeira vez, ela começa jogos de imitação.

É preciso que as mãos sejam colocadas de uma certa maneira; cada vez que a professora do jardim desloca suas mãos, ela as recoloca no lugar. A professora teve de ir cuidar de outro... então, ela fica imóvel e parece um pouquinho perdida. Veremos em seguida que não vai querer voltar de imediato... faz manha... não por muito tempo... ei-la que volta...

Segunda frustração que vai ser muito mal tolerada: a intervenção agressiva de outra criança. Sabine está brincando, faz com muita freqüência esse movimento de se jogar para trás. Pronto, bateram nela, ela recebeu um golpe forte e, aí, fica absolutamente inconsolável. Ela se pune de novo, bate de novo em si mesma e, durante uma meia hora, dá golpes em si mesma para nunca se consolar, simplesmente, pelo golpe recebido.

A última seqüência diz respeito ao tratamento. Pudemos, enfim, filmar a cena de agressão contra a Dra. Ortigues, mas, infelizmente, a imagem não está clara.

FRANÇOISE DOLTO: Por causa da pessoa que manipulava o aparelho?

JENNY AUBRY: A pessoa estava dissimulada por trás de uma cortina, não estava à vista. Sabine estava habituada à iluminação e tínhamos até colocado uma espécie de pequeno roncador permanente para imitar o barulho da câmera e para tentar não desconcertá-la. Mas ela fazia a diferença entre os dois. Tentou-se tudo. No início, quando são muito autistas, percebem bem a presença, mas não parecem ficar constrangidas com isso. Entretanto, é preciso crer que sim, já que, cada vez que começava a exteriorizar sua agressividade, ela parava.

Aí, ela tem um jogo muito bom, bem longo, e depois então se irrita. Ela sempre recoloca as mãos de uma certa maneira; suas mãos devem ser colocadas sobre a barriga.

Ela tenta arrancar os cabelos, as orelhas, como de um fantoche desarticulado... Ela recolocou a mamadeira de pé, e a mamadeira é ao mesmo tempo sua luta... ela ataca, quer absolutamente arrancar-lhes as orelhas.

Agora, eis a refeição.

Discussão

JACQUES LACAN: Você pode acrescentar algumas palavras.

JENNY AUBRY: Não, realmente não tenho muito mais a dizer.

FRANÇOISE DOLTO: Como ela emite os sons? Está situado na máscara ou na garganta?

JACQUES LACAN: Vamos seriar as questões, se você quiser. Poderíamos primeiramente agradecer a Jenny Aubry por ter mostrado um filme como esse. A câmera é de fato um excelente instrumento de trabalho, e especialmente para – é preciso dizer – esses limites ainda, é o mínimo que se pode dizer, semi-explorados do comportamento. É muito impressionante ver uma coisa como essa ao longo dos meses. Penso que as verdades primeiras sempre merecem ser lembradas, e vemos aí a que ponto é primitivo ou regressivo, como quiserem que seja, um comportamento humano, a que ponto ele difere de um comportamento animal. É algo extraordinariamente estruturado, muito especialmente por essa misteriosa agressividade, que vemos pontuar toda a análise do comportamento. Mas, certamente, ainda que seja sempre com um emprego adequado, para o uso que você fez do termo agressividade, não é menos verdade que temos a impressão de que isso designa coisas em níveis diferentes no começo.

No início, trata-se realmente de algo fundamental, que se refere a toda a estruturação do objeto[3] para um pequeno humano, mesmo muito perturbado como este, e em seguida isso diz respeito a elementos que eu preferiria chamar agressão, até mesmo, em certos casos "descarga motora", e que têm um valor então muito mais sintomático propriamente falando. A prova é que podemos interpretá-los e que, sem que tenhamos entrado no detalhe da técnica terapêutica empregada, é no plano da interpretação que isso brotava imediatamente em volta. Françoise dizia: comportamento homossexual típico. Pouco importa que se esteja errado ou certo. Mas se tra-

[3] Vemos aparecer aqui as premissas da teoria lacaniana do objeto *a*, que não é levada em conta por Jenny Aubry nessa época.

tava de interpretar, então, as manifestações agressivas como sintomas, o que é evidentemente outra coisa que essa relação fundamental que também chamamos fator de agressividade. Na verdade, o que sempre tentamos perseguir, a partir do que é perdido de uma maneira inteiramente definida pelo adulto, é ainda mais útil quando se trata da criança. Para não ficar no vazio, aí como sempre, vemos que a psicanálise de criança é o que há de mais difícil. E, paralelamente, a observação e a interpretação de um comportamento de criança são ainda mais difíceis que de um comportamento de adulto.

Acho que sobre essas observações gerais que, evidentemente, só poderiam servir de introdução a um estudo conciso e sistemático dos diferentes setores e segmentos de um filme como este que, penso, é apenas um dentre todos os documentos que vocês acumulam nos serviços, e creio que é unicamente baseados em documentos como estes que podemos fazer um estudo sério do qual possam participar mesmo aqueles que não participam da vida de todos os dias de um serviço como o da Dra. Aubry; resta que, naturalmente, a primeira questão que vem à mente é aquela sobre a qual eu dizia que você nos deixa insatisfeitos, é imediatamente aquela que era iniciada por Françoise: em suma, começar a interrogar a Dra. Ortigues, se entendi bem, isto é, perguntar-lhe o que ela fez para tudo isso. Qual era seu papel nesse assunto? Não podemos, enquanto analistas, deixar de nos interessar pelas diferentes etapas desse tratamento, e pela maneira como a Dra. Ortigues abordou o assunto.

JENNY AUBRY: Não estou inteiramente de acordo, porque a Dra. Ortigues vai fazer um trabalho muito detalhado sobre o tratamento dessa criança, que é algo à parte, que merecerá uma sessão só dela certamente[4], e sobre a evolução e a técnica e o que aconteceu. Na minha mente, eu pensava que esta noite nós podíamos talvez justamente discutir, mais precisamente, a questão dos sintomas clínicos tais como aparecem fora da terapia.

JACQUES LACAN: Vamos pôr à prova se, com efeito, é possível limitar assim o assunto.

---

[4] O caso nunca será publicado por Marie-Cécile Ortigues.

Jenny Aubry: Creio que seria melhor se pudéssemos delimitar o assunto, porque, se queremos estudar o caso em detalhe, isso arrisca nos levar um pouco mais longe. Parece-me que o que poderia servir de base à discussão é o fato de que, nesse comportamento regressivo do início – talvez não seja completamente visível no filme, mas em todo caso é visível em outras crianças –, há uma ausência de relação completa. E aí, então, ficamos sempre constrangidos com a expressão relação de objeto, porque essas crianças se referem apenas a coisas, e "relação de objeto[5]", na linguagem psicanalítica, tem uma significação bem diferente.

Jacques Lacan: Que não exclui a relação com as coisas.

Jenny Aubry: Mas, enfim, durante muito tempo, essa criança é total e inteiramente ambivalente para com tudo, tanto para com as pessoas quanto para com as coisas, quanto para com a comida, para com qualquer atividade. É preciso, pois, redefinir ou precisar de novo a significação do termo. Pois existe um conflito entre o desejo que ela tem de ter, de fazer, de tocar, de entrar em relação, e o medo que tem disso, e a impossibilidade que se manifesta nela; e, tendo por conseqüência, o fato de que, cada vez que ela tem uma satisfação qualquer, experimenta a necessidade de voltar alguma coisa contra si mesma. Vemos aí, de todo modo, um mecanismo muito particular, já que é a partir do momento em que Sabine consegue exteriorizar essa agressão – ou essa tomada de contato – que ela não tem mais necessidade de bater em si mesma nem de arrancar os cabelos. Isso me parece crucial.

Jacques Lacan: Há muito mais elementos em presença que isso. No começo, por exemplo, a maneira como ela se situa em relação à comida, isto é, a um só tempo muito fixada, muito centrada nesse objeto, e ao

[5] Jenny Aubry se refere aqui, para criticá-la, à noção de relação de objeto tal como foi elaborada pelos clínicos britânicos e não à concepção lacaniana do objeto *a*, que só será introduzida em 1960. Relação de objeto: termo empregado pelos sucessores de Freud, a partir de 1924, para designar as modalidades fantasmáticas da relação do sujeito com o mundo exterior. Para a gênese desses conceitos, cf. Élisabeth Roudinesco e Michel Plon, *Dictionnaire de la psychanalyse*, op. cit.

mesmo tempo mantendo-se numa posição onde se desvia do objeto; ela está fixada numa posição desviada. O objeto é perfeitamente existente, e chamaremos isso ambivalência, se não tivermos palavra melhor. Mas, para falar a verdade, o uso é talvez um pouco extensivo demais para esse termo. É muito mais tarde, em sua evolução para a melhora, sua evolução propriamente psicoterapêutica, é nesse sentido que é muito difícil negligenciá-la, que aparecem relações recíprocas, propriamente falando, com o outro que aparece muito mais tardiamente. Creio que, de todo modo, não seria desprovido de interesse saber, no meio disso tudo, em que momento se situa uma certa comunicação falada, por exemplo. Pois, desde o início, você disse: "A Dra. Ortigues está aí interpretando para ela seu balanceado ou sua recusa de comida". O termo "interpretar", em que sentido deve ele ser entendido? Será que a Dra. Ortigues lhe fala? E como?

ANDRÉ BERGE[6]: Eu me pergunto se, à luz destas considerações, é inteiramente possível falar de autopunição, sobretudo no início. Há um tal grau de autismo, não há necessidade de falar de autopunição para ver Sabine virar sua agressividade contra si mesma. Isso se assemelha antes a auto-erotismo. Não vejo como e por que é possível introduzir aqui uma idéia que supõe a culpa, e todas as espécies de coisas que não me aparecem de uma maneira muito clara. Até mais longe, não estou absolutamente seguro, quando ela bate em si mesma por ter recebido um golpe, de que se trate de autopunição.

JACQUES LACAN: No primeiro aspecto, é realmente automatismo de repetição em estado puro, tal como nos mostra Freud. Quando Freud nos fala de automatismo de repetição, isso deve ser elementarmente algo assim.

ANDRÉ BERGE: Entendi isso assim: automatismo de repetição.

---

6 André Berge (1902-1996): psicanalista, analisado por René Laforgue, membro da SFP, depois da APF. Próximo de Françoise Dolto e de Juliette Favez-Boutonier, ele participava na época da experiência da consulta pedagógica do Centro Psicopedagógico Claude Bernard, inaugurado em 1946 por Georges Mauco. Sobre o itinerário deste último, cf. Élisabeth Roudinesco, "Georges Mauco (1899-1988). Um psicanalista a serviço de Vichy. Do anti-semitismo à psicopedagogia", *L'Infini*, outono de 1995.

Jacques Lacan: A que ponto é estruturante já desde o início?

Françoise Dolto: Falou-se de automatismo de repetição quando Sabine recebeu um golpe, mas no início não creio que se possa falar disso, quando ela bate na cabeça, no momento em que ela tem uma idéia, parece-me que é precisamente por causa da sensação de uma tensão sobre a sua cabeça: ela sente que tem uma tensão em sua cabeça e aperta em cima. Um bebê, quando há algo que o interessa, ele bate nisso; ora, ela bate no que a interessa; é uma expressão de adulto dizer isso.

Jenny Aubry: Autodestruição... porque quando ela arranca os cabelos...

Françoise Dolto: Auto-interesse de um tipo extremamente regressivo. Creio que é ainda mais curioso, já que, após derrubar a mamadeira, ela se volta para o adulto, com uma expressão – se vocês notaram – na qual a cabeça entra para dentro do corpo. Não sei se vocês notaram, os olhos que se levantam na direção dela numa expressão extraordinariamente humana de submissão... você é a cabeça, e eu sou o resto... ela põe para dentro a própria cabeça... é por isso que acho, quando ela bate na cabeça no início, é que ela só é um, ela não tem relação outra, ela se dá conta de que há uma tensão naquela parte de seu corpo e, depois, a tensão acaba estando no outro, do qual ela espera uma referência a si mesma. Guardei essa cena na qual ela volta com olhos extraordinariamente humanos. Diríamos: "Por quê? – Graças a você eu posso tomar contato. Até aqui eu ignorava que você era exterior a mim, a partir de agora espero de você a presença!".

André Berge: Parece, antes, ser uma possibilidade de tomar contato progressivamente com o exterior.

Françoise Dolto: Finalmente, temos tendência a projetar culpado, porque isso se assemelha a reações de culpa.

Jenny Aubry: Digamos "destruição", ela se destrói.

Françoise Dolto: Mas, quando uma criança um pouco maior se interessa por um papel que ela destrói, não é para destruí-lo, já que é jubilante. Nós dizemos que destrói porque despedaça, mas esse despedaçamento é uma aceitação; ela aceita sua cabeça como ela aceita um papel que rasgamos.

JENNY AUBRY: Sim, mas ela cambaleia depois de ter comido.

SIMONE BLAJAN-MARCUS[7]: Para a última questão, vi certos lactentes que, quando tinham tomado a refeição, faziam absolutamente como seres bêbados; eles têm uma maneira de sacudir a cabeça, mesmo quando a mantêm reta, que me impressionou. Não sei se isso tem relação com o que estamos falando.

O que eu gostaria de dizer é a respeito das crianças que arrancam os cabelos e daquelas que batem na cabeça. Vi, e penso que não sou a única, um certo número de crianças que não foram de modo algum traumatizadas dessa maneira e que sempre viveram com a família, é claro, com um elemento neurótico. Se as vi, não era somente por isso, é porque a mãe estava ansiosa. Penso, portanto, que esse mecanismo se vê fora dos traumatismos graves, e devo dizer que não entendi lá muito bem, vi que estava em relação com o auto-erotismo, não há dúvida alguma; são crianças que fazem isso quando estão sós, arrancar os cabelos, chupar o polegar, e os golpes rítmicos na cabeça. Tenho até vizinhos que deram queixa porque a criança do andar de cima balançava todas as noites, batendo ritmicamente a cabeça. Ela batia violentamente a cabeça, mas não pude saber se ela tinha dor de cabeça; em certos casos, a Dra. Dolto diz que são crianças que têm dor de cabeça. Num outro caso, as crianças eram felizes. Conheci duas meninas, que nunca tinham sido separadas da família, e que se arrancavam os cabelos com um ar feroz. No entanto, não pareciam se detestar de verdade.

Quanto à história da intenção, evidentemente, nessa idade, creio que é realmente difícil presumir intenções; penso sempre numa história de uma mãe que não pôde dar leite ao filho porque ela tinha um abcesso no seio, e o bebê, quando ela se abaixava sobre ele, diante de uma mesa onde trocava suas fraldas, dava-lhe pontapés, num dado momento ele deu um pontapé no seio, evidentemente é à parte, e no entanto ela disse: "Sim, ele é de fato

---

7 Simone Blajan-Marcus: psiquiatra e psicanalista, membro da SFP, depois, da EFP.

muito mau, ele me bate no seio com os pés". É evidente que esses pontapés não são nem um pouco agressivos.

JACQUES LACAN: O sentido da questão, se entendi bem, é o da indicação de gravidade de tal ou tal desses sintomas e, segundo a Dra. Blajan-Marcus, de uma extensão muito maior que seria preciso dar pelo menos a alguns desses sintomas.

JENNY AUBRY: Vou responder imediatamente que, quando há um balanceado seguido de arrancamento de cabelos, isso não é obrigatoriamente uma carência de cuidados maternos, mas é seguramente algo bem sério. De acordo com o que vi pessoalmente. Vi também muitos.

FRANÇOISE DOLTO: Para mim, é a expressão de uma tensão. Essas crianças não encontram exutório, e como a mãe, em suas relações com o filho, é o exutório, o modo de cumprimento bem encontrado dos exutórios da criança, ali as relações de mãe com filho estando perturbadas...

JACQUES LACAN: Aí, se não me engano, a Dra. Aubry falou de sinais de gravidade.

JENNY AUBRY: A respeito dos cabelos arrancados e dos golpes na cabeça, não a respeito dos balanceados, já que o vemos no 4º dia da separação.

JACQUES LACAN: E mesmo balanceados que se prolongam bem além, em crianças, que não são psicóticas, quando esse balanceado prossegue de maneira rítmica além de 2 a 3 anos.

CHARLES PIDOUX[8]: A respeito das iniciativas de há pouco e dos balanceados, eu gostaria de colocar uma questão. Foi feito um exame neurológico da criança?

JENNY AUBRY: Sim, houve um exame neurológico.

---

8 Charles Pidoux: psiquiatra e psicanalista, membro da SFP e do grupo da EP.

CHARLES PIDOUX: E um exame eletroencefalográfico?

JENNY AUBRY: Tive apenas um dossiê médico reduzido e não pude ter todos os documentos. Tenho a lista dos pesos, mas não vi assinalado eletroencefalograma. Agora, posso lhe responder por experiência que, nessas crianças, há, com efeito, pequenas modificações do eletroencefalograma que são simplesmente modificações que indicam um eletro de criança mais nova, isto é, que o ritmo de base é um pouquinho mais longo; essa criança tem 5 anos, mas não se deve esquecer que, ao entrar, ela tinha o peso e o tamanho de 3 anos, e habitualmente o eletro é igualmente imaturo nas crianças que sofreram carências. Não multiplico esses exames porque isso dá muito medo nas crianças; fiz um certo número deles porque mesmo assim queria ter informações, mas devo dizer que, finalmente, agora não os faço muito mais.

CHARLES PIDOUX: Para a marcha, tive a impressão, até um certo momento do filme, que ela andava seguindo realmente certas situações.

JENNY AUBRY: Sim, sim... essa marcha apareceu numa certa data, durou um mês ou seis semanas, com circunstâncias bem precisas.

MARIE-CÉCILE ORTIGUES: Ela começou exatamente, na primeira vez, depois de ter absorvido comida; mal engoliu o primeiro bocado, pôs-se a cambalear. Seu andar não é muito normal para uma criança de sua idade, mas, tão logo comia e bebia, ficava completamente desarticulada.

JENNY AUBRY: Era por curtos períodos e em certas circunstâncias.

CHARLES PIDOUX: Outra questão: você constatou quaisquer diferenças entre os balanceados, laterais ou posteriores?

JENNY AUBRY: Não especialmente. Parece que o balanceado, por exemplo engatinhando, dá mais a impressão de dar uma satisfação erótica à criança que o balanceado lateral. É tudo o que se pode dizer de acordo com as imagens que tenho, já que há muitos balanceados que são filmados. São os movimentos de boca e as mímicas que acompanham o balanceado que indicam a intensidade, o grau de autismo, mas não o caráter do balanceado.

André Berge: Quando vemos o balanceado látero-posterior no filme, temos uma impressão muito mais normal do que o balanceado lateral do início. Isso parece muito mais compreensível, mais perto de nós.

Charles Pidoux: A respeito dos dois estádios, cujo balanceado e os golpes sentimos, de acordo com o que dizia Françoise Dolto, que é contemporâneo, os golpes sendo mais regressivos que o balanceado. Entre meus possessos africanos, o balanceado se encontra sistematicamente numa categoria de possessos, que são pessoas violentas. Ao contrário, entre os possessos que recorrem às crises de possessão, bem artificialmente produzidas porque, justamente, isso lhes acontece quando estão isolados, a milhares de quilômetros de casa, a crise começa com golpes que eles se dão no rosto, ou então com quedas repetidas na cabeça. Nunca encontramos o balanceado nos outros.

Jenny Aubry: Estou tentando rememorar os balanceados e creio que Berge tem razão; a maioria desses balanceados graves era balanceados laterais. Mesmo assim havia alguns que eram de frente para trás, mas eram em sua maioria laterais e, em todo caso, aqueles em que estou pensando, os mais graves, eram laterais. Não é, Rosine Lefort, você também tem essa impressão?

Rosine Lefort: Os balanceados laterais são mais raros.

André Berge: Aí sobretudo, temos a impressão de uma evolução. Temos a impressão de que ela é levada a um balanceado látero-superior...

Rosine Lefort: No filme, quando ela balança da frente para trás, é que ela está tentando se impedir de se masturbar.

Jenny Aubry: É um estádio mais avançado. Monique, no outro filme – forma igualmente mais grave –, balançava da frente para trás com um papel debaixo do queixo. Mas creio que a diferença se encontra na expressão facial que o acompanha.

FRANÇOISE DOLTO: Para voltar ao andar cambaleante, eu pensava que isso podia ser provocado pela sensação no estômago. Tive a observação de um adulto, separado da mãe quando tinha 3 anos, e que, quando chegou ao campo passou vários anos sem poder andar depois de comer; não tomava vinho e, no entanto, era obrigado a se estender num banco; se o punham de pé, as pernas ficavam bambas. Ele se lembra muito bem porque levara muitas broncas por causa disso. Às vezes, acontecia-lhe, para não levar broncas, de ir deitar-se, de barriga para cima, para esperar um pouquinho antes de ir para a escola; ele ficava como se estivesse bêbado.

Depois, tive uma observação curiosa de uma pessoa que conheço, adulta, que não pode suportar no estômago a sensação da água Perrier sem ficar muito mais bêbada que com vinho. É curioso; são mesmo assim sensações estomacais que podem provocar um mal-estar de perda de equilíbrio.

Dou-lhes essas duas observações: relações de certas sensações de estômago, que no primeiro se acompanham de sensações diferentes da estática das pernas.

JENNY AUBRY: Para a fala, Dra. Ortigues, a senhora pode dizer o que ela dizia no início como fonemas: Mã, mã.

MARIE-CÉCILE ORTIGUES: Ela cantarolava com muita freqüência "mã, mã" em cima de melodias como Frère Jacques, tudo o que a professora do jardim canta. Ela conhecia muitas canções e então, no meio dos "Mã, mã", de vez em quando escorregava um "Papa, pa" inteiramente isolado.

JENNY AUBRY: Gutural ou nasal?

MARIE-CÉCILE ORTIGUES: Há de tudo. Às vezes, nos momentos de grande ansiedade, tem-se a impressão de que seu riso tanto quanto sua fala vêm do estômago, nem um pouco da garganta; é uma espécie de riso, de "fala-vômito". Tem-se a impressão de que ela vai realmente cuspir as entranhas; isso faz pensar em rugidos. Tentei imitá-la, mas sou inteiramente incapaz disso. Quanto mais ela está contente e relaxada, mais o timbre da voz sobe; quando está sorridente – num momento de relaxamento –, é uma voz colocada muito, muito alto e muito leve. Fica passeando o tempo todo por toda parte.

JACQUES LACAN: O que ela compreende da significação de suas intervenções faladas?

MARIE-CÉCILE ORTIGUES: Ela compreende tudo, ou quase tudo.

JACQUES LACAN: É a sua opinião.

ANDRÉ BERGE: Desde o início?

MARIE-CÉCILE ORTIGUES: No início, falei muito pouco; mais ou menos nada durante dois ou três meses; e, quando falei, tive a impressão de que ela entendia imediatamente. Aliás, na vida corrente, ela entende muito bem o que lhe dizem.

JENNY AUBRY: Há sempre um problema entre essas crianças autistas. Podemos nos perguntar o que se transmite a elas, quando fazemos uma interpretação. Será que é porque falamos bem alto com uma entonação precisa que as crianças percebem o que dizemos? Ou será pela mímica que o fato de falar nos ajuda a transmitir algo à criança? As crianças entendem realmente a significação das falas que ouvem? Há, certamente, momentos em que pensamos que não podem entender o que lhes dizemos, embora até aparentem compreender, já que, tal ou tal ato sendo interpretado, a atitude delas logo se modifica, conforme a interpretação. Logo, há algo que acontece.

ANDRÉ BERGE: É todo o problema geral do aprendizado da fala.

JENNY AUBRY: Mas quando não sabemos disso...

DANIEL LAGACHE: Eu gostaria de ressaltar que é muito difícil, com efeito, interpretar o sentido de todos esses comportamentos e que tudo depende um pouco das preferências que temos por tal ou tal sistema de interpretação. A Dra. Aubry falou em algumas palavras do que implica um certo desdobramento da personalidade da criança; a Dra. Dolto, por sua vez, falou em termos temporais, mas sabemos que ela gosta muito da noção do [...][9]. Como sair disso? Talvez seja muito difícil interpretar um comportamento isoladamente; seria preciso estudar numerosos comportamentos numa criança, em várias crianças. Não sei. Vocês com certeza conhecem os antigos trabalhos de Wallon sobre a criança turbulenta. Há um sistema de interpretação que é bem diferente, já que é essencialmente neurológico e genético. Por exemplo, o comportamento da criança que dá golpes em si mesma, que ele descreve nas crianças apresentadas como idiotas, mas, num certo contexto social, notadamente, como manifestação de intolerância à presença de outros. O que isso quer dizer exatamente? É provável que tenhamos ainda muito que trabalhar para chegar a uma solução.

A senhora também falou de autopunição. Mas é descritivo ou interpretativo?

JENNY AUBRY: Descritivo. Eu disse: "autodestruição". É descritivo.

JACQUES LACAN: O que me impressionou foi que ela não é tão destruidora assim; ela não demoliu muita coisa; podemos ver pior em sujeitos inteiramente normais. Então, creio que aí também é preciso reservar o julgamento.

JENNY AUBRY: Não posso trazer nenhuma prova dessa interpretação.

JULIETTE FAVEZ-BOUTONIER[10]: De auto-agressão.

JACQUES LACAN: É toda a questão.

JENNY AUBRY: Não posso trazer prova alguma, mas mesmo assim vi e revi essas crianças e tenho uma espécie de impressão de conjunto. Mesmo

---

[9] Passagem incompreensível.

[10] Juliette Favez-Boutonier (1903-1994): filósofa, psicanalista, universitária, membro fundador da SFP, depois da APF.

assim não posso me impedir de ficar impressionada com várias coisas. Primeiro, há aquelas que perdem o gosto de viver. É o máximo, se quiserem, da destruição. Vimos com freqüência aquelas que realmente dão a impressão de não ter vontade de viver; elas cessaram de lutar; nesse momento, são crianças que desabam completamente na cama e que se deixam morrer, de fome, de tudo.

JACQUES LACAN: O caso de Spitz[11].

JENNY AUBRY: Sim, mas ao menos espetacular. No que mostrou Spitz, vemos mesmo assim uma criança ativamente prostrada, ao passo que o pequeno Ronsard era uma criança que, quando a sentavam na cama, desabava ao fim de trinta minutos, depois se deixava morrer. Evidentemente, administram-lhes cortisona, conseguiu-se com meios médicos recuperá-las mesmo assim, mas há aí o triunfo do instinto de morte sobre o instinto de vida que é de todo modo algo muito destrutivo. É a impressão que isso dá. Não posso lhes dizer isso de outra maneira.

ANDRÉ BERGE: É muito mais autodestruidor.

JENNY AUBRY: É o máximo, mas temos todos os intermediários. Todas as crianças que, a cada traumatismo, reagem do ponto de vista somático. A criança que, cada vez que a terapeuta se ausenta, tem uma otite, e isso seis vez seguidas. De todo modo, não é por acaso. Além disso, há as crianças que se machucam, que caem, que se quebram.

ANDRÉ BERGE: O acidentismo de Spitz.

JENNY AUBRY: São muito poucas as que se quebram; elas reagem ou no plano somático, ou nessa espécie de abandono morno no qual se afundam.

JACQUES LACAN: Isso não me parece fácil de se quebrar.

---

[11] René Spitz, "Genèse des premières relations objectales", *Revue française de psychanalyse*, XVIII, 1954.

JENNY AUBRY: Eu havia proibido que as amarrassem, mas elas caem o tempo todo da cama. Fico espantada que não tenham mais fraturas. Elas reagem do ponto de vista somático, e com um automatismo de repetição. Aí, também, o que é de todo modo muito curioso, porque é na otite que isso volta, ou no intestino, conforme a criança, ou na bronquite. Tudo isso dá uma impressão de autodestruição mais que de autofrustração. É por isso que esse termo me veio à mente, como eu lhes disse, a título muito provisório, mas ele não me satisfaz.

DANIEL LAGACHE: Podemos ao menos tentar colocar o problema, porque, de todo modo, se adotarmos o sistema de interpretação da Dra. Dolto, segundo o qual haveria uma tensão no nível da cabeça, o que faz que a criança bata no lugar onde ela a sente, temos mesmo assim referências, ao menos de biologia geral, para interpretar isso. Penso, por enquanto, no reflexo de autonomia, que corresponde bem a uma descrição desse gênero; se vocês pegarem um lagarto pelo rabo ou se quebrarem o segmento distal da pata de um caranguejo, vocês vêem cair o segmento proximal. É disso tudo que se trata, e é extremamente importante do ponto de vista biológico, já que todas as histórias de coceiras, cócegas, talvez até de excitação e de satisfações sexuais foram ligadas a essas reações.

Ou então, se vocês falarem de autopunição, é preciso admitir um universo e, portanto, que o universo dessa criança é um universo dela. Isso não está excluído; não sou nem um pouco rebelde em admitir a precocidade da existência de um mundo da criança e de um certo maniqueísmo precoce.

JENNY AUBRY: Seria antes sob a forma de um automatismo de repetição. A criança tem um traumatismo ao ser separada da mãe, e só pode então encontrar sensações penosas.

SIMONE BLAJAN-MARCUS: É que teriam batido nela, se ela bate em si mesma.

FRANÇOISE DOLTO: Ela só pode ter apanhado na cabeça.

DANIEL LAGACHE: Acho que é simples demais ou não o suficiente.

Jacques Lacan: Acho que noções tão maciças quanto a de regressão são sempre perigosas de admitir como de certo modo fornecendo a regra para apreciar um nível, porque, mesmo que haja regressão, essas regressões podem ser discordantes, e aí, o que parece impressionante nessa criança pequena é que ela parece, por exemplo, segundo o que dizia há pouco a Dra. Ortigues, que ela era capaz de ouvir algo, de entender algo, de entender uma frase articulada, bem antes de termos enfim a prova de que ela realizava o outro ser como seu semelhante; é tardiamente que vemos aparecer esses jogos de retorção, em que a um só tempo ela bebe, faz beber, volta a si. Para empregar uma linguagem que é a de um certo nome que você emprega, parece que, do ponto de vista imaginário, ela só tenha feito sua conquista muito mais tardiamente que do ponto de vista de uma certa apreensão simbólica, parcial talvez, mas seguramente possível, porque muito cedo a Dra. Ortigues pôde comunicar-lhe coisas, embora não seja seguro que naquele momento não haja nada nela que tenha correspondido a esse jogo que aparece tardiamente na terapia. Aí está, por exemplo, um elemento que é muito impressionante, e parece aí que possamos menos falar de regressão que de discordância no estabelecimento das funções; uma função já estabelecida precocemente e de certo modo claudicante porque não sustentada pela relação imaginária com o outro; o outro é constituído, de certo modo, mais tardiamente que a relação falada, por exemplo. É uma simples questão que coloco, mas que me parece sugerida pelo que vimos.

Daniel Lagache: Simples questão, ainda mais que, do ponto de vista genético, a data do estabelecimento da linguagem é muito mais variável que a da estabilização do ego.

Jacques Lacan: O que, evidentemente, permite conceber essas discordâncias. É um tipo que é preciso aproximar dos outros...

Daniel Lagache: Uma primeira coisa que me impressionou é que, numa discussão como esta, deveríamos ser obrigados a distinguir primeiramente a expressão de algo, quer chamemos isso conflito ou tensão, ou relação com uma situação vivida, etc, e, por outro lado, os modos e os próprios meios de pausa.

Lacan, há pouco, falou disso. De fato, acho que é muito importante, basta relermos Bourneville[12] para encontrarmos todas essas descrições. Basta lembrarmos estereótipos de jogo de [...][13], que são tão próximos daqueles de certos esquizofrênicos, para ver que já há um modo de exprimir algo que pode pertencer a níveis diferentes e que se exprime da mesma maneira. Por outro lado, haveria uma distinção a ser feita, por exemplo, entre um idiota, de quem não se pode dizer que ele regride quando se bate – uma criança normal não se bate –, e, por outro lado, uma criança como esta, que não é um idiota e que também se bate. Então, como, no fundo, é possível apreender as diferenças estruturais que pode haver nesses três casos, por exemplo?

JENNY AUBRY: Você está falando dos idiotas de hospício. Eles estão igualmente em carência.

JEAN-LOUIS LANG[14]: Posso citar-lhes o caso de uma criança que vi não faz muito tempo, hospitalizada em meu serviço, que se apresentava exatamente como essa menina; tinha uma enorme atrofia cortical, com anomalias encefalográficas muito importantes e apresentava, devo dizer, essa mesma expressão, e é a isso que eu queria chegar em segundo lugar, a essa mesma expressão que vemos no início do filme, que não me parece ser a ansiedade; é a questão que eu queria colocar, quanto à segunda parte do filme; mais ou menos por volta do segundo mês, essa menina me parece ter uma expressão que podemos qualificar de ansiosa – embora eu tenha achado que não se tratava de ansiedade no início do filme –, engano-me talvez, de uma expressão um pouco como a do bicho acuado. Eu gostaria de saber se efetivamente não aconteceu algo aí que poderia justamente corresponder a esse campo de investigação que pode lhes ser dado para distinguir esses estados pré-psicóticos dos estados de deficiência intelectual ou de outros estados ainda.

---

12 Désiré Magloire Bourneville (1840-1909): assistente de Jean-Martin Charcot e especialista de retardamento infantil. A ele devemos a primeira descrição da esclerose cerebral tuberosa ou doença de Bourneville.

13 Falta a palavra no manuscrito.

14 Jean-Louis Lang: psiquiatra e psicanalista, membro da SFP, depois, da APF.

A terceira observação que eu gostaria de fazer diz respeito à estruturação temporo-espacial. Há pouco se falou dessa cambaleação, perguntaram se essa criança sempre tinha andado assim, etc. Será uma criança que, do ponto de vista do coração, está estruturada normalmente, ou será que não existem nela deficiências, distúrbios da estruturação espaço-temporal, como pareceriam indicar algumas coisas que há pouco observamos, em particular algo que é muito freqüente em crianças, parece-me, pelo menos em crianças desse gênero, que é o olhar horizontal quando ela se deita, o olhar por baixo, tudo o que foi descrito por vários autores, no que diz respeito, mais uma vez, às deficiências intelectuais que têm essas crianças autísticas ou esquizóides.

Jenny Aubry: Você está levantando aí o problema diário da diferença de diagnóstico entre a idiotia e o retardamento psicogênico. É evidente que são casos em que não é fácil, é mesmo por isso que faço filmes para que possamos ver como são os verdadeiros idiotas, e como são os falsos idiotas. O próximo filme que estamos preparando será para isso, isto é, vou lhes mostrar casos orgânicos e casos psicogênicos, e vocês verão que não é exatamente igual. No entanto, é muito difícil estabelecer diferenças e nos enganamos facilmente, todos nós. Só que nenhum dos argumentos que vocês me deram é absolutamente válido, porque temos o hábito de fazer o diagnóstico de idiotia nos idiotas de hospício; ora, os idiotas de hospício são os idiotas de quem as famílias estão cansadas, afinal é legítimo, e que não tiveram vínculos libidinais satisfatórios, que sempre estiveram em estado de carência.

O problema que se coloca para nós não é tanto "Essas crianças são carentes?", mas "o que se pode fazer?". É: "Essa criança tem uma carência materna e um certo número de sinais que são psicogênicos, mas qual era seu estado inicial e qual era seu nível inicial?". Ora, isso é difícil. Agora, o que posso lhes dizer é que, no nível de retardamento, é muito excepcional que o eletroencefalograma ou o exame neurológico, ou os antecedentes não nos dêem algo do ponto de vista de um diagnóstico orgânico. Trabalhamos muito a questão com Barieux, e é certo que mesmo atrofias corticais localizadas podem perfeitamente dar puramente um déficit motor e não dar nenhum déficit intelectual, isso existe, até mesmo um déficit intelectual mínimo. Então, só posso lhes administrar a prova do diagnóstico trazendo-lhes a criança curada e normal, mas isso não vai acontecer logo, porque demora. É a única prova que teremos, e é a única que me satisfará inteiramente, quando a criança se tornou normal estou certa de que não havia nada de orgânico, mas é só nesse momento que estou segura disso.

JEAN-LOUIS LANG: Eu não estava colocando a questão do diagnóstico diferencial em si mesmo. O que eu queria ressaltar é que era nos elementos desse diagnóstico diferencial que podíamos encontrar uma [...][15].

DRA. X: Garanto-lhes que essa criança não tem síndrome cerebelar, mesmo quando ela cambaleia. Vejo muitos clientes de hospício, e isso não vejo, não é verdade, ou raramente, ou quando as crianças são mais ou menos abandonadas.

DANIEL LAGACHE: As crianças de sua clientela... Porque, afinal, as diferenciações que fazemos agora, há quanto tempo as fazemos? Dez anos, quinze anos, vinte anos... há vinte anos, nas obras, mesmo excelentes obras, será que tal criança que apresenta uma síndrome de retardamento era diferenciada dos idiotas?

SIMONE BLAJAN-MARCUS: Uma coisa para a qual eu gostaria de ter a opinião da Dra. (X)... e da Dra. Dolto é o fato de que essa criança precisa que a terapeuta lhe ponha as mãos na barriga. Penso que é interessante, porque isso mostra todo um pólo em que ela precisa, de certo modo, ser apoiada.

DANIEL LAGACHE: Ela precisa de que não as ponhamos em outro lugar. Há algo que é impressionante também nos movimentos de balanceado que se acompanham de mímica, mas essa mímica é extremamente modulada, há todas as variações da mímica da direita até a esquerda.

ANDRÉ BERGE: Sobretudo quando aparece a comida.

---

15 Falta a palavra no manuscrito.

Daniel Lagache: E vemos o quanto é difícil qualificar uma mímica como essa e interpretá-la.

Jenny Aubry: Devo dizer que essa criança não é como as outras. É excepcional que crianças que se balançam nesse ponto tenham uma mímica tão expressiva. É raro.

Juliette Favez-Boutonier: O título da exposição era "Ambivalência e mecanismo de autopunição numa criança separada", e vejo que quase todos foram atraídos pelo termo "mecanismo autopunitivo".

Jacques Lacan: Porque temos horror do termo "ambivalência" e não sabemos como empregá-lo.

Juliette Favez-Boutonier: Não acho que o fato de termos horror disso seja uma razão para negar a existência de certas coisas que são difíceis de explicar, e o filme me pareceu particularmente interessante justamente nesse ponto, pelo que ele traz. Acho que, se quisermos chamar isso de outra maneira, são comportamentos que não estão estruturados. Mesmo a agressividade, há algo que está antes de uma certa estruturação, que nos permite dar nomes, e aí há um comportamento cuja estruturação pode justificar, creio, o termo ambivalência, na medida em que esse termo tem, de todo modo, um uso e um sentido; que seja algo a ser aprofundado, a ser estudado, é certo, mas, entre todos os aspectos, o aspecto comportamento ambivalente me parece bem notável. No início, esses movimentos de cabeça de um lado depois do outro, com, finalmente, uma polarização que se desenha pouco a pouco. Acho que quanto a essa relação o filme é muito interessante.

Talvez nosso erro seja querer absolutamente encontrar uma significação de imediato, por estruturações que são muito mais tardias, embora haja aí algo que ainda está informe e, afinal, acho que é preciso aceitá-lo.

Jacques Lacan: Não rejeito o termo ambivalência, contanto que escolhamos um dos sentidos. Chamemos ambivalente esse comportamento que consiste em identificar a comida tendo ao mesmo tempo a cabeça virada para outro lugar; é extremamente estruturado. Disso resulta algo que quase consegue bloquear o sujeito e bloqueá-lo em função desse pólo.

JULIETTE FAVEZ-BOUTONIER: Você agora diz que está estruturado, mas há pouco você dizia que não estava.

JACQUES LACAN: Não estruturado, é o uso que dele fazemos...

JULIETTE FAVEZ-BOUTONIER: Talvez. Mas, de todo modo, é preciso dizer algo, então creio que, considerando que esses termos têm um sentido, empregá-los para ilustrar esses fatos, não sei...

ANDRÉ BERGE: Às vezes podemos falar de ambivalência e às vezes de indiferenciação. No fundo, ligo-me à explicação de Françoise. Mesmo o gesto agressivo era, num certo sentido, um gesto de busca de prazer. Parece-me que há aí uma indicação que subsiste.

FRANÇOISE DOLTO: Há algo que me impressionou quando Sabine derramava a mamadeira no recipiente e que ia estendê-la, ela não olhava o que estava fazendo, e isso me impressionou muito, porque tudo acontece como se ela cumprisse um ato que é proibido. Ao dar algo à pessoa, ela tenta identificar-se à coisa.

Essa criança que não tem ninguém com quem se identificar assumiu um certo ar, ela se derrubava, e o dia em que ela olhava bem a cadeira, parece-me que é o dia em que ela teve uma segurança suficiente para se aninhar no colo da Dra. Ortigues.

JENNY AUBRY: Ela não cambaleava mais naquele momento.

FRANÇOISE DOLTO: Parece que ela precisou reviver com uma grande margem, bem segura, para poder se aninhar de novo, e ela então pode novamente se identificar com tudo. Ela olha a coisa, mas a pessoa herda a sua cabeça.

JACQUES LACAN: Agradecemos mais uma vez à Dra. Aubry pelo que ela nos trouxe esta noite e pelo que ela desejou nos precisar na discussão.

Desejamos que ela nos traga outras experiências com esse caráter clínico e diferenciativo de diagnóstico. Há pouco, ela nos fazia uma promessa e guardo a proposta, em suma, que os senhores fizeram, da própria técnica dessa psicoterapia, a saber, que o trabalho da Dra. Ortigues nos seja trazido num segundo tempo.

(A sessão é encerrada às 23 horas e 45.)

ANEXO[16] por Marie-Cécile Ortigues

Um ano após a filmagem, Jenny Aubry quis saber a opinião de um dos grandes "donos" da psiquiatria da época, antes de decidir quanto à continuação a ser dada ao tratamento. Acompanhei a menina, mas não me deixaram assistir à consulta. Na saída, um veredicto sem apelação foi pronunciado: doente demais para enfrentar a continuação de uma psicoterapia. A menina precisa ser encaminhada a um serviço de psiquiatria infantil. Sabine foi então internada num hospital psiquiátrico, onde fui vê-la um ou dois anos mais tarde. Ela havia regredido e seu futuro me pareceu sem esperança [...].

Eis agora algumas reflexões a respeito da sessão da SFP dedicada a Sabine. Submetê-las aos senhores é uma maneira, para mim, de agradecer à Dra. Aubry pelo que aprendi em Parent de Rosan [...].

Com o afastamento, fico impressionada que ninguém tenha considerado que os rituais estereotipados (de aspecto mais psicótico que autista) de Sabine – inclusive suas auto-agressões – eram mecanismos de proteção con-

[16] São reproduzidos neste anexo alguns trechos da carta que me dirigiu Marie-Cécile Ortigues, em 22 de março de 2003, a respeito da história de Sabine.

tra sua insaciável fome de contato. Em sua história, toda relação iniciada tinha trazido ruptura e abandono e, portanto, caos, sofrimento e vazio, e isso repetitivamente; como se a esperança de um contato "rico" e confiável tivesse se reduzido ao extremo, pois portador de todos os perigos.

Em outras palavras, esses rituais espetaculares de evitação constituíam uma medida de salvaguarda vital contra as rupturas e as catástrofes [...]. Os rituais e as auto-agressões diminuíram consideravelmente a partir do momento em que Sabine aprisionou minha presença, começou a só me perceber então como um perigo a ser evitado. Ela então explorou e buscou contatos físicos comigo, roeu os biscoitos que estavam à sua disposição, ao mesmo tempo que sua mímicas, olhares e vocalises se transformavam, abrindo-se para trocas comigo [...].

Quanto ao conjunto do texto, e apesar do interesse de numerosas observações, limito-me a uma única observação: a criança em questão nunca foi nomeada. Seu prenome e seu patronímico ficaram fora de campo. Era objeto de uma discussão um pequeno ser sem história, abstrato, fantasmático, do qual só se evocava a sintomatologia, como se só ela lhe conferisse uma existência aos olhos da douta assembléia. Disso retiro um sentimento de grande mal-estar.

6.
Emoções no eczema do lactente[1]

Hoje se sabe que os fatores emocionais desempenham um papel importante no aparecimento das doenças alérgicas, quer se trate de asma, eczema ou de qualquer outra manifestação cutânea.

No entanto, o eczema do lactente costuma ser considerado constitucional, o fator hereditário desempenhando o papel principal para a constituição do terreno alérgico. Na França, só dois dermatologistas, De Gracianski e Stern, notaram a freqüência da hostilidade materna para com os lactentes eczematosos.

A respeito de três observações típicas, tentaremos trazer algumas precisões quanto à origem e ao tratamento do eczema do lactente.

Observação I. – Christian R., de 5 anos, é trazido à consulta em outubro de 1957 com eczema e prurigo datando da idade de 4 meses; suprimiram de sua alimentação a carne, o peixe, os ovos, o chocolate, o pão, os legumes secos, mas ele continua a ter acessos de eczema ou de prurigo.

A mãe, uma polonesa, extremamente volúvel, explica que está desolada, que o filho é anoréxico, que é preciso entupi-lo de comida, que ele vomita com freqüência, acorda de noite queixando-se de dores e de gorgolejos na barriga. Ele tem prisão de ventre desde que nasceu e todos os dias precisa de um supositório.

---

1 Publicado em *Bulletins et mémoires de la société médicale des hôpitaux de Paris*, sob o título: "Fatores emocionais do eczema do lactente", trechos dos nº 9 e 10, 1958. Escrito em colaboração com A. Grigiac.

O interrogatório é muito difícil: a Sra. R. gesticula, passa de um assunto a outro, enquanto se lamenta de sua triste sorte, do lugar onde mora, do marido, dos filhos, que são tudo para ela, mas só lhe dão preocupações e são pouco afetuosos. Várias entrevistas são necessárias para reconstituir sua história.

Ela nasceu em 1910, na Polônia, de pais camponeses com quatro meninas e um menino; ela diz ter tido uma infância feliz na fazenda dos pais. No entanto, na maioridade, em 1931, ela deixa a Polônia para "trabalhar na agricultura e ver outros lugares" e não volta mais lá. Durante a guerra seu pai morre, as três irmãs são deportadas e o irmão desaparece, só a mãe sobrevive à guerra e morre em 1956, sem ter revisto a filha.

Em 1946, ela se casa "porque lhe aconselham", "para não ficar sozinha", mas, diz ela, "eu estava bem errada, eu era bem mais tranqüila antes".

Durante os primeiros anos, no entanto, o casamento não foi lá muito ruim. A Sra. R. tem um primeiro filho, Gérard, em 1948. Na idade de 9 dias, ele tem uma otite e a Sra. R. fica hospitalizada com ele durante dois meses. Ele fica com um corrimento no ouvido durante um ano, depois se desenvolve bem até mais ou menos 3 ou 4 anos.

Em 1951, o Sr. R., que está empregado há trinta anos na mesma casa, tem um grave acidente de trabalho: queimado no rosto e na perna esquerda, ele fica com uma cicatriz dolorosa na perna. Progressivamente, seu caráter muda, ele bebe e se mostra de um ciúme mórbido; insulta e bate na mulher diante dos filhos e a vida se torna infernal.

A Sra. R. está grávida e se sente muito doente; ela era devoradora durante sua primeira gravidez e desta vez não pode comer nada, tanto está contrariada. "Se tivesse havido apenas o mais velho eu teria deixado meu marido e teria me virado: com dois, não era possível. É por causa dele que eu fico".

O parto se passa bem e a criança é alimentada no seio durante dois anos e quatro meses. Aos 4 meses, sobrevém o primeiro acesso de eczema, que a mãe atribui a uma tentativa de alimentação mista. Ela lhe dá o seio três vezes à noite, pois, diz ela, "ele chorava, não queria comer outra coisa e vomitava tudo exceto o leite materno". Na verdade, a Sra. R. toma o pretexto do aleitamento para recusar qualquer relação com o marido, o que exaspera o ciúme deste e agrava o conflito. Christian com freqüência apanha do pai e do irmão mais velho.

Em 1954, aos 6 anos, o mais velho entra na escola e não se adapta; ele é estranho, ri sozinho e a professora aconselha à mãe que ele seja tratado, mas ela não se inquieta com isso, pois ele não é "mau".

Em 1956, durante as férias, os dois meninos são contaminados por um vizinho e contraem uma primo-infecção; Gérard, o mais velho, fica gravemente doente, passa um mês no Hospital Bretonneau, nove meses no Centro de Brévannes, depois três meses em Douvaine. Ao voltar, seu comportamento é tão difícil que é de novo hospitalizado em Brévannes, de onde nos é enviado. É durante seu tratamento que somos prevenidos do eczema de Christian, que nos é então apresentado.

A mãe diz de Gérard, o mais velho, "ele é infernal, é igual ao pai, bate em mim e me xinga". Ela esquece que, antes da separação, era uma criança sem agressividade e voltada para si.

Durante esse tempo, Christian também passou nove meses em Brévannes. A mãe diz que ele teve então um forte acesso de eczema e recusou toda comida; desde que voltou, tornou-se mais agressivo e também emprega agora contra o pai e a mãe um vocabulário sujo.

Desde a primo-infecção das crianças, a mãe vai de um ambulatório a outro, reclama continuamente radiografias e tratamentos para si. Ao mesmo tempo que afirma desejar morrer e pensar em suicídio, ela se inquieta com seu estado e se queixa de estar muito cansada.

Em resumo, trata-se de um menino não desejado, concebido e vindo ao mundo no momento em que o conflito entre os pais atingia seu apogeu. Ele representa para a mãe a obrigação de ficar com um homem que ela detesta. Sua hostilidade para com o filho mais velho é exprimida abertamente e ela o maltrata; ao contrário, ela parece cuidar ansiosamente do menor. Na verdade, ela lhe inflige todas as espécies de privações: ela o proíbe de comer o que ele gosta, enche-o de alimentos que ele detesta, obriga-o a ir fazer cocô quando isso convém a ela e ameaça abandoná-lo.

Essas diversas informações são recolhidas ao longo de várias entrevistas divididas em dois meses mais ou menos. Nenhum conselho foi dado à mãe, exceto deixar Christian comer o que gosta, frios, carne moída, alimentos fortemente avinagrados e não cuidar mais de sua prisão de ventre. Ele não teve nenhum acesso de prurigo nem de eczema desde a primeira entrevista com a mãe. Esta fica muito perturbada e o futuro dessas crianças é muito sombrio, mas parece que a Sra. R. ficou aliviada pelo simples fato de exalar seu rancor contra o marido e os filhos e de queixar-se longamente de si mesma.

A descontração que ocorreu durante essas entrevistas foi suficiente para aliviar a tensão das relações entre mãe e filho.

Observação II. – Christine D., nascida em 1º de maio de 1955. A menina é trazida à consulta em 28 de outubro de 1957 com asma e eczema. O eczema começou na idade de 2 meses e a asma em fevereiro de 1957. A menina teve uma forte crise na noite precedente e são encontrados na auscultação numerosos estertores sibilantes nos dois campos pulmonares, com uma temperatura a 37.6º. O eczema, por outro lado, estaria em regressão: ele é pouco marcado no rosto, mas persistem lesões eritematosas e pruriginosas no lado interno das coxas, nos joelhos, na face dorsal das mãos e nas costas.

Christine pesa 11,650 kg e mede 0,85m. Frágil, é anoréxica e come apenas pão, manteiga e frutas. Chora de noite, fala, levanta-se dormindo e cai da cama. Manda nas outras crianças e bate nelas e todos devem ceder a ela, caso contrário ela tem uma "crise de nervos" e isso faz "sair seu eczema". Só quer brincar com a irmã de 18 meses (na qual ela bate, mas de quem recusa se separar).

Desde a primeira entrevista, a atitude da Sra. D. é impressionante. As três filhas pequenas (Christine, 2 anos e meio; Claudine, 18 meses e Christiane, 5 meses) estão instaladas em seu colo e ela as envolve com seus dois braços, enquanto rechaça maquinalmente com o cotovelo o mais velho, Claude, que procura escorregar sob seu braço. Muito volúvel, fala com um forte sotaque bretão, lamentando-se de sua sorte.

Ela é a segunda filha do primeiro casamento de seu pai. Sua mãe morreu de parto quando ela tinha 2 dias e seu pai se casou dois meses mais tarde com a amante. Foi só por volta dos 10 anos que ela soube que a madrasta não era a sua mãe. Foi nesse momento que conheceu o avô materno, que acusava o genro de ter feito morrer a primeira mulher para se casar com a amante. Ela fala com ódio da madrasta, mas sobretudo do pai, que prefere a ela o menino nascido do segundo casamento e lhe deu 3.000

francos para instalar-se, enquanto que ela nunca teve nenhuma ajuda de sua parte.

Claude é um filho natural. O pai da Sra. D. opôs-se ao casamento da filha, depois expulsou-a quando ela estava grávida. Ela veio a Paris, conheceu o Sr. D., que reconheceu Claude e casou-se com ela.

A cada gravidez, ela fica extremamente ansiosa e tem medo de morrer de parto como a mãe. Foi durante a sua segunda gravidez que ela teve o máximo de angústia, pois a mãe morrera durante o nascimento de seu segundo filho. Posteriormente, ela ficou mais segura quanto a si mesma, mas sempre fica inquieta por Christine.

A partir de sua terceira gravidez, a ansiedade dá lugar a uma agressividade extrema, ela mesma diz: "Estou me tornando má, e todo mundo tem medo de mim, não consigo me controlar, é mais forte que eu". Sua hostilidade recai sobretudo sobre o marido e o filho Claude (os machos da família), ao passo que ela sufoca as filhas, sobretudo Christine, por uma atitude de superproteção ansiosa.

As primeiras entrevistas trouxeram uma ligeira descontração. Christine não tem mais nem asma nem eczema há três meses, mas a Sra. D. está de novo grávida e manifesta uma tal violência com o marido e o filho que os vizinhos deram queixa na polícia; uma investigação está em curso e provavelmente vai ser necessário retirar Claude do lar.

Observação III. – Alain T., 7 anos. O caso de Alain é bem diferente dos dois precedentes. É o último de uma família de doze filhos, o mais velho com 30 anos. Seu eczema apareceu na idade de 2 meses e só se atenuou por volta dos 2 anos. Desde essa época, ele tem 3 ou 4 acessos generalizados por ano. Entre os acessos alguns rastros de eczema persistem nas dobras de flexão e às vezes no rosto.

A mãe é uma mulher de 46 anos, que se casou aos 17 anos e parece ter aceito sem dificuldade suas doze gestações. Ela dá a impressão de ser simples, mas muito boa mãe; os oito mais velhos trabalham de maneira estável, dois deles estão empregados na RATP *, quatro são casados. O pai, com 51 anos, trabalha há trinta anos na mesma casa.

* Rede de transportes coletivos de Paris. (NT)

É ao longo da segunda entrevista que a origem do conflito entre a mãe e Alain nos é revelada. Durante o nascimento de Alain, Claire, a décima primeira, então com 18 meses, teve uma terrível crise de ciúme quando a mãe voltou para casa com o recém-nascido; ela sufocava de raiva e no dia seguinte teve 40°C de temperatura e convulsões; foi preciso hospitalizá-la e a mãe pensou que fosse perdê-la; outra irmã, Madeleine, cuidou de Alain, pois ela mesma estava deprimida demais para se interessar por ele. Desde então, Claire sempre teve muitos ciúmes de Alain, é até muito má com ele. Ao contar isso, a Sra. T. se desmancha em lágrimas e diz: "Cada vez que penso isso remexe dentro de mim e me faz chorar; nunca pude habituar-me à idéia de que Alain quase fizera morrer minha pequena Claire".

Os testes executados por Alain revelam sua angústia de ser abandonado e um violento sentimento de culpa. Durante o tratamento, que continua atualmente, aparecem sua sede de afeição e o temor que ele sente da agressividade da irmã.

Comentários

1. Existe um distúrbio nas relações entre a mãe e o filho eczematoso. As três observações que estamos relatando são muito características a esse respeito e suficientemente detalhadas para nos fazer entender a gênese do distúrbio relacional que provoca o eczema.

Para a Sra. D., Christine, segunda filha, representou um perigo mortal, já que sua própria mãe morrera de parto durante a segunda gravidez. O temor que ela sentiu durante essa gravidez não desejada desencadeou nela um sentimento de culpa e culminou nessa superproteção ansiosa característica das mães de eczematosos.

Nesse caso, a origem do distúrbio deve ser relacionada à infância da Sra. D. e às carências afetivas que ela sofreu em sua juventude.

Para a Sra. R., Christian, filho não desejado, representa a obrigação de manter um casamento pouco harmonioso. Aí também a hostilidade é compensada por uma aparência de cuidados devotados. São as dificuldades conjugais da Sra. R. que perturbam suas relações com Christian.

Parece, ao contrário, que uma circunstância mais fortuita tenha estado na origem das dificuldades da Sra. T. e de Alain. Mulher simples, ela se viu presa num conflito de sentimentos maternos contraditórios entre Claire doente e Alain causa da doença de Claire.

Sempre que nos foi possível elucidar os conflitos de mães de lactentes eczematosos, ficamos impressionados com a intensidade do sentimento de culpa que elas sentem, assim como com sua fragilidade afetiva. Voltaremos a isso a respeito do tratamento.

2. Existe um terreno alérgico no nascimento? É um problema difícil de ser elucidado. Podemos evidentemente admitir que a hostilidade ansiosa da mãe age como alérgena em lactentes predispostos constitucionalmente. O eczema aparece raramente antes da idade de 2 meses, mas é um prazo normal para que um alérgeno produza uma reação. Entretanto, existem muitos casos em que não existe nenhum antecedente similar e o fator hereditário está bem longe de ser evidente.

Não é impossível conceber que as reações maternas sejam capazes de provocar o estado alérgico e a sensibilização cutânea.

3. A escolha do sintoma. De acordo com a nossa experiência, parece que a asma seja mais freqüente quando a superproteção ansiosa prevalece em relação à hostilidade. Nesse caso, a mãe "sufoca" literalmente o filho com cuidados excessivos. Quando a hostilidade é mais marcada que a superproteção, a mãe é "irritante" para o filho. A observação do comportamento das mães na sala de espera é muito instrutiva a esse respeito. A mãe ansiosa superprotetora aperta o filho contra si, não lhe deixando quase nenhuma liberdade de movimentos; as fraldas são muito apertadas, ou então o capuz do albornoz é posto sobre a cabeça, mal deixando o filho respirar. A mãe ansiosa hostil é agitada, muda constantemente o filho de posição, o manipula de modo brusco ou o coloca numa posição desconfortável. Nos primeiros meses da vida, os contatos cutâneos entre a mãe e o filho são freqüentes e intensos. O filho reconhece a mãe pelo cheiro e pelo tato bem antes de conhecê-la por inteiro enquanto pessoa diferente dele. Essa é uma causa que favorece o eczema quando as relações mãe-filho são perturbadas.

4. Evolução. O eczema do lactente se atenua ou costuma desaparecer entre 18 meses e 2 anos. É nessa idade que a criança adquire uma certa

autonomia e controla seus esfíncteres; é também o momento em que ela, por sua vez, se torna capaz de agressividade.

Se a mãe deixar uma certa independência ao filho e permitir que ele tenha uma atividade motora suficiente para descarregar seus impulsos agressivos, o eczema se atenua. Outras vezes, ao contrário, a superproteção ansiosa se intensifica e o eczema é substituído por asma. Às vezes os dois persistem. Era assim no caso de Robert L., que nos foi apresentado na idade de 3 anos, agasalhado dos pés à cabeça, as mãos sempre enluvadas para evitar as lesões de coceira. Pela mesma razão as mãos ficavam amarradas de noite.

Por volta dos 6 ou 7 anos, no momento da entrada na "grande escola" e no momento da puberdade, o eczema e a asma infantil costumam desaparecer, pois são duas etapas importantes da maturação afetiva da criança e de seu encaminhamento para a independência.

5. O tratamento. Se admitirmos que o estado de tensão ansiosa entre a mãe e o filho é a causa principal das manifestações alérgicas do lactente, isso não implica de modo algum que o tratamento seja fácil. As mães ansiosas são frágeis e uma conscientização brutal de seus sentimentos hostis para com o filho arrisca perturbá-las mais que aliviá-las, sobretudo se esses sentimentos tiverem raízes profundas na própria infância delas.

Durante as entrevistas com a mãe, podemos deixá-la exprimir seu rancor contra as pessoas à volta, mas é preferível não lhe significar que existe uma relação entre esses sentimentos e aqueles que ela experimenta em relação ao filho. Muito pelo contrário, convém interpretar a sua ansiedade como um sentimento positivo para com o lactente, mas penoso para ela mesma. Incentivar e tranqüilizar uma mãe permite com freqüência obter as medidas de bom senso necessárias, mas que não se pode impor de imediato.

Uma tal terapêutica, que pede muito tempo e paciência, é particularmente difícil de ser realizada num meio hospitalar.

7. Adolescentes em internato[1]

Dez anos de experiência no colégio de Saint-Maximin nos permitem afirmar que a psicoterapia é possível em internato. Até o presente, insistimos sobretudo nas dificuldades técnicas de um tratamento quando o analisado é interno e não goza de toda a sua liberdade, como dela gozam, aparentemente pelo menos, as crianças que vivem com a família.

As relações entre o analista e a criança são apenas um aspecto do problema, que se situa no plano mais geral do grupo. Ele só pode ser resolvido pela análise e pela compreensão das tensões e interações dos diferentes elementos do grupo composto pelo analisado, os outros internos, o diretor, os professores, os educadores e o analista.

A situação material da criança (habitação, comida, lazer, esportes) em geral é satisfatória e estável; ao contrário, o clima psicológico é, o que quer que

---

[1] Publicado em *La semaine des hôpitaux*, sob o título "As relações do terapeuta e do pedagogo em internato", 36º ano, 50, 28 de outubro de 1960, pp. 2707-2709. Escrito em colaboração com Micheline Guiton. O colégio de Saint-Maximin era dirigido por Solange Cassel (1905-2000). Durante o entre-guerras, Jenny Aubry havia publicado alguns artigos médicos sobre a questão da delinqüência. Cf. Georges Heuyer e Jenny Roudinesco, "Exame médico-psicológico de crianças delinqüentes antes da passagem diante do tribunal dos menores de Paris", *Revue internationale de l'enfance*, vol. X, 58, outubro de 1930; H. Desoille, "As relações da debilidade intelectual e da delinqüência infantil e juvenil", *La médecine*, fevereiro de 1938. Cf. igualmente Jenny Roudinesco, "O sentimento de culpa, etapa necessária do tratamento psicoterápico de crianças ladras", *Congrès international de psychiatrie infantile,* op. cit.; "Reações agressivas das crianças de um a três anos em meio coletivo", ibid.

se faça, variável, ora agradável, ora desagradável, conforme o humor e o cansaço do pessoal, segundo o humor e o cansaço da criança e de seus amiguinhos.

De acordo com a nossa experiência, é a análise dessa situação instável e das inter-reações crianças-pedadogos-analista que constitui a principal dificuldade técnica da análise num Internato Médico-psicológico (IMP).

Os analistas têm a experiência da contratransferência para com o pessoal do IMP. Eles correm o risco de desanimar com as dificuldades que encontram e de renunciar à tarefa.

Ora, os tratamentos feitos nos IMP são necessários para certas crianças, isto é, para aquelas que estão desadaptadas demais para serem tratadas no meio familiar, aquelas cujas famílias estão afastadas de um analista.

Enfim, o IMP em si mesmo traz à criança a mudança de ambiente, os métodos pedagógicos, os esportes coletivos que contribuem para seu restabelecimento.

1. Objetivos pedagógicos

Os objetivos dos pedagogos e dos terapeutas não são os mesmos, e com freqüência as conversas que eles têm a respeito das crianças parecem um diálogo de surdos. Para os pedagogos, os objetivos são:

– o êxito escolar;

– a manutenção da disciplina coletiva, o respeito pelos professores e a ausência de brutalidades entre crianças.

Considerando o que é o sistema escolar francês, o êxito é essencial. Conhecemos várias crianças superdotadas que, após atribulações diversas, chegam a Saint-Maximin, porque fracassaram no exame de entrada na 5ª série, embora estivessem nos primeiros lugares na turma de 4ª. Esse fracasso às vezes perturba profundamente as relações pais-filhos de uma maneira incompreensível para uma criança dessa idade. Para a maioria dos pais franceses, o êxito nos exames e a aquisição dos diplomas são essenciais e lhes permitem apreciar e amar os filhos. Os fracassos escolares estão na origem de muitas dificuldades de caráter.

As crianças e os pedagogos passam vinte e quatro horas por dia no internato, o terapeuta seis horas por semana. É preciso pensar no que pode ser a vida com uma centena de crianças superdotadas, caracteriais, excitando-se umas às outras, provocando as mais velhas. Essas crianças não foram toleradas pelo corpo docente clássico, já que em geral foram mandadas embora das escolas e foram também mandadas embora pela família. Somos obrigados a pedir ao pessoal do IMP para suportar o que o amor materno-paterno não pôde suportar, e, embora esses meninos provoquem e busquem os golpes (como aqueles que recebiam dos pais, estou falando aqui de pais clássicos e não de alcoólatras inveterados), os pedagogos deveriam poder abster-se, compreendendo que se trata de uma provocação. Essas crianças precisam, no entanto, de uma certa disciplina que lhes traga segurança.

2. Objetivos terapêuticos

O êxito escolar não é a primeira preocupação do terapeuta. Ele quer obter: a maturação de sujeitos fixados em estádios infantis regressivos, a resolução das situações familiares conflituosas, a integração da agressividade, a resolução dos problemas da puberdade. O analista (certo ou errado) é menos apressado que o pedagogo, ele pensa que é preciso tempo para realizar a formação do caráter. Ele crê que o êxito escolar será conseqüência de uma evolução às vezes longa. Talvez ele não dê importância suficiente a certas lacunas escolares difíceis de serem preenchidas.

3. Relações entre pedagogos e psicanalistas

De maneira geral, o pedagogo costuma olhar o psicanalista como um "aliado" da criança, disposto a apoiá-la em suas reivindicações. Ele teme que a criança "conte" para o terapeuta e o critique.

Na verdade, esses temores permanecem moderados quando o pedagogo se sente em segurança em suas funções. As dificuldades costumam ser menores com os professores que com os monitores. O professor, aquele que goza do prestígio de uma superioridade intelectual incontestada, aquele que tem a vocação de ensinar, não se sente constrangido pelo psicoterapeuta e prossegue sua tarefa sem se preocupar com o que acontece nas sessões de análise.

A situação dos monitores sempre é mais ingrata. Eles devem velar pelo bem-estar das crianças, assegurar a disciplina durante as refeições, vigiar os cuidados corporais. Os esportistas costumam conseguir impor o respeito por suas performances. É uma solução satisfatória. Mas os monitores não podem, de modo algum, ter apenas o recurso "de serem os mais fortes", pois, nesse caso, perdem seu prestígio aos olhos das crianças.

Essa situação reativa, em certos pedagogos pouco seguros de si mesmos, atitudes infantis e eles se comportam como se estivessem em rivalidade fraterna com as crianças em relação ao terapeuta (imagem parental). A necessidade de saber o que está acontecendo na sessão, de conhecer o dossiê médico costuma ser apenas uma racionalização do temor que o educador tem de ser depreciado pela criança junto ao analista.

A criança em terapia tem medo de que contem ao pedagogo o que ela diz em suas sessões, mas também espera, conta bem com isso, que o terapeuta diga ao pedagogo o que ela disse dele.

A criança precisa pôr em conflito o analista e os pedagogos, pois ela tenta reencontrar a situação conflituosa que existe na maioria do tempo em sua própria família (filhos de pais que "brigam" entre si, ou filhos de pais divorciados que "brigam" pela criança).

É preciso que a criança analise com o terapeuta os mecanismos conscientes e inconscientes colocados em jogo nas situações de grupo.

O terapeuta deve fazer com que a criança analise suas reações diante das injustiças e da realidade da disciplina no internato. Ele deve tomar cuidado com as fantasias sadomasoquistas das crianças, que às vezes inventam as sevícias que teriam sofrido; o analista deve utilizar e analisar na transferência todas as reações produzidas na criança por sua atitude de não intervenção nas decisões pedagógicas.

A posição do analista, que conversa com a criança em *tête-à-tête*, que não é obrigado a assegurar uma disciplina e que, protegido pelo segredo profissional, não tem de prestar contas a ninguém, costuma suscitar rancores por parte dos pedagogos, rancores aumentados pela diferença de situação pecuniária.

Quando a hostilidade de um educador se manifesta diretamente para com o analista, este deve não só tolerar essa agressividade, mas considerá-la um mal menor.

Infelizmente, acontece com freqüência de os sentimentos do pedagogo se traduzirem indiretamente por vexações ou atitudes de sedução homossexuais para com a criança tratada pelo analista.

Nesse caso, o analista deve tentar resolver o problema com o educador num plano pessoal, tentando fazer com que ele tome consciência da natureza real das dificuldades. Se o conflito analista-educador não pode ser resolvido, o analista deve evitar tratar as crianças que estão sob cuidados do educador, ou eliminar o pedagogo cujas tendências sádicas ou homossexuais arriscam perturbar as crianças. De modo algum, a criança deve ser o campo de batalha do conflito analista-educador.

4. A família e a psicanálise

O interrogatório dos pais durante a primeira visita é de importância considerável e todo um trabalho psicológico pode ser feito nesse momento. É preciso analisar, com o interessado e com seus pais, todos reunidos, por que estes últimos querem colocá-lo em IMP. Os motivos são variáveis e costuma ser por ocasião dessa primeira consulta que a criança toma consciência do que nela reprovam.

A maioria dos pais cujos filhos devem ir para um IMP são pais que têm medo de suas responsabilidades e queixam-se deles continuamente com os outros, mas não falam com os filhos. Muitos mal-entendidos são assim dissipados ao longo dessa visita. Por outro lado, é preciso obter o acordo da criança para seu encaminhamento a fim de evitar fugas e, às vezes, é necessário ver o interessado e a família muitas vezes antes da admissão.

Também é importante que a criança saiba, com os pais presentes, que sua estada em IMP não custa absolutamente nada à família, que tende com freqüência a dizer "que faz enormes sacrifícios por aquele filho". Esse atendimento pela Previdência Social é um primeiro passo para a autonomia; essa independência financeira em relação à família pode ser buscada, já que a inteligência superior dessas crianças permite que elas mais tarde se tornem bolsistas nos colégios.

5. Pedagogia e medicina

A ligação médico-pedagógica nem sempre é fácil de ser estabelecida. O terapeuta deve ficar numa atitude de neutralidade estrita e nunca tentar arbitrar os conflitos entre pedagogos e crianças. Em princípio, um bom diretor deveria resolver a maioria desses problemas; na realidade, conforme a nossa experiência, parece-nos preferível ter um conselheiro médico-pedagógico, não fazendo nenhuma psicoterapia, e que, ao mesmo tempo que vigia o estado físico das crianças, estabelece a ligação necessária. Com efeito, se os pedagogos não têm nenhum contato com um médico, eles se acham rejeitados e depreciados pelo corpo médico. O papel do médico não é dar conselhos pedagógicos que estão fora de sua competência, mas aplainar as dificuldades e, se necessário, excluir aqueles cujas personalidades sádicas arriscariam perturbar o grupo inteiro.

8.
Crianças pequenas desamparadas[1]

Ao longo de uma experiência de sete anos num depósito temporário da Assistência Pública, adquirimos a convicção de que era impossível obter em meio coletivo um desenvolvimento normal da criança pequena e menos ainda curar as formas graves de carência materna.

No entanto, meios importantes tinham sido postos à nossa disposição pela administração da Assistência Pública e repartidos pelos serviços-

---

[1] Publicado em *La semaine des hôpitaux*, sob o título "Notas preliminares sobre o encaminhamento familiar curativo dos distúrbios psíquicos graves da criança pequena", 37º ano, janeiro de 1961, pp. 91-94. Escrito em colaboração com Micheline Guiton e Raymonde Bargues (1925-1995). Psicóloga e psicanalista, membro da EFP, analisada por André Berge depois por Lacan, Raymonde Bargues foi colaboradora de Jenny Aubry na Policlínica do Bulevar Ney, depois no Hospital das Crianças-Doentes.
É em 1950, no contexto da experiência feita em Parent de Rosan, que Jenny Aubry funda um primeiro encaminhamento familiar: A Associação para a saúde mental da infância-Encaminhamento familiar especializado (ASME-PFS), em parte financiado pelo Centro Internacional da Infância e por uma bolsa Rockefeller. Este ficará em seguida sob os cuidados da Assistência Pública e acolhido em diversos locais da Caixa de Seguro-doença: na Rua Jacquier notadamente, depois na Rua du Cherche-Midi. Em 1984, Jenny Aubry pedirá demissão do Conselho de Administração da ASME-PFS presidido então por Claude Dumézil. Psiquiatra, psicanalista, analisado por Lacan e membro da EFP, este fundou em 1992 o grupo da Análise Freudiana: "A atual associação" – escrevia Jenny Aubry – "em mais nada responde aos critérios que presidiram à sua criação. Para mim, portanto, é impossível, embora reconheça a importância do trabalho feito junto a cinqüenta e quatro crianças, permanecer membro da Associação". (carta de 19 de dezembro de 1984).

dia, de vigília e de guarda. Quarenta e cinco pessoas tinham sob seu encargo mais ou menos cinqüenta e cinco crianças. Uma equipe de médicos e psicólogos subvencionados pelo Instituto Nacional de Higiene e pelo Centro Internacional da Infância trabalhava, além disso, tratando as crianças, instruindo o pessoal e preparando os pais naturais ou de criação para o retorno da criança ao meio familiar.

A implantação desse dispositivo custoso chegou a resultados interessantes. Para as crianças que ficavam pouco tempo, evitamos as desordens profundas e limitamos a distúrbios reacionais bem rapidamente curáveis os sintomas de desamparo ou de depressão observados. A evolução ulterior, sobretudo quando pudemos tomar contato com a família, foi favorável.

Em compensação, nas formas graves de carência materna, somente melhoramos as crianças; certos limites permaneceram intransponíveis. O déficit da linguagem, em particular, nunca pôde ser preenchido em coletividade, mesmo nas crianças mais bem adaptadas.

Enfim, certos resultados posteriores nos provaram que, apesar das melhorias espetaculares, os processos de evolução e de desenvolvimento das crianças ficavam profundamente perturbados, em particular as relações afetivas numa estrutura familiar normal, a integração do esquema corporal, os processos de identificação e de desenvolvimento do eu [*moi*] e da consciência.

Só se adaptaram posteriormente nos lares de criação aqueles que não haviam sofrido uma carência total durante seus três primeiros anos e ficaram com as mães durante seis a oito meses, entre a idade de 3 e 15 meses.

Por outro lado, os encaminhamentos familiares, realizados no momento em que os meios terapêuticos postos em práticas na coletividade não traziam mais progressos, eram em locais no interior, afastados demais de Paris para que uma ação terapêutica pudesse ser levada adiante até a readaptação total da criança.

Tentamos, pois, tratar certas crianças vítimas de distúrbios particularmente graves por um encaminhamento familiar próximo da Policlínica do Bulevar Ney, combinado com uma psicoterapia regular com sessões freqüentes (três por semana em média).

Não é, decerto, uma solução fácil: o recrutamento e a escolha das amas nem sempre são fáceis, as reações das crianças que lhes confiamos costumam ser difíceis de tolerar; as amas precisam ser apoiadas e devemos ajudá-las a entender os comportamentos aberrantes das crianças. A psicologia das amas será objeto de outro artigo, mas digamos de imediato que encontramos muita devoção e, com freqüência, uma compreensão intuitiva excelente das crianças.

As observações seguintes mostram os resultados que tais encaminhamentos permitem obter.

Observação 1 – Colette Y., nascida em março de 1949.

Ela é conhecida de uma de nós desde a idade de 3 anos e 8 meses. Nessa data, ela está na Fundação Parent de Rosan, matriculada como pupila da Assistência Pública e já sofreu vinte e duas mudanças, passando de ama a instituição, passando de novo a cada vez pelo depósito ou o hospital; permaneceu um ano em San Salvadour.

Ela passa quatro meses em Parent de Rosan e, como seu quociente de desenvolvimento passou de 70 a 91, é tentado um encaminhamento familiar na Agência de Alençon.

Quatro encaminhamentos reputados excelentes fracassam e a cada vez a evolução é a mesma. Ao chegar à casa da ama, Colette tem um aspecto lamentável, ela inspira piedade e é muito fácil. A ama se apega a ela, acha-a inteligente e pensa que ela foi mal cuidada; depois, ao fim de um mês, Colette vai ficando mais difícil, suja-se, rola no chão, ri um riso histérico e recusa tudo: ao fim de algumas semanas, os pais de criação não querem mais ficar com ela.

Ela fica bastante tempo com a quarta ama, que vemos várias vezes e que tenta colocá-la na escola. A tentativa fracassa completamente, Colette se suja e rola no chão, é incapaz de reproduzir a mínima forma. Em cada uma de nossas visitas, o estado se agrava e tem-se em vista a internação.

É então que, em 17 de maio de 1958, a AP consente em encaminhá-la por intermédio da Agência de Paris a uma ama próxima da Policlínica e o tratamento logo começa à cadência de três sessões por semana.

O ciclo habitual se reproduz e a primeira ama não pode ficar com Colette, em parte por causa de seu comportamento, em parte em razão de problemas pessoais.

A segunda ama, a Sra. J., é uma pessoa calorosa, que tem três filhos e, em particular, uma menina de 8 anos que vai desempenhar um papel importante graças à sua amizade por Colette. A Sra. J. é uma mulher do sul que gosta de ter crianças à sua volta; ela decidiu guardar crianças como ama para ter um dinheirinho a mais. Foi preciso cuidar muito dessa ama, pois, ao fim de um mês, Colette teve o comportamento habitual: primeiro muito encantadora, apegando-se à ama, e em seguida odiosa e suja. Durante um ano, tivemos entrevistas regulares com a ama, realizando uma verdadeira psicoterapia de apoio.

Eis o resumo da evolução pela Dra. Guiton, a terapeuta:

"Ao chegar em maio de 1958, na idade de 9 anos, Colette parecia um 'bicho acuado', não olhando ninguém, hirsuta, sempre suja e rasgada apesar dos esforços da ama; era instável, não falava e era incapaz de fazer as provas de 4 anos, seu estado geral era medíocre e estava sempre pálida. Durante muito tempo, as sessões foram muito difíceis para tentar estabelecer um contato, mas, ao fim de dois meses, seu estado geral melhorou, ela recuperou a cor e foi possível começar sessões de psicoterapia orientadas, embora no início se tratasse de crises histéricas, incoerentes.

A partir de outubro de 1958 começa uma verdadeira psicoterapia com interpretação. Em novembro, ela entra na escola e, a partir dessa data, a escola nunca fez comentários sobre o comportamento de Colette.

Várias vezes durante as sessões, tive de colocá-la em contato com a Dra. Aubry para tentar ligar Colette a seu passado em Parent de Rosan e em Alençon, e, a cada vez, ela fez grandes progressos.

Em fevereiro de 1959, ela começou certos distúrbios psicossomáticos (eczema das mãos), ao mesmo tempo que melhorava do ponto de vista psicológico.

Foi em março de 1959 que ela exprimiu, por suas produções em sessões, o desejo de ter informações sobre seus pais. Foi a partir dessa sessão que ela começou a falar.

Em abril de 1959, ela foi passar quinze dias numa colônia de férias com a filha de sua ama e voltou em ótimo estado. Na colônia, comportou-se de maneira normal. As sessões são retomadas no fim de abril de 1959. Colette começa a falar, a se dar um nome, a falar de seu dossiê e as sessões são atualmente verdadeiras sessões de psicanálise de criança. Ela fala normalmente durante as sessões desde 28 de abril".

Atualmente, ela está, do ponto de vista escolar, em atraso de dois anos mais ou menos. Os testes de controle foram feitos por Micheline Jouin[2] em 6 de maio de 1959.

Em junho de 1960, enviamos Colette a Hendaia para as férias e, a partir de setembro de 1960, tentamos recuperá-la, mas é uma criança tão fácil em coletividade que não querem nos devolvê-la. Entretanto, é necessário prolongar a psicoterapia durante um ano ainda. A melhor solução seria deixar essa criança até os 14 anos na atual família de criação, considerando que ela está muito frágil do ponto de vista psicológico.

Sem esse encaminhamento familiar com psicoterapia, Colette Y. estaria no hospício e irrecuperável, visto o estado de deterioração mental em que ela se encontrava.

Observação 2 – Victor J., nascido em 15 de fevereiro de 1949, é trazido para consulta em 9 de janeiro de 1959, pois é mandado embora do orfanato. Ele não estuda, não fala, seria depravado, dizem as religiosas. Não se sabe o que fazer com ele, uma solteirona o recolheu temporariamente e pergunta se é possível evitar o encaminhamento ao hospital psiquiátrico. A mãe, que temos dificuldade de ver, teve cinco filhos naturais de um mesmo pai e Victor é o segundo.

Entregue a amas desde a idade de 3 anos, ele é contaminado e contrai um mal de Pott[3], depois é tratado durante três anos no Hospital Berck.

Em 1956, é de novo entregue a uma ama, depois encaminhado a um orfanato.

Em janeiro de 1959, o tratamento é instituído. É uma criança esquizóide que não tem contato algum com ninguém e não fala. O tratamento prossegue à cadência de três sessões por semana. Apesar das ausências escolares devidas ao tratamento, Victor faz progressos e, já em novembro de 1959, o professor está contente.

A partir de março de 1960, ele pode suportar um espaçamento das sessões e é visto apenas às quintas-feiras. Sua ama o acha normal e a escola não assinala nada de anormal.

---

[2] Assistente de psicologia clínica na Policlínica do Bulevar Ney (Hospital Bichat) (JA).

[3] Mal de Pott: tuberculose vertebral anterior.

Ele está aterrorizado com a idéia de ser separado da ama. O menino vê muito raramente a mãe, que se desinteressou dos filhos.

Em junho de 1960, ele é capaz de abordar em sessão o problema de sua situação familiar e de falar de seu pai. Não é mais áfono e pode imaginar sair de férias com uma vizinha da ama.

Ele pode agora ser testado e descobrimos uma dislexia.

Em setembro de 1960, ele volta à Policlínica para reeducação de dislexia e término do tratamento com um terapeuta homem.

Há alguns meses, pôde ser retomado o contato com a mãe, que antes se mudava sem deixar endereço e não pagava a sua parte da pensão. Há dois meses, ela paga a sua parte da bolsa-família e não está excluído que possamos restabelecer o vínculo mãe-filho.

Observação 3 – Françoise S., nascida em 18 de setembro de 1956.

A mãe foi abandonada pelo marido quando a menina tinha 1 ano; Françoise fica com a mãe até agosto de 1958, é então colocada por dois meses no Centro Departamental de Milly-la-Forêt, depois com uma ama até setembro de 1959.

A mãe notou, desde a partida do pai, cóleras súbitas e berros, a menina batia com a cabeça nas paredes; tornara-se anoréxica.

Ela foi hospitalizada no Hospital das Crianças-Doentes em setembro de 1959 e nos foi enviada para consulta em novembro, em razão de seu comportamento e de seu retardamento, para saber se podia ser tratada e se existia alguma chance de recuperação. Como o atendimento só foi obtido em março, a menina foi, enquanto isso, encaminhada à Salpêtrière. Durante essa estada, ela é confiada a uma monitora para ser "maternada" e faz grandes progressos motores.

Ela é entregue a uma ama em março de 1960; o tratamento começa nessa data.

Ela ficava calma no hospital, onde passava longas horas na cama e considerava-se que tinha melhorado muito. Na verdade, mal se tenta estabelecer contato com ela de maneira contínua, o comportamento muda. Com a ama, Françoise é muito difícil, não come, não olha ninguém, berra ao mínimo contato, tem mecanismos de automutilação, devora os dedos e se joga no chão de modo tão violento que está coberta de manchas roxas e de calombos no rosto. Solta gritos roucos e fica girando. É anoréxica, encoprética[4], enurética e come suas matérias.

A ama, a Sra. J., é a mais maternal e a mais calma de nossas amas; mesmo assim Françoise berra sem parar e só fica calma na cama. A Sra. J., muito incomodada por não ver melhora, nos previne no início de junho que não poderá ficar mais com a menina. Entretanto, desde 12 de maio de 1960, havíamos constatado um progresso em sessão: Françoise tem um contato pelo olhar e reclama o contato cutâneo, ela sorri. É um verdadeiro processo de nidação que nos faz ter esperanças de melhora. Pedimos à Sra. J. para ter paciência.

No fim do mês de junho, Françoise começa a comer, fica longos momentos calma com a ama, sem se ferir, e esta última aceita prosseguir o tratamento. Os progressos continuam durante o mês de julho e de agosto e encontramos, após as férias, uma menina que come, dorme normalmente e começa a se interessar pelo mundo quando está na casa da ama. Entretanto, as sessões são de novo muito difíceis, Françoise se mutila durante suas crises de angústia, mas sua expressão tornou-se mais humana. Decerto há uma melhora, mas a perturbação ainda é profunda e vai exigir ao menos dois anos de tratamento.

Nesse caso particular, pensamos que uma recuperação total é possível em razão da idade jovem da menina e pelo fato de que o primeiro ano foi normal.

Observação 4 – Louis L., nascido em 7 de setembro de 1948.

Um encaminhamento familiar foi decidido para esse menino quando se encontrava no hospital psiquiátrico de Clermont-de-l'Oise.

Ele entrou no hospital psiquiátrico em janeiro de 1959, com 10 anos e meio de idade, rejeitado pelo meio familiar, em razão de sérios distúrbios caracteriais. A família diz dele: "é um anormal, atrasado, bruto e depravado, ciumento, mau...".

Em sala de aula, vive "na lua", não acompanha, não pára no lugar.

Em seus antecedentes, encontramos na idade de 4 anos várias operações: hérnia, peritonite e uma hospitalização por queimadura com água

[4] Encopresia: defecação descontrolada.

fervente. Desde essa época, ele tem fobia de fogo, de escuridão, tem pesadelos, mostra-se ciumento e agressivo com as outras crianças. Parece que foi desde então que o Sr. L. rejeita o filho, que ele considera anormal e a quem ele faz duramente sentir isso. Por outro lado, o Sr. L. quebrou a rótula, deve ficar deitado constantemente e sua inação contribui para aumentar as dificuldades com o filho.

Durante sua hospitalização, Louis está num estado lamentável. Isola-se, depois mostra-se às vezes muito agressivo com os pequenos. É difícil de manejar em coletividade.

Os testes mostram um QI de 93 com uma superioridade das provas de performance sobre as provas verbais. O nível escolar é de 3ª série.

Os pais não desejam deixá-lo em meio psiquiátrico, mas não pensam que ele possa voltar para o lar junto aos irmãos.

Após consulta no Serviço, um encaminhamento familiar curativo com psicoterapia é decidido.

O encaminhamento:

Ele é encaminhado em abril de 1960 a um casal que tem duas meninas, de 21 e 9 meses. Ele tem 11 anos e meio.

A psicoterapia logo começa, à razão de duas sessões por semana. Antes de cada sessão, até as férias de fim de ano, a ama vem prestar contas do comportamento do menino: muito fechado e temeroso, pouco a pouco se expande e se mostra muito atento com os bebês. Desobedece facilmente, após uma reprimenda ele se fecha e se isola.

A mudança de comportamento ao longo das sessões é rápida: primeiramente mudo e desconfiado, ele rapidamente toma confiança e se torna loquaz. Passa algumas sessões a brincar feito uma criança, depois faz sessões mais de acordo com a sua idade; as associações trazem um material interessante em que ele opõe sua vida em casa à sua vida atual.

No presente momento, em outubro de 1960, ele foi admitido na 4ª série, o Diretor da escola, primeiramente reticente em aceitá-lo, admite não ter dificuldades com ele.

Previsões:

Parece que sua estada com a ama deve prosseguir por mais um tempo. O menino, que ficou por muito tempo numa atitude reservada, começa a experimentar em relação à família de criação todos os sentimentos que tem uma criança em sua própria família. Ele é muito apegado à ama. É uma mulher bem jovem (23 anos), que não pretende substituir a mãe. O menino, aliás, passou as férias de fim de ano com a família. O pai teve uma entrevista com a terapeuta: ele está decidido a retomar seu filho no lar "quando ele não for mais anormal".

É possível ter em vista essa possibilidade no corrente do ano 1961.

Observação 5 – Jean G., nascido em 31 de dezembro de 1954.

Criança enviada pela consulta do Hospital Saint-Joseph, por carência materna grave. Ele nos é assinalado pela PMI * como sendo vítima de sevícias por parte de sua mãe.

A primeira consulta ocorre em junho de 1959, o menino tem 4 anos e meio, pesa 13 kg e mede 1 metro. Apresenta uma incontinência total, fica imóvel, parado como se não soubesse usar os braços. A mãe se queixa de que ele lhe foi devolvido nesse estado após sua última estada com a ama. Ela quer que ele seja tratado, mas afirma que não se separará mais dele.

Hospitalizado com 2 meses de idade por intoxicação endógena, o menino não foi devolvido à mãe, que vivia com seus filhos em condições deploráveis (num *trailer*, sem água...). Jean foi então deixado com uma ama até os 4 anos e meio, mudou de ama todos os anos.

Em setembro de 1959, uma psicoterapia é começada à razão de duas sessões por semana; o menino é conduzido por uma auxiliar familiar.

Ao longo das sessões, ele manipula tristemente os brinquedos deixados à sua disposição e bebe água: três ou quatro copos por sessão, com grande avidez. Pesado regularmente, o menino não ganha peso e, no entanto, come: a auxiliar familiar é testemunha disso. Por outro lado, ele apresenta nos pulsos marcas de laço e no rosto inchaços, o nariz está quase sempre arranhado. Convocada, a mãe diz: "ele se bate o tempo todo, cai. Eu o amarro na cama para que ele não se toque".

Sentimos a necessidade de entrevistas com a mãe. Ela é reticente; alega suas tarefas familiares, finalmente vem uma vez a cada quinze dias. O

* Proteção maternal infantil. (NT)

menino é colocado na escola para evitar as estadas de várias horas na cama de manhã em casa.

Foi a colocação na escola que contribuiu para que se decidisse por um encaminhamento familiar apesar da oposição da mãe. Emocionada com o aspecto do menino, a professora pede uma investigação policial. Mais que uma medida radical de destituição, obtemos o meio-acordo da Sra. G. para um encaminhamento familiar.

Encaminhamento:

O resultado é espetacular. O menino ganha 2,5 kg em quinze dias, come com avidez, dorme muito, brinca, volta a fazer uso dos braços, das pernas. Acolhido como uma criança mártir, logo se torna a criança-rei no meio de criação. Em sessão, cessa de beber, utiliza lápis de cores e massa de modelar. Esse menino que não fora avaliado revela ter bom vocabulário e excelente compreensão.

O trabalho com a mãe:

O menino continuou a ver a mãe um dia por semana sem dormir na casa dela. Passou as férias de fim de ano com a família de criação.

A mãe prosseguiu suas entrevistas na Policlínica. Ela pôde exprimir, em particular, sua ambivalência para com esse filho que lembrava a ela, com seu ar sofrido e miserável, os maus tratos de que ela mesma fora vítima na infância.

Previsão:

Em outubro de 1960, fisicamente o menino ainda é pequeno para a idade. Seu peso é satisfatório, 17 kg, ele é alegre, ativo, a masturbação e a enuresia desapareceram.

A mãe o reclama, mas não pensamos que ela possa acolhê-lo. Embora tenha de fato evoluído muito, tenha se tornado mais autônoma e trabalhe algumas horas por dia, as condições materiais não são muito melhores; a Sra. G. ainda vive principalmente da bolsa-família* e das Crianças Socorridas; ela tem cinco filhos (os outros parecem em melhor estado que Jean,

* *Les allocations familiales* é a ajuda financeira do previdência social francesa às famílias pobres com dois ou mais filhos menores de 16 anos. (NT)

que esteve continuamente separado da mãe) e não quer de maneira alguma contatar o pai deles.

Pensamos deixá-lo ainda alguns meses com a ama: até que o duplo trabalho psicoterápico empreendido pela mãe e pelo filho lhe permita retornar ao lar materno sem risco de se deteriorar de novo e de ser maltratado.

Observação 6 – Ali A., nascido em 29 de março de 1953.

É o caso um pouco particular de um menino que apresenta um retardamento de origem orgânica, com distúrbios graves do comportamento: balanceados e automutilação.

O menino se apresenta em 20 de novembro de 1958 com um certificado de internação feito na consulta. Ele tem uma crise convulsiva em 20 de maio.

Em razão dos antecedentes do menino, nascido em 29 de março de 1953 (várias hospitalizações, confiado aos 8 meses a uma ama que não convém, depois enviado de novo a outra ama na Bretanha e, em último lugar, hospitalizado na Salpêtrière), tentamos um tratamento experimental.

Após um ano de reeducação e de psicoterapia, o QI passa de 40 para 70 e todos os distúrbios do comportamento desapareceram. Psicoterapeuta e reeducadora consideram que teria sido possível obter uma melhor recuperação.

Como não pudemos obter um atendimento para esse menino considerado retardado orgânico, organizamos para ele e seu irmão, que é sem problemas, um encaminhamento familiar no campo, menos custoso: a estada parecia dar todas as satisfações tanto à criança quanto à sua família, mas, como o pai voltou para o sanatório e não podia mais pagar a ama, o menino foi enviado ao Hospital Psiquiátrico da Charité-sur-Loire.

O encaminhamento familiar curativo de crianças que apresentam distúrbios do comportamento já deu suas provas. Resultados excelentes foram obtidos na Drôme pela Dra. Soubeyran, que há muitos anos dirige um encaminhamento familiar, anexado a um instituto médico-pedagógico[5]. Mais

[5] O Centro de Dieulefit, na Drôme, criado pela Dra. Soubeyran, acolhia crianças em dificuldade, tratadas por seu comportamento. Ali é que foi acolhida Jacqueline A., de quem falo em meu prefácio.

recentemente, a Salvaguarda da Infância do Sena criou, sob o incentivo da Dra. Ginette Amado, um encaminhamento familiar com psicoterapia anexado ao Centro de Observação de Vitry.

Essas diferentes organizações são endereçadas a crianças de inteligência normal capazes de receber uma instrução primária, ainda que tenham sido mandadas embora de muitas escolas.

Para as crianças cuja observação relacionamos fora do encaminhamento tentado, não havia outra alternativa a não ser encaminhá-las a um hospital psiquiátrico.

Em cada um desses casos, havia uma carência materna grave e até mais: uma ruptura ou uma perturbação profunda dos vínculos que normalmente unem pais e filhos.

O tratamento e a melhora da criança são naturalmente os objetivos primordiais de nossa ação, mas esta ficaria muito incompleta se não tentássemos restabelecer, ao mesmo tempo, uma relação familiar satisfatória.

Notamos que com freqüência é após uma separação que ocorre a ruptura de um equilíbrio até então mais ou menos satisfatório: é o caso para Victor J., Françoise S., Louis L., Jean G. Mas, quando a criança volta ao lar e se mostra difícil como todas as crianças pequenas que sofreram separações traumáticas, a violência da rejeição materna ou paterna é tal que podemos nos perguntar se outros elementos não entram em jogo.

Nossas entrevistas com os pais das crianças encaminhadas com freqüência permitiram que sentimentos complexos e contraditórios aparecessem.

Através das dificuldades ou dos sofrimentos dos filhos, os pais costumam reviver sua própria infância infeliz, que os conduziu a uma vida adulta infeliz; eles projetam nos filhos os sentimentos de hostilidade que tiveram para com os pais ou outros membros da família.

Por enquanto, levantamos uma hipótese de trabalho e de pesquisa, mas parece-nos que o rótulo de "caso social" talvez esconda problemas que seria preciso aprofundar.

Atualmente, aliás, o encaminhamento familiar curativo é um empreendimento precário, pois não pode ser ligado a nenhuma organização existente: os hospitais não podem se encarregar disso, já que as crianças não são hospitalizadas, não se trata de cuidados em domicílio, já que as crianças são tratadas na consulta externa do hospital, a PMI cuida de crianças bem de saúde, a OPHS de prevenção, as Crianças Assistidas de crianças abandonadas.

A Previdência Social pôde nos conceder uma ajuda substancial, limitada pelas regras administrativas, mas ainda buscamos uma solução estável para continuar uma experiência cujo encargo financeiro é pesado demais para que possamos prosseguir com ela por muito tempo.

Resumo

Os autores pensam que os distúrbios psíquicos graves da criança pequena, especialmente os que são devidos à carência de cuidados maternos, só podem ser tratados com a ajuda de cuidados maternos de substituição, o que é impossível de ser realizado em coletividade.

Os autores relatam seis observações de encaminhamento familiar com psicoterapia intensiva.

Certos casos estão em curso de evolução; para outros, podemos considerar que a recuperação é completa. Para a maioria das crianças, a alternativa era o encaminhamento ou a manutenção em hospital psiquiátrico.

Essas observações abrem perspectivas de pesquisas sobre a psicologia das mães cujos filhos são carentes e permitirão igualmente estudar a psicologia das amas que aceitam se encarregar dessas crianças muito difíceis.

A organização de tais encaminhamentos deveria poder se situar no contexto geral dos últimos decretos sobre a Proteção materna e infantil, mas atualmente esses encaminhamentos permanecem no âmbito da iniciativa privada.

Jenny Weiss, perto de 1919.

Jenny Roudinesco, interna em pediatria, 1928.

RETRATO DE FAMÍLIA, 1931

No alto, da esquerda para a direita: Alexandre Roudinesco, Madeleine Weiss, nascida Bergner, Colette Weiss, nascida Cerf, André Weiss, Jeanne Weiss, nascida Javal, Jacques Weiss, Adolphe Javal.
Embaixo: France Weiss, Louise Weiss, Paul Weiss, Jenny Roudinesco, nascida Weiss, Francis Weiss.
As crianças: Claude, Claire, Bernard, Michel, Françoise, Luc.

Jenny Roudinesco, na defesa de tese de medicina, 1933.
Esboço de Raoul Dufy.

Jenny Roudinesco, chefe de clínica do professor Georges Heuyer, 1934.

Jenny Roudinesco, fevereiro de 1945.

Jenny Aubry, La Baule, 1953.

Jenny Aubry, 1954.

POLICLINIQUE DU BOULEVARD NEY, 1954.

No alto, à esquerda: Raymonde Bargues.
Na primeira fila, da esquerda para a direita: Odile Lévy-Brühl, René Bargues, Françoise Dolto, Jenny Aubry.

HÔPITAL DES ENFANTS-MALADES, 1964.

Jenny Aubry, tendo, à sua direita, Jean-Claude Dalloz e à sua esquerda Jean-Claude Gabilan e Micheline Guiton.

Na segunda fila, Huguette Lawrende, Agnès Dupont, Irène Diamantis.

Na terceira fila à direita: Anne-Lise Stern.

Jacques Lacan, Jenny Aubry e Pierre Aubry (de perfil) no congresso da EFP em Aix-en-Provence, 1971.

Jenny Aubry com Jacques Chirac, num colóquio organizado pela Ville de Paris sobre a infância inadaptada, 1979.

9.
Experiência de um encaminhamento familiar curativo[1]

Ao longo de uma experiência levada a cabo durante sete anos, num depósito temporário da Assistência Pública[2], fomos levados a preconizar medidas que, segundo nós, poderiam permitir que certas crianças "entregues" evoluíssem de maneira satisfatória, ou, pelo menos, não se vissem definitivamente colocadas num hospício [*asile*][3].

Para aquelas que parecem menos gravemente marcadas pelas estadas em coletividades ou pelas mudanças múltiplas, pedíamos o retorno ao seio da família de origem, ou o encaminhamento de longa duração num meio familiar de acolhimento.

Pudemos seguir algumas dessas crianças e constatar que tinham podido usufruir da experiência e se estruturar de modo satisfatório. Outras, ao contrário, embora se desenvolvessem do ponto de vista intelectual, não tinham chegado a criar com outras pessoas relações objetais estáveis e válidas. Tínhamos, portanto, a impressão de que uma psicoterapia poderia ter ajudado essas crianças a resolverem seus problemas.

---

[1] Conferência dada diante do Grupo da EFP, em 29 de outubro de 1963. Publicada em *L'Évolution psychiatrique*, 3, 1964, pp. 412-436, sob o título: "As amas de um encaminhamento familiar curativo das carências afetivas graves da primeira infância". Escrito em colaboração com Raymonde Bargues. Sobre a criação do Encaminhamento familiar, cf. capítulo 8 da presente obra.

[2] Na Fundação Parent de Rosan, ligada ao Hospital Ambroise Paré.

[3] Nessa data, Jenny Aubry ainda utilizava às vezes a palavra "asilo" para hospital psiquiátrico.

Para as crianças mais atingidas – incapazes de instaurar uma relação afetiva –, que apareçam como simplesmente autistas, ou psicóticas, ou atípicas conforme a denominação da Escola de Boston, uma psicoterapia fora empreendida. Em certos casos, os resultados foram quase nulos. Entretanto, muitas crianças tiveram progressos suficientes para estarem de novo aceitáveis numa família de acolhimento. Por outro lado, tínhamos sempre a impressão de que no meio institucional, apesar de nossos esforços terapêuticos e pedagógicos, chegávamos a um patamar, um limite que não podíamos ultrapassar. Tínhamos, então, a escolha entre um encaminhamento familiar sem ação psicoterápica e a continuação de uma psicoterapia sem a ajuda de um meio familiar estruturante. Nenhuma dessas soluções era plenamente satisfatória.

Foi assim que fomos levados a criar um encaminhamento familiar dito "curativo", isto é, comportando uma família de acolhimento disposta a receber crianças muito difíceis e a conduzi-las a nossa consulta para uma psicoterapia regular.

De início, tratava-se, em nossa mente, de reservar esses encaminhamentos para crianças de que a família não podia cuidar (abandono, destituição, ausência total), ou então crianças cujas famílias moravam longe demais para trazê-las para consulta.

Posteriormente, decidimos abrir o encaminhamento a certas crianças cujas mães, consciente ou inconscientemente, impediam a melhoria do estado delas.

Num trabalho anterior, descrevemos[4] a história de um menino de 5 anos de idade, Jean, encaminhado inúmeras vezes, e que perdera todo vínculo com a mãe. A cada separação, ele se deteriorava ainda mais, sendo, a cada vez, ainda mais rejeitado pela mãe.

Nesse caso, a psicoterapia empreendida no momento em que a criança era acolhida em sua família não a fizera evoluir. Jean permanecera muito magro e de uma passividade total. Além disso, estava sofrendo de encopresia. Esse estado só fizera acentuar a rejeição e, apesar das entrevistas com a mãe, as sevícias prosseguiram sob forma de golpes e de ficar amarrado à cama "para impedir a masturbação".

---

[4] Retomado na presente obra sob o título "Crianças pequenas desamparadas", capítulo 8.

Foi a estada com uma ama que permitiu desfazer a situação. O menino progrediu, os sintomas desapareceram e, secundariamente, a mãe de novo aceitou Jean como um de seus filhos[5].

O caso de Jean, no que teve de espetacular, está na origem das questões que nos colocamos a respeito das amas às quais confiamos as crianças do encaminhamento. Têm estas qualidades excepcionais e, em caso positivo, quais? É necessário que as amas sejam mulheres perfeitas? A função de amas que elas exercem as coloca numa posição privilegiada, ou, ao contrário, mais desfavorável? Como podemos ajudá-las a suportar essas crianças difíceis? Que tolerância têm elas aos sintomas das crianças? Qual é a natureza de suas relações com o psicoterapeuta? Fazemos com que evoluam? É a essas questões que tentaremos dar um início de resposta, esperando que nossos colegas aceitarão, na discussão, fazer com que cada um de nós tire proveito de sua experiência. Estamos, de fato, seguindo com muito interesse os trabalhos de Ginette Amado, que encaminha para famílias um certo número de crianças após uma passagem pelo Centro de Observação de Vitry, e a experiência já antiga da Dra. Soubeyran em Dieulefit, que podemos considerar iniciadora do encaminhamento terapêutico na França. O trabalho bem documentado de Michel Soulé[6] sobre os encaminhamentos familiares permitiu que nos situássemos em relação aos encaminhamentos da Assistência à Infância, por isso vamos começar descrevendo alguns tipos de crianças entre aquelas que atendemos.

Crianças confiadas às amas

Lucienne J., 21 meses, enviada pelo Dr. Marquezy do bercário de Boulogne. Ela não anda, ainda não é limpa, não sabe comer sozinha; só aceita derivados de leite, tem gestos estereotipados (balanceados permanentes). É impossível entrar em contato com ela.

---

5 Assinalemos que ela dizia "os meus", falando de seus outros filhos, e "este", falando de Jean, doente e sem dúvida alguma ansiógeno para ela (JA).

6 Michel Soulé, "A carência de cuidados maternos na pequena infância. A frustração precoce e seus efeitos clínicos", *Psychiatrie de l'enfant*, vol. 1, fasc. 2, 1958, pp. 523-540; J. Noël e F. Bouchard, *Le placement familial. Techniques et indications* (1968), Paris, ESF, 1982.

Pierre C., 4 anos. Não fala. Agita-se o tempo todo. Mexe em tudo, derruba e quebra vários objetos na consulta em poucos minutos. Na escola, lança tudo o que está a seu alcance contra os vidros, solta gritos, dá chutes, maltrata as outras crianças.

Manuel M., 6 anos. Sofre de enuresia, sujeito a cóleras muito violentas. Balança dormindo e tentou jogar-se pela janela.

Entre as maiores (8-10 anos), trata-se sobretudo de crianças muito deficientes, parecendo retardadas, tendo reações associais que teriam impedido o encaminhamento familiar comum, ainda que a psicoterapia não tivesse estado em causa.

Não detalhamos aqui a história das crianças, nem a etiologia dos distúrbios, mas afirmamos, de propósito, seu atraso de desenvolvimento e seus sintomas, já que é, da mesma forma, esse aspecto da questão que vai de imediato assumir um lugar fundamental na relação da ama e de seu lactente, embora a psicogênese e a dinâmica dos distúrbios, evidenciadas pela anamnese, tenham uma importância preponderante na técnica psicoterápica e intervenham na relação dos pais de criação com a criança. Com sintomas iguais, uma criança abandonada, ou órfã, de início goza de um preconceito favorável: ela permite que a ama se invista enquanto boa mãe, que ela seja aquela que apaga as más lembranças e eventualmente substitua a mãe má. No entanto, as dificuldades reais suscitadas pela guarda de tais crianças rapidamente nos mostraram que era preciso ir um pouco mais longe na compreensão do que representa a presença das crianças no lar de criação.

Soulé lembra, em seu trabalho, que as características ideais da família de criação de fato devem, com freqüência, ser colocadas em segundo plano por aqueles que cuidam de encaminhamento familiar. Ele acrescenta que essas características têm um valor relativo conforme o tipo de criança a ser encaminhada[7].

No que diz respeito às crianças de nosso encaminhamento, tivemos de renunciar a alguns desses critérios. Assim, embora desejássemos a pre-

---

[7] Michel Soulé e Cyrille Koupernik, *Développement psychomoteur du premier âge*, Paris, PUF, 1954.

sença de um pai no lar, não eliminamos, para os lactentes de 2 a 3 anos, uma dessas mulheres que ficara viúva e cujo trabalho nos parecia muito satisfatório.

Em compensação, outros critérios, talvez menos importantes no caso de encaminhamento familiar de crianças menos perturbadas, são para nós imperativos: no lar de criação não deve haver criança, nascida da ama, da mesma idade que o lactente.

O regime de tolerância particular que pode ser pedido para ela não pode ser suportado sem agressividade secundária pelo filho da ama. Às vezes, é a criança encaminhada que pode sentir uma inferioridade aumentada por estar numa classe de menores, por ser mais protegido, ou mais vigiado que o filho da ama.

Recusamos igualmente para nossas crianças as amas que – como recebemos o pedido – desejam uma criança "para que ela se torne um companheiro de brinquedo do próprio filho ou filha". Esse motivo, que com certeza não é eliminatório em outros casos, o é para nós.

As amas para as quais o lactente viria preencher um vazio, ou para as quais ele seria uma compensação neurótica, aquelas, enfim, que vibram exageradamente diante das infelicidades da criança não podem ajudá-la de maneira durável. Em contrapartida do que trazem, elas lhe pedem demais, a ela, que só pode receber, e às vezes durante muito tempo.

Também desconfiamos das amas que "não fazem isso por dinheiro". O dinheiro ajuda a objetividade, é a primeira coisa as amas que recebem e graças ao que elas pedem menos à criança. Não esqueçamos a complexidade dos problemas que não deixam de se colocar assim que uma ama guarda uma criança cuja mãe não paga mais o mês, e isto tanto quando a mãe reaparece quanto quando o abandono é definitivo[8], e, nesse caso, a criança em nenhum lugar está à vontade. Ela não tem estatuto definido e sua posição é das mais ambíguas.

Praticamente, as amas não escolheram "de preferência" uma criança deficiente. Suas motivações são as de todas as amas: ficar em casa melhorando o orçamento.

---

[8] Pode-se alguma vez saber se o abandono é definitivo? (JA).

Nós as recrutamos por relação ao centro de tratamento. Elas, por outro lado, encontram entre nós uma segurança material, já que são assalariadas. Nós as prevenimos das dificuldades da criança, enumeramos os sintomas, pedindo-lhes a maior tolerância em relação à enuresia e a anorexia, mas só excepcionalmente lhes damos conselhos educativos de início. Esse princípio lhes permite nos expor sem reticência as dificuldades que elas encontram em tal ou tal contexto.

Essas dificuldades, é claro, não deixam de surgir. São, por isso, a ocasião de contatos com os terapeutas e a assistente social especializada.

Achamos útil expor nossa técnica, embora, se técnica há, ela se tenha elaborado à medida que foram surgindo nossas necessidades. Em grande parte, foi a relação entre as amas e os terapeutas que nos ajudou a compreender como essas mulheres, semelhantes a outras mães, podem se revelar de um tão precioso socorro no tratamento de crianças.

Sejam quais forem os distúrbios de que sofre a criança, está entendido, poder-se-ia dizer, por definição, que ela deve seguir uma psicoterapia. A ama sabe que ela só pode cuidar da criança se a levar uma, duas, até mesmo três vezes por semana a seu tratamento. Um trabalho de tipo novo, pensamos, começa nesse momento.

Aos olhos da ama, a criança não é um lactente comum. Além do mistério que não pode deixar de cercar a frase "Você deve levá-la para uma psicoterapia", e apesar dos esclarecimentos dados, essas mulheres rudes sentem-se, de início, valorizadas pela participação que lhes pedimos em nosso trabalho de restruturação.

Encontramos as amas todas as vezes que elas acompanham as crianças à sessão. Na sala de espera, elas nos dizem algumas palavras, ou, poderíamos dizer, nos "dão notícias" da criança diante das outras pessoas. Com bastante freqüência, ao longo de um tratamento de criança vivendo em sua família, a mãe, inconscientemente satisfeita com os sintomas neuróticos da criança, insiste na persistência das dificuldades ou na ineficácia do tratamento. As amas, ao contrário, falam de bom grado das melhoras que puderam constatar. Sentem orgulho em lançar "Ele agora está comendo sozinho", ou: "Ele se veste sozinho". Se aconteceu algo de novo, de excepcional, pedem para nos falar em particular. Quando têm uma crítica a fazer, quando querem se queixar, nunca o fazem em público, pelo menos na consulta.

Essas possibilidades de entrevistas das amas com o terapeuta, e também os grupos de amas que recentemente instauramos, nos permitem conhecer seu grau de tolerância aos sintomas da criança. Embora esse grau de tolerância seja individual, ficou claro para nós que certos sintomas são, de maneira geral, mais bem tolerados, ou menos bem suportados que outros. São, em particular:

O mau trabalho escolar não inquieta as amas e não as irrita tampouco. Sabemos a que ponto, nas famílias francesas, o fracasso escolar de um dos filhos suscita um mal-estar. Os pais se consideram responsáveis. Sentindo-se culpados, endurecem suas posições, acrescentam punições às do mestre, suprimem os presentes de Natal, até mesmo as férias. As amas, com seus próprios filhos, não agem de modo diferente.

Com seus lactentes, parece que a aceitação seja devida à ausência total de responsabilidade para elas. Seus métodos educativos não estão em causa. Logo, essas amas não sentem nenhuma ferida narcísica por causa de tais fracassos, o que não é o caso se o lactente delas comer mal, por exemplo.

Elas sabem muito bem que essas crianças são deficientes. Elas não podem ir tão bem na escola quanto as outras, sobretudo não tão bem quanto seus próprios filhos.

Não temos a experiência de menina ou menino encaminhado que, nesse campo, tivesse êxito melhor que os filhos naturais, mas poderíamos nos perguntar se uma tal posição não desencadearia uma certa agressividade nas amas.

A seguinte fórmula de uma delas ilustra bem essa tolerância: "Não lhe pedimos para estudar bem, mas apenas que seja comportado na escola". Ser comportado é diferente, isso mostra que se é bem-criado e, pela educação, a ama se responsabiliza.

Se insistimos nesse sintoma, é que ele é quase constante em nossas crianças encaminhadas. Nosso objetivo não é aqui estudar o papel e a carência do pai de criação, nem o problema edipiano nos lactentes, mas é certo que haveria um estudo a ser feito sobre as correlações entre o fracasso escolar das crianças encaminhadas e o problema do pai.

Não acontece o mesmo com a masturbação, sempre proibida e de maneira variada.

A experiência nos mostrou que não se deve impedir as amas de proibir a masturbação. Se o fizermos, elas arriscam se tornar agressivas com a criança e rejeitá-la.

Sabemos, no entanto, que as interdições são feitas de maneira menos traumática se as amas souberem que o sintoma desaparecerá por si mesmo quando a criança progredir. Em particular, elas são acessíveis ao conselho de ocupar as crianças que tendem a se masturbar.

Para melhor suportar o sintoma, as amas atribuem sua responsabilidade aos pais. Com freqüência ouvimos queixas do gênero "Ela o faz quando volta da casa da mãe, que a toma na cama", ou: "Ele se toca mais na segunda-feira, porque no domingo não saiu, seus pais não suportam sair com ele". Em vez de ser censurada, a criança é então lamentada e ajudada[9] pelas amas. Quanto ao terapeuta, ele se limita aos problemas relativos diretamente à criança de que está encarregado.

Embora os sintomas sejam tolerados ou combatidos, entre as amas eles não são camuflados. Com efeito, notamos que as crianças lá se mostram rapidamente sob uma luz mais autêntica que na família. Pequenos comportamentos perversos que passam mais ou menos despercebidos ou são transitórios nas crianças "normais" revelam-se, em nossas crianças, aumentados na lupa.

Essa observação assume todo o seu valor entre os psicóticos. Certas mães camuflam as psicoses sob um verniz educativo social. O "dê a mão certa ao doutor", com o qual se solicita uma criança que, cinco minutos mais tarde, vai se revelar na relação psicoterapêutica completamente delirante, é significativo a esse respeito. Como as amas são menos tocadas narcisicamente, os comportamentos aberrantes se ostentam mais. Entretanto, convém estar vigilante e ajudar a ama a suportar o momento do desvelamento. Saber que a criança não é normal é uma coisa, perceber isso é outra coisa, bem mais penosa.

Seja como for, a evolução dessas crianças sob a influência da psicoterapia é menos decepcionante que a dos psicóticos acompanhados na famí-

---

9 É evidente que as relações com os pais naturais provocam conflitos que às vezes se resolvem ou, em todo caso, se exprimem na medida do possível ao longo das entrevistas com a assistência social especializada (JA).

lia, nos quais as regressões visíveis são, por causa dessa camuflagem, mais importantes.

Acontece de um sintoma coincidir com um ponto de sensibilização particular na ama. Nem sempre é previsível, mas é então que o contato com o terapeuta se afigura indispensável. Nossa entrevista com a ama assume, nesse caso, uma orientação específica e tem por objetivo a decisão de intervir para aumentar a tolerância, ou a necessidade de mudar a criança de ama.

Eis um exemplo:

Marie S., 4 anos. Trata-se, muito provavelmente, de um retardamento orgânico, mas a rejeição – ou desinteresse materno – era tão nítido que se pensou no diagnóstico de retardamento psicogênico.

Tentamos primeiro, durante vários meses, levar a cabo uma psicoterapia com a mãe, de um lado, e com a criança, de outro, no momento em que esta se encontrava na família.

Aos 3 anos de idade, Marie não falava, era encoprésica, incontinente noite e dia, insone, muito agressiva com a irmã: impossível fazê-los morar juntos.

A mãe dizia que ela era "má", afirmava que se sujava e sujava de propósito cortinas, camas, paredes. Não notamos melhora alguma durante esse primeiro tempo de tratamento; a mãe, ao contrário, se degradava, e as cenas conjugais a propósito da menina se multiplicavam.

Tivemos algumas dificuldades em fazer admitir o princípio do encaminhamento. "Não quero que digam que estou abandonando a minha filha", ou ainda: "O que vai pensar o meu marido?". A Sra. S. é, com efeito, muito apegada à filha mais velha.

Uma mudança de situação traz a decisão. Os S., que ocupavam temporariamente um quarto de porteiro, assumem a gerência de uma loja de frios e a Sra. S. deve ajudar o marido. Ela só pode fazer isso se Marie ficar com uma ama, já que escola alguma quer saber dela. A irmã pequena, esta, vai para a escola maternal.

A transformação da Sra. S. afigurou-se espetacular no mesmo dia em que Marie não esteve mais presente em casa, e isto apesar do aumento de suas ocupações. As entrevistas confirmaram uma estrutura histérica. A Sra.

S. reencontrou, então, um certo equilíbrio. Tornou-se novamente coquete, pouco tensa.

Marie é encaminhada a uma primeira ama, mulher muito cuidadosa, que possuía um gato. Desde os primeiros dias, a convivência do gato e da menina se afigura perigosa... para o gato. "Tenho que trancar o bichinho" – diz a ama – "e não suporto isso; ele não tem nada a ver com o fato da menina ser assim. Além disso, Marie baba e suja a colcha de cetim da cama. Ela come bem, é verdade, mas de modo tão sujo!".

Por isso, Marie, que não teve nenhuma reação de desamparo no momento do encaminhamento, adota uma atitude que dá razão à mãe. Ela é má com o gato que ela tenta estrangular, com os filhos pequenos da ama, com a colcha da cama. Ela se lambuza ainda mais com suas matérias. Por conseguinte, a ama não quer mais guardá-la.

O problema que se nos apresenta é o seguinte: deve-se devolvê-la à mãe, ou trocá-la de ama? Em favor da mudança, há o fato de que a mãe está mais equilibrada desde que a filha foi embora, o fato também de que Marie, criança retardada, não tem as mesmas reações de desamparo diante da mudança que crianças normais ou abandônicas.

Com a segunda ama, Marie, desde as primeiras semanas, torna-se menos "má". Deixa de se sujar e de fazer sujeiras. Passando-se os meses, os anos mesmo[10], ela evolui lentamente.

Hoje, com 6 anos de idade, Marie é bem pequena. Tem o rosto muito risonho e uma expressão maliciosa. Quase não baba mais, mas às vezes ainda lambe as roupas novas. É limpa de dia, enurética ocasionalmente. Tem sempre bom apetite, exige ter toda a refeição no prato e come de modo "mais ou menos" limpo. Segundo a Sra. B, ela entende tudo o que dizem.

Graças às férias, durante as quais a ama acolheu as duas irmãs, Marie e Liliane se encontraram. Ela se entendem bem, brincam juntas, não brigam mais do que é habitual entre duas irmãs que não têm um ano de diferença. Marie só pronuncia três palavras: mamãe, papai, dodói. Mamãe e papai se endereçam tanto aos pais de criação quanto aos pais naturais.

[10] Ela é entregue aos cuidados da Sra. B. aos dezoito meses de idade (JA).

Durante nossa última entrevista, a ama dizia: "Gostaria bem de pegar outra criança" – estavam lhe propondo uma menina de 4 anos e meio – "mas eu não gostaria que ela fizesse maldades com Marie. Marie, se faz bobagens, não é nunca por maldade".

Estamos longe do quadro inicial. Do ponto de vista comportamental, os distúrbios dessa menina pareciam antes de tudo ter a ver com a série anal. Ora, com a mãe que sofria por viver há dois anos num quarto de porteiro que ela tentava tornar bonito, e com a primeira ama meticulosa, os distúrbios não diminuíam, muito pelo contrário. As atitudes obsessivas da ama e as da mãe, temporariamente susceptível pela sujeira – "Tenho que colocar as latas de lixo do lado de fora", dizia ela com nojo –, aumentaram os problemas de Marie nesse campo.

A segunda ama, limpa e cuidadosa também, não tem manifestamente problemas nesse campo. Com ela, é na série oral que sentimos uma sensibilização, e foi aí que tivemos de ajudá-la.

Marie sempre foi gulosa; com a Sra. B., ela engordou de maneira espetacular durante as primeiras semanas, para se estabilizar em seguida. A Sra. B. veio queixar-se conosco de que não podia levá-la para fazer compras. "Imagine" – dizia ela –, "ela sempre pede balas e frutas por toda parte, as pessoas vão pensar que não dou comida a ela", idéia insuportável à ama, que em casa serve a todos enormes pratos de comida.

Essa sensibilidade oral da ama foi constatada pela mãe de Marie, que nos diz: "Sempre trago provisões quando vou ver a Sra. B. (os S. agora tem uma loja de frios); é engraçado, se um dia chego de mãos vazias, ela faz cara feia feito uma criança".

Marie dá à Sra. B. todas as satisfações possíveis quanto à oralidade. Ela come bem e aprecia tudo o que lhe servem. Mas a sua maneira de implorar diante dos estranhos é insuportável à ama, que então se sente sob suspeita de não ser uma boa ama.

Não interpretamos nada, desdramatizamos, propusemos paliativos: por exemplo, dar um doce antes de entrar numa loja. Graças às entrevistas, a ama tolerou melhor esse sintoma, que se atenuou e acabou desaparecendo.

Deve-se notar que Marie, menina gordinha, opõe-se fisicamente à última filha da ama, asmática, magra, cujo aspecto é muito duro para a mãe. Marie lhe dá a segurança de que ela é capaz de criar uma filha. Só o mau hábito de implorar a deixa ansiosa.

Apesar dessa dificuldade temporária, pensamos que essa ama era a que convinha a Marie. Quanto à primeira ama, não nos pareceu possível fazê-la evoluir quanto ao sintoma "sujeira". Os elementos obsessivos nos pareceram estruturados demais para que pudéssemos esperar uma mudança nesse campo.

Podemos notar, a esse respeito, que as qualidades de ordem e de limpeza, que em geral são consideradas favoráveis numa ama, tornam-se uma contra-indicação ao acolhimento de algumas de nossas crianças. O que está de acordo com um exemplo dado por Soulé.

As observações das amas dizem respeito à evolução, ao progresso ou ao comportamento de uma criança, não têm o mesmo estatuto que as dos pais. Quanto aos pais, sabemos como são complexos os fatores que acarretam um julgamento inadequado. Eles medem mal a posição do filho em relação aos problemas deles e manifestam uma certa ambivalência em face da evolução deste para uma maior autonomia. Da mesma forma para com o terapeuta. Em conseqüência, e na maioria dos casos, os pais tendem a minimizar os progressos e a insistir nos sintomas rebeldes ou novamente surgidos. Assim, o manejo das entrevistas com os pais não representa uma das menores dificuldades da terapia.

Quanto às amas, o problema é a um só tempo mais simples e mais complicado. Mais simples, porque a criança não desempenha para elas o mesmo papel que para os pais. Mais complicado, porque em parte elas se sentem responsáveis pela evolução da criança. Isso se opõe ao sentimento que têm de não responsabilidade quanto ao estado inicial da criança.

A criança é encaminhada à ama porque é infeliz em sua família, ou deficiente: "não é normal". Estas foram escolhidas por suas qualidades (elas sentem isso assim). Se a criança progredir, elas são valorizadas e têm então tendência a valorizar as melhoras que constatam, em particular nos pequenos. Quando uma ama diz "Ele agora está comendo de tudo", isso significa: "Consegui fazê-lo comer de tudo". Da mesma forma, "Ele está limpo" significa: "Eu soube torná-lo limpo".

Registramos esses progressos com a maior neutralidade, de maneira a evitar os choques em retorno das regressões sempre possíveis e a atenuar os contragolpes dessas regressões sobre a relação entre a ama e a criança. Não se trata de impedir a ama de assumir seu papel com vontade, mas de se premunir contra possíveis rejeições. Com efeito, sabemos que, do ponto de vista clínico, a criança costuma fazer progressos espetaculares durante os primeiros meses, mas que, em seguida, seu estado pode ficar por muito tempo estacionário, com possíveis recaídas.

Não podemos evitar que se estabeleça uma relação transferencial entre a ama e o terapeuta da criança. Mas deve-se procurar evitá-lo? Com certeza que não. Pois, sem essa relação, as amas suportariam menos bem a presença dos lactentes que lhes confiamos. Numa discussão de grupo, uma delas disse um dia que "É preciso ter matado pai e mãe para fazer este trabalho"; no entanto, uma outra, que se queixava dos deslocamentos requeridos pela psicoterapia, exprimiu queixas, já que, devendo a criança sair do contexto do encaminhamento, ela não teria mais necessidade de nos trazê-la: "Eu gostava de fazer esse trabalho com os senhores". Fazer esse trabalho, isto é, contribuir para curar a criança do ponto de vista mental ou psicológico. O terapeuta representa para ela uma pessoa que não tem a figura anônima de "a População", por exemplo, cujo papel é verificar de vez em quando o estado da criança.

Um diálogo mais autêntico se inicia com respeito à relação do adulto com a criança. Não há forçosamente pregnância de uma imagem paterna ou materna cujos efeitos de transferência imaginária seriam induzidos, como na cura psicanalítica. Se há transferência, é mais do ponto de vista simbólico. A criança não é mais inteiramente aquele objeto cuja utilidade econômica é buscada e confessada; ela se torna, em razão do diálogo com o terapeuta, um sujeito cujas questões não são mais, como de hábito, desconhecidas.

Entretanto, os elementos imaginários não estão excluídos. Por duas vezes, amas pediram aos terapeutas para tratar um dos próprios filhos. No primeiro caso, pensamos que haveria interferências demais com o tratamento do lactente se atendêssemos a esse pedido, e orientamos a menina para um outro terapeuta. A ama-mãe não levou até ele a filha, e depois disso fomos forçados a não mais lhe confiar crianças, pois ela não as levava mais ao tratamento. Era à terapeuta de seus lactentes, e só a ela, que ela desejava confiar a filha. Tornada, depois dessa ferida narcísica, negativa para com o Serviço, ela encontrou, então, razões para não mais lá levar ninguém.

No segundo caso, aceitamos fazer uma psicoterapia de apoio com a filha adolescente de outra ama, que se mostrava ansiosa e insone algumas semanas antes de fazer o vestibular. A moça fez seu exame, e não notamos interferências quanto ao estatuto dos lactentes. Em compensação, haveria muito a dizer sobre o material trazido ao longo das sessões. Os lactentes eram julgados importunos, barulhentos e incômodos para a preparação do exame. Na verdade, tratava-se de um problema de culpa: "Minha mãe não pôde prestar exames; para que eu possa fazê-lo, ela deve tomar conta de crianças...".

Poderia causar espanto o fato de aceitarmos como amas mulheres que tivessem problemas com os próprios filhos. Vamos mostrar agora que a posição da criança com ama é bem específica para que o critério "ama com filhos sem problemas" não seja levado em conta.

Durante essa exposição, tentamos mostrar o que podíamos trazer às amas – e secundariamente às crianças – ao dialogar com elas. Gostaríamos agora de estudar o que essas entrevistas nos trazem na compreensão da função de ama e, mais particularmente, de ama de crianças psicóticas...

Nosso hábito com as psicoterapias de crianças que vivem com a família nos preparou para esses contatos com o adulto que tem o encargo da criança. Conhecemos a ambivalência para com o terapeuta suscitada pelo tratamento, conhecemos o freamento inconsciente, as descompensações, as reações neuróticas que ele desencadeia. Entretanto, os pais escolheram, ou pelo menos aceitaram fazer tratar o filho, ao passo que a ama não teve de fazer escolha. É a condição mais imperativa de sua introdução em nosso encaminhamento: a regularidade da conduta no tratamento. O tratamento é para ela uma obrigação, e elas não podem de modo algum interrompê-lo.

Os pais que trazem um filho para se tratar sentem-se responsáveis pelo que ele é. A rejeição, a agressividade, a superproteção, todas essas atitudes de defesa assinalam a angústia que o filho faz nascer, como ele está incluído na fantasia dos pais.

A posição da família de criação é muito diferente. Poderíamos dizer que há na ama, de início, mais objetividade e menos objetalidade.

É esclarecedor escutar falar mãe e ama de uma mesma criança. Exemplo: Manuel, 6 anos, vai de vez em quando à casa de sua mãe, que se casou de novo. Filho natural de uma espanhola cujo "erro" só foi confessado ao avô três anos após o nascimento, ele drenou a agressividade da mãe, que o rejeitou. De berçário a hospital, ele enfim chegou a nosso encaminhamento. Um trabalho empreendido com a mãe permitiu uma melhora de suas relações com o filho. Ela então se casou e o filho é bem aceito pelo padrasto. Além disso, ela encontra o filho às quartas no hospital – assim como a assistente social especializada – quando este vem para a sessão de psicoterapia acompanhado da ama. Um dia, a mãe pede para ver a terapeuta. Ora, a terapeuta acabava justamente de conversar com a ama. Eis o essencial das duas entrevistas.

A ama: "Manuel, neste momento, está bem mais calmo, trata bem os outros, não teve ataques de raiva esta semana. Ele fez menos xixi na cama, duas vezes talvez. Está ficando mais fácil. Ele ainda balança a cabeça para dormir, mas não faz mais isso dormindo. Vamos levá-lo conosco nas férias; ele está contente, meu marido está de acordo. Quanto à escola, não dá para lhe pedir nada, ele não se interessa (ela ri)".

A mãe: "Esse menino não está bem. Ele não faz nada na escola, não aprende como os outros, é terrível, não é possível fazer nada, e a mão esquerda, a senhora viu, ele usa a mão esquerda. Mas é terrível uma criança assim, o que é que eu vou fazer? Ele teve de novo uma briga comigo, só fica bem com o meu marido. A senhora tem certeza que ele não tem nada no cérebro, a gente não poderia fazer outros exames nele?"

Na verdade, os antecedentes de Manuel fazem dele um menino muito perturbado. A inquietação da mãe não deixa de ter fundamento, longe disso; mas sua culpa e sua rejeição [*rejection*][11] são, por um lado, responsáveis pelo estado do menino e fazem com que esse menino, fonte de angústia, lhe venha, a cada fim de semana, com distúrbios que acentuam de novo a culpa e a agressividade. Para não se sentir culpada, ela busca uma causa orgânica para o estado do filho e desloca sua agressividade para os médicos, que não fazem os exames necessários. A ama a quem confiaram esse menino enurético, sujeito a cóleras paroxísticas[12], balançando na cama e tendo

[11] Jenny Aubry inventa aqui um anglicismo. A palavra *rejection* [rejeição] traduz-se em francês por *rejet*.

[12] Vários EEG foram feitos, eles são subnormais (JA). EEG: eletroencefalograma, traçado obtido por registro da atividade elétrica cerebral por meio de eletrodos colocados sobre o couro cabeludo.

quase se jogado pela janela, nada tem a ver com o estado dele. Ela faz o que pode, situando-se, como a terapeuta, em posição de "neutralidade benevolente". Por isso é que esse encaminhamento é duplamente terapêutico: pela mudança de meio, pelo tratamento. Mas essa neutralidade bem rápido se dissolve; e é precisamente por seus sintomas – e não quaisquer sintomas – que as crianças entram na fantasia dos pais de criação.

No caso de Manuel, houve poucos conflitos. Nenhum de seus sintomas despertou na ama pontos de sensibilização. O mau resultado escolar é não só tolerado, mas apreciado. A ama não pôde estudar, embora o tivesse desejado. Como não tem nenhuma formação, deve cuidar de crianças para melhorar o orçamento. Poderíamos dizer, paradoxalmente: "Só faltaria essa, que o menino com a ama fosse bem na escola". Em compensação, ela não suporta que as crianças briguem. Lembranças da própria infância? Não sabemos. Manuel foi agressivo transitoriamente, e a atmosfera era tensa. Por isso ela quase o devolveu. Ela o prefere "bebê comportado" a menino turbulento. Interviemos, aliás, com prudência a esse respeito, na medida em que ela favorecia os comportamentos regressivos (enuresia, etc). É provável que não possamos deixar esse menino com ela por muito tempo.

Está claro que, se a ama não sente culpa pelo estado do menino no momento em que ela o acolhe, ela vai, mal ele lhe é confiado, sentir-se responsável por sua evolução, e sua própria estrutura, como é o caso para os pais desta vez, poderá invertê-la. Por isso, as entrevistas nos ensinaram a levar em conta sintomas que aparecem durante essa estada.

J.-F., 10 anos: Mutismo completo, apraxia[13]; mãe morando no interior. No mês de julho, a ama decide sair com ele nas férias. Criança modelo, comportado, prestativo, não trará problemas, ela pensa. Ao voltar, sua opinião mudou muito: "Ele é desajeitado de propósito, se suja, é mau".

O que aconteceu durante as férias? J.-F. não se comportou bem nos lugares onde o pai de criação o levava, tanto se mostrava desajeitado. O pai ficou com vergonha, colocou em dúvida o julgamento de sua mulher e, pior ainda, suas capacidades de fazer o menino progredir. Pelo menos foi o que as entrevistas nos mostraram, ela sente isso assim.

---

[13] Apraxia: distúrbios da execução dos movimentos voluntários.

Em Paris, o marido volta tarde, praticamente não vê o menino. Nas férias, é diferente, ele se sentiu traído por ter levado esse menino cuja falta de jeito motora de origem orgânica agravou-se quando ele sentiu a rejeição de que era objeto. Seria possível pensar que na volta as coisas voltariam à ordem; não foi nada disso, o menino confirma a rejeição, torna-se tanto mais insuportável que a ama tem a sensação de ter fracassado com ele. Além disso, ele emagrece, seu estado físico não é bom. Um balanceado somático está em curso.

A ama pôde nos falar de sua decepção nas férias com relação ao marido. Seu ponto de vista sobre J.-F. muda lentamente, ela pode de novo reconhecer nele algumas qualidades. Não sabemos ainda se ela poderá ultrapassar o bastante sua posição para retomar o trabalho construtivo empreendido. Pensamos, se for necessário, ver o pai de criação. Nunca é fácil: as crianças enviadas a amas com família costumam ser vividas pelos maridos como "assunto de mulheres". Tratando-se da identificação em particular, nunca sabemos de imediato se podemos esperar algo da presença do marido da ama. A imagem que ele oferece a seus próprios filhos não nos permite deduzir. Ignoramos, assim, qual representação o lactente se faz dele. Apesar de sua presença real, o pai pode perfeitamente não trazer nada para essa criança.

No caso de J.-F., nada antes do aparecimento da encopresia podia fazer com que pensássemos que a ama buscava antes de tudo sentir-se valorizada aos olhos do marido, e que todo sentimento de fracasso nesse campo seria nefasto ao menino.

Quando podemos compreender esses mecanismos, a retirada da criança não é necessária. Ao contrário, a retirada se impõe quando o sintoma vai no sentido de uma estrutura neurótica da ama[14], ou quando é imediatamente perigosa para a criança.

Foi o caso de Cl. Depois de passar um mês com a ama, ele voltava da escola coberto de machucados e arranhões, a orelha puxada, depois de ter brigado e ser agredido pelos colegas. Uma conversa com a ama nos mostrou que ela temia antes de tudo que dissessem que ela batia nele ou que era "destrambelhada", quando ele tinha um machucado. Seria como se ela não

[14] Cf. a estrutura obsessiva da primeira ama de Marie (JA).

soubesse lidar com crianças separadas. O temor manifestado de fato era, nela, o sinal de uma angústia muito profunda, que tinha a ver com a relação que ela própria tivera com a mãe. Esta estava na época gravemente doente, e a Sra. V., por isso, inteiramente indisponível, tanto para seus próprios filhos quanto para o lactente.

Não tínhamos tempo para esperar que a situação evoluísse e retiramos o menino, cujo professor, por outro lado, nos assinalava seu comportamento provocador para com os colegas.

É bem evidente que Cl. tinha sérios problemas relativos à sua integridade corporal e a seu acesso à virilidade. Daí interferências com as angústias da ama. O fato é que esse aspecto de criança mártir, tão temido por essa ama, desapareceu mal ele a deixou.

Não insisto aqui nos sintomas novamente aparecidos, cuja origem deve ser buscada numa reação da criança ao encaminhamento: pânico diante da perspectiva de estabelecer uma nova relação, compulsão em se fazer rejeitar uma vez mais. Esse aspecto da questão tem a ver com o trabalho psicoterapêutico propriamente dito.

Em conclusão desse trabalho, devemos nos perguntar se conseguimos educar essas amas, ou ao menos fazê-las evoluir, já que de início não podemos – e não saberíamos – colocar em prática uma seleção rigorosa.

Não somos capazes de fazer delas "boas mães" tolerantes, oblativas[15] e suportando que a criança dependa delas, para em seguida se tornar autônoma. Por outro lado, pensamos ter mostrado que não podíamos efetuar com essas mulheres um trabalho de psicoterapia. Constatamos que elas modificam pouco sua maneira de apreender os grandes problemas. E, aliás, não tocamos em seus sintomas, não agimos sobre seus traços neuróticos de caráter. Em compensação, cuidamos para que nenhuma incompatibilidade venha perturbar a evolução da criança. Assim, pelo conhecimento que adquirimos da personalidade delas, evitamos o máximo possível as incompatibilidades.

---

[15] Oblatividade: termo utilizado em psicologia para designar uma conduta altruísta pela qual o sujeito se esforça por satisfazer as necessidades do próximo do qual ele nada espera em troca.

Se as amas mudam, é em função de acontecimentos que sobrevêm em suas próprias famílias e não por causa dos bebês. Assim, uma delas é mais ansiosa diante dos meninos turbulentos desde a morte do marido.

Imagino que causou espanto que não informássemos mais as amas da significação de tal ou tal aspecto do comportamento da criança. Na realidade, é de propósito que não tomamos tal direção. Informar as amas da significação de uma reação de fracasso, de uma atitude masoquista, de uma provocação à rejeição, isso permitiria uma melhor integração da criança na família de criação?

Talvez tais interpretações ajudassem transitoriamente a ama a melhor suportar certos sintomas. No entanto, parece-nos que haveria nessa maneira de proceder dois perigos importantes. Em primeiro lugar, arriscaríamos desencadear uma agressividade reacional na ama. Se esta é capaz, aparentemente e diante de nós, de ouvir nossas explicações, ela pode muito bem, de volta à casa, pôr-se "em situação" de rejeitar em bloco a criança e o organismo que lhe confiou essa criança, e sobretudo dar-lhe, num momento de impaciência, explicações destinadas só a ela. O segundo risco seria "coisificar" a criança, fazer dela um caso, um objeto cujos mecanismos desmontamos, e impedir que se estabeleça para ela um vínculo autêntico com a ama. Em vez de permitir ao sujeito exprimir-se e realizar-se, nós o fecharíamos, assim, em interpretações objetivantes.

Se guiamos nossas amas, isto é, se as tornamos mais capazes de tomar conta das crianças mais difíceis que lhes confiamos, não é, pois, nem lhes dando um conhecimento das teorias psicológicas da personalidade, nem fazendo com elas uma psicoterapia de apoio. Tentamos, antes, que elas se tornem, graças ao diálogo iniciado conosco, mais disponíveis para com a criança. Temos por objetivo torná-las mais abertas aos problemas da criança, como nós mesmos tentamos ser.

Uma das dificuldades – e não das menores – reside no equilíbrio, a ser encontrado para elas, entre uma objetividade total que paralisaria os progressos e um apego exclusivo cujo futuro seria um freio à evolução. O fato é que, para as crianças carentes ou rejeitadas, o perigo maior é a nova rejeição, e é para evitá-lo que dirigimos nossos esforços para o trabalho com as amas.

Discussão

Jean Ochonisky[16]: Fiquei muito interessado pela exposição da Dra. Aubry, que dá conta de um esforço de "reparação" no sentido mais autêntico, pelo fato de que ele se aplica a sujeitos maciçamente frustrados e de idade bem nova. Vários membros da assistência desta noite dedicam-se a tarefas comparáveis. Acho que mesmo assim é preciso distinguir dois tipos de encaminhamentos. Aqueles que, para crianças muito pequenas, têm por objetivo reparar mais ou menos perfeitamente uma falta, isto é, esquematicamente, fornecer uma ama que possa representar um substituto materno válido; por outro lado, aqueles que, para as crianças mais velhas, têm por objetivo, considerando a história e o contexto familiar, permitir que a criança tenha acesso a uma certa autonomia sem pretender fornecer substitutos parentais que sejam verdadeiramente "mãe" ou "pai".

Por outro lado, visto a importância dos esforços que são fornecidos numa e noutra dessas perspectivas, ficamos impressionados, diante da anamnese de certas crianças, de ver uma sucessão extraordinária de encaminhamentos de natureza bem diversa. É o que faz todo o interesse das posições que tendem a considerar mais o problema numa perspectiva "longitudinal". O problema da perfeição do meio fornecido não é exclusivo do da estabilidade e da continuidade. Mas também conhecemos certos inconvenientes das soluções a longo prazo do tipo da adoção. As soluções satisfatórias, na medida em que existem, situam-se provavelmente entre essas duas alternativas.

Bruno Castets[17]: Em seu interessante trabalho, a Dra. Aubry sublinha o pequeno progresso feito pelas crianças encaminhadas a amas que fazem o tema de sua exposição e as reações de rejeição de algumas dessas amas diante de uma criança em progresso. Parece que esse fato pode se explicar, ao menos parcialmente. Assim: as crianças encaminhadas parecem ser, segundo a descrição que nos é dada, vítimas de desarmonia evolutiva grave da ordem da psicose. Elas oferecem, portanto, um contato muito

[16] Jean Ochonisky: psiquiatra, membro do grupo da EP. CHS Esquirol.

[17] Bruno Castets: psiquiatra, psicanalista, membro do grupo da EP.

particular, bem angustiante, e que nem todos podem tolerar, nem, com mais forte razão, desejar. Ora, as amas às quais essas crianças foram confiadas pela Dra. Aubry são todas voluntárias, e é difícil pensar que elas escolhem pegar essa espécie de crianças unicamente por motivos de ordem financeira. Elas com certeza experimentam, de modo mais ou menos consciente, uma atração por essa espécie de crianças. Mas estamos, então, no direito de pensar que, se a estrutura pessoal delas as conduz a suportar essas crianças psicóticas "como elas são", ela não lhes permite precisamente aceitar o progresso dessas crianças. Daí esta dupla conseqüência: de um lado, a própria atitude dessas amas freia os progressos da criança; de outro, para além de um certo estádio, esses progressos provocam, na ama, uma reação de intolerância que as conduz a rejeitar a criança.

Conseqüentemente, não é inconcebível que o marido da ama fique anulado enquanto figura paterna pelo fato mesmo da estrutura neurótica dessa mulher e não possa, por conseguinte, oferecer à criança uma figura de identificação válida.

JENNY AUBRY: Os progressos das crianças são sobretudo progressos de estrutura e de comportamento. O que nos preocupa é, antes, o patamar de desenvolvimento intelectual a que chegamos.

GINETTE AMADO: A interessantíssima conferência da Dra. Aubry mostra, nos mais concretos detalhes, que os problemas colocados aos serviços de encaminhamentos familiares de crianças perturbadas são por toda parte os mesmos.

Vou me contentar em assinalar dois dos pontos que me parecem os mais importantes.

Primeiro, a extensão atual da assistência pelo encaminhamento familiar decorre de uma certa concepção da personalidade e de uma teoria psicoterapêutica: esse método corresponde à psicoterapia mais profunda. É possível, como fez Raymond Cahn, estudar com precisão o desenrolar do processo terapêutico, a constituição das identificações sucessivas, a luta entre o tipo antigo de relações objetais, negativas e destruidoras, e o tipo novo, o das relações positivas e estruturantes, o qual tende a tomar o lugar do primeiro, com mais ou menos sucesso.

Uma outra questão, igualmente importante, é a do desenvolvimento da inteligência, em geral mais ou menos bloqueado nas crianças de estrutura abandônica, e que quase sempre se põe de novo em movimento quando o encaminhamento tem êxito. Em que medida certas amas arriscam negligenciar, até mesmo recusar esse tipo de progresso? Em que medida a identificação com um pai é necessária para liberar a dinâmica intelectual? Qual pode ser o papel do pai de criação em geral e conforme as idades?

JENNY AUBRY: As questões colocadas por Ginette Amado são precisamente aquelas às quais ainda não podemos responder. Mas elas estão presentes em nossa pesquisa.

RAYMOND CAHN[18]: Muitos problemas descritos pela Dra. Aubry correspondem aos que encontrou a equipe do encaminhamento familiar do Centro de Observação de Vitry, entretanto com diferenças ligadas a um só tempo à idade – as crianças em encaminhamento familiar do Centro tendo entre 6 e 16 anos – e ao quadro clínico, já que os atrasos intelectuais daí estão excluídos, mas toda a gama das estruturas psicopatológicas habitualmente encontradas em psiquiatria infantil aí é aceita. O único critério decisivo é o da utilidade ou da necessidade de um contexto tranqüilizante de estrutura familiar com uma vigilância psiquiátrica e um registro de tratamentos que a maioria dos outros estabelecimentos nem sempre poderia fornecer.

Em sua intervenção, Ginette Amado já precisou os processos que nos pareciam permitir, em tais condições, a neutralização das imagens primitivas angustiantes. Minha fala tratará, portanto, sobretudo de dois pontos cuja importância a Dra. Aubry justamente ressaltou.

As amas de seu encaminhamento familiar vão ficando, quando a criança atinge 6 ou 8 anos, pouco a pouco ultrapassadas, a ponto de tolerar cada vez menos suas dificuldades. Assim, tudo parece acontecer como se, após ter aceito crianças que do ponto de vista afetivo estavam no início muito carentes, com todas as desarmonias de evolução e os problemas que elas

---

[18] Raymond Cahn: psiquiatra, psicanalista, membro da SPP. Autor de *L'Adolescent dans la psychanalyse: l'aventure de la subjectivation*, Paris, PUF, 1998.

podem colocar, as amas as suportassem muito menos a partir do momento em que a relação que elas tinham com as crianças não era mais de tipo anaclítico[19]. O esboço de autonomia ao qual seus progressos as faziam chegar reduziam em excesso as satisfações que elas buscavam antes numa relação pré-genital em que, em razão da estrutura de sua personalidade, elas tinham se sentido mais à vontade.

No encaminhamento familiar de Vitry, o cabo mais difícil de ser transposto aparece antes na puberdade, com freqüência o meio de criação reagindo às diversas manifestações, caracteriais ou sexuais, da pré-adolescência por ansiedade e contra-atitudes repressivas ou de demissão. Quase sempre, porque a personalidade está realmente consolidada ou porque uma abertura mais ampla para o mundo exterior torna desejável uma mudança de meio, as crianças, por volta dos 14 anos, deixam a família de acolhimento. Uma minoria bem importante nela permanece, colocando problemas que, além da crise da puberdade, suas dificuldades afetivas próprias e o agravamento do mal-estar das famílias, pelo fato de que não se trata do próprio filho, tornam ainda mais árduos para resolver. Falta ainda o afastamento para apreciar a eficiência com a qual a equipe médico-social enfrenta isso. Esta, no entanto, considera esse problema como um dos mais importantes colocados atualmente por sua ação.

Que se trate do período de 6 ou 8 anos, no primeiro caso, ou da puberdade, no segundo, se acha colocada a questão de saber se uma medida como o encaminhamento familiar não permanece relativamente limitada em sua ação, tão importante ou capital quanto seja ela no início, acabando por chocar-se com dificuldades irredutíveis mal se esboça ou acende o complexo de Édipo. É aí que intervém a presença eventual do personagem paterno e, por via de conseqüência, de sua possibilidade de existir em face de uma mãe de criação que pareceria se afigurar com demasiada freqüência o elemento fálico do casal, quando ela dele não constitui simplesmente o

19 Depressão anaclítica: termo criado por René Spitz em 1946 para designar uma síndrome depressiva que acontece na criança privada de sua mãe. Cf. "Depressão anaclítica. Investigação sobre a gênese dos distúrbios mentais nas crianças da primeira idade", *Psychiatrie de l'enfant*, XII, 1, 1970, pp. 211-242; *La Première Année de la vie de l'enfant*, Paris, PUF, 1958.

único sobrevivente. Talvez porque a escolha das famílias de acolhimento em Vitry seja feita com um cuidado particular, após uma severa seleção, um tal desequilíbrio nas inter-relações do casal parental não nos pareceu tão freqüente quanto outros o sublinham. É certo, no entanto, que com excessiva freqüência as amas só destinam ao marido – aliás com o assentimento deste – um papel limitado na educação da criança. Mais que a um caráter particular da personalidade deles, parece-nos mais exato ligar tal atitude por um lado ao fato de que elas se consideram pessoalmente responsáveis pelo encaminhamento, por outro lado a um fenômeno cultural bem geral nos dias de hoje, marcado por um apagamento do papel do pai na vida familiar, cujas atribuições, autoridade e tempo de presença só fazem diminuir progressivamente.

Parece, em todo caso, que as equipes responsáveis por um encaminhamento familiar deveriam examinar esses problemas de maneira mais aprofundada a fim de tirar daí as conclusões necessárias do ponto de vista de suas técnicas e de sua ação.

MICHEL SOULÉ[20]: Agradeço à Dra. Aubry pelo riquíssimo ensinamento que ela aceitou nos trazer, e a mim em particular, no âmbito delicado do encaminhamento de crianças deficientes. Já que ela quis que eu tomasse a palavra, darei aqui algumas indicações que resultam de minha experiência e da de meus colaboradores do Centro de orientação do serviço de Ajuda Social à Infância[21] do Sena.

É certo que as crianças que ficaram por muito tempo privadas de cuidados maternos e, mais exatamente, que sofreram numerosíssimas variações nos cuidados maternos, ora privação total, ora cuidados inadequados, colocam graves problemas do ponto de vista terapêutico. Certo, condições de vida melhores são o remédio a longo prazo. Num primeiro tempo, como indicou a Dra. Aubry, técnicas psicoterapêuticas particulares permitem de certo modo recolocá-las de pé e autorizam de novo o desenrolar de

---

20 Michel Soulé: psiquiatra, psicanalista, membro da SPP, autor de numerosos trabalhos sobre as crianças separadas e co-autor, com Serge Lebovici, de *La Connaissance de l'enfant par la psychanalyse*, op. cit.

21 Ajuda social à infância (ASE): organismo criado em 1961.

seu dinamismo psíquico. Entretanto, ficamos rapidamente limitados, e, de todo modo, seria preciso equipar de maneira extremamente custosa os estabelecimentos especializados nos quais elas viveriam, sem que se possa estar seguro de que elas lá usufruiriam de cuidados diligentes, permanentes e calorosos. Por isso a solução do encaminhamento familiar vem à mente. Mas este, por sua vez, coloca problemas que é preciso enfrentar, sem de resto poder resolvê-los na maioria do tempo.

Por exemplo, os do futuro desses encaminhamentos familiares. Se é possível, através de uma seleção rigorosa, de uma assistência vigilante, de informações em profundidade, fazer dessas mulheres mães de criação que compreenderão, criarão e até mesmo amarão essas crianças, é mais difícil realizar ao mesmo tempo um encaminhamento "de futuro". Quando a criança cresce e deixa de ser um pequeno animal ao qual é preciso trazer calor e comida, essas mulheres às vezes se revelam menos boas educadoras, suportando mal a criança, ou, ao contrário, suportando-a bem demais. Assim, esta última oferecerá dificuldades de comportamento que podem provocar uma ruptura secundária. Além disso, essas mulheres são com freqüência idosas, pois é entre mulheres de uma certa idade que encontramos as mais aptas a esse tipo mesmo de maternagem. É porque se trata de mulheres "no ponto de recomeçar" que elas podem estar totalmente disponíveis para esses cuidados elementares e arcaicos, mas elas são, pelas mesmas razões, menos boas educadoras. Assim se acha colocada a eventualidade de uma separação e de uma mudança de meio familiar numa certa idade.

O problema do pai de criação está de acordo com o que acabamos de indicar. Com efeito, ficamos impressionados, quando visitamos numerosos encaminhamentos – e quando os acompanhamos em sua evolução durante vários anos –, com o papel sempre muito apagado do pai de criação. Para falar a verdade, este só raramente oferece uma imagem paterna válida. Isto é devido a vários fatores. O mais evidente é que essas mulheres se dirigem para o acolhimento de crianças e de crianças deficientes para obter um complemento de salário, continuando ao mesmo tempo em casa. Isto lhes permite, com bastante freqüência, trazer dinheiro líquido para um lar que dele anda desprovido: por exemplo, os lares rurais. Pode tratar-se de uma motivação pessoal, mas também de uma obrigação devida a uma carência certa do marido. Este tem uma situação medíocre, uma aposentadoria limitada, ou uma incapacidade de trabalho que só lhe deixa uma renda parcial. A mulher torna-se de novo o elemento principal do casal e o marido vê-se relegado ao nível de um pai desvalorizado. Com muito freqüência, ele mesmo vai nesse sentido, já que raramente toma parte na educação das crianças, que continua sendo "assunto de sua mulher".

Numerosas exceções permitem dizer que, quando não acontece assim, o encaminhamento familiar adquire um valor excepcional, notadamente quando o pai toma afeição pelas crianças, as educa de verdade, assume o papel de autoridade que lhe cabe. Quando ele exerce uma profissão particularmente atraente para as crianças (artesão, etc), estas vêm para junto dele buscar um ideal e uma identificação. Mas, na maioria dos casos, a fraqueza desse personagem torna a tarefa educativa particularmente difícil, ainda mais que se trata de crianças perturbadas desde o início e que reclamam em seguida uma educação particularmente maleável e adaptada. Parece que isto vai ao encontro do mito e que seja muito difícil imaginar uma solução feliz do conflito edipiano em tais condições. Assim é que, por exemplo, os heróis da Antigüidade e os fundadores de cidades ou de povos não têm pais conhecidos. Suas biografias, como são contadas pelas lendas, fazem delas crianças abandonadas: Moisés, Páris, Édipo, Dafne e Cloé, Dario, Rômulo e Remo, etc. A mitologia e os relatos lendários atribuem um lugar bem amplo ao encaminhamento familiar, até mesmo ao encaminhamento familiar especializado. É porque essas crianças encontraram um meio familiar caloroso e humilde que elas puderam em parte se adaptar. Entretanto, nos encaminhamentos familiares que lhes foram propostos, constatamos que o pai de criação foi com freqüência apagado. Assim, Jesus Cristo teve um pai de criação que desempenhou um papel humilde e pouco determinante. Poderíamos nos perguntar se o dinamismo e a ação deles não encontram suas origens num conflito edipiano representado em dois registros, em referência a um pai natural supostamente todo-poderoso, mas rejeitante, presente no espírito mas inacessível na realidade, e em referência a um pai de criação real e próximo, mas fraco e velho[22].

---

[22] O autor aqui se inspira nas teses de Otto Rank, *Le Mythe de la naissance du héros* (1909), Paris, Payot, 1983.

RENÉ BARGUES[23]: Ao longo da discussão, em várias intervenções, o termo pré-edipiano, empregado por meus colegas analistas para caracterizar certas crianças entregues a uma ama, traumatizadas precoces, nem sempre me pareceu convir. Sabemos, com efeito, desde Melanie Klein por exemplo, que, se o desfecho do complexo de Édipo é tardio, com efeitos retroativos, sua fontes remontam à primeira infância.

É a fraqueza de uma certa psicanálise que queria desconhecer as categorias implícitas em Freud – mas formuladas por Lacan – do simbólico, do imaginário e do real que a torna claudicante e, se ouso dizer, de duas dimensões somente, e portanto limitada às imagos paternas ou maternas projetadas sobre o analista. Daí esse fenômeno a que assistimos. Foi dado um privilégio abusivo aos conflitos da relação mãe-filho – ou secundário pai-filho –, negligenciando-se o aspecto simbólico desses conflitos – o grande Outro[24], lugar dos significantes – e os diferentes níveis do objeto não especular, causa do desejo.

Mas não é o lugar de abrir uma polêmica sobre a psicanálise. No que diz respeito à conferência instrutiva e muito documentada da Dra. Aubry, eu desejaria ter uma precisão quanto ao problema da aquisição da linguagem – evocado no início da discussão – em algumas das crianças de que ela falou.

Lembro-me das palavras de Rosine Lefort[25], que fora encarregada da psicoterapia dessas crianças. Ela me dizia que essa aquisição, em "O menino do lobo", permanecia insatisfatória, o vocabulário muito pobre e a sintaxe deficiente. Apesar dos progressos no comportamento, ela às vezes se chocava, no que diz respeito à linguagem, com um obstáculo quase insuperável.

A Dra. Aubry pode nos dar sua opinião sobre os distúrbios da linguagem dessas crianças traumatizadas precoces, psicóticas ou não, e precisar as reações das amas a esse sintoma?

---

[23] René Bargues (1920-1966): psiquiatra, psicanalista, analisado por Lacan, colaborador de Jenny Aubry na Policlínica do Bulevar Ney, membro da EFP.

[24] Outro ou grande O, ou grande Outro: termo utilizado por Lacan para designar um lugar simbólico – o significante, a lei, o inconsciente, a linguagem ou ainda Deus – que determina o sujeito de maneira exterior a si mesmo em sua relação com o desejo ou com a alteridade.

[25] A esse respeito, vamos nos reportar ao capítulo 2 da presente obra.

O sentimento verdadeiro ou falso de que a criança "compreende tudo", apesar de suas dificuldades, parece-me com freqüência suficiente para que a ama o suporte sem agressividade nem desestímulo, ainda que a compreensão seja inferior àquela de uma criança normal da mesma idade.

Jenny Aubry: No que diz respeito à pobreza da linguagem ligada a traumatismos precoces, estou reduzida a hipóteses. Podemos imaginar que relações objetais reduzidas a uma manipulação quase impessoal e sem comunicação verbal por parte do adulto introjete na criança um tipo existencial de relação não verbal que ela pode dificilmente ultrapassar. Clinicamente, são as crianças criadas em berçário entre 3 e 15 meses que têm a linguagem mais pobre. Aquelas que apenas trocaram de ama várias vezes têm uma linguagem que, embora psicótica, nem por isso é menos rica. As diferentes observações feitas após a minha exposição inclinam a pensar que as amas encontram uma satisfação para essa ausência de comunicação verbal que coloca elas mesmas, simbolicamente, em posição de grande Outro.

10.
O mericismo[1]

O nome mericismo deve ser reservado a um processo análogo ao da ruminação fisiológica no animal. A distinção entre ruminação involuntária e mericismo voluntário, proposta por Bernard[2] em 1955, não nos parece adequada.

O animal que rumina faz voltar na cavidade bucal alimentos já ingeridos, ele os mastiga longamente, depois os deglute de novo. Durante esse processo, o animal se afasta do bando e não mostra nenhuma atividade motora outra que a da mastigação. Ele parece isolado, contemplativo e perfeitamente satisfeito.

No lactente, o processo nada tem de fisiológico; para merecer o nome de mericismo, ele deve incluir os seguintes fenômenos: a regurgitação voluntária, a mastigação dos alimentos regurgitados, a deglutição parcial ou

---

1 Publicado em 1964 nos *Archives françaises de pédiatrie*, T. 21, 9, 1964, pp. 1097-1105. Escrito em colaboração com Jean-Claude Dalloz, médico, assistente dos hospitais de Paris, chefe de clínica de Jenny Aubry no Hospital das Crianças-Doentes, membro da EFP, depois psicanalista, Samuel Lajeunesse, psiquiatra, interno no serviço de Jenny Aubry, depois médico-chefe da Clínica de doenças mentais e do encéfalo no Hospital Sainte-Anne e professor de universidades, e Eliette de Beaurepaire, psicanalista, membro da EFP, no quadro do serviço de pediatria do Hospital das Crianças-Doentes, na época dirigido por Jenny Aubry. Chama-se mericismo uma síndrome digestiva caracterizada pela regurgitação provocada dos alimentos, seguida de uma ruminação total ou parcial.

2 Os nomes dos autores citados neste texto figuram na bibliografia que o acompanha.

total desses alimentos regurgitados, a expressão de tensão e de insatisfação durante o período em que a criança faz esforço para regurgitar, a expressão de beatitude quando o objetivo é alcançado e a criança pode entregar-se a movimentos de sucção ou de mastigação dos alimentos regurgitados.

Durante a ruminação, toda a atividade motora do corpo e dos membros é suspensa. O olhar habitualmente muito vivo – um verdadeiro radar segundo a expressão de Richmond – torna-se vago, assume um caráter de retraimento autístico. A criança nunca rumina quando cuidam dela estimulando-a, mas somente quando está entregue a si mesma e isolada.

Certos sujeitos, em geral adolescentes ou adultos, são capazes de trazer de volta o conteúdo do estômago na cavidade bucal por contrações voluntárias do abdome com bloqueio do diafragma ao fim da inspiração. Podem assim entregar-se a performances espetaculares, mas de modo algum são ruminantes. Assim acontece com observações publicadas, entre 1921 e 1954, por Farez, Monges e Doazan. São exibicionistas que encontraram um meio de atrair a atenção ao passo que os mericoles[3] praticam a ruminação quando estão sós e como uma satisfação auto-erótica.

Talvez exista entre os dois fenômenos um vínculo que representaria uma etapa evolutiva em sujeitos que tenham sofrido carências afetivas, sendo a ruminação o estádio de satisfação auto-erótica, o exibicionismo uma maneira de atrair a atenção e de escapar ao isolamento. Mas não é esse o nosso propósito e estudaremos aqui mais especialmente a ruminação do lactente.

O mericismo do lactente é uma afecção freqüente. Todos os serviços de pediatria recebem mericoles, e o sintoma "ruminação" é perfeitamente conhecido e temido pelas enfermeiras. Em seu conjunto, a doença raramente foi objeto de publicações que emanassem de pediatras.

Na França, foi sobretudo o mecanismo fisiopatológico da regurgitação que foi estudado, e esses estudos são baseados nas constatações radiológicas de Roux, Nemours-Auguste e Monges, efetuadas entre 1923 e 1959. Sabemos, assim, que a subida dos alimentos resulta de uma "aspiração torácica glote fechada", mas só estamos informados do mecanismo do distúrbio e não de sua etiologia nem de sua gênese.

---

[3] Esse termo em geral é empregado para designar os animais ruminantes, mas pode ser estendido a todos os seres que praticam a ruminação.

Em compensação, as publicações estrangeiras insistem na origem afetiva do distúrbio, que é considerado uma perturbação das relações entre a mãe e o filho, mas as indicações dadas a esse respeito não têm nenhum caráter de especificidade. Os autores indicam que o mericismo costuma sarar graças a uma psicoterapia da mãe, cuja personalidade seria de uma "gritante imaturidade", como sublinha Richmond. A maioria dos autores assinala dificuldades conjugais e angústias relativas à morte eventual da criança. Ora, traços análogos são encontrados para quase todas as dificuldades alimentares da criança e não explicam a escolha do sintoma.

Exceto para os casos observados em instituição, onde o sexo parece indiferente, o mericismo atinge quase unicamente os meninos, por volta do sexto ao oitavo mês da vida. O diagnóstico raramente é feito de imediato, e as hipóteses mais freqüentemente encaradas como causa dessa síndrome são uma má-posição cardio-tuberositária, uma intolerância alimentar específica – glúten ou açúcar – ou não específica, uma afecção esofágica...

Ora, se o processo não for interrompido, a perda dos líquidos e dos sólidos é suficiente para provocar a desidratação com desequilíbrio dos eletrólitos, a desnutrição e a morte.

A propósito de duas crianças que pudemos acompanhar e filmar, propomo-nos tentar precisar os mecanismos psicofisiológicos colocados em questão no mericismo.

Rémy G.: Com nove meses de idade, ele entra no serviço em 7 de setembro de 1963, após ter sido transferido pelo Dr. Aicardi do serviço de cirurgia do Hospital das Crianças-Doentes. O menino pesa 5,8 kg e mede 69 cm. Seu aspecto é o de uma grande desnutrição, comparável àquela das atrepsias graves. O rosto tem um aspecto descarnado, o panículo adiposo[4] está muito reduzido, mas, fora da magreza, o exame físico permanece negativo; nota-se, no entanto, durante o exame da garganta, uma hipertrofia dos pilares posteriores que talvez seja devida à freqüência dos movimentos voluntários de regurgitação.

O menino fica muito imóvel, as pernas dobradas em posição fetal, a única atividade aparente é a sucção ativa do polegar. Quando está entregue

[4] Panículo: gordura hipodérmica.

a si mesmo, ele parece morno e triste, mas, durante a revista ou quando cuidam dele, a vivacidade e a intensidade do olhar, contrastando com a imobilidade do resto do corpo, já indicam que a criança espera algo das pessoas à sua volta.

Por momentos, e sem nenhum esforço aparente, o menino regurgita. Uma parte dos alimentos e do líquido sai da boca, o resto é mastigado longamente, ao passo que o olhar é mais fixo e o menino parece absorver-se em sua ruminação com satisfação.

As regurgitações e as ruminações acontecem por períodos, sobretudo quando o menino está só, exceto quando o alimentam. Ele absorve com avidez as refeições, como se morresse de fome – o que aliás é o caso –, mas cospe muito rápido a maior parte da refeição, só guardando poucos alimentos para ruminá-los, o que explica a perda de peso impressionante.

O desenvolvimento de Rémy foi normal até a idade de 6 meses. O menino sempre foi voraz, mas não vomitava. Aos 6 meses de idade, pesava 7,5 kg. Em 8 de maio de 1963, é vacinado contra a varíola, o que provoca nele, no décimo dia, uma forte reação local e geral acompanhada de uma erupção dentária. O menino, que consumia então três mamadeiras de leite de vaca e duas papas, começa a vomitar uma refeição em duas. Os vômitos acontecem em jato, sem esforço aparente e são unicamente alimentares, o menino é então apirético[5] e não apresenta distúrbio algum. As fezes sempre foram normais. Os vômitos persistem e, ao fim de uma semana, a queda ponderal é de 500 g. A atropina permanece sem efeito, as injeções intramusculares de Largactil receitadas em Nevers trazem uma sedação de quatro dias, mas os distúrbios recomeçam. A perda de peso torna-se inquietante e o menino pesa 6,4 kg quando é hospitalizado em Nevers, em 25 de junho de 1963, no serviço do Dr. Bouvattier. As investigações radiológicas permanecem negativas, o menino emagrece e sua transferência para as Crianças-Doentes é decidida em 26 de julho de 1963; ele pesa então 5,8 kg aos 8 meses.

No serviço do Professor-doutor Julien Marie, várias hipóteses são então encaradas, pois só as regurgitações e os vômitos puderam ser observados. Um estudo radiológico do trânsito digestivo mostra uma hiância hiatal

[5] Apirexia: termo de medicina que designa a ausência de febre.

importante e, diante do agravamento do estado geral do menino, sua transferência para meio cirúrgico é decidida. É na véspera da intervenção que o Dr. Aicardi nota a ruminação e encara a possibilidade de uma terapêutica fundada na hipótese de uma síndrome psicossomática.

O menino entra em nosso serviço em 7 de setembro de 1963 na idade de 9 meses. Diversos procedimentos – mangas, contenção, intimidação – são postos em prática para tentar suprimir o sintoma e debelar a perda de peso que está se tornando catastrófica. Cada tentativa dá um resultado transitório e tudo se passa como se o menino, precisando de sua ruminação, desfizesse os esforços dos médicos e das enfermeiras para chegar a seus fins. Como os pais moram em Nevers, a retomada do menino e a psicoterapia da mãe eram impossíveis. Mas a psicoterapia do menino se afigurava necessária.

Nossa hipótese era que o prazer da ruminação vinha compensar uma falta. Em conseqüência, o fio diretor do tratamento não devia ser buscar a eliminar o sintoma, mas tentar preencher essa falta para que o menino não tivesse mais necessidade de ruminar. Essa hipótese foi em seguida apoiada pelo que nos disse a mãe durante a primeira entrevista.

A "falta" em questão era compensada em certos momentos pela ruminação. No resto do tempo, o menino se contentava com uma simples sucção do polegar, permanente e muito ativa. Do ponto de vista físico, possibilidades de sucção dirigidas para a realimentação foram oferecidas ao menino: refeições na mamadeira com um bico de orifício pequeno, de tal maneira que a mamada durasse no mínimo vinte minutos, alimentos variados colocados ao alcance da mão e utilizados por sucção: notadamente a banana é objeto de uma atração particular para o menino.

Do ponto de vista afetivo, a enfermeira e a estagiária, encarregadas de dar seus cuidados ao menino, dedicaram-lhe muito tempo e atenção, enquanto uma psicóloga, Eliette de Beaurepaire, tentava estabelecer uma relação eletiva com ele. Com efeito, havíamos notado que o menino olhava intensamente as pessoas que se aproximavam, seguia-lhes os movimentos, mas nunca tomava contato pelo olhar com a pessoa que o carregava no colo. Bem mais, após ser carregado por alguns minutos, ele parecia pouco à vontade e buscava se livrar de qualquer contato cutâneo.

O tratamento iniciou em 20 de setembro. O menino ainda emagreceu, caindo para 5,5 kg. Durante os quatro primeiros dias, ocorrem vômitos, regurgitações e ruminações. O menino vai ainda perder 150 g. Em 15 de setembro, ele chupa ativamente o polegar, deixando o resto do corpo imóvel, em posição fetal. Entretanto, pela primeira vez, ele estende a mão para os alimentos e busca se aninhar nos braços da psicóloga.

No dia seguinte, ele ganha 275 g. Suas pernas ficam esticadas e, enquanto come, seus pés são muito ativos. Em seguida, os jogos de pés desaparecem quando o menino regurgita e rumina. A observação cotidiana mostra, então, que Rémy rumina sempre que é contrariado: ou porque deseja comida que não lhe é dada, ou porque param de cuidar dele. Apesar dos vômitos, sempre numerosos, a curva de peso aumenta lentamente a partir de 27 de setembro, data da primeira visita da mãe, a qual permanece 48 horas em Paris.

Os vômitos cessam no dia 30, após a partida da mãe e ao mesmo tempo que as relações com a psicóloga se estabelecem de maneira mais estruturada. Quando esta se aproxima, Rémy ainda não lhe estende os braços, mas a olha, lhe sorri e procura explorar seu rosto com as mãos. Ele gosta que ela o carregue no colo e uma relação de trocas recíprocas se forma. Progressivamente, o comportamento de Rémy torna-se normal. O menino põe-se, então, a diferenciar nitidamente as pessoas que ele conhece e a não mais assimilá-las a estranhos.

De 25 de setembro a 3 de outubro, o peso passou de 5,350 kg a 5,9 kg. Uma otite intercorrente provoca uma perda de peso de 100 g, depois a curva sobe novamente e o menino sai em 26 de outubro, pesando 7,3 kg.

Visto novamente um mês mais tarde, o menino está em perfeito estado, não tem nenhum retardo psicomotor e pesa 8,3 kg. Só algumas regurgitações intermitentes lembram de vez em quando a doença.

Dois exames radiocinematográficos, efetuados com um mês de intervalo, confirmam que a dinâmica da deglutição e do trânsito é perfeitamente normal. Em particular, a hiância hiatal constatada durante um primeiro exame desapareceu. É provável que se tratasse apenas da expressão radiológica de uma regurgitação semivoluntária.

Sublinhamos que o mericismo aparecia como ligado a um distúrbio da relação afetiva normal entre o filho e a mãe. Em razão do aparecimento relativamente tardio do sintoma, por volta do 6º ao 8º mês, em que se estabelecem as relações objetais, isto é, personificadas, entre a mãe e o filho, pode-se supor que a ruminação vem compensar uma "falta", uma sensação de vazio interno. Essa hipótese pôde ser confirmada pela observação de um adulto mericista[6], estudado por um de nós, no momento em que ele apresentava idéias delirantes de perseguição centradas em sua mãe, ela mesmo internada. Ele descreve seus distúrbios digestivos da seguinte maneira: "Eu comia muito, não conseguia me segurar, era absurdo, eu teria comido uma panela cheia de arroz, um quilo de frutas, mas me pergunto onde isso passava, pois eu não engordava... Eu era incapaz de julgar a quantidade de comida de que eu precisava, pois tinha sempre a impressão de que meu estômago estava vazio. Para evitar essa impressão de vacuidade, eu provocava voluntariamente uma subida dos alimentos na boca e os mastigava de novo". E, num outro momento, ele diz: "Quando como, nunca tenho repleção[7]. Depois de almoçar, tenho a impressão de não ter comido nada, sinto-me vazio de todo o meu ser".

Naturalmente, não podemos superpor as impressões subjetivas desse grande doente àquelas de um lactente. No entanto, conhecemos a impressão de vacuidade dos bulímicos obesos e a bulimia das crianças de instituição, que preenchem o vazio afetivo comendo vorazmente. Na verdade, Rémy sempre foi voraz e até bulímico.

O interrogatório da mãe põe em evidência a "falta" de que Rémy sofreu, mas não é uma "falta" total como a das crianças em estado de carência afetiva. Desde que nasceu, Rémy foi corretamente alimentado e vigiado do ponto de vista médico em intervalos regulares, mas, fora das refeições, ele estava sempre só na cama, e seus irmãos e irmãs não tinham o direito de se aproximar dele, ainda menos de pegá-lo. A mãe não queria que ele fosse "mimado", nem que adquirisse "maus hábitos". Aliás, Rémy não chorava nunca e era sempre "comportado". É certo que uma educação como essa tem sérios inconvenientes para o desenvolvimento da criança, sobretudo quando não dorme mais de vinte horas por dia. Logo, Rémy se entediava, era voraz e chupava muito o polegar.

---

6 Mericista: neologismo inventado por diferentes autores para designar sujeitos mericoles.

7 Repleção: ação de preencher, estar repleto. Em medicina: estado de um órgão que é preenchido por um líquido, um sólido ou um gás.

Foi por ocasião de uma doença relativamente benigna, mas acompanhada de vômitos, que Rémy conheceu cuidados atentos e provavelmente "fixou" o sintoma vômitos, depois desviou seu prazer de chupar o polegar em prazer de ruminar.

Mas temos de buscar os motivos que deterioraram na Sra. G. a relação com seu último filho, e é a sua própria história que nos esclarece sobre as motivações inconscientes prováveis dessa atitude que tem sua origem numa "falta" vivida por ela anteriormente.

A Sra. G. é uma jovem mulher agradável e bem cuidada, muito ansiosa quanto ao estado do filho, o que é legítimo, e temendo sobretudo uma operação. Ela criou sem dificuldade maior seus três mais velhos, duas meninas de 11 e 10 anos e um menino de 8 anos. A quarta gravidez foi muito mal vinda e por várias razões.

Com efeito, em 1960, a Sra. G. contraiu uma tuberculose pulmonar e teve de permanecer durante nove meses num sanatório. Por isso sofreu por ficar separada dos filhos. Após alguns meses de tratamento com Rimifon e com PAS[8] – este último medicamento provocando regurgitações ácidas que ela engolia de novo –, ela teve uma icterícia[9] e vômitos que atribuiu a um envenenamento por medicamentos. Ao sair do sanatório, em março de 1961, é aconselhada a não ter filho durante pelo menos dois anos. Por isso, quando fica grávida, em fevereiro de 1962, teme uma recaída, apesar de ser tranqüilizada por seu médico. Assim, ela tem a intenção de entregar o recém-nascido a uma ama. A gravidez é penosa, a Sra. G. é sujeita a muitas náuseas e a vômitos, teme complicações para si mesma e para o recém-nascido. No entanto, quando põe no mundo um menino de 4 kg que ela acha bonito e não alterou a sua saúde, ela parece aliviada.

Isso não a impede de manter o menino à distância e de preferir não cuidar muito dele. De acordo com as entrevistas que tivemos com ela, essa rejeição ou pelo menos essa ambivalência para com o menininho recém-nascido está igualmente inscrita na história de sua própria infância.

---

8 PAS (*Para-aminosalicylic acid*): Ácido para-aminosalicílico ou antibiótico antituberculoso.

9 Icterícia: termo médico designando a coloração amarela, isto é, um estado patológico caracterizado por uma coloração amarela da pele e das mucosas, traduzindo uma quantidade exagerada de pigmentos biliares no sangue.

Ela nasceu em 1931. Quando tinha 8 anos, seu pai foi convocado, depois feito prisioneiro. Ele só voltou em 1944. Ela diz que sentiu muita falta dele, mas quando ele voltou ela ficou muito decepcionada, pois o gênio dele não era muito agradável. Um menino nasceu nove meses mais tarde, monopolizando a atenção de todos. A Sra. G. foi então colocada como doméstica na idade de 14 anos, a fim de melhorar a situação financeira da família. A presença desse irmão pequeno – quarto filho nascido tardiamente como Rémy – foi portanto ligada por ela, em suas representações, a uma rejeição de seu pai e à obrigação de uma vida penosa. Ao longo das entrevistas que tivemos com a mãe, apareceram nitidamente seu desejo de ter sido esse menino mimado e desejado por seu pai – "Eu era um menino frustrado" –, assim como o deslocamento, para seu filho Rémy, da hostilidade para com o irmão pequeno: "Eu não queria que ele fosse mimado, como meu irmão pequeno, todo mundo ficava em volta dele". Apareceu igualmente seu desejo, mas deslocado para Rémy, de que o irmão pequeno tivesse sido uma menina e ela mesma um menino. Na primeira vez que a Sra. G. revê Rémy, fica muito emocionada e o interpela unicamente com a ajuda de termos femininos: "Minha loura, minha bela, minha gata". Ela toca em suas pernas e beija longamente seus pés.

Não queremos entrar em considerações mais especificamente tiradas dos dados da psicanálise relativos ao desejo da mãe de castrar seu filho. Tampouco falaremos do valor simbólico que é preciso atribuir ao uso feito pela Sra. G. do pé de seu filho. Vamos apenas nos contentar em supor que a angústia de morte da mãe durante a gravidez – angústia de sua própria morte ou da do filho – mobilizou nela sentimentos antigos, que haviam sido recalcados. Em razão desse recalque, ela havia adquirido um equilíbrio satisfatório e havia podido se casar e ser mãe. Mas é forçoso constatar que esse equilíbrio ficou comprometido quando o menino caiu doente. Podemos até supor que a angústia e a culpa subjacente da mãe agravaram uma doença que deveria ter sido benigna.

Pareceu-nos que a cura do menino aliviara a mãe, mas também que as entrevistas que ela tivera conosco lhe permitiram integrar e superar a hostilidade antiga para com o irmão pequeno. A Sra. G. nos parece profundamente materna e muito feliz de poder tornar a sê-lo novamente. Durante uma de suas visitas, enquanto ela acalentava Rémy, uma de nós lhe perguntou se ela tinha o hábito de niná-lo antes. Ela enrubesceu e respondeu: "Não, mas é instintivo". Durante a visita de supervisão, um mês após a saída do menino, ela nos pareceu muito radiante, sorridente e muito mais afetuosa.

Luc B. está com 8 meses de idade quando é admitido no serviço do Professor-doutor Lamy[10], em 25 de outubro de 1963, em razão de vômitos e da parada do crescimento ponderal há dois meses.

O parto foi normal, a termo, o grito, imediato, o peso de nascimento, de 3,550 kg. O menino foi alimentado no seio durante um mês, depois brutalmente desmamado, pois a mãe tinha um eczema do seio. A datar desse dia, o menino sempre teve alguns distúrbios digestivos menores; sapinho, diarréia. Mas até os 6 meses a curva de peso permaneceu ascendente (6,3 kg). Quando o menino completou 6 meses, a mãe ficou na casa dos pais na Normandia e cuidou menos dele. Ao voltar, ele apresentou regurgitações muito freqüentes e vômitos, apesar de diversas mudanças de regime. O médico de Compiègne recomendou, então, uma hospitalização nas Crianças-Doentes.

No serviço do Professor-doutor Lamy, constata-se que o menino não vomita mas rumina e, como os exames complementares – radiologia do esôfago e outros – são normais, é pedida nossa opinião sobre a oportunidade de uma terapêutica psicológica.

Como para Rémy, pedimos que o sintoma seja respeitado e que uma psicóloga, Irène Diamantis[11], cuide diariamente do menino para instaurar com ele uma relação eletiva. Uma das refeições é dada na mamadeira, com um bico de furo pequeno, a fim de que o menino possa, nessa oportunidade, deslocar novamente sua necessidade de sucção para uma atividade fisiologicamente normal. Encontramos, pois, no menino a "falta" – desmame brutal, período de desinteresse pela mãe – que já existiu na mãe.

---

[10] Essa segunda observação se deve à gentileza do Professor-doutor Lamy. Vamos resumi-la mais brevemente sublinhando as notáveis analogias entre as duas observações (JA).

[11] Irène Diamantis: psicanalista, analisada por Serge Leclaire. Membro da EFP, depois da Sociedade de Psicanálise Freudiana (SPF). Colaboradora de Jenny Aubry no Hospital das Crianças-Doentes. Autora de *Les Phobies ou l'impossible séparation*, Paris, Aubier-Flammarion, 2003.

A Sra. B. nasceu em 1936. Na idade de 3 anos, perdeu o pai. Sua mãe casou-se então de novo, depois se instalou com o marido nas colônias, no Extremo-Oriente. De 2 aos 18 anos, a Sra. B. foi colocada num pensionato religioso, de onde só saiu para efetuar duas curtas estadas na Indochina, após a guerra. Ela sempre teve dificuldades de falar com rapazes, mas está satisfeita com seu casamento, pois seu marido é gentil e afetuoso. Ela tem um menino de 6 anos e uma menina de 5 anos. Sua gravidez não era desejada e ela ficou decepcionada por ter mais um menino, pois, diz ela, "com minha filha, não tive dificuldade, mas com meninos fico desnorteada, não sei como agir". O filho mais velho foi enviado para a casa dos avós, nas colônias, e, ao voltar, na idade de 1 ano, teve um episódio de anorexia.

A Sra. B. não mantém relações muito boas com sua mãe, que ela conheceu pouco. Em compensação, gostou muito de uma religiosa do pensionato. Ela não se apegou ao padrasto que a privara da mãe. De maneira geral, na história das crianças, podemos ver como essa falta de pai, e de mãe-esposa, deslocou-se de uma geração à outra. O filho mais velho da Sra. B. foi enviado para as colônias, longe da mãe, como ela mesma fora separada de sua própria mãe. Quando volta, recusa comer. Quanto a Luc, o segundo filho, ele foi privado de seu pai e quando sua mãe ficou na casa dos sogros ela deixou-o de lado e com certeza tornou-se tensa e hostil para com ele.

Encontramos um deslocamento simbólico idêntico a respeito dos pés do menino. Durante nossa primeira entrevista com a Sra. B., na consulta[12], mandamos trazer o menino para observar a maneira como ela cuidava dele. Esta quase que de imediato pegou os pés do menino para dele se servir como um brinquedo e os introduziu na boca da criança. Ora, para obter uma regurgitação a fim de melhor ruminar, Luc pegou o hábito de usar os pés. Ele leva-os à boca, chupa-os e, no fim das contas, graças a eles, regurgita os alimentos para em seguida mastigá-los e obter uma ruminação.

[12] Segundo a tradição hospitalar, as entrevistas ocorriam em presença de todos os membros da equipe, inclusive os internos e os externos: "É preciso imaginar o grande escritório da Patroa" – escreve Irène Diamantis – "e vinte, vinte e cinco pessoas de blusas brancas que, como eu, durante muitos anos, vão acompanhar a consulta e ali se formar. Tratava-se, então, de uma verdadeira dramaturgia". Texto inédito comunicado pelo autor. A ser publicado nas Atas de um colóquio da SPF de março de 2002 dedicado à psicanálise de crianças.

Conclusão e resumo

O mericismo não é uma doença do tubo digestivo. É um sintoma oferecido pela criança como testemunho de um mal-estar interior. Ele pode ser compreendido como um desvio do instinto normal de sucção, instinto necessário à conservação da vida. Se a sucção do polegar provém de uma certa "falta" – os lactentes alimentados no seio, a pedido, não chupam o polegar –, ela pode ser considerada, no contexto de nossos modos, uma necessidade para a maioria dos lactentes. O mericismo, ao contrário, marca um desvio do instinto oral ligado a uma falta mais profunda. Trata-se aí, muito provavelmente, de uma "falta" da mãe, quando esta não pôde instaurar, integrar e superar uma situação edipiana em suas relações com seu pai.

Bibliografia[13]

Benedetti-Gaddini R. de, e Gaddini E., "Rumination in Infancy", *Dynamic Psychopathology in Childhood*, pp. 166-185, New York, Jessner and Pavenstedt, 1959.

Bernard A., "Sur le mécanisme de la rumination: rôle de l'aspiration thoracique", *Arch. Mal. Appar. dig.*, 1955, 44, pp. 780-785.

Brask B.H., "Rumination, Illuminated from a Pediatric Psychiatric Point of View", *Acta Paediat.*, Uppsala, 47, 1959, pp. 473-474.

Cameron H.C., "Forms of Vomiting in Infancy", *Brit. Méd. J.*, 3358, 1925, pp. 872-876.

Clark F.H., "Rumination: a Case Report", *Arch. Pediat*, 73, 1956, pp. 12-19.

Doazan, "Les mérycistes", *Gaz. Hôp.*, 126, 1954, pp. 533-534.

Duhamel B., "Anatomie et physiopathologie des malpositions œsophago-cardio-tubérositaires chez le nourrisson et chez l'enfant", XVIe Congrès de l'Association des pédiatres de langue française, Paris, Expansion scientifique française, 1957.

Farez P. e Charlier, "Un nouveau méryciste, avaleur de poissons, billets de banque, pétrole, etc", *Méd. Int.*, 1921, pp. 337-344.

[13] Estabelecida pelos autores.

Forest M., "Rumination chez un nourrisson", *Arch. Franç. Pédiat.*, 5, 1948, p. 104.

Masse N. e Bader J.-P., "Étude clinique des malpositions œsophago-cardio-tubérositaires du nourrisson et de l'enfants ", XXIe Congrès de l'Association des pédiatres de langue française, Paris, Expansion scientifique française, 1957.

Monges H., Monges A., Lègre M., "Sur le mérycisme", *Gaz. Méd. Fr.,* 68, 1961, pp. 2655-2666.

Nemours-Auguste M., "Remarques cliniques et radiologiques sur neuf cas de mérycisme", *Arch. Mal. Appar. dig.*, 42, 1953, pp. 833-836.

Nemours-Auguste M., "Remarques cliniques et radiologiques sur neuf cas de mérycisme", *Sem. Hôp. Paris,* 29, 1953, pp. 4139-4143.

Prugh D.G., "Psychological and Psychophysiological Aspects of Oral Activities in Childhood", *Pediat. Clin. N. Amer.*, Philadelphie. W.B. Saunders, 1956, pp. 1049-1072.

Richmond J.B. and Eddy E.J., "Rumination. A. Psychosomatic Discorder of Infancy", *Quart. Rev. Pediat.,* 12, 1957, pp. 211-212; Green M., "Rumination. A Psychosomatic Syndrome of Infancy", *Pediatrics*, 22, 1958, pp. 49-55.

Sauvegrain J., "Étude radiologique des malpositions œsophago-cardio-tubérositaires", XVIe Congrès de l'Association des pédiatres de langue française, Paris, Expansion scientifique française, 1957.

Stein M.L., Rausen A. R., Blau A., "Psychotherapy of An Infant With Rumination", *J. Amer. Méd. Ass.*, 171, 1959, pp. 2309-2312.

Williams C.G., "Rumination in a Bantu Baby", *S. Afr. méd. J.*, 29, 1955, pp. 692-695.

11.
Medicina psicossomática na criança da primeira idade[1]

Antes de lhes expor os resultados de uma experiência de dois anos no Hospital das Crianças-Doentes, pareceu-me necessário precisar a concepção da medicina psicossomática[2] que permitiu estabelecer as bases de pesquisa de nossa equipe.

---

[1] Publicado em 1965 em *La Médecine psychosomatique*. Observações recolhidas por Raymonde Bargues e Ginette Raimbault.
Psicanalista, analisada por Lacan, membro da EFP, adido depois mestre de pesquisas no INSERM, diretora da Unidade de pesquisa sobre o sistema relacional em torno da criança, depois, em 1976, da primeira Unidade de pesquisa de psicanálise e de sociologia no campo médico, Ginette Raimbault trabalhou com Jenny Aubry de 1949 a 1968, na fundação Parent de Rosan, na Policlínica do Bulevar Ney e enfim no Hospital das Crianças-Doentes. É autora de várias obras sobre as relações da medicina e da psicanálise. Cf. notadamente *Médecins d'enfants*, Paris, Seuil, 1973; *Clinique du réel. La psychanalyse et les frontières du médical*, Paris, Seuil, 1982; *Lorsque l'enfant disparaît*, Paris, Odile Jacob, 1996; com Caroline Eliacheff, *Les Indomptables. Figures de l'anorexie*, Paris, Odile Jacob, 1989. Co-autora com Jenny Aubry de "Intermittence de l'Autre, scansion des ruptures et destin des pulsions", *Recherches*, número especial sobre a infância alienada, setembro de 1977. Neste artigo são retomados os estudos feitos em Parent de Rosan mas "reavaliados" em termos lacanianos. Assim se opera um deslizamento da noção de carência de cuidados maternos à noção de carência de significantes. Encontramos uma reavaliação idêntica na conferência de Jenny Aubry de 1985, "Separação precoce e privação de cuidados maternos". Cf. capítulo 17 da presente obra.

[2] Veremos neste artigo que Jenny Aubry não se inscreve em nenhuma das grandes correntes da medicina dita "psicossomática": nem a da escola de Chicago, representada por Franz Alexander (1891-1964), nem a da escola de Paris, animada por Pierre

Dizer que toda doença tem repercussões psicológicas sobre o doente e as pessoas à sua volta e que um certo número de doenças é psicogenético não é suficiente para nos satisfazer, nem para construir os fundamentos da medicina psicossomática. Aliás, durante a mesa redonda organizada por Henri Pierre Klotz[3], "A medicina psicossomática existe?", pareceu-me que uma das preocupações maiores dos participantes era a dificuldade de estabelecer uma relação específica entre a doença e os fatores psicológicos evocados.

Propostas teóricas

Com a EFP e Jean-Paul Valabrega[4], diremos que a doença psicogenética, ou conversão somática, é uma simbolização fundada principalmente

---

Marty (1918-1993). Recusando tanto a tese segundo a qual a doença seria o resultado de uma fragilidade orgânica revelada por ocasião de uma disfunção psíquica, quanto a tese que estabelece um paralelo entre uma organização mental dita "anormal" e uma patologia orgânica, Jenny Aubry atém-se à noção clássica de conversão, isto é, à idéia de que os sintomas ligados à conversão somática têm uma significação simbólica: eles exprimem pelo corpo representações recalcadas. Em outras palavras, ela sustenta que, se certas afecções somáticas (eczema, diarréias, mericismo, asma, etc) podem remeter a uma significação psíquica, notadamente no lactente e na criança, nada permite afirmar a existência de uma qualquer causalidade psíquica no desencadeamento das doenças cardiovasculares, virais, microbianas, genéticas ou cancerosas. A esse respeito, Jenny desconfiava das teorias psicossomáticas dos psicanalistas. Com razão. Ela sempre foi a um só tempo médica e psicanalista, capaz de escutar o sujeito em seu discurso sobre sua doença, mas preocupada também em pôr em prática uma observação clínica de tipo médico, separada da escuta psicanalítica. Foi sobre esses princípios que ela organizou seu serviço de pediatria no Hospital das Crianças-Doentes (1963-1968). Sobre a história da medicina psicossomática e de suas errâncias, cf. Pascal-Henri Keller, *La Médecine psychosomatique en question,* op. cit. Cf. igualmente Marie-José del Volgo, *La Douleur du malade*, Toulouse, Erès, 2003.

3 A esse respeito, vamos nos reportar ao capítulo 13 da presente obra, "O lugar da psicanálise na medicina".

4 Jean-Paul Valabrega: psicanalista, membro da EFP depois fundador, em 1969, da OPLF-Quarto grupo, oriundo de uma cisão da EFP. Autor de numerosas obras, entre as quais: *Les Théories psychosomatiques*, Paris, PUF-Privat, 1954; *La Formation du psychanalyste*, Paris, Belfond, 1979; *Phantasme, mythe, corps et sens*, Paris, Payot, 1980. Cf. igualmente Jean Clavreul, François Perrier, Guy Rosolato, Piera Aulagnier, *Le Désir et la perversion*, Paris, Seuil, 1967.

nas representações fantasmáticas relativas ao interior e ao exterior do corpo. Clinicamente, certos conteúdos do corpo, como o sangue por exemplo, parecem ser elementos primordiais da patologia conversional.

A conversão somática guarda para o sujeito, em seu determinismo, uma significação histórica e uma significação dinâmica que é possível pôr em evidência pela análise. A conversão somática representa uma relação fantasmática fundamental para o doente, que ele traduz no nível e por meio de seu corpo.

A doença orgânica, ao modificar o corpo do sujeito, toma lugar numa rede significativa consciente, mas também nas fantasias do sujeito e das pessoas que o cercam. Ela se apresenta ao sujeito como um "sinal", sem que ele conheça a cadeia dos "significantes" cujo sinal é o resultado final[5].

É bem evidente que a conversão somática não tem para o lactente significação histórica, pela boa razão que o lactente não tem passado. Mas poderemos dar exemplos clínicos da significação dos sintomas e de seu determinismo em relação à história da mãe e à sua relação fantasmática com seu lactente.

Por outro lado, a doença orgânica, quando transforma o corpo do lactente e, sobretudo, quando não permite saída para suas pulsões e seus desejos, modifica de modo bem profundo sua estrutura, sobretudo quando toda possibilidade de expressão da agressividade é abolida. Além disso, a doença se integra nas redes significativas dos membros da família assim como em suas relações fantasmáticas com a criança.

Desde o início de 1963, e com tanta freqüência quanto foi possível, as mães das crianças pequenas hospitalizadas tiveram uma entrevista com uma de minhas colaboradoras psicanalistas: entrevista livre ao longo da qual era pedido à mãe para falar das circunstâncias que tinham culminado na hospitalização.

Mais recentemente, nós nos interessamos muito pelos pais de crianças com doenças crônicas, doenças letais e doenças genéticas.

Essas entrevistas não pretendem "psicanalisar os pais", mas nossa atitude neutra de escuta psicanalítica lhes permite falar da angústia deles e

---

[5] Significante: termo empregado por Lacan para designar o acontecimento caído no esquecimento e inconsciente, mas susceptível de provocar, como em ressonância, efeitos longínquos e incompreensíveis (JA).

com freqüência situar-lhe a origem consciente por suas associações. Às vezes, fantasias inconscientes se revelam a nós, fantasias que respeitamos como tais, sem procurar torná-las conscientes.

Antes de seis meses, a criança ainda não tem de seu corpo senão uma imagem em pedaços e suas relações objetais, isto é, com um outro diferenciado de si mesmo, ainda não estão estabelecidas. Não abordaremos aqui os problemas do eczema e da asma, que não nos parecem suficientemente elucidados, apesar dos numerosos escritos a esse respeito. Em geral, a criança de menos de seis meses reage às tensões em suas relações com sua mãe pela anorexia, pela diarréia e pelos vômitos. Notemos que os distúrbios do sono quase sempre estão ligados a erros de regime.

Parece que a diarréia seja a resposta eletiva a toda tensão ansiosa quase sempre sustentada por agressividade. Se nos dermos ao trabalho de estudar as circunstâncias de aparecimento das epidemias de creche, constatamos que aquelas ligadas às sopas de cenoura coincidem, de maneira singular, com as mudanças de internos (tensão entre as enfermeiras) e com os conflitos interiores ao serviço. Com efeito, os mesmos colibacilos patogênicos são encontrados nas fezes normais em período calmo.

Nos casos de anorexia e de vômitos, quase sempre encontramos, na história da mãe, distúrbios análogos aos do filho: vômitos incoercíveis da gravidez, anorexia da puberdade ou permanente.

A partir de seis meses, a imagem do corpo se precisa e o estádio do espelho inicia a evolução do lactente para a autonomia e sua posição de sujeito que ele mais tarde afirmará ao dizer "eu" [*je*].

A reação somática quase sempre é mais diferenciada, embora seja digestiva, anorexia, mericismo, constipação obstinada.

Só após 15-18 meses/2 anos é que aparecem as conversões somáticas que traduzem a necessidade do sujeito de se afirmar como tal e não como um objeto integrado ao corpo da mãe.

Duas observações de mericismo nas crianças de 8 meses nos permitiram traçar a história consciente e as relações fantasmáticas inconscientes que tinham acarretado a conversão[6]. Nos dois casos, as mães só tinham dificuldades com seus filhos homens, embora fossem fundamentalmente

---

[6] Cf. capítulo 10 da presente obra: "O mericismo".

bem calorosas. As duas mães tinham sido privadas durante muito tempo de seus pais e o reaparecimento do pai fora catastrófico. Tudo isso do ponto de vista consciente.

Do ponto de vista inconsciente, a reivindicação viril – ou mais exatamente a "falta" – era evidente e tornava intolerável a presença do menino. Isso se traduzia por frustrações incessantes, racionalizadas do ponto de vista educativo, e por uma fixação fetichista nos pés da criança. A "falta" da mãe culminava na "falta" da criança.

Era bem essa "falta" que conduzia Rémy a ruminar para sustentar o engodo da mãe, como poderia mostrar um filme em que a mãe utiliza curiosamente uma banana no momento em que se torna capaz de lhe restituir essa falta. Graças às entrevistas que ela teve conosco, seu desejo de castração se atenuara e liberara o menino.

A hospitalização pode ser um sintoma psicogenético?

É uma questão que podemos nos colocar quando nos damos conta de que, num terço dos casos, a doença que justificou a hospitalização do bebê foi precedida de um acontecimento que perturbou a família e criou um estado excepcional de tensão nas relações familiares.

Permanece difícil precisar se o acontecimento perturbador foi um fator determinante no aparecimento da doença ou então se, mais simplesmente, provocou uma ansiedade e favoreceu a hospitalização por uma doença benigna, hospitalização que teria sido evitada em outras circunstâncias.

Odile, 6 meses, quarto filho. É hospitalizada com uma gastroenterite e uma anorexia, contra a opinião do médico que a tratava. Nenhuma das outras crianças foi hospitalizada. O que aconteceu? A avó acaba de morrer no hospital. Ora, esta serviu de mãe à mãe e criava o bebê. Desamparada, a Sra. E. tentou se reaproximar de sua mãe, com a qual não se entendia. A tensão entre as duas mulheres era tal que a Sra. E. não conseguia dar o seio a seu primeiro filho em presença da mãe. Achava aquilo indecente. Lembrava-se de sua mãe amamentando diante dela um irmão mais novo, o que a enojara. Em conseqüência, ela não havia amamentado os filhos. É, pois, no momento em que a Sra. E. se recoloca sob a lei de sua mãe, e não mais de sua avó, que a relação conflituosa ligada a seu ciúme fraterno reaparece e provoca distúrbios alimentares (anorexia depois diarréia) em seu lactente, não alimentado no seio. A jovem mãe é então tomada de pânico, pensa com angústia que o filho vai morrer e toma a decisão de hospitalizá-lo de urgência.

Nesse caso, a hospitalização assume seu lugar na rede conflituosa de uma estrutura familiar de que a criança padece, já que se torna objeto da fantasia materna.

Claudine, 14 meses. É criada com uma ama desde a idade de 2 meses. A ama é muito agressiva com a mãe, que descuida da menina; ela é cuidadosa, e até meticulosa, e tudo se passa bem até a idade de 8 meses. Em seguida, Claudine come menos bem e até vomita. O pai de criação tenta alimentá-la, mas ela regride, não se senta mais e acaba por não aceitar mais comida senão forçada e deitada na cama. A ama nos revela que os distúrbios do apetite provocaram nela uma terrível angústia. Como ela já cuidou de um lactente vítima de uma grave toxicose, cuja manifestação se reduzira com o aparecimento de uma anorexia de um dia, ela com efeito só fala chorando e, após ter passado uma noite no hospital, decide não mais cuidar de nenhum lactente.

Evidentemente, não procuramos conhecer os sentimentos inconscientes da ama para com Claudine. Esta última tomara o lugar de um lactente querido, de que a ama não pudera cuidar. Por isso é provável que, na relação com Claudine, se exprimia nela uma angústia e uma culpa. Em conseqüência, seus sentimentos negativos lhe tornaram insuportáveis as primeiras recusas alimentares e essa atitude certamente contribuiu para agravar o estado da criança.

Élisabeth B., 13 dias. Sua doença indica de que maneira sintomas reais se misturaram à angústia da mãe. Élisabeth é hospitalizada com diarréia líquida. Um tratamento dietético de rotina permite a saída 14 dias mais tarde. Mas a menina é de novo hospitalizada com diarréia, vômitos, palidez, ausência de dinamismo, etc. A diarréia desaparece bem rápido, mas são constatadas a presença de sangue nas fezes e uma anemia progressiva que requer uma transfusão. Ao fim de quinze dias, um diagnóstico provável de intolerância constitucional à sacarose, à maltose e à isomaltose é colocado, o que nos conduz a resolver corretamente o regime.

As entrevistas com a mãe foram pedidas pelo assistente pediatra, em razão da tensão extrema desta, que, diz ele, "não pode nada ouvir do que lhe digo e refaz sem cessar as mesmas perguntas". A jovem mulher, espanhola, foi criada por religiosas e sua história, tal como ela conta, está marcada pela doença, pelo sangue – símbolo das relações sexuais proibidas pelas religiosas – e pela morte: a de seu pai sobretudo, numa prisão espanhola, quando ela tinha 8 anos. A que se acrescentam outros falecimentos: o de um patrão, depois, de duas mulheres, quando ela mesma fora operada de apendicite. Talvez seja preciso também levar em conta um sonho que ela teve sobre a morte de sua filha e que ela associou a seu próprio desejo de morrer ocorrido durante uma tentativa de suicídio.

O que escondem todas essas lembranças de morte evocadas com tal facilidade? Trata-se do pensamento de que sua filha não merece viver, ou antes, de que ela não merece que a filha viva?

Uma segunda entrevista faz aparecer, nessa jovem mulher separada de seu marido, o desejo de retomar uma vida conjugal com um homem desaprovado por todas as instâncias femininas à sua volta: por sua mãe, que recusou assistir ao casamento, pelas religiosas que a acolheram e não quiseram mais recebê-la após o casamento, senão entre os visitantes, os estranhos, por sua patroa atual enfim, que racionaliza seu julgamento, insistindo no aspecto material: "Ele tem que pagar o que lhe deve".

Nessa jovem mulher, o gozo sexual é culpado e a criança disso é a encarnação, o que provoca nela um retraimento da realidade, uma impossibilidade de considerar os fenômenos somáticos de sua filha pelo que eles são. Daí uma recusa de tratá-los por um regime correto, o que só faz agravar os sintomas.

Eliane. Vítima de uma doença de Werdnig-Hoffmann[7], essa menina nasceu doze anos após os dois filhos da Sra. B. Quatro anos antes do nascimento de Eliane, esta teve uma "mola[8]" operada, e o obstetra lhe aconselhou não ter mais filhos. A Sra. B. desejava ter uma filha. Uma primeira tentativa soldou-se por um aborto espontâneo. Em seguida, veio a gravidez de Eliane, colocada de imediato sob o signo da angústia, do mal-estar. A Sra. B. pressentiu complicações, chegando até a imaginar que a filha havia

7 Doença de Werdnig-Hoffmann: amiotrofia espinal da pequena infância de evolução mortal.

8 Mola: tumor geralmente benigno que se desenvolve no útero da mulher grávida.

morrido em seu ventre. Após o parto, teve uma crise de depressão. Sua criança era uma menina, como ela quisera, e, em conseqüência, um tal nascimento, pensava ela, daria lugar a catástrofes: "Para os dois outros, eram meninos, então eu não estava inquieta". A Sra. B. ficou o maior tempo possível na clínica e, diz ela, "tive quarenta de febre quando me disseram que eu podia sair. Fui embora de tarde após a troca de fraldas, pois tinha medo de manipular o bebê". Ela imediatamente percebeu que a menina era "mole". O médico falou de presciência materna, o que a reforçou em seu modo de pensamento mágico. Como se vê, a presença de um elemento do inconsciente se traduz diferentemente no discurso da mãe e no do médico.

Aos olhos da mãe, o sintoma somático "a menina era mole" coloca a pequena em posição de objeto fantasmático idêntico à "mola", isto é, a uma excrescência orgânica, a um resto, a um dejeto, causa de um desejo que deve permanecer insatisfeito, ou que deve se acompanhar de angústia no momento mesmo em que parece estar preenchido.

Tratando-se do médico, o reconhecimento indireto dessa representação marcada com o selo do inconsciente é expresso, como com freqüência é o caso, pelo termo de presciência ou pelo de pensamento mágico.

Duas dessas observações (Élisabeth e Eliane) mostram que as reações da mãe não dependem unicamente da significação histórica dos sintomas somáticos do lactente, mas também da estrutura própria desta. Estrutura depressiva da jovem mãe espanhola, estrutura histérica da mãe de Eliane, cujo desejo satisfeito só pode ser acompanhado de angústia.

Após essas exposições de casos, podemos demonstrar que as reações da mãe e da família diante da doença de um lactente podem influenciar o próprio curso da doença. Essas reações dependem, além disso, da significação consciente e inconsciente que revestem os sintomas para a mãe, mas também de sua estrutura própria. Enfim, a compreensão desses fatos deveria permitir, para além do tratamento somático, que ajudássemos os pais a enfrentar as situações ansiógenas.

Não podemos seguramente modificar as estruturas dos pais, mas talvez possamos permitir que se assumam tais como são a fim de que possa ser evitada, de uma geração à outra, a repetição de condutas patogênicas.

12. Nicole entre a vida e a morte[1]

"É desde que ela tem um tumor na cabeça que ela tem esses distúrbios", nos diz de imediato a mãe de Nicole, adolescente com 14 anos de idade. A mãe fala assim diante da filha e a história é bem perturbadora. Com efeito, Nicole nos foi enviada após uma exploração por via frontal ter mostrado a integridade da região optoquiasmática[2], exploração seguida de uma radioterapia complementar.

Atualmente, isto é, quase um ano mais tarde, Nicole tem a impressão de estar cercada de objetos envenenados, lava as mãos sem parar, não pode atravessar a rua sozinha. Hostil às pessoas à volta, grita, fica com raiva, não pode mais ir à escola. A vida se tornou impossível para ela e com ela.

Foi por volta da idade de 8 anos que apareceram, em Nicole, uma polidipsia[3] e uma discreta obesidade, que se amplificaram bruscamente

---

[1] Publicado em *La Revue de médicine psychosomatique et de psychologie médicale,* t. 8, 1, 1966, pp. 25-36, sob o título "Diabete insípida e comportamento fóbico, suspeita de tumor cerebral". Redigido conjuntamente por Jean-Claude Dalloz e Anne-Lise Stern e também assinado Jenny Aubry. Psicanalista, analisada por Lacan e membro da EFP, Anne-Lise Stern foi colaboradora de Jenny Aubry na Policlínica do Bulevar Ney, depois no Hospital das Crianças-Doentes. Sobre as relações entre os pediatras e os psicanalistas, e notadamente entre Anne-Lise Stern e Jean-Claude Dalloz, vamos nos reportar ao comentário de Jenny Aubry no capítulo 17 da presente obra: "Separação precoce e privação de cuidados maternos".

[2] Quiasma dos nervos óticos: lâmina de substância branca formada pela reunião e pelo entrecruzamento parcial dos nervos óticos.

[3] Polidipsia: exagero anormal da sensação de sede.

quatro anos mais tarde. A menina engordou dez quilos em um ano, ao passo que a polidipsia aumentava e apareciam distúrbios do comportamento.

O diagnóstico de diabete insípida[4], especificado como "doença incurável", é então feito e é por ocasião de uma tentativa de suicídio que Nicole é hospitalizada pela primeira vez na idade de 13 anos.

No hospital, nota-se uma poliúria, uma polidipsia, uma obesidade e uma amenorréia, embora ela tivesse tido suas regras duas vezes antes. A radiografia craniana mostra uma sela túrcica[5] um pouco larga. As papilas estão descoloridas um pouco mais à direita e, durante o estudo do campo visual, são constatadas anomalias bem difíceis de interpretar. Elas mostram mais um encurtamento concêntrico do campo visual que uma hemianopsia[6].

Nicole é então transferida para um serviço de neurocirurgia. O exame não indica nem anomalia, nem sinal de hipertensão intracraniana. O exame ocular permite concluir por uma atrofia ótica em via de constituição, mas o campo visual é, aí também, ininterpretável. O EEG mostra à direita ondas delta monomorfas bem numerosas, localizadas atrás e apagando-se na abertura dos olhos. A encefalografia gasosa[7] dá lugar ao seguinte resumo: quarto ventrículo e aqueduto normais assim como as cisternas da fossa posterior. A parte anterior do terceiro ventrículo se injeta mal, ela está achatada e amputada, sua borda anterior é irregular. O *septum lucidum* está ampliado em sua parte anterior, sobretudo em sua metade inferior[8].

---

4 Diabete insípida: diabete ligada a uma redução ou a uma supressão da secreção de hormônio antidiurético.

5 Sela túrcica: profunda goteira transversal cavada na face superior do corpo do osso esfenóide e contendo a hipófise.

6 Hemianopsia: perda da visão referindo-se a uma metade do campo visual dos dois olhos.

7 Encefalografia gasosa: exame radiológico obsoleto dos espaços sub-aracnóideos e dos ventrículos cerebrais.

8 O terceiro ventrículo cerebral e mediano está situado entre dois tálamos e as paredes laterais do hipotálamo. A palavra "assoalho" é o equivalente de "parte". O quarto ventrículo está situado entre o tronco cerebral, o cerebelo e os pedúnculos cerebelosos. *Septum lucidum*: estreita membrana separando o corno frontal dos ventrículos laterais.

A associação de sinais de ataque da região diencéfalo-hipofisária[9] a uma atrofia ótica e a uma imagem encefalográfica de amputação anterior do terceiro ventrículo permitiam evocar a existência de um tumor tendo por sede essa região. Uma intervenção é, pois, efetuada, sem que se encontre tumor comprimindo diretamente os nervos óticos e o quiasma. Nicole está, então, com 13 anos e meio de idade. Um tratamento de radioterapia é então praticado, com doses antitumorais apropriadas, e três meses mais tarde a menina volta para a família. A vida torna-se insuportável[10].

Aos 14 anos de idade, Nicole é hospitalizada nas Crianças-Doentes, onde constatamos que sua diabete insípida está equilibrada em 3 litros com 2 unidades de pós-hipófise e que não existem outros sinais neurológicos a não ser os sinais oculares. Observamos uma obesidade notável (+ 31%) e um atraso discreto da estatura (- 5%). A pilosidade é muito discreta nessa jovem, que, no entanto, menstruou três vezes.

A hospitalização, relativamente breve, tem dois objetivos. É preciso primeiramente tentar precisar a existência ou a ausência de um tumor cerebral, ou de uma recidiva após radioterapia, e é preciso em seguida empreender uma investigação psicanalítica, a fim de tentar elucidar, depois modificar o comportamento fóbico.

As imagens dadas pela encefalografia gasosa fracionada são totalmente normais. Não há, portanto, nessa época, nenhum argumento pneumoencefalográfico em favor de um tumor do assoalho do terceiro ventrículo. Tampouco existe sinal de hipertensão intracraniana. A albuminografia está em 0,20 e as células a 2,3. Os exames visando a explorar o funcionamento hipofisário dão os seguintes resultados: colesterol sangüíneo: 1 g 73; iodo sérico: 1 a 2 gramas; 17 OH plasmáticos; 19 gama/%. Teste ao metopirone normal. Fósforo: 30 mg. Cálcio: 99.

---

9 Região ou eixo diencéfalo-hipofisária: conceito anatomofisiológico fundado nas relações neuro-hormonais entre o hipotálamo e a hipófise, isto é, entre duas regiões do cérebro. Cf. Jenny Roudinesco, "Les tumeurs de l'hypophyse", *Arch. Méd. Enf.*, t. XXXIX, 7 de julho de 1936.

10 Considerando o tratamento, parece evidente que existia bem um tumor cerebral, suscetível de recidivar.

A exploração da diabete insípida não pôde ser feita corretamente em razão dos distúrbios psíquicos apresentados por Nicole. Com efeito, uma simples prova de diluição-concentração soldou-se por um fracasso. A criança rejeitou a água ingerida, o que é no mínimo surpreendente para uma diabete insípida. No sangue, a natremia estava em 145 mEq, o cloro em 102. Nas urinas, para uma diurese de 3 1 600, a eliminação de sódio era de 150 mEq/24 horas. Uma tentativa de substituição da pós-hipófise por um placebo foi imediatamente descoberta por Nicole, que nos diz que isso não cheira à mesma coisa. Ao fim de 48 horas, a diurese subiu a 7 1 600. Ela cai bruscamente a 500 cc com a retomada da pós-hipófise em tomadas nasais.

É no contexto dessa hospitalização que começa a investigação psicanalítica, cujas etapas são agora relatadas por aquela dentre nós[11] que foi encarregada desse trabalho.

Desse contexto é preciso extrair um elemento essencial: o caso foi confiado à psicanalista pelo médico com estas palavras: "Diga que ela viverá com certeza ainda por muito tempo e que se trata, daqui até lá, de tornar-lhe esta vida suportável[12]". Essa forma da demanda feita à analista ajudou-a a em nada renunciar a uma atitude estritamente psicanalítica, isto é, a pôr entre parênteses a morte e a doença em sua realidade, para só se apegar ao lugar e ao sentido delas na vida e no discurso do sujeito[13].

Uma tal colocação entre parênteses não é evidente. Conhecemos a perturbação de certos analistas diante dos portadores de um sinal – tomado por realidade – tal como um QI baixo, ou um EEG perturbado. Com mais

---

[11] Trata-se de Anne-Lise Stern.

[12] São as palavras de Jean-Claude Dalloz.

[13] Como a proximidade verossímil de uma morte real modifica a posição ou o "desejo" do analista se todavia ela os modifica: um grupo de médicos e de analistas, reunidos em torno de J. Aubry (G. Raimbault em particular, encarregada de uma pesquisa a esse respeito), estuda esse problema, entre outros, colocado pelo incidente da morte sobre o psiquismo do doente, de sua família, do médico (ALS). O autor faz aqui alusão ao trabalho levado a cabo no serviço de nefrologia do professor-doutor Pierre Royer por Ginette Raimbault e Radmila Zygouris, psicanalista, membro da EFP, depois, em 1983, da Federação das oficinas de psicanálise. Cf. prefácio e capítulo 13 da presente obra.

forte razão, esse distúrbio pode ser experimentado diante da evocação de um diagnóstico de tumor cerebral, sinal mesmo, de certa forma, de um "tu morres" *. No caso preciso, o de Nicole, um distúrbio dessa ordem conduziu uma primeira psicanalista a renunciar ao prosseguimento da investigação que ela havia empreendido, e até a concluir por uma contra-indicação[14]. Essa perturbação com certeza lhe teria sido evitada se o pedido do médico tivesse sido análogo àquele que acabamos de ler.

A Nicole sou apresentada como alguém com quem ela poderá falar de seus medos e, por aí, chegar a compreendê-los e apaziguá-los. Durante a primeira entrevista, ela está hospitalizada há alguns dias e se atormenta. Certamente – pensa – ela acaba de se envenenar. Antes de comer essa bala, ela não lavou as mãos. Ora, ela acabava de tocar nessa roupa e – disso não está segura, mas seria possível – esta esteve em contato com tal outra que, esta, andou perto da sujeira... o penico por exemplo.

Ela assim se atormenta sem cessar, tentando conjurar a ameaça com rituais de lavagem, de arrumação, ou antes, de evitação da "contaminação" entre os objetos que a cercam, quase sempre soluçando. As enfermeiras não conseguem convencê-la a se alimentar. Depois de terem tentado em vão tranqüilizá-la, depois, imaginando-a pitiática[15], de terem-na sacudido, elas se sentem impotentes e infelizes de sê-lo diante da evidente angústia da jovem.

Uma outra vez, ao mesmo tempo que me falava com uma enorme volubilidade, e com olhos cheios de terror, de seu medo de ser envenenada, ela afasta sub-repticiamente de meu pé seu chinelo, cuja outra extremidade se acha contígua, justamente, ao penico. Ela não me viu há vários dias e me interroga, com uma extraordinária tensão, sobre a doutora com quem ela já "falara de seus medos" e que ela não reviu mesmo. (Esta, com efeito, está viajando). "Ela está viajando, sim, está sim...". Levada vigorosamente ao fim de sua idéia, ela formula com dificuldade, evitando a palavra, que ela poderia estar acidentada, morta.

---

* Duplo sentido em francês: *tumeur* [tumor] pronuncia-se igual a *tu meurs* [tu morres]. (NT)

14 Trata-se de Micheline Guiton, que considerava que, com um prognóstico tão sombrio, uma psicoterapia não se impunha.

15 Pitiatismo: termo inventado por Joseph Babinski (1857-1932) para designar a histeria.

A análise dessa fantasia de morte vivida nessa dupla transferência, e por aí mesmo de imediato abordável, transforma suas fobias em: "Tenho medo de ter envenenado a minha mãe, tocando-a com as minhas mãos sujas. Minha mãe vai morrer, e por culpa minha". Ela mesma, em compensação, reencontrou a possibilidade de comer.

Durante uma sessão dramática e, poderá parecer, brutal, ela reclama uma nova segurança: "Diga-me que não é verdade, que ela não vai morrer. – Vai sim, ela vai com toda certeza morrer, como eu, como Nicole, como todos, um dia. – Diga-me que eu não a envenenei, eu lhe suplico. – Está sim, ela a está justamente envenenando, e como! – Com essas idéias, é certo que eu tenho um tumor, senão como eu teria essas idéias? – Outros têm as mesmas idéias, e não tumor. – Mas, então, elas são loucas? – Não, não, talvez elas não ousem se confessar que gostariam muito, às vezes, de ficar livres da mãe. – Ah sim, isso é verdade, mas era quando eu era pequena e estava com raiva... diga que está segura de ela não vai morrer".

Retomarei mais adiante a evolução desses sintomas, pois é preciso agora situar a história de Nicole. Seu esclarecimento e, sobretudo, o desmembramento das coincidências mais recentes que a ela se ligam culminam, aliás, numa primeira e importante melhora sintomática.

Os elementos fornecidos seja por Nicole, seja por sua mãe, permitem reconstituir isto:

Primeiro uma situação de fundo: um irmão maior, onze anos mais velho que ela, desempenha um papel importante que progressivamente se precisará. Notemos por enquanto que, por volta dos 12 anos, um ano após o nascimento da irmã, este foi levado ao psiquiatra em razão de fugas. Fizeram do etilismo do pai a causa desses distúrbios caracteriais e aconselharam que a colocassem num pensionato. O pai recusou e foi, parece, seu último ato de autoridade familiar. Pois, atualmente, é tratado como inexistente pela mulher e pelos filhos. Muito amargurado pela guerra, em seguida se tornara de caráter difícil, depois etílico. Foi até hospitalizado duas vezes, sendo que uma recentemente, em razão do que Nicole chama um "delirium". Uma iniciativa essencial foi de lhe pedir para vir nos falar da filha. Mas ele só conseguiu isso após múltiplas incitações escritas ou verbalmente transmitidas, ao fim de nove meses, num momento, aliás, dos mais significativos.

Sobre essa situação de fundo, a história de Nicole assim se desenha: ao termo de uma gravidez difícil, pois ela "comprimia os órgãos" da mãe, que tinha mal-estares freqüentes, ela no entanto nasce "com boa estrela". Mas, longe de ver nisso o sinal de um destino feliz, sua mãe, quando a vê "esfolada feito um coelho" pelo médico, atribui essa anomalia ao fato de ter estado, ela, tão doente durante a gravidez – e disso se sente culpada.

A menina é muito colérica – seríamos tentados a dizer "de pavio curto" – depois muito "intrépida"... já que lhe acontecia de jogar sopeira ou compoteira na cara do pai. Um sorriso vencedor clareia com essa lembrança o rosto de Nicole e, sobretudo, o de sua mãe. Mas, tirando isso – se podemos dizer –, nada de anormal até mais ou menos 8 anos, quando ela começa a beber água enormemente, a urinar em conseqüência e também a comer muito.

Ela explica: "Minha diabete (eu ainda não sabia que era ela) me fazia levantar de noite para beber água – durmo no quarto de meus pais –, isso deixava meu pai muito zangado – pois ele bebe. – Ah é, ele também? – Não é isso...", ri Nicole, e sua expressão desmente o que ela vai dizer: "Não é a mesma coisa".

Seja como for, o velho médico de família não se alarma muito e Nicole continua a beber, a urinar, e a deixar o pai zangado. Com mais ou menos 10 ou 11 anos de idade, ela engordou muito e fica ainda mais colérica, por causa, talvez, no momento em todo caso, da partida do irmão para o serviço militar e da partida diária e inabitual da mãe para a casa dos patrões, cuja jovem sobrinha acaba de sofrer uma amputação.

A mãe então muda de médico, em busca de um "mais jovem", mais enérgico, e o encontra. Ele logo teria feito o diagnóstico de diabete insípida, a partir dos sintomas obesidade, polidipsia, poliúria – estes últimos remontando à idade de 8 anos. Ele também teria afirmado de modo bem claro: "É incurável, não perca seu dinheiro indo de um médico a outro". Mas ele parece ao mesmo tempo ter buscado uma psicogênese, já que interroga a menina, diante da mãe, sobre um medo ou um choque. Ela conta: seu medo do pai que bebe e zanga com ela quando ela bebe, seu medo pelo pai que poderia cair, ou caiu, num precipício, como um dia aconteceu com seu irmão, na montanha, no desfiladeiro do Homem-Morto.

Nicole gosta desse jovem médico que a leva a sério e "ouve", ainda que seja parcialmente, o que ela lhe diz. Ele até lê para ela a definição da diabete insípida que pode ser lida na *Enciclopédia médica*, "Quer dizer que passa e vem da hipófise", e ela se lembra com orgulho da confiança que ele assim lhe demonstrou, e com certeza também dessa imagem dela mesma evocada: lugar de passagem de um líquido prestigioso.

Alguns meses mais tarde, Nicole tem 13 anos, ficou menstruada uma ou duas vezes, depois a menstruação não voltou. Com freqüência tem náuseas de manhã, ou vertigens, e dores de cabeça. O irmão, este, voltou da [guerra da] Argélia, muito marcado pelo que lá viveu, cheio de visões de feridas e de morte. A doença da irmã torna-se seu assunto, pois ele lá exercera a função de enfermeiro. Ele consulta os livros, logo traz o diagnóstico de tumor cerebral que ele comunica à mãe e cujos sinais ele doravante espreita, em particular os oculares.

Parece que até ali Nicole não se queixava muito da visão, mas ela logo reclama a ajuda do irmão para um desenho e, diante da recusa dele, mostra que ela vê mal. Ele se esquiva ainda mais, com violência até, muito preocupado que está com o surgimento do sintoma esperado. De noite mesmo, Nicole engole um tubo de aspirina, sinal de desequilíbrio psíquico vindo confirmar o diagnóstico fraterno, e, em conseqüência, tudo se ativa.

O apelo contido nessa tentativa de suicídio dirigia-se ao jovem médico que sabia ouvi-la. Mas, infelizmente, "ele é tão bom que nunca está presente quando o chamam, pois já foi chamado em outro lugar". E é o velho médico de família que volta à cena. Ela também é muito ligada a ele, e dele também ela dirá posteriormente: "Ele é tão bom que nunca está presente...". Mas sobretudo, coincidência cheia de alcance, nesse meio tempo ele ficara cego, depois voltou a enxergar, graças a uma operação julgada miraculosa, não somente por Nicole.

Um exame dos olhos praticado nela, nesse contexto, mostra um encurtamento do campo visual. Mas o dossiê precisa bem: "Criança difícil de ser examinada, muito cansada". Imaginamos como naquele dia ela pôde também se mostrar "muito histérica". Concebemos, em todo caso, as razões objetivas (sinais clínicos) e subjetivas (valor significante para uns e outros) que podiam fazer apressar o apelo ao especialista, depois ao neurocirurgião.

Nicole é hospitalizada no dia 1º de um mês, seu pai no dia 2, num outro hospital, com um estado delirante atribuído por sua filha em parte ao etilismo, em parte ao choque consecutivo à própria hospitalização dela. Aqui se colocam a exploração neurocirúrgica e a radioterapia, depois ela retoma durante 8 meses uma vida primeiro mais ou menos normal, exceto que, primeira de sua sala até ali, ela se sente agora cansada e incapaz de acompanhar: "Minha cabeça não é mais a de antes". Depois, por volta de um ano depois de sua tentativa de suicídio, instala-se o estado fóbico descrito no início deste trabalho e que culminou na hospitalização em nosso serviço.

O que diz ela de seus distúrbios? "Meu pai teve um choque por causa de mim – eu tive um choque por causa dele". Com efeito, ficamos sabendo que ele também foi hospitalizado uma segunda vez, quase morrendo, e isto sete meses após a dupla e primeira hospitalização filha-pai. Ora, ao voltar de uma visita afetuosa feita a ele, em companhia da mãe, Nicole vê uma motocicleta vir na direção desta, a qual evita por pouco a queda. A partir daí, ela tem medo quando a mãe ou ela mesma tem de atravessar uma rua. Em seguida, sua agorafobia torna-se tal que ela não pode mais sair sozinha.

Houve, pois, esse choque ao voltar de uma visita ao pai, mas sobretudo, acrescenta ela, "tudo isso aconteceu por causa do meu gato". Ela não pensa tão bem dizer, ou antes, no momento, eu não entendi que ela dizia tão bem – da mesma forma que não ouvi de imediato no "por causa dele – por causa dela" a implicação da diferença sexual em sua nudez.

Primeiramente tratava-se apenas de seu gatinho preferido, branco, que acabava de ser atropelado e tivera que amputar uma pata[16]. De fato aconteceu com esse gatinho o que Nicole teme ver acontecer com sua mãe: um acidente. Ela teme isso, a fantasia, mas também, de certo modo, imagina já ter acontecido. Pois é bem a ausência real de um "algo" em sua mãe

[16] Numa intervenção nas jornadas de estudos da Sociedade francesa de psicanálise (SFP), em 1962, Piera Aulagnier relatava o *acting-out* de um paciente em resposta à ferida tapada de um dedo do analista, realidade que viera inopinadamente "trombar com sua fantasia". Ela sublinhava que se tratava ali de uma "trombada da fantasia pelo real", mais precisamente por um elemento significante tomado nesse real e, embora não fonemático, dos mais falantes: no caso, a pata a menos do gato (ALS).
Piera Aulagnier (1923-1990): psiquiatra, psicanalista, analisada por Lacan, membro da EFP depois co-fundadora em 1969, com Jean-Paul Valabrega e François Perrier (1922-1990), da OPLF-Quarto Grupo e da revista *Topique*. Autora notadamente de *La violence de l'interprétation*, Paris, PUF, 1975; *Un interprète en quête de sens*, Paris, Ramsay, 1986.

que vai estar em questão, e as implicações simbólicas e imaginárias dessa privação. Vai estar em questão o problema da castração.

Voltemos ao gatinho branco. Ele é macho, mas foi castrado. Pois, explica Nicole, "quando tínhamos gatas, era preciso envenenar os filhotes com um produto que a minha mãe punha no balde (reconhecemos aí o penico envenenador). Quando tínhamos machos, eles eram ferozes demais e corriam muito, aliás o velho gato macho da casa não tolerava perto dele um outro, não castrado".

A brusca descompensação de Nicole parece, pois, ter-se desencadeado, à primeira vista, pelo que se convencionou chamar um "choque afetivo", e até vários choques associados: pena e medo por seu pai, por sua mãe, por seu gato. Mas choque entre o que e que, justamente? Não é o fato de seu pai estar doente que a perturba a esse ponto – ele sempre está, aos olhos dos seus, doente e diminuído –, é que, além disso, ele arrisca morrer de verdade, realizar a fantasia familiar que já o considera há muito tempo "caído no desfiladeiro do Homem-Morto", morto enquanto pai.

Não foi o fato de o gato ter sido castrado que a perturbou, é que, além disso, ele teve de ser amputado, pondo por aí em cena o que ela fantasia de sua mãe: de certo modo já "castrada" e, além disso, arriscando ser privada de uma perna ou da vida inteira. Podemos ainda acrescentar aqui que o pai, além da posição diminuída em que ele se deixou colocar, também está amputado de um dedo, o que só será falado quando eu o tiver visto.

Houve, pois, a cada vez, além disso, um "a menos".

Mas essas trombadas entre real e fantasia em razão do peso significante desse "a menos a mais" só vêm reativar aquela, mais determinante ainda, ocorrida um ano mais cedo, no momento mesmo em que o irmão, de volta indene da Argélia, elabora o diagnóstico da irmã: um vizinho mutilado, da outra guerra este, volta para casa em sua moto que ele de hábito manobra muito bem, apesar da perna com uma prótese. Mas dessa vez, sob os olhos da mãe e do irmão de Nicole, um carro o atropela. Eles o levam para casa, onde ele morre pouco depois, deixando poças de *sangue* por toda parte. Nicole vai ouvir o relato do acidente e verá o sangue, como verá a mulher do acidentado, meio louca, tentando matar o motorista que o atropelou.

O sangue, Nicole sabe o que isso quer dizer, já que sua mãe seria "um pouco hemofílica" e sangra "por qualquer coisa", um arranhão de gato, por exemplo. Mas ela também já sangrou por alguma coisa: uma intervenção de dentista, quando tinha 16 anos, e a intervenção sobretudo de seu marido, durante a noite de núpcias. O pai guarda uma lembrança tão assustadora da hemorragia por ele provocada que é possível fazer, sem forçar o jogo de palavras, do desfiladeiro do Homem-Morto a palavra-chave dessa história, na medida em que, além disso, a ela se liga o próprio nome de Nicole.

A elucidação de tudo isso, com a mãe e com a filha, trouxe uma melhora suficiente para permitir uma saída em família, nas férias, e encarar uma psicoterapia ambulatória para a volta. As possibilidades de "deslocamento*" médico-sociais quase comprometeram a retomada: a mãe pedira e obtivera, em princípio, o encaminhamento de sua filha a uma casa sanitária. O sentido desse *acting-out* era este: "Ela é insuportável, ameaça morrer o tempo todo, é bem a prova de que ela, de todo modo, tem um tumor, ainda que não o vejamos na radiografia, e tenho medo de que ela fique louca". A pergunta "Então, para ficar louca é preciso ter um tumor no cérebro?" deixou-a perplexa, depois relaxada, e permitiu uma psicoterapia a que Nicole virá sozinha, apesar de um trajeto longo e complicado.

Durante o tratamento, assistimos à colocação em jogo e ao remanejamento constante dos elementos significantes[17] já delimitados: choque; matar-morrer-ficar louco, gato-gata, sangue-ferida, ver-não ver, ver de novo. Aliás, as regras de Nicole reapareceram bem rápido.

Assim, ela aí não vê mais, sobretudo não vê com esse olho, diz ela, piscando-o, depois deixando-o fechado! Sua cicatriz a incomoda – ela não deve se coçar, pois poderia sangrar. Seu gato também a incomoda, é preciso coçá-lo, pois ele não pode fazer isso sozinho, já que não tem mais pata

---

* Jogo de palavras: *déplacement* [deslocamento] é escrito *dé-placement*, o que dá também *des-encaminhamento* (NT)

17 Deve-se precisar bem aqui que "tumor [*tumeur*] – tu morres [*tu meurs*]" como tal nunca veio no texto das sessões. Nós mesmos só o "ouvimos [entendemos]" assim no momento de redigir este trabalho (ALS).

traseira. E ei-la imitando a maneira como o gato deveria poder se coçar, ali onde, justamente, ela acaba de dizer que aquilo a incomoda.

Os sintomas tornaram-se, portanto, mais histéricos. Além disso, quando ela bebe muito, por exemplo quando esquece de tomar o seu pó de hipófise – ou quando lhe impõem um controle do líquido ingerido para tentar fazer o diagnóstico diferencial potomania-diabete insípida –, ela deve ou vomitar, ou urinar.

Mas as fobias persistem, muito atenuadas: seu gato poderia comer o seu pó, ficar louco, arranhar-lhe os olhos, ou arranhar sua mãe, que poderia sangrar, ou ainda o gato poderia morrer. Ela mesma poderia ficar cega. O oftalmologista que ela adora ver – "ele é tão simpático e tem olhos tão belos" – lhe disse que seus nervos influíam sobre sua melhor ou pior visão, que ela devia relaxar. Mas como relaxar, quando, no metrô, os homens a olham, ou quando o irmão a irrita.

O personagem do irmão enfim se precisa. Sua mãe se inquieta com ele, ele não sai com moças, tem medo de tudo desde sempre, até de sair de bicicleta, e isso já antes de uma queda ocorrida aos 13 anos. Um ano após ter sido levado em consulta por uma história de fuga, ele molestou uma menina num palanque de músicos. Ele caiu então de vários metros, sem ferida aparente. Mas, desde esse acidente, ele ouve mal: uma trompa [de Eustáquio] se teria fechado por causa do choque.

Ficamos ainda sabendo que esse filho, com alguns anos de idade quando o pai volta da guerra, provocara muitos ciúmes neste. Depois, quando tinha 8 ou 9 anos, o pai teria até censurado a mulher por ter dormido com ele. Estranhamente, a mãe de Nicole põe essa acusação em relação com uma visita de policiais, vindos para investigar em sua casa, há alguns anos. Era bem no momento em que os distúrbios de Nicole – eles tinham começado quando ela tinha 8 ou 9 anos – iam se intensificar...

O irmão também sofrera, portanto, um choque, choques. Mas, aqui ainda, o que chocou o que ou quem?

Vamos compreendê-lo ouvindo o pai, que enfim conseguiu acompanhar a filha, pois, diz ele, ela melhorou tanto. Ele não se assemelha muito ao retrato feito dele e fala como um homem de bom senso – um "alcoólatra habitual" com certeza, mas bem sóbrio nesse dia. Ele acha que Nicole sempre foi mimada demais pela mãe. Tudo é um direito para ela. Sua doença é bem estranha. Às vezes ela vê, às vezes nem um pouco, ultimamente ela sentiu dores de cabeça muito fortes, as pessoas ficaram com medo, e depois era só uma otite.

Mas "ela bebe muito, isso não pode criar-lhe distúrbios? – Tem ele alguma razão para crer em algo assim? – Ah não, comigo era outra coisa, uma depressão nervosa, o choque de saber que minha filha ficara doente. Eu tinha alucinações, via um caminhão numa contramão, e depois homens por toda parte".

E ele fala, muito emocionado, do irmão caçula, morto em plena juventude. "Mas ele, era no ânus – não um tumor, ah não! – mas algo que nunca se soube. Ele vivia com meus pais, não era casado. Falamos de todas as espécies de coisas, de um choque. – Que choque? – Ah nada, ele teria caído, de bicicleta...".

Eis aqui, portanto, onde havia tocado, no pai, a busca na filha de um choque que também a teria levado a beber. Eis onde, no filho, se enraíza seu medo de bicicleta... e das mulheres, e sobre o que viera ressoar a queda do alto de um palanque de músicos durante seus primeiros e até ali talvez únicos jogos heterossexuais. Termos idênticos servem à mãe para descrever seu filho, ao pai, para descrever seu irmão. Mas ele está longe de realizar essa semelhança, ele considera o filho sem problema, se não sai é que se sente bem em casa.

Por que ele, o pai, levou tanto tempo para vir, apesar da nossa insistência? É que vir a Paris o deixa doente de angústia. Desde seu casamento e a morte, mais ou menos na mesma época, de seu irmão, ele fugiu da cidade e não suporta mais os lugares onde há gente demais, homens demais. – Por que pôde ele vir, no entanto, enfim? Porque, pensamos, a enorme melhora de Nicole em parte desfazia o nó das "contramãos" amarrado ao fio das coincidências e das repetições. É porque algo um dia foi amarrado à linguagem que pela linguagem isso pode se desfazer. É assim que toma seu efeito a análise, é assim, pelo desenlace dessas imbricações significantes, que se explicam os progressos de Nicole e aqueles, talvez, de seu pai, depois, de seu irmão.

Pois, indubitavelmente, Nicole melhorou. Ela envia às enfermeiras um cartão assinado "seu cróbio inteiro", retomando a brincadeira genial de uma delas, que costumava lhe dizer: "Você, com os seus micróbios, não é um meiocróbio*, mas de fato um cróbio inteiro!". De novo hospitalizada por alguns dias para o estudo de sua diabete insípida, ela canta o dia inteiro e declara: "Não acredito mais nisso tudo, eu me considero curada... exceto da minha diabete, é claro". Sua vigilância faz fracassar uma vez mais a prova do placebo: "O pó do hospital não tem o cheiro de meu verdadeiro pó. O verdadeiro pó cheira a... xixi de gato!"

Quando, um pouco mais tarde, ela tem uma otite, com fortes dores de cabeça, ela simplesmente pensa "droga, mais um tumor", e se pergunta se, de início, tudo isso não teria "vindo dos ouvidos".

Por isso, ela se interroga sobre as insônias, que ocorrem quando esquece de tomar seu pó. Pois, então, ela bebe muito e arriscaria, no sono, fazer xixi na cama. Logo, diz ela, "inconscientemente, eu não durmo, quero dizer, inconscientemente, eu me impeço de dormir". Pela primeira vez, ela revela, então, ter "urinado na cama" até a idade de 12 anos, sintoma colocado, com certeza na época, na conta da polidipsia. Talvez seja porque algo da ordem da "reivindicação fálica" está evoluindo. Ela ainda se diverte com o barulho feito por "sua torneira", quando, de noite, ela atravessa o quarto dos pais para ir beber, depois urinar "no balde onde isso ressoa". Mas ela começa a deplorar seu caráter, irritável como o do pai: "Eu gostaria tanto de parecer com mamãe, que é uma pérola, mas tenho o caráter de papai, desde bem pequena". De sua mãe ela herdou, antes, "muitas doenças, a partir da escola sobretudo, como se a ela eu fosse alérgica". Mas ela sempre era primeira, e está em via de recuperar esse lugar. No entanto, ela nunca ousou dizer o que queria se tornar, tanto é ambicioso. Ela quer se tornar... professora de direito.

O que se deve entender? Professora, vírgula, de direito? Como diz seu pai, tudo é um "direito" para ela. Professora de direito das mulheres, tão em moda? Ou então tentaria ela professar, promover apesar de tudo, para além da incapacidade do pai, seu Direito, sua Lei, para a qual, na história singular contada pela mãe, policiais tinham vindo – da mesma forma que nos sonhos – fazer uma investigação? Que, durante o momento dessa investigação, sua doença começou, isso nós só podemos constatar.

* Em francês *mi* [meio] *crobe*. (NT)

Nessa observação perturbadora, a investigação psicanalítica não pôde esclarecer o diagnóstico. Conservamos as mesmas incertezas que há dois anos. A atrofia ótica patente e persistente, sem permitir afirmar a existência de um tumor, impede de eliminar totalmente esse diagnóstico[18].

Todos os outros sintomas, diabete insípida controlada por 2 unidades de pós-hipófise – que com freqüência cada vez maior ela esquece de tomar –, distúrbios visuais acompanhados de variações importantes, obesidade, podem ser funcionais.

Em compensação, nossa investigação permitiu fazer desaparecer em Nicole sintomas que não eram devidos a um tumor real, mas à possibilidade de sua existência, inscrita em sua história anterior, e isto ainda mais que tinha sido possível verificar-lhe a existência, durante a exploração cirúrgica. Tumor fantasma, tumor fantasmático, fazendo parte de uma rede complexa onde se misturam real, imaginário e simbólico: tudo isso se assemelha a um câncer que rói as relações internas dessa família.

---

[18] O diagnóstico de tumor cerebral recidivante foi infelizmente confirmado por novos exames e Nicole foi então transferida para o Hospital de Villejuif no serviço de oncologia infantil de Odile Schweissguth, onde ela morreu algum tempo mais tarde.

13.
O lugar da psicanálise na medicina[1]

JENNY AUBRY: É voluntariamente que a psiquiatria não estará em questão durante as exposições e discussões que os senhores vão ouvir hoje.

O lugar da psicanálise na psiquiatria talvez ainda seja contestado atualmente – mas talvez não contestável – e quero antes lhes dizer por qual encaminhamento fomos conduzidos à reunião de hoje.

Qual era minha visada quando há três anos assumi, enquanto psicanalista e outrora pediatra, um serviço no Hospital das Crianças-Doentes? Ela era dupla: eu queria introduzir, na medida do possível, uma colaboração entre pediatras e psicanalistas de boa vontade, trabalhando numa mesma equipe e desejosos de se comunicar entre si. Tratava-se de ver o que a psicanálise poderia trazer aos pediatras e inversamente. Eu estava igualmente pronta, disponível para responder a todo pedido que eu poderia vir a receber por parte das outras equipes médicas do hospital.

Em primeiro lugar, tentei introduzir em meu serviço uma certa "escuta" analítica dos pais e também das crianças, escuta que talvez modificasse a iniciativa da investigação semiológica e, eventualmente, a terapêutica. Após três anos, a equipe está aí e vai bem, as crianças também, e penso que,

---

[1] Mesa-redonda organizada por iniciativa de Jenny Aubry, no âmbito do Colégio de Medicina, com Henri-Pierre Klotz, Jacques Lacan, Ginette Raimbault, Pierre Royer, assim como uma intervenção de L.M. Wolf. Publicada pela primeira vez nos *Cahiers du Collège de médecine*, 3º ano, 12, dezembro de 1966, pp. 761-774. Retomada no *Bloc-notes de la psychanalyse*, 7, 1987, pp. 17-28.

a despeito das dificuldades inerentes à vida de um grupo, ainda poderemos progredir por muito tempo.

Encontrei mais dificuldades de responder aos pedidos que emanavam dos médicos dos outros serviços, pois reina uma grande confusão sobre o que é a psicanálise.

Os primeiros pedidos que me foram endereçados eram do âmbito da psicologia e da psicometria, o que nada tem a ver com a psicanálise. É certo que o papel do psicanalista não é fornecer dados numerados a máquinas eletrônicas. Trata-se de outra coisa e estamos falando de outro lugar. Progressivamente, pude obter que questões precisas me fossem colocadas para cada caso que se tratava de enviar ao psicanalista, ou ao "psi", não se sabia o quê.

Bem mais, pedidos de um outro registro me chegaram e creio que pude estabelecer, com nossos amigos Pierre Royer e Henri-Pierre Klotz, uma colaboração que visa mais longe.

Não é por acaso que esses pedidos vieram de um serviço de nefrologia, em que o médico está confrontado com os problemas da vida e da morte, do desejo de vida e do desejo de morte. Esses problemas dizem respeito aos psicanalistas em primeiro lugar. Não é tampouco por acaso que uma colaboração se estabeleceu com Klotz, já que da mesma forma os distúrbios endócrinos são, com bastante freqüência, distúrbios funcionais cuja causa nem sempre é uma lesão orgânica, que freqüentemente colocam problemas de outra ordem.

Qual vai ser o lugar da psicanálise na medicina? É o que vamos tentar discutir hoje. Proponho-lhes primeiramente perguntar aos doutores Royer e Klotz quais são, do ponto de vista teórico, os problemas, as questões que eles desejam colocar aos analistas e sobre que critérios eles se basearíam eventualmente para dar um lugar à psicanálise na medicina. Depois, passaremos ao campo de aplicações práticas e veremos como, na vida cotidiana, os psicanalistas se inserem entre as equipes de médicos. Pedirei à Dra. Raimbault que nos conte a maneira como ela foi integrada na equipe do Dr. Royer e ao Dr. Lacan, que nos dá a honra de estar aqui hoje, como ele pensa poder responder a essas questões.

Passarei agora a palavra ao Dr. Klotz, para os problemas teóricos.

HENRI-PIERRE KLOTZ[2]: Não é todos os dias que temos a chance de poder interrogar analistas da classe dos que estão nesta mesa.

Vou, portanto, entrar logo no cerne do assunto e fazer a meu colega Lacan algumas perguntas preliminares. Minha primeira pergunta é a seguinte:

Não pensa ele que os médicos veriam com um olhar melhor o recurso à psicanálise, se a prática desta fosse democratizada? Sei bem que as consultas de especialistas são todas muito custosas, mas todo especialista aceita dispensar sua ciência ou seu talento em consultas hospitalares. Ao contrário, o caráter dispendioso das consultas é considerado pela maioria dos analistas como uma das condições necessárias do sucesso da cura psicanalítica. Eles fazem disso uma questão de princípio. *A priori*, somos sempre tentados a duvidar do valor de um princípio cômodo ou vantajoso demais. Aliás, a esse respeito, é interessante citar este texto profético de Freud, que escreve: "As doenças neuróticas não devendo ser abandonadas aos esforços impotentes de caridosos particulares, edificaremos estabelecimentos, clínicas, tendo à frente médicos psicanalistas qualificados, onde procuraremos, com ajuda da análise, conservar a resistência e a atividade em homens que, sem isso, se entregariam à bebida, em mulheres que sucumbem sob o peso de frustrações, em crianças que só têm escolha entre a depravação e a neurose. Esses tratamentos serão gratuitos. Talvez seja preciso muito tempo antes que o Estado reconheça a urgência dessas obrigações. As condições atuais podem atrasar notavelmente essas inovações e é provável que os primeiros institutos desse gênero serão devidos à iniciativa privada, mas será preciso que um dia ou outro a necessidade disso seja reconhecida[3]".

Minha segunda pergunta é a seguinte:

---

2 Henri-Pierre Klotz (1910-1984): professor de endocrinologia. Autor de um célebre estudo sobre um caso de ambigüidade sexual: "O tranvestismo heterossexual habitual. Formas particulares das ambigüidades sexuais constitucionais", *Semaine des hôpitaux*, 65, 1955. Escrito em colaboração com E. Borel e R. Colla. Cf. Pierre-Henri Castel, *La Métamorphose impensable. Essai sur le transsexualisme et l'identité personnelle*, Paris, Gallimard, 2003.

3 Sigmund Freud, "As vias novas da terapêutica psicanalítica" (1919), em *La Technique psychanalytique* (1953), Paris, PUF, 1974, pp. 140-141.

Não acha você que, para aproximar o ensino da psicanálise do da medicina e, por conseguinte, para aproximar essas duas disciplinas, convém democratizar o ensino da psicanálise? Atualmente, uma psicanálise didática custa ao aluno mais ou menos 100.000 antigos francos* por mês, e isso durante um tempo variável que vai de dois a quatro anos em média. Independentemente do fato de que essa forma de ensino é fundamentalmente antidemocrática, vejo nela um outro obstáculo. Um ser humano que se tiver imposto um sacrifício financeiro como esse, e que deverá às vezes entregar-se a uma segunda ocupação subalterna para cumprir suas obrigações para com seu analista, não pode deixar de ficar marcado por essas circunstâncias até em sua própria ética, e na posição pessoal que ele terá para com esse instrumento de conhecimento e de tratamento que ele adquiriu de modo tão caro.

Esse ensino tão pouco democrático é, aliás, um ensino? Os vínculos que se estabelecem entre o candidato psicanalista e seu psicanalista educador, que ele vê de três a quatro vezes por semana, na posição do divã, não são aqueles que unem um aluno e um mestre, mas, bem antes, os vínculos esotéricos e rituais que unem um neófito e um iniciado. Não se trata de um ensino, mas de uma ordenação, e por muito tempo o iniciador exercerá sobre seu iniciado um domínio psicológico muito particular. Não acha você que é preciso buscar e encontrar as bases de um ensino verdadeiramente científico da psicanálise?

Chego agora a dados mais fundamentais.

Todo empreendimento humano arrisca petrificar-se ao tomar seus meios por seu fim. Não acha você que há aí um perigo certo para a psicanálise? Certo, a contribuição da psicanálise freudiana parece capital para a compreensão do desenvolvimento da personalidade, do nascimento à idade adulta, e, não os tendo eu mesmo estudado, não vejo razão alguma para pôr em dúvida o caráter científico dos estádios (oral, anal, pré-genital, genital) da semântica psicanalítica. Mas, ao lado desses dados, há todos aqueles da biologia, da sociologia, todas as influências das condições culturais e de trabalho que não deixam de repercutir sobre o equilíbrio psíquico dos indivíduos. Não acha você que, ao se fechar a todas essas influências e se limitar voluntariamente ao esquema da dinâmica psicanalítica, isto é, aos conflitos

---

* 1000 francos. (NT)

e aos complexos clássicos, numerosos psicanalistas ditos "ortodoxos" desenvolvem em si uma certa preguiça da imaginação, freando todo impulso criador? Essa monotonia das respostas e dos conceitos psicanalíticos decepciona um certo número de clínicos desejosos de confiar seus doentes a um analista, e estou tanto mais à vontade para colocar esta questão ao Dr. Lacan porque ele precisamente pertence, ao contrário, à categoria dos inovadores.

Última questão:

Se a psicanálise enquanto instrumento de conhecimento merece toda a nossa atenção, é na verdade à psicanálise enquanto instrumento terapêutico que querem se dirigir os médicos.

Ora, desse ponto de vista, do ponto de vista da terapêutica, os médicos se perguntam se é realmente um enriquecimento para um psicoterapeuta de inspiração analítica nada conhecer ou nada querer conhecer das outras armas da psiquiatria e da psicoterapia. Há realmente interesse em limitar a atividade do analista à sua técnica pura e não é ele também, sob certos aspectos, um psiquiatra amputado?

Resumindo, se os médicos ainda hesitam em recorrer com mais freqüência à análise psicológica das causas das doenças internas, talvez seja porque, para algumas das razões expostas acima, a psicanálise lhes parece não ter saído da fase mágica de seu desenvolvimento histórico. É preciso ajudá-la a se encaminhar para sua fase científica. Não é necessário, para isso, favorecer a integração dos dados psicanalíticos válidos no âmbito de um método de análise psíquica, que seria, ela, verdadeiramente global, aberta, plurifatorial e autenticamente científica?

Jenny Aubry: Creio que para os problemas terapêuticos, que dizem respeito à aplicação da análise, responderemos antes num segundo estádio. Se o Dr. Royer quiser tomar a palavra?

Pierre Royer[4]: Se Klotz confessa que não é psicanalista, é certo que a minha presença aqui é ainda mais paradoxal. Com efeito, um certo núme-

[4] Pierre Royer (1917-1995): pediatra, nefrologista. Chefe do serviço de nefrologia e das doenças do metabolismo no Hospital das Crianças-Doentes. Posteriormente, será nomeado chefe do serviço de pediatria geral.

ro dos senhores não ignora que sou pediatra, orientado para os problemas de biologia e de bioquímica. Mesmo assim, estou feliz de estar hoje aqui, primeiramente porque encontrei muitos estímulos junto a Jenny Aubry e a Ginette Raimbault, e também porque a questão que vou colocar parece-me já ter mais ou menos recebido a sua resposta no trabalho de nosso grupo.

O problema que se nos colocava era o seguinte: temos um serviço de nefrologia infantil que comporta sobretudo doentes crônicos, uns vítimas de afecções que têm um resultado longínquo favorável, outros provavelmente desfavorável, outros, enfim, certamente desfavorável. As crianças lá chegam várias vezes por ano durante anos, para curtas hospitalizações. Pertencem à vida de nosso grupo, são um pouco nossos filhos, os dos médicos, das enfermeiras e de todo o pessoal. Conhecemos muito bem a família dessas crianças e creio que cumprimos agora integralmente o papel que era antigamente destinado ao médico de família. Dessa maneira, criaram-se, entre nossos doentes, nossos médicos, nossas enfermeiras, relações de um tipo que julgo novo para o hospital segundo o que conheci dez ou quinze anos atrás. Isto é apenas um exemplo e estou certo de que muitos de meus colegas têm, em outros campos, os mesmos problemas.

Precisamos bem pouco tempo para perceber que éramos desajeitados no manejo das relações humanas e que, assim, semeávamos à nossa volta muita infelicidade. Por isso é que eu buscava há muito tempo alguém que possuísse técnicas psicológicas adaptadas à minha demanda. Eu não tinha *a priori* nenhuma preferência pela psicanálise em relação a outras técnicas, sendo bem ignorante desses métodos. Eu simplesmente buscava alguém que aceitasse prosseguir simultaneamente vários estudos sobre meus doentes. Não lhe pedia esforços terapêuticos, mas uma pesquisa e informações.

Eu queria, antes de mais nada, saber como se construía e se transformava a imagem da doença na mente das mães e dos pais de família, e no de meus próprios jovens doentes, ao longo de uma afecção crônica de evolução mais ou menos ou certamente mortal. Minha idéia primeira era, com efeito, que nossas reações, nossas conversas com os doentes eram inteiramente construídas sobre nossa própria personalidade e nossa própria percepção nosológica da doença e nem um pouco em função da imagem que crianças e famílias podiam ter dessa doença. Daí esse tema, que exploramos muito com a Dra. Raimbault, da oposição entre uma doença "exógena", tal como a concebe o médico, e uma doença "endógena", tal como podem elaborá-la a criança pequena e sua mãe. É bem evidente que não é a mesma coisa para os dois e eu queria um estudo objetivo dessa doença "endógena".

Em segundo lugar, eu desejava que, a partir dos documentos que nos forneceria um psiquiatra a esse respeito, nós pudéssemos mudar a natureza das relações, das conversas e das direções de espírito que durante anos damos a nossas relações com as famílias e as crianças doentes e ver se, pouco a pouco, podíamos elaborar uma doutrina ou hábitos de espírito completamente diferentes dos hábitos que tínhamos até ali.

Enfim, eu queria igualmente que o psiquiatra analisasse cuidadosamente a repercussão que essas doenças crônicas, relativas a crianças às quais um apego natural nos liga ao fim de alguns anos, podiam ter – sobretudo no momento do resultado fatal – para os médicos de meu grupo e para as enfermeiras.

Havia, portanto, uma série de questões para as quais eu solicitava um estudo psicológico que nenhum dentre nós podia levar a cabo. A primeira dessas questões, que recoloco hoje, é a seguinte: os senhores consideram, Dra. Aubry e Dr. Lacan, que as técnicas psicanalíticas estejam adaptadas a um estudo desse gênero? Creio pessoalmente que os progressos que fizemos em dezoito meses nesse campo são muito estimulantes e que a resposta dos senhores provavelmente será positiva. Todavia, eu gostaria de saber se os senhores pensam que essas técnicas são inteira ou parcialmente adaptadas ao resultado final, que é de ter uma concepção clara de todos esses problemas.

A segunda questão vai ao encontro de uma daquelas colocadas por Klotz. A Dra. Raimbault é ligada ao INSERM. Ela pratica, portanto, essas técnicas psicanalíticas de maneira desinteressada, de certa forma "funcionarizada", isto é, inteiramente diferente daquela exposta há pouco por Klotz. Em que medida é possível integrar psicanalistas a grupos ou a unidades de pesquisa para trabalhos desse gênero que, se se afigurarem frutuosos, deverão, na minha opinião, ser estendidos a outros campos da medicina? É uma questão precisa que eu lhes coloco, pois é inútil dizer que a minha idéia de fazer entrar um psicanalista num grupo de biologia clínica não encontrou um entusiasmo extraordinário junto à administração do INSERM.

Esse exemplo coloca uma questão nova, que é a do psicanalista de pesquisa e, sobre esse ponto também, eu gostaria de ter a sua opinião.

Jenny Aubry: Antes de prosseguir o debate sobre o lugar da psicanálise na medicina e as aplicações práticas que a experiência de Ginette Raimbault colocará em evidência, gostaria de falar um pouco dos problemas de formação dos analistas e do modo de ensino da psicanálise, embora isso não diga inteiramente respeito ao assunto que hoje nos preocupa.

A resposta a Royer é ao mesmo tempo uma resposta a Klotz. Encontraremos possibilidades não dispendiosas de exercício da psicanálise na medida em que um lugar for dado à psicanálise. Há nas Crianças-Doentes mais ou menos vinte e cinco psicanalistas que trabalham por contrato, pois dei a eles a possibilidade de fazê-lo. Os locais de minha consulta são ocupados em tempo integral, embora o meu serviço seja dito de "tempo parcial". Seiscentas crianças mais ou menos passam por lá todo mês. No contexto hospitalar, um enorme número de estabelecimentos permite, pelo menos no que diz respeito às crianças, fazer tais tratamentos. Há agora Institutos médico-pedagógicos onde a psicanálise encontrou seu lugar, consultas, hospitais-dia; a associação mutualista dos estudantes e a MGEN * fizeram esforços consideráveis, assim como os hospitais psiquiátricos. Parece-me que só é um problema na medida em que não é dado seu lugar à psicanálise.

Quanto ao modo de ensino, creio que nunca recusamos formar um sujeito válido por motivos de ordem financeira. Por outro lado, não creio que se possa pretender que é fácil fazer estudos, sejam eles quais forem, quando não se tem dinheiro. Seria uma brincadeira de mau gosto e sabemos todos que os filhos de operários são muito pouco numerosos nas faculdades e no ensino superior. É, por conseguinte, um problema que ultrapassa amplamente o da psicanálise e, no caso particular, creio que isso não entra em linha de conta.

Dr. Lacan, o senhor que é o promotor de um movimento importante na psicanálise, o senhor acha que a psicanálise seja imóvel?

Jacques Lacan: Os senhores me permitirão, sobre algumas das questões que acabam de ser colocadas, ater-me às respostas da Dra. Aubry, que me parecem suficientemente pertinentes. Não acho que democratizar o ensino da psicanálise coloque outro problema que o da definição de nossa

* *Mutuelle générale de l'Éducation nationale*: cobertura social destinada aos estudantes. (NT)

democracia. É uma, mas existem várias espécies concebíveis e o futuro nos leva para uma outra.

O que eu acreditava ter a trazer para uma reunião como esta, caracterizada por quem a convoca, isto é, o Colégio de Medicina, era muito precisamente abordar um assunto que eu nunca tive de tratar em meu ensino, o do lugar da psicanálise na medicina.

Atualmente, esse lugar é marginal e, como escrevi repetidas vezes, extraterritorial. Ele é marginal por causa da posição da medicina em relação à psicanálise, que a admite como uma espécie de ajuda exterior, comparável àquela dos psicólogos e de diferentes outros assistentes terapêuticos. É extraterritorial por causa dos psicanalistas, que, com certeza, têm suas razões de quererem conservar essa extraterritorialidade. Não são as minhas, mas na verdade não penso que meu mero voto sobre isso bastará para mudar as coisas. Ela encontrará lugar em seu tempo, isto é, extremamente rápido, considerando a espécie de aceleração que vivemos quanto à parte da ciência na vida comum.

Esse lugar da psicanálise na medicina, eu gostaria hoje de considerá-lo do ponto de vista do médico e da mudança muito rápida que está ocorrendo no que chamarei a função do médico, e em seu personagem, já que, da mesma forma, é este um elemento importante de sua função.

Durante todo o período da História que conhecemos e que podemos qualificar como tal, essa função, esse personagem do médico permaneceram de uma grande constância até uma época recente.

No entanto, preciso ressaltar que a prática da medicina nunca funcionou sem um grande acompanhamento de doutrinas. O fato de durante um tempo bastante curto, no século XIX, as doutrinas terem reivindicado a ciência nem por isso as tornou mais científicas. Quero dizer que as doutrinas científicas invocadas na medicina eram sempre, até uma época recente, retomadas de alguma aquisição científica, mas com um atraso de vinte anos pelo menos. Isto mostra bem que esse recurso só funcionou como substituto e para mascarar o que anteriormente é preciso antes assinalar como uma espécie de filosofia.

Considerando a história do médico através do tempo, o grande médico, o médico típico era um homem de prestígio e de autoridade. O que acontece entre o médico e o doente, facilmente ilustrado agora por observações como a de Balint[5], que o médico ao prescrever se prescreveu ele mesmo sempre aconteceu: assim, o imperador Marco Aurélio convocava Galeno para que fosse vertida de suas mãos a teriaga[6]. Aliás, foi Galeno[7] que escreveu o tratado Οτι ἄριστὸς ἱατρὸς Καῖ φΐλὸ:οφος, que o médico, em seu melhor, é também um filósofo, em que essa palavra não se limita ao sentido tardio de filosofia da natureza.

Mas dêem a essa palavra o sentido que quiserem, a questão que deve ser situada vai se esclarecer com outras balizas. Penso que aqui, embora numa assistência na maioria médica, não estão me pedindo para indicar o que Michel Foucault nos traz, em sua grande obra, de um método histórico-crítico para situar a responsabilidade da medicina na grande crise ética (isto é, relativa à definição do homem) que ele centra em torno do isolamento da loucura; nem tampouco introduzir essa outra obra *Nascimento da clínica*[8], na medida em que nela está fixado o que comporta a promoção por Bichat[9] de um olhar que se fixa sobre o campo do corpo nesse curto tempo em que ele subsiste como devolvido à morte, isto é, o cadáver.

---

5 Michael Balint (1896-1970): médico e psicanalista inglês de origem húngara. Sua segunda mulher, Enid Balint (1904-1994), o iniciou, a partir de 1946, numa nova técnica: o *case work*. Tratava-se de comentar e de trocar relatos de casos no seio de grupos compostos de médicos e de psicanalistas. Em 1954, Balint foi convidado à SFP e foi nessa oportunidade que Ginette Raimbault o conheceu e que ela introduziu a prática dos grupos Balint no serviço de Jenny Aubry no Hospital das Crianças-Doentes.

6 Teriaga: eletuário considerado específico contra toda espécie de venenos e de serpentes.

7 Cláudio Galeno (131-201): médico grego, comentador de Platão. Marco Aurélio (121-180): imperador romano que escreveu em grego uma coletânea de seus pensamentos de inspiração estóica. Lacan não cita um livro, mas a fórmula "Um médico deve ser também um filósofo", que pode ser tirada de duas obras de Galeno: *Dos dogmas: de Hipócrates a Platão*, ou *Do bom médico*.

8 Michel Foucault, *Histoire de la folie à l'âge classique* (1961), Paris, Gallimard, 1972; *Naissance de la clinique* (1963), Paris, PUF, 1972.

9 Xavier Bichat (1771-1802): médico francês, fisiologista e anatomista. Foi um dos fundadores da medicina moderna, notadamente por sua famosa definição: "A vida é o conjunto das funções que resistem à morte". Claude Bernard (1813-1878) lhe prestará homenagem.

As duas superações estão assim marcadas, já que, por sua vez, a medicina consome o fechamento das portas de um antigo Janus, aquele que redobrava inencontravelmente[10] todo gesto humano com uma figura sagrada. A medicina é uma correlação dessa superação. A passagem da medicina ao nível da ciência e até o fato de que a exigência da condição experimental tenha sido induzida na medicina por Claude Bernard e seus consortes, não é isso que conta por si só, a balança está em outra parte.

A medicina entrou em sua fase científica, já que nasceu um mundo que, doravante, exige os condicionamentos requeridos na vida de cada um, à medida da parte que ele toma à ciência, presente para todos em seus efeitos.

As funções do organismo humano sempre foram objeto de uma colocação à prova conforme o contexto social. Mas o fato de serem tomadas como função é útil nas organizações altamente diferenciadas que não teriam nascido sem a ciência, elas se oferecem ao médico no laboratório de algum modo já constituído, até mesmo já provido dos créditos sem limites, que ele vai empregar para reduzir essas funções a montagens equivalentes àquelas dessas outras organizações, isto é, que têm estatuto de subsistência científica.

Citemos simplesmente aqui, para nos esclarecer, o que nosso progresso na formalização funcional do aparelho cardiovascular e do aparelho respiratório deve não só à necessidade de operá-lo, mas ao próprio aparelho por sua inscrição, já que eles se impõem a partir do alojamento dos sujeitos dessas reações em "satélites"; ou seja, o que se pode considerar como formidáveis pulmões de aço, cuja própria construção está ligada à destinação deles de suportes de certas órbitas, órbitas que estaríamos bem errados em chamar cósmicas, já que, essas órbitas, o cosmos não as "conhecia". Para tudo dizer, é com o mesmo passo pelo qual se revela a surpreendente tolerância do homem a condições acósmicas, inclusive o paradoxo que o faz ali aparecer, de algum modo, "adaptado", que se afigura que esse acosmismo é o que a ciência constrói.

Quem poderia imaginar que o homem suportaria muito bem a ausência de gravidade, quem poderia predizer o que aconteceria com o ho-

10 Neologismo forjado por Lacan.

mem nessas condições, atendo-nos às metáforas filosóficas, àquela, por exemplo, de Simone Weil[11], que fazia da gravidade uma das dimensões de tal metáfora?

É na medida em que as exigências sociais estão condicionadas pelo aparecimento de um homem que serve às condições de um mundo científico que, rico de poderes novos de investigação e de pesquisa, o médico vê-se confrontado com problemas novos. Quero dizer que o médico não tem mais nada de privilegiado na ordem dessa equipe de sábios diversamente especializados nos diferentes ramos científicos. É do exterior de sua função, nomeadamente na organização industrial, que lhe são fornecidos os meios ao mesmo tempo que as questões para introduzir as medidas de controle quantitativo, os gráficos, as escalas, os dados estatísticos por onde se estabelecem, até a escala microscópica, as constantes biológicas e se instaura em seu domínio esse descolamento da evidência do êxito, que é a condição do advento dos fatos.

A colaboração médica será considerada bem-vinda para programar as operações necessárias à manutenção do funcionamento de tal ou tal aparelho do organismo humano, em condições determinadas, mas, no fim das contas, em que isso tem a ver com o que chamaremos a posição tradicional do médico?

O médico é solicitado na função do sábio fisiologista, mas ele sofre outros apelos mais: o mundo científico despeja em suas mãos o número infinito do que ele pode produzir como agentes terapêuticos novos, químicos ou biológicos, que ele põe à disposição do público, e ele pede ao médico, como a um agente distribuidor, para pô-los à prova. Onde está o limite em que o médico deve agir e a que deve ele responder? A algo que se chama a demanda.

Direi que é na medida desse deslizamento, dessa evolução, que muda a posição do médico em relação àqueles que a ele se dirigem, que vem individualizar-se, especificar-se, pôr-se retroativamente em avaliação o que há de original nessa demanda ao médico. Esse desenvolvimento científico inaugura e põe cada vez mais em primeiro plano esse novo direito do ho-

---

11 Simone Weil, *La Pesanteur et la grâce*, introduzido por Gustave Thibon, Paris, Plon, 1947.

mem à saúde, que existe e já se motiva numa organização mundial. Na medida em que o registro da relação médica com a saúde se modifica, em que essa espécie de poder generalizado que é o poder da ciência dá a todos a possibilidade de vir pedir ao médico seu tíquete de benefício com um objetivo preciso imediato, vemos desenhar-se a originalidade de uma dimensão que chamo a demanda. É no registro do modo de resposta à demanda do doente que está a chance de sobrevivência da posição propriamente médica.

Responder que o doente vem nos pedir a cura [*guérison*] é não responder coisa nenhuma, pois, cada vez que a tarefa precisa, que deve ser cumprida de urgência, não responde pura e simplesmente com uma possibilidade que se encontra ao alcance da mão, digamos uma aparelhagem cirúrgica ou a administração de antibióticos – e até nesses casos resta saber o que disso resulta para o futuro –, há, fora do campo do que é modificado pelo benefício terapêutico, algo que permanece constante e todo médico sabe bem do que se trata.

Quando o doente é enviado ao médico ou quando ele o aborda, não digam que ele disso espera pura e simplesmente a cura [*guérison*]. Ele põe o médico à prova de tirá-lo de sua condição de doente, o que é inteiramente diferente, pois isso pode implicar que ele está inteiramente ligado à idéia de conservá-la. Ele às vezes vem nos pedir para autentificá-lo como doente, em muitos outros casos ele vem, da maneira mais manifesta, nos pedir para preservá-lo em sua doença, para tratá-lo da maneira que lhe convém, aquela que lhe permitirá continuar a ser um doente bem instalado em sua doença. Preciso evocar minha experiência mais recente: um formidável estado de depressão ansiosa permanente, durando já mais de vinte anos, o doente vinha me encontrar no terror, a que não dei a mínima importância. À simples proposta de me rever quarenta e oito horas mais tarde, já a mãe, perigosa, que estava durante esse tempo acampada em minha sala de espera, conseguira arrumar as coisas para que nada daquilo acontecesse.

Isto é de experiência banal, só o evoco para lembrar-lhes a significação da demanda, dimensão em que se exerce propriamente falando a função médica, e para introduzir o que parece fácil de perceber e no entanto só foi seriamente interrogado em minha escola, a saber, a estrutura da falha que existe entre a demanda e o desejo.

Assim que tivermos feito essa observação, fica claro que não é necessário ser psicanalista, nem mesmo médico, para saber que quando quem quer que seja, nosso melhor amigo, seja ele do sexo macho ou fêmea, nos pede algo, não é nem um pouco idêntico e até às vezes diametralmente oposto ao que ele deseja.

Eu gostaria de retomar aqui as coisas num outro ponto e observar que, se é concebível que cheguemos a uma extensão cada vez mais eficaz de nossos procedimentos de intervenção relativos ao corpo humano, sobre a base dos progressos científicos, o problema de uma questão que refrescaria o termo psicossomático não pode ser resolvido no nível da psicologia do médico. Permitam-me ressaltar mais como falha epístemo-somática o efeito que vai ter o progresso da ciência sobre a relação da medicina com o corpo.

Aí ainda, a situação está, para a medicina, subvertida de fora. E é por isso que aquilo que, antes de certas rupturas, permanecia confuso, velado, misturado, embrulhado, aparece com clareza.

Pois o que está excluído da relação epístemo-somática é justamente o que vai propor à medicina o corpo em seu registro purificado. O que se apresenta assim se apresenta como pobre na festa em que o corpo há pouco brilhava ao ser inteiramente fotografado, radiografado, calibrado, diagramatizado e possível de ser condicionado, considerando os recursos realmente extraordinários que ele guarda, mas talvez também esse pobre lhe traga uma oportunidade que volta de longe, a saber, do exílio onde a dicotomia cartesiana do pensamento e da extensão proscreveu o corpo, dicotomia que deixa completamente cair de sua apreensão o que acontece não com o corpo que ela imagina, mas com o corpo verdadeiro em sua natureza.

Esse corpo não é simplesmente caracterizado pela dimensão da extensão: um corpo é algo que é feito para gozar, gozar de si mesmo. A dimensão do gozo está completamente excluída do que chamei a relação epístemo-somática. Pois a ciência não é incapaz de saber o que ela pode, mas ela, não mais que o sujeito que ela engendra, não pode saber o que ela quer. Pelo menos o que ela quer surge de um avanço cuja marcha acelerada, nos dias de hoje, nos permite perceber que ela ultrapassa suas próprias previsões.

Podemos nós prejulgar, por exemplo, que nosso espaço, seja ele planetário ou transplanetário, pulula de algo que é preciso bem chamar vozes humanas, animando o código que elas encontram em ondas cujo entrecruzamento nos sugere uma imagem bem diferente do espaço que aquela onde os turbilhões cartesianos habitavam? Por que não falar também do olhar que é agora onipresente, sob a forma de aparelhos que vêem por nós nos mesmos lugares: ou seja, algo que não é um olho e que isola o olhar como presente. Podemos pôr tudo isso no ativo da ciência, mas isso nos faz alcançar o que ali nos diz respeito, não direi como ser humano, pois, na verdade, Deus sabe o que se agita por trás desse fantoche que chamamos o homem, o ser humano, ou a dignidade humana, ou seja qual for a denominação sob a qual cada um põe o que ele entende de suas próprias ideologias mais ou menos revolucionárias, ou reacionárias...

Perguntaremos, antes, em que é que isso diz respeito ao que existe, a saber, a nossos corpos? Vozes, olhares que passeiam, é bem algo que vem dos corpos, mas são curiosos prolongamentos que, no primeiro aspecto e até no segundo ou no terceiro, têm poucas relações com o que chamo a dimensão do gozo. É importante colocá-lo como pólo oposto, pois aí também a ciência está despejando certos efeitos que não deixam de comportar alguns desafios. Materializemo-los sob a forma dos diversos produtos que vão dos tranqüilizantes até os alucinógenos. Isso complica singularmente o problema do que até aqui qualificamos, de maneira puramente policial, de toxicomania. Contanto que um dia estejamos de posse de um produto que nos permita recolher informações no mundo exterior, vejo mal como uma contenção policial poderia se exercer.

Mas qual será a posição do médico para definir esses efeitos a respeito dos quais até aqui ele mostrou uma audácia nutrida sobretudo de pretextos, pois, do ponto de vista do gozo, o que é que um uso organizado do que chamamos mais ou menos propriamente tóxicos pode ter de repreensível, exceto se o médico entrar francamente no que é a segunda dimensão característica de sua presença no mundo, a saber, a dimensão ética? Essas observações, que podem parecer banais, de todo modo têm o interesse de demonstrar que a dimensão ética é aquela que se estende na direção do gozo.

Eis, pois, duas balizas, em primeiro lugar a demanda do doente, em segundo lugar o gozo do corpo. De uma maneira, elas confinam nessa dimensão ética, mas não as confundamos rápido demais, pois aqui intervém o que chamarei simplesmente a teoria psicanalítica, que vem, a tempo e, é claro, não por acaso, no momento da entrada em jogo da ciência, com essa ligeira dianteira que sempre é característica das invenções de Freud. Da mesma forma que Freud inventou a teoria do fascismo antes que ele aparecesse[12], da mesma forma, trinta anos antes, ele inventou o que devia responder à subversão da posição do médico pela escalada da ciência.

Há pouco indiquei suficientemente a diferença que há entre a demanda e o desejo. Só a teoria lingüística pode dar conta de igual apercepção, e ela pode isso tanto mais facilmente porquanto é Freud que, da maneira mais viva e mais inatacável, precisamente mostrou sua distância no nível do inconsciente. É na medida em que está estruturado como uma linguagem que ele é o inconsciente descoberto por Freud. Li com espanto, num escrito muito bem apadrinhado, que o inconsciente era monótono. Não invocarei aqui minha experiência, rogo simplesmente que abram as três primeiras obras de Freud, as mais fundamentais, e vejam se é a monotonia que caracteriza a análise dos sonhos, os atos falhos e os lapsos. Muito pelo contrário, o inconsciente me parece não só extremamente particularizado, mais ainda que variado, de um sujeito a outro, mas ainda muito esperto e espirituoso, já que foi justamente ali que o chiste revelou suas verdadeiras dimensões e suas verdadeiras estruturas. Não há um inconsciente porque haveria um desejo inconsciente, obtuso, pesado, Caliban, até mesmo animal, desejo inconsciente levantado das profundezas, que seria primitivo e teria que se elevar ao nível superior do consciente. Muito pelo contrário, há um desejo porque há inconsciente, isto é, linguagem que escapa ao sujeito em sua estrutura e seus efeitos, e porque há sempre, no nível da linguagem, algo que está além da consciência, e é aí que pode se situar a função do desejo.

Por isso é necessário fazer intervir esse lugar que chamei o lugar do Outro relativamente a tudo o que é do sujeito. É, em substância, o campo onde se balizam esses excessos de linguagem de que o sujeito guarda uma marca que escapa a seu próprio domínio. É nesse campo que se faz a junção com o que chamei o pólo do gozo.

Pois nele se valoriza o que Freud introduziu a respeito do princípio do prazer e de que nunca nos demos conta, a saber, que o prazer é uma

---

12 Sigmund Freud, *Psychologie des masses et analyse du moi* (1921), *OC*, XVI, Paris, PUF, 1991.

barreira contra o gozo, no que Freud retoma as condições com as quais velhíssimas escolas de pensamento tinham feito sua lei. O que nos dizem do prazer? Que é a mínima excitação, o que faz desaparecer a tensão, a tempera mais, portanto, o que nos pára necessariamente num ponto de afastamento, de distância muito respeitosa do gozo. Pois o que chamo gozo no sentido em que o corpo se experimenta é sempre da ordem da tensão, do forçamento, da despesa, até mesmo da façanha. Incontestavelmente, há gozo no nível em que começa a aparecer a dor, e sabemos que é somente nesse nível da dor que pode ser experimentada toda uma dimensão do organismo que de outra maneira permanece velada.

O que é o desejo? O desejo é, de algum modo, o ponto de compromisso, a escala da dimensão do gozo, na medida em que, de uma certa maneira, ele permite levar mais longe o nível da barreira do prazer. Mas trata-se aí de um ponto fantasmático, quero dizer, onde intervém o registro da dimensão imaginária, que faz com que o desejo esteja suspenso a algo cuja natureza não é exigir verdadeiramente a realização.

Por que será que acabo de falar aqui do que, de todo modo, não passa de uma amostragem minúscula dessa dimensão que estou há quinze anos desenvolvendo em meu Seminário? É para evocar a idéia de uma topologia do sujeito. É em relação às suas superfícies, aos seus limites fundamentais, às suas relações recíprocas, à maneira como elas se entrecruzam e como elas se ligam que podem se colocar problemas, que não são tampouco puros e simples problemas de interpsicologia, mas, de fato, os de uma estrutura relativa ao sujeito em sua dupla relação com o saber.

O saber para ele continua sendo marcado de um valor nodal pelo seguinte, cujo caráter central no pensamento esquecemos, é que o desejo sexual na psicanálise não é a imagem que devemos ter de acordo com um mito da tendência orgânica: é algo de infinitamente mais elevado e, antes de mais nada, ligado precisamente à linguagem, na medida em que é a linguagem que lhe dá primeiro seu lugar, e que seu primeiro aparecimento no desenvolvimento do indivíduo se manifesta no nível do desejo de saber. Se não vemos que é este o ponto central que enraíza a teoria da libido de Freud, simplesmente perdemos o fio. É perder o fio querer encontrar os quadros pré-formados de uma pretensa psicologia geral, elaborada ao longo dos séculos para atender a necessidades extremamente diversas, mas que constitui o dejeto da seqüência das teorias filosóficas. Também é perder o fio não ver que reperspectivação, que mudança total de ponto de vista é introduzida pela teoria de Freud, pois dela perdemos então a um só tempo a prática e a fecundidade.

Tal de meus alunos, exterior ao campo da análise, com muito freqüência me perguntou: "O senhor acredita que baste explicar isso aos filósofos, que baste lhes colocar num quadro o esquema do seu grafo para que eles reajam e compreendam?". É claro que eu não tinha sobre isso a mínima ilusão e provas demais do contrário. Apesar disso, as idéias passeiam e, na posição em que estamos em relação à difusão da linguagem e ao mínimo de impressos necessário para que uma coisa dure, isso basta. Basta que isso tenha sido dito em algum lugar e que um ouvido em dois mil o tenha ouvido para que num futuro bem próximo seus efeitos estejam assegurados.

O que indico, ao falar da posição que pode ocupar o psicanalista, é que atualmente é a única de onde o médico possa manter a originalidade de sempre de sua posição, isto é, daquele que tem de responder a uma demanda de saber, ainda que só seja possível fazê-lo fazendo o sujeito virar ao contrário as idéias que ele emite para apresentar essa demanda. Se o inconsciente for o que é, não uma coisa monótona, mas, ao contrário, uma fechadura tão precisa quanto possível e cujo manejo nada mais é senão abrir da maneira inversa de uma chave o que está para além como uma cifra, essa abertura só pode servir ao sujeito em sua demanda de saber. O que é inesperado é que o próprio sujeito confesse sua verdade e que ele a confesse sem saber.

O exercício e a formação do pensamento são as preliminares necessárias a uma tal operação: é preciso que o médico seja muito calejado em colocar os problemas quanto a uma série de temas, cujas conexões e cujos nós ele deve conhecer, e que não são os temas correntes da filosofia e da psicologia. Aqueles que estão em curso numa certa prática investigadora que se chama psicotécnica, em que as respostas são determinadas em função de certas questões registradas do ponto de vista utilitário, têm seu preço e seu valor em limites definidos que nada têm a ver com o fundo do que ocorre na demanda do doente.

No final dessa demanda, a função da relação com o sujeito suposto saber revela o que chamamos a transferência. Na medida em que, mais do que nunca, a ciência tem a palavra, mais que nunca se suporta esse mito do sujeito suposto saber, e é isso que permite a existência do fenômeno da transferência, uma vez que ele remete ao mais primitivo, ao mais enraizado do desejo de saber.

Na idade científica, o médico se encontra numa dupla posição: por um lado, ele está às voltas com um investimento energético de cujo poder ele não suspeita se não lhe explicam, por outro, ele deve pôr esse investimento entre parênteses em razão mesmo dos poderes de que ele dispõe, daqueles que ele deve distribuir, do plano científico em que ele está situado. Queira ou não, o médico está integrado a esse movimento mundial da organização de uma saúde que se torna pública e, por esse fato, novas questões lhe serão colocadas.

Ele não poderá de modo algum motivar a manutenção de sua função propriamente médica em nome de um "privado", que seria da competência do que chamam o segredo profissional, e não falemos demais da maneira como ele é observado, quero dizer, na prática da vida no momento em que se bebe conhaque. Mas não é isso a força do segredo profissional, pois, se fosse da ordem do privado, seria da ordem das mesmas flutuações que socialmente acompanharam a generalização da prática do imposto de renda no mundo. É de outra coisa que se trata. É propriamente dessa leitura pela qual o médico é capaz de conduzir o sujeito ao que acontece com um certo parêntese, aquele que começa no nascimento, que acaba na morte e que comporta as questões que comportam um e outra.

Em nome de que os médicos terão de estatuir o direito ao não ao nascimento? Como responderão eles às exigências que confluirão, muito rapidamente, às exigências da produtividade? Pois, se a saúde torna-se o objeto de uma organização mundial, tratar-se-á de saber em que medida ela é produtiva. O que poderá opor o médico aos imperativos que fariam dele o empregado dessa empresa universal da produtividade? Ele não tem outro terreno senão essa relação pela qual ele é médico, a saber, a demanda do doente. É no interior dessa relação firme em que acontecem tantas coisas que está a revelação dessa dimensão em seu valor original, que nada tem de idealista, mas que é exatamente o que eu disse, a relação com o gozo do corpo.

O que têm vocês a dizer, médicos, sobre o mais escandaloso do que vai se seguir? Pois, se fosse excepcional o caso em que o homem até aqui proferia "Se o seu olho o escandaliza, arranque-o", o que dirão do slogan: "Se o seu olho se vende bem, dê-o"? Em nome de que terão vocês de falar, senão precisamente dessa dimensão do gozo de seu corpo e do que ele comanda de participação em tudo o que acontece no mundo?

Se o médico deve permanecer algo, que não pode ser a herança de sua antiga função, que era uma função sagrada, é, para mim, perseguir e manter em sua vida própria a descoberta de Freud. Foi sempre como missionário do médico que me considerei: a função do médico, como a do sacerdote, não se limita ao tempo que nela empregamos.

JENNY AUBRY: Dr. Royer, o senhor tem algumas palavras a dizer antes da exposição da Dra. Raimbault?

PIERRE ROYER: Peço desculpas por retomar a palavra após a "breve" intervenção do Dr. Lacan. Penso que a exposição que ele acaba de fazer do que ele chamou uma "minúscula amostragem" de suas obras é bem chocante para os médicos que estão nesta assembléia e parece-me bom dizê-lo, pois, se entendi bem, e se nenhuma armadilha me foi preparada, estamos aqui para discutir o lugar da psicanálise na medicina em geral e, mais particularmente, as relações entre psicanalistas e clínicos no seio de um mesmo hospital. O problema me fora colocado assim e tenho o sentimento de ter um pouco caído numa arapuca.

Acabamos de ouvir uma exposição que contém muitas banalidades – é o próprio autor quem o diz – e não fiquei muito sensível, devo confessá-lo, aos argumentos que ele desenvolveu. Estamos aqui, parece-me, para coisas mais sérias.

Dr. Lacan, nós tivemos, o Dr. Klotz e eu mesmo, a honestidade de dizer, no início desta mesa-redonda, que não éramos psicanalistas e que não desejávamos julgar a psicanálise. Teria sido honesto de sua parte, parece-me, reconhecer que o senhor não conhecia nem os médicos, nem a medicina. O senhor emitiu um certo número de julgamentos sobre os médicos que são inaceitáveis e – permito-me dizer-lhe – quando o senhor faz de nós simples "distribuidores de remédios" fornecidos pelas firmas farmacêuticas, isso prova que o senhor certamente não está a par dos inumeráveis problemas com os quais somos confrontados e que tentamos resolver.

Eu tinha vindo aqui na esperança de que poderíamos encontrar uma linguagem comum, já que o senhor se interessa pelos problemas de lingüística... Ora, é impossível encontrá-lo nesse terreno e devo confessar que considero esta reunião como um fracasso completo.

JENNY AUBRY: Não creio que alguma vez tenhamos considerado o Dr. Royer como um distribuidor de remédios e, se tento precisar o pensamento do Dr. Lacan, ele provavelmente quis dizer que era um perigo que espreitava o médico.

JACQUES LACAN: Não, não foi isso que eu disse: eu falei da demanda do doente.

JENNY AUBRY: Creio, Dr. Royer, que a maneira como a psicanálise foi colocada a serviço da sua equipe de pesquisa esclarecerá a nossa discussão e eu gostaria que a Dra. Raimbault nos dissesse algumas palavras sobre isso.

GINETTE RAIMBAULT: Devo primeiramente dizer que a minha posição no serviço do Dr. Royer foi facilitada pelo fato de que ele não me pediu nenhum esforço terapêutico, simplesmente rogou integrar-me a sua equipe de especialistas pesquisadores como outro especialista pesquisador. Eis, pois, na prática, o que eu lhe propus e o que fizemos juntos de um ano e meio para cá.

Adotei de imediato uma posição diferente daquela do psicanalista tal como se pode caricaturá-lo, como sendo aquele que busca uma psicogênese – de preferência específica – para distúrbios orgânicos ou funcionais; meu objetivo era, antes, a análise da relação médico-doente-doença. Na prática, coloquei-me numa posição complementar daquela dos outros pesquisadores, ao participar de todas as atividades do serviço, fossem em sala com as visitas, durante as discussões científicas e clínicas dirigidas pelo Dr. Royer, ou na consulta externa. Por outro lado, escutei pais e crianças com "o ouvido analítico". Isto é, uma atitude e referências muito diferentes do interrogatório médico ou médico-psicológico habitual.

Nas reuniões semanais do serviço, agrupando a equipe e os correspondentes de Paris e do interior, expus essas entrevistas de maneira tão fiel quanto possível. Isto revelou aos médicos a importância do discurso da criança doente e de sua família, desvendando um "vivido" da doença ao qual só correspondia de maneira longínqua a visão "científica" objetiva que eles próprios tinham dela. A diferença entre o que chamamos com o Dr. Royer a doença endógena ("a doença autógena" de Balint) e a doença vista pelo médico apareceu como uma das fontes de dificuldades na relação "médico-doente": o diagnóstico global deve integrar e articular os quatro pólos do problema, "criança-família-médico-doença", e servir de base para a discussão da conduta terapêutica.

Ao longo do ano, prosseguimos, pois, essas discussões e, com os médicos, pareceu-nos que podíamos extrair algumas noções quanto à visão endógena da doença nos pais e nos filhos, nos casos de doenças crônicas letais.

Assim, a equipe dos especialistas hospitalares é colocada pela família na posição de "médico da família" a quem ela pede um atendimento total. A hospitalização é o momento de um apelo, que já sofreu numerosos avatares, nem que seja nas relações anteriores com os outros médicos.

A doença real, por mais específica que seja, isto é, deterioração de um órgão ou de uma função, virá servir de suporte para toda a fantasmática familiar sobre a morte e a vida. Só responder no nível "reparação do órgão ou da função" equivale a só responder no nível do sintoma.

Por outro lado, desde a primeira entrevista, os pais relatam suas próprias pesquisas quanto à etiologia da doença considerada como um mal. Remeto aqui aos trabalhos anteriores da Dra. Aubry, da Dra. Bargues, de Valabrega. A formulação dos pais vai de "isso não tem sentido" a "eis o sentido que lhe damos". Certo, a investigação médica sistemática sobre os antecendentes, a falta de informação, ou a má informação do público quanto aos problemas de nefrologia, a impotência da ciência médica em certos casos favorecem essa atitude e a elaboração de fantasias quanto ao agente responsável.

A culpa aparece antes de tudo nessas fantasias, sejam elas expressas diretamente – infração a uma ordem, uma lei, um interdito – ou indiretamente, por deslocamento, denegação, projeção. A doença da criança parece, portanto, ser um revelador da problemática e do drama familiar, que se atualiza nessa doença e dela se nutre, mas não é verdadeiramente suscitado por ela. As dificuldades encontradas pelos médicos se devem em parte ao fato de que eles só ouvem a demanda explícita – "tratem esta crise" – e não a demanda implícita: "eis o nosso drama".

Nesse primeiro tempo, descobrimos, então, a importância dos discursos da criança doente e de sua família. A questão colocada atualmente pelos médicos da equipe é a seguinte: "como explorar cientificamente o material assim descoberto?".

Nessa segunda etapa de nosso trabalho de colaboração, proponho ainda a utilização da psicanálise como ciência da decifração do discurso inconsciente e de seus efeitos. Trata-se de identificar, no discurso do sujeito, os acontecimentos, as situações, as palavras que vão desvelar sua temática e a articulação da doença nessa temática. É esta a nossa posição atual.

Embora estejamos pouco avançados nessa pesquisa, que data apenas, eu lhes disse, de dezoito meses, necessariamente fomos levados a discutir problemas de prática médica. Assim, várias vezes abordamos um assunto delicado ao longo de nossas reuniões semanais: o da informação a ser dada pelo médico à família quanto à natureza da doença e a seu prognóstico fatal. Dois tipos de atitudes aparecem: uns preferem prevenir os pais, outros guardam seu prognóstico até o final. O caráter apaixonado das controvérsias que ocorreram, o fato de que os argumentos eram utilizados com toda a boa-fé para justificar uma ou outra dessas atitudes incitaram alguns a tentar delimitar, para além dessas racionalizações, sua verdadeira determinação e a reconhecer que cada um utiliza, diante desse problema específico – isto é, a angústia de sua própria morte e da morte do outro –, seus mecanismos de defesa pessoais. Na verdade, o fato de o médico ter tal ou tal atitude não parece ser o fator primordial para o doente e sua família. Mais importante parece ser o fato de que o médico age com demasiada freqüência de modo estereotipado, em função de suas pressuposições pessoais.

Para resumir, digamos que, a partir de uma demanda dos médicos relativa à repercussão da doença crônica sobre a criança e às causas das dificuldades da relação médico-doente, o trabalho da equipe orientou-se para a consideração do discurso da criança doente e de sua família, a análise desse material e a exploração que dele pode ser feita para fins terapêuticos.

Se a criança doente e sua família forem considerados sujeitos a serem ouvidos, esse material não pode ser isolado do diálogo no qual ele se insere.

Seremos, portanto, levados a estudar de maneira análoga o discurso dos médicos. Com efeito, o médico não pode ser considerado uma máquina de diagnosticar, um robô terapêutico: é um sujeito preso, como todos os sujeitos, num discurso inconsciente, que determina sua resposta ao sujeito doente, isto é, sua conduta terapêutica.

JACQUES LACAN: Não creio que a Dra. Raimbault, embora num estilo diferente e que pode ser mais agradável a certos ouvidos, tenha dito coisas essencialmente diferentes daquelas que enunciei há pouco.

De todo modo, eu gostaria de dizer esta simples palavra ao Dr. Royer: é que eu teria acreditado numa melhor acolhida dada a minhas palavras. Embora eu tenha feito da abundância do arsenal terapêutico o único critério da passagem da medicina à era científica, o essencial de minha distinção parecia-me, mas com certeza deve ser um erro, recobrir a dimensão com a qual, antes de meu discurso, ele mesmo tinha dito se inquietar, a saber, o que ele nomeou em seu vocabulário próprio, que é de seu registro, a doença endógena como oposta à doença exógena. Se entendi bem, a doença exógena é aquela que é vista do exterior, pelo médico, desse ponto de vista que eu chamei há pouco científico. A doença endógena recobre todos esses problemas que eu indicava, os da demanda e do fundo que ela esconde. Para poder resolvê-los e neles intervir de maneira apropriada, não basta nisso avançar numa formação apressada. Considerando a difusão atual da teoria da relação médico-doente, vista de maneira mais ou menos aproximativa como psicanalítica, e o que ela permite em certos casos de intervenções intempestivas, às vezes uma não iniciação vale mais que uma grande demais.

HENRI-PIERRE KLOTZ: No que me diz respeito, não partilhei a indignação profunda do Dr. Royer, nem mesmo experimentei um começo de indignação, pois não fiquei nem um pouco estupefato de ouvir uma exposição tão longa do Dr. Lacan. Meu inconsciente pessoal – provavelmente cheio de intuição – deixava-me supor que a coisa se passaria assim e eu havia deixado de lado todo problema pessoal.

Fiquei muito interessado de ouvir o Dr. Lacan, pois a exposição apaixonada de alguém que crê no que faz e tenta ir até o fundo das coisas sempre me é agradável. No entanto, não compartilho, bem entendido, a maior parte de suas afirmações, que me parecem bem hipotéticas. Gostaria, entretanto, que guardássemos uma coisa que acredito essencial, é essa falha que existe entre a demanda e o desejo. Constantemente a encontrei na prática e penso que os médicos não dão a esse problema atenção suficiente quando um doente se apresenta diante deles: eis o que ele me pede, mas na verdade o que deseja ele realmente?

Quanto ao problema que nos interessa hoje, isto é, saber qual lugar conviria dar às indicações psicanalíticas em medicina interna, efetivamente creio que muitas afecções são de origem psíquica ou, para empregar um termo mais geral, de origem nervosa central e alguma delas poderão constituir indicações a uma cura psicanalítica.

Aqui, e me desculpo por isso, devo abrir um parêntese para lembrar que é possível distinguir grosseiramente no cérebro três partes essenciais: o cérebro pré-frontal, sede do pensamento refletido e da integração mais superior da personalidade consciente; o neocórtex ou cérebro do conhecimento, onde são registradas as diversas percepções sensoriais; enfim, o cérebro vegetativo, que engloba o hipotálamo, a região límbica, a amígdala. É essa posição do cérebro que nos interessa bem particularmente em patologia psicossomática, pois ela é a um só tempo o centro dos instintos e dos comportamentos, a zona mais sensível aos choques afetivos e ao mesmo tempo a região que controla o equilíbrio de toda a vida vegetativa e o funcionamento das principais regulações. Nessa bem pequena região diencefálica e rinencefálica situa-se, com efeito, uma multidão de núcleos que regulam a fome e a saciedade, a sede e os movimentos da água, a alternância da vigília e do sono, o equilíbrio térmico, enfim a marcha da maioria dos metabolismos e da quase totalidade das glândulas endócrinas. Desse último ponto de vista, os progressos recentes são consideráveis, permitiram a identificação dos centros, o isolamento dos mediadores químicos específicos ou hormônios hipotalâmicos que estimulam, cada um, uma atividade hipofisária correspondente, enfim o estudo da ação desses diversos hormônios hipofisários sobre a glândula alvo periférica. Se acrescentarmos que são conhecidos os feixes nervosos que ligam esses centros hipotalâmicos ao córtex e à substância reticulada ativadora que assegura seu controle, podemos considerar que todos os elos fisiológicos são mais ou menos conhecidos desde a situação conflituosa até a endocrinopatia induzida.

É tão grande a freqüência das endocrinopatias psicossomáticas que me parece impossível a um endocrinologista, que se quer clínico e terapeuta, negligenciar esse aspecto fundamental de sua especialidade.

É necessário lembrar que muitas amenorréias se desencadeiam após uma emoção ou numa situação conflituosa prolongada, que assim ocorre igualmente com muitas obesidades sobretudo femininas, com a maior parte dos hipertireoidismos, com muitas doenças de Cushing[13]. A lista seria longa, se quiséssemos completá-la com as endocrinopatias neuropsicogênicas.

Mas quem diz afecção psicossomática não diz necessariamente afecção na qual os distúrbios se determinaram conforme o esquema da dinâmica analítica e que, em teoria, deveriam ter a ver com uma psicanálise. A psicossomática ultrapassa, a meu ver, o quadro mais restrito da psicanálise, e isso por duas razões essenciais:

Primeiramente, no desencadeamento dos distúrbios somáticos, se acontece de a responsabilidade caber essencialmente a tensões nervosas conflituosas antigas, mais ou menos subconscientes e reativadas por problemas recentes, também acontece com muita freqüência de o desregramento nervoso decorrer de causas muito mais atuais e imediatas, um conflito evidente, um excessivo cansaço profissional, uma exposição prolongada a uma situação estressante, decorrente de condições de moradia, barulho, etc, e em todos esses casos a psicoterapia convencional, dita de apoio, nos traz uma ajuda suficiente.

Por outro lado, no estudo do mecanismo dos distúrbios psicossomáticos, a fisiologia com freqüência nos traz mais informações certas que a análise psíquica. Como eu lhes dizia há pouco, breve seremos capazes de medir um grande número das secreções hipotalâmicas; já somos capazes de dosar as diversas atividades hipofisárias e de apreciar, por provas dinâmicas de excitação e de freagem, o estado do sistema neuroendócrino, e essas informações nos permitem agir em diversos escalões, ou mediante drogas de atividade testada, ou mediante a radioterapia freadora, ou mediante hormonoterapias complementares ou reguladoras.

---

13 Doença de Cushing: hiperplasia bilateral das glândulas supra-renais que provoca obesidades.

Um dos pontos mais apaixonantes do funcionamento diencefálico é, com efeito, a sensibilidade de cada centro para com o hormônio periférico cuja secreção ele no fim das contas estimula: um excesso de hormônio periférico freia o centro diencefálico homólogo. Essa auto-regulação retroativa é o ponto mais delicado e o mais frágil desses mecanismos de aspecto cibernético. E precisamente nas "diencefaloses" induzidas pelas tensões nervosas extremas, ou as situações conflituosas, pode acontecer de esses fenômenos de auto-regulação não funcionarem mais. O mecanismo fica desregrado, a sensibilidade dos centros é modificada pelo fato mesmo da tensão dos conflitos. É nestes casos precisamente que às vezes é necessário ir além da psicoterapia de superfície e abordar a psicoterapia das profundidades. Tenho a lembrança de algumas obesidades paradoxais com retenção maior de água, de algumas amenorréias, que só foram curadas após esse recurso a psicoterapias de inspiração analítica.

Gostaria, para terminar esta breve intervenção, de acrescentar que as afecções somáticas de causa psíquica costumam evoluir em duas etapas: uma primeira dita funcional, em que os distúrbios ainda são reversíveis, uma segunda macrolesional (constituição de uma papeira, de um quisto, de um quisto no ovário) em que o distúrbio é organicizado. É bem evidente que é na primeira fase de sua evolução que esses distúrbios podem regredir pelo mero efeito da psicoterapia e das terapêuticas reguladoras[14].

JENNY AUBRY: Antes de perguntar quem do público gostaria de tomar a palavra, eu queria tentar entender um pouco o que se passou hoje.

Tentamos iniciar um diálogo, uma vez que, há muito tempo, barreiras que pareciam intransponíveis separavam os médicos dos psicanalistas. É certo que nem sempre compreendemos o que o outro dizia e qual era a verdade dele. No entanto, estamos certos de que cada um de nós deu a sua verdade hoje e que talvez cheguemos um dia a nos fazer entender melhor de um lado e de outro.

Não penso que o Dr. Royer possa supor um único instante que eu lhe preparei uma arapuca... Estamos aqui para dizer o que pensamos, como ve-

[14] Como vemos, Klotz é aqui muito mais "psicossomático" que Pierre Royer, por um lado, e que Jenny Aubry e Ginette Raimbault, por outro.

mos as coisas. Sabemos que o Dr. Royer está confrontado com problemas técnicos cada vez mais difíceis, que ele recua os limites da morte ao se bater contra ela com todo o arsenal da ciência colocado à sua disposição. Mas, mesmo assim, ele experimentou a necessidade de que alguém tentasse compreender, para além das técnicas científicas, esse algo que se passava e que a ele escapava. É sobre essa base que estamos certos de poder continuar o diálogo e de chegar, talvez, a uma melhor compreensão mútua. Quem pede a palavra?

L.M. Wolf: Eu gostaria de perguntar se o Dr. Lacan, inconscientemente – desculpo-me –, não revelou uma parte do problema que se coloca aos médicos quando estão confrontados com psicanalistas, o que ainda não acontece com muita freqüência na prática.

Esse problema reside no fato de se encontrar de certo modo desapossado – já que, como disse o Dr. Royer, queremos nos considerar médicos completos, e não distribuidores de pílulas –, frustrado dessa espécie de relação com o doente de que temos a impressão que o psicanalista vai desviá-lo. E, nessa medida, isso pode tornar as relações ainda mais difíceis porquanto a análise, sendo por definição algo relativamente esotérico (aliás, não quero nem um pouco dizer que seja culpa dos analistas), os médicos dela estão ainda mais excluídos. Talvez a experiência da Dra. Raimbault responda precisamente a esse problema, na medida em que é um êxito.

Jacques Lacan: Estou muito contente com a intervenção do Dr. Wolf. Esteja como estiver a minha inconsciência, é preciso empregar este termo no sentido corrente da palavra, e não é do inconsciente freudiano que se trata, é sempre uma grande inconsciência servir "assim" uma faixa mais ou menos transversal de alguma coisa que pede para ser exposta com todas as suas camadas.

Vou reler o registro do que eu disse há pouco. Eu acreditava ter bem precisado no início que eu tomava ao pé da letra a questão do lugar da psicanálise na medicina. Vou aumentar ainda a minha tese e ela talvez chegue assim a passar. A medicina vai se manter na medida em que o médico estiver mais que à vontade – informado como ele pode ser – no que chamei a topologia do sujeito. Existem esquemas que eu não quis lhes impor esta noite e eu quis somente lhes fazer um discurso que implica a dimensão em que eu entendia levar o debate. Não se trata de modo algum e em momento algum de saber se a cura psicanalítica é indicada em tal ou tal caso ou se ela deve ser mais ou menos difundida.

Quanto a pensar que, em suas relações com o doente, um psicanalista deve substituir o médico, eu quero que me cortem a cabeça se eu disse algo que disso se aproxime, por pouco que seja. Parecia-me simplesmente, considerando os dados adquiridos, e eu de propósito precisei que nem todos estavam difundidos, que seria tempo que em algum lugar eles fossem se não difundidos ou ensinados, mas pelo menos submetidos à experiência no âmbito de uma faculdade de medicina.

O caráter puramente didático de modulação que, conforme meus hábitos, eu mais ou menos dei nessa ocasião à minha voz não marca de modo algum a tensão de uma paixão pessoal, mesmo em nome de uma autenticidade ou de uma sinceridade qualquer; e, justamente, eu não quis emitir um voto que, nessa ocasião, poderia ter tido o ar de uma tal paixão, voto que permaneceria muito gratuito aliás, pois as respostas que recebi mostram que é evidente que grandes obstáculos se opõem à admissão de uma idéia semelhante, aquela, por exemplo, de ensinar aos estudantes de medicina o que quer dizer um significante e um significado, uma vez que todo mundo fala de lingüística, exceto os estudantes de medicina, pela simples razão de que não lhes ensinam isso.

Quanto ao caráter esotérico de meu ensino, suas portas sempre estiveram bem abertas, ao contrário do que se pratica em outros lugares da psicanálise, e nunca foi proibido a quem quer que seja, em todo caso não por mim, assistir ao que seria exagerado chamar meu curso, mas às minhas comunicações e ao meu seminário.

JENNY AUBRY: Existem outros pedidos de intervenção?

HENRI-PIERRE KLOTZ: Eu gostaria de dizer, de minha parte, que também estou absolutamente persuadido de que, se o médico quiser manter seu papel na sociedade, ele deve ter uma concepção muito particular de sua função e das relações médico-doente. É preciso fazer o que chamamos há anos a medicina do homem total, essa medicina psicossomática que é baseada num modo de abordagem que ao menos leva em conta tanto o fator psicológico quanto o fator somático. Mas não penso que isso queira dizer que o médico só pode conservar seu papel se estiver totalmente doutrinado pelas concepções psicanalíticas, isso é outra história...

14.
A criança na família[1]

Introdução

Todos atualmente admitem que os três primeiros anos da vida têm importância capital para o desenvolvimento futuro da criança. As experiências primeiras formarão as fundações sobre as quais se construirá a própria estrutura de sua personalidade.

Vamos falar muito das conseqüências ulteriores das relações familiares e de sua dinâmica própria. É evidente que estudar apenas o que se passa no dia-a-dia não permitiria apreender o que realmente acontece nesses três primeiros anos.

A família é um grupo natural cuja significação só pode ser compreendida referindo-se:

1. ao meio à volta que mantém o grupo familiar;
2. às pessoas que o formam e às suas respectivas funções.

---

[1] Curso dado na faculdade de letras e ciências humanas de Aix-en-Provence em 1970-1971, a pedido de José Guey, universitário e membro da EFP. Publicado em *Le Bloc-notes de la psychanalyse*, sob o título "A influência da família no desenvolvimento da criança pequena", 11, 1992, pp. 21-91. Texto estabelecido por Mario Cifali. Esse curso era oriundo de um projeto de livro redigido em comum, durante o ano de 1965-66, para um editor inglês, por Ginette Raimbault e Huguette Lawrence.

A idéia de função introduz uma nova dimensão da família como que culminando numa dinâmica coletiva. Ao impor as suas leis, a sociedade dá um *status* à família; esta, em contrapartida, lhe assegura a transmissão de sua cultura e de suas tradições.

No interior da família, a função de cada indivíduo é necessária à manutenção, à continuidade e à estabilidade do grupo.

Parece, ao vermos o fracasso das utopias comunitárias, que a posição de Lacan lembra o que se segue: a função do resíduo sustentado – e ao mesmo tempo mantido – pela família conjugal na evolução das sociedades valoriza o irredutível de uma transmissão que é de outra ordem que a da vida, segundo a satisfação das necessidades, mas que é de uma constituição subjetiva que implica a relação com um desejo que não seja anônimo.

É de acordo com tal necessidade que se formam as funções da mãe e do pai.

Da mãe, uma vez que seus cuidados trazem a marca de um interesse particular, ainda que o fosse pela via de suas próprias faltas.

Do pai, uma vez que seu nome é o vetor de uma encarnação da lei no desejo.

O termo lei não deve ser tomado no sentido de preceito, comando imposto do exterior, mas no sentido de esquema organizador de uma ordem que é a ordem simbólica, estruturada pela linguagem, na qual todo ser humano está primeiramente preso em seu ser.

É preciso insistir de imediato na supremacia do simbólico sobre o real e o imaginário. Como sublinha Lacan, as incidências imaginárias, longe de representar o essencial de nossa experiência, daí só dão algo de inconsistente, exceto sendo relacionadas à cadeia simbólica que as liga e as orienta.

O homem não cria o símbolo, mas o símbolo o faz homem pela fala do outro. É o que mostra, por exemplo, um nascimento ilegítimo. No real, a sociedade protege a família e dá um estatuto diferente ao filho natural, ao adulterino e ao filho legítimo portador do nome do pai.

Entretanto, não são as incidências materiais que terão mais importância para o filho ilegítimo, mas, de fato, o que terá representado seu nascimento para o inconsciente de sua mãe, e como ela vai senti-lo – e no inconsciente do filho –, o valor simbólico do nome do pai vai se ordenar em torno das palavras que lhe serão ditas a esse respeito.

Da mesma forma, se um nível de vida mínimo é necessário, a experiência dos berçários mostrou que a satisfação das necessidades não permite sozinha assegurar o desenvolvimento físico, intelectual e afetivo de uma criança. O nível de vida mais elevado não pode remediar a carência afetiva.

Função da família

O aprendizado do parentesco se prepara durante a infância. A função parental sempre é repetitiva das relações arcaicas com os avós. As atitudes educativas mais ou menos racionalizadas são ou semelhantes, ou diametralmente opostas àquelas dos avós, conforme o tipo de relação dos pais com seus próprios pais, mas elas sempre trazem a marca de sua origem e se traduzem por suas repercussões no comportamento da criança.

Logo concebido, o filho toma lugar nas fantasias dos pais, fantasias elas mesmas oriundas de sua experiências passadas. Por isso é que o desejo inconsciente dos pais sempre está presente no diálogo entre pais e filhos, seja qual for o nível da comunicação.

A investigação psicanalítica demonstra que o processo dinâmico de toda relação depende do desejo inconsciente. A atitude e o discurso dos pais trazem a marca significante da vida passada e há uma falha entre os sentimentos, as demandas aparentes, de um lado, e os desejos inconscientes, do outro.

Segundo Spitz, podemos considerar como favorável a relação mãe-filho quando ela satisfaz a mãe tanto quanto o filho. Podemos até acrescentar que a relação mais favorável, tanto biológica quanto emocionalmente, para o filho com sua mãe, seu pai e ele mesmo, é realizada quando o desejo fundamental da mãe é satisfeito sem muita ambivalência pela gravidez e pelo fato de trazer um filho do pai.

A mãe pode ser gratificada em dois níveis: narcisicamente e do ponto de vista da libido objetal.

A satisfação da mãe depende:

1. da natureza de sua estrutura e de suas relações objetais presentes com o pai, passadas com seu pai e sua mãe;

2. das mudanças trazidas pela gravidez nessas estruturas (modificações de suas relações com seus pais);

3. da maneira como o filho reage a seus desejos conscientes e inconscientes;

4. da realidade do meio durante a gravidez e o parto.

Uma maior dificuldade na função da mãe em relação ao filho reside na contradição entre seu objetivo e os meios de que ela dispõe: o objetivo perseguido é a educação do filho até a sua autonomia completa, e a necessidade, que é condicionada pelo parasitismo do filho durante os primeiros meses de vida. Sua imaturidade, tanto do ponto de vista motor quanto em todos os níveis, exige da mãe uma disponibilidade total e, ao mesmo tempo, uma espécie de função substitutiva, alienante em sua essência. Com efeito, a mãe está disponível para o filho no início de sua vida, 24 horas por dia, 365 dias por ano. Mas que quer dizer "ela está disponível"?

Ela está ali para remediar as dificuldades vitais do filho, é claro, para alimentá-lo, protegê-lo, mas cabe a ela sentir o desejo do filho. Há aí um risco, porque, finalmente, ela pode trocar seu desejo pelo do filho. É nisso que essa função arrisca se tornar alienante, se a mãe não souber deixar essa posição para dar lugar à personalidade própria do filho. Como vai ela se safar disto?

Há, primeiramente, o fato de que a existência do filho vai se fazer por uma série de rupturas:

1. ruptura do nascimento, em que o pequeno parasita deixa o corpo da mãe;

2. ruptura do desmame, em que ele deixa o seio ou a mamadeira que o substitui, mas em que seus desejos são limitados a uma parte do corpo da mãe;

3. ruptura do caminhar, quando o filho, cujo equilíbrio motor aperfeiçoou-se de maneira incrível durante os primeiros meses de vida, vai se separar da mãe e agir de maneira autônoma;

4. ruptura também no momento da entrada na escola, que prefigura uma separação;

5. rupturas diárias, quando o filho vai se deitar, quando deixa o quarto dos pais.

Justamente, o desejo da mãe deve ser situado no nível dessas rupturas. Se o filho representar para ela um pedaço dela mesma, ela continuará a desejar por ele e a não levar em conta os desejos próprios dele.

Como pode ela satisfazer suas necessidades sem por isso tomar o lugar do filho?

É certo que há uma disposição natural da mãe para sentir os estados de tensão do filho, o que lhe permite reduzi-los; o que não quer dizer que ela deve tornar-se escrava do filho. Ela deve estar disponível, o que é diferente.

Quando a mãe está ocupada, e o filho grita porque tem fome, ele pode esperar alguns minutos. Há aí um elemento muito importante, porque é estruturante de duas maneiras: em razão desse fenômeno de presença-ausência da mãe que não está ali o tempo todo, e que permite ao filho, quando um estado de tensão ocorre, ter o desejo de que a tensão desapareça. Considerando suas experiências precedentes, de certo modo ele alucina o que vai acontecer. É a base de formações que mais tarde recobrirão as formações imaginárias. Trata-se de uma alucinação, pois o desejo do filho é marcado por um desejo de repetição. Repetição da experiência vivida quando foi satisfeita e busca dessa repetição com, de algum modo, o punção do que seria exatamente semelhante. É aí que intervém o desejo.

Como é que a mãe satisfaz suas necessidades e gratifica o filho? A linguagem do filho se situa em dois níveis: os gritos, que são realmente os primeiros elementos da comunicação, e os estados de bem-estar, que são absolutamente evidentes. Basta ver uma criança no fim de uma mamada para se dar conta de que há ali algo de muito particular, aquela espécie de relaxamento muscular, de estado bem-aventurado de satisfação que logo será marcado por uma resposta da mãe sob a forma de um sorriso.

Quanto aos gritos do filho, a mãe bem rápido aprende a distinguir os gritos que correspondem a uma necessidade e outros gritos.

Esse grito da fome não é nem um pouco o grito da cólera ou a queixa, ou o gemido ritmado da criança que busca o sono. O grito do sofrimento é igualmente diferente do grito da fome.

Os gritos são uma das armas do filho para ter junto a si a mãe e, ao mesmo tempo, suas reações de prazer são uma gratificação para ela. Há, pois, aí, essa troca que é essencial e que deve marcar as relações entre a mãe e o filho. Em outras palavras, se a mãe se satisfizer apenas narcisicamente com o filho, a relação vai assumir um punção particular que o marcará por toda a sua vida.

Também é preciso entender que a educação, muito rápido após o período de valorização incondicional e de gratificação do bebê, vai se estruturar em torno da demanda, do desejo e da falta, já que se vai impor à criança sua socialização sob forma de exigências da mãe! É conforme a dosagem dessas exigências, que não devem ultrapassar certos limites, que vai se estruturar a relação.

Por exemplo, nenhuma mãe pensa em querer que um filho de três meses ande, mas muitas, nessa idade de três meses, quase exigem a limpeza da criança. Elas exigem, portanto, algo que o filho não pode fazer, porque não tem o domínio motor de seus esfíncteres. Por outro lado, a ausência de exigência e a satisfação permanente de todos os desejos da criança conduz a estados psicóticos. É necessário que a criança aprenda a reagir a frustrações limitadas, que estão sempre ligadas a períodos de gratificações.

A mãe aparece como dispensadora de todos os bens, e todo-poderosa, já que é dela que depende a resolução dos estados de tensão; o filho tem tendência a satisfazer o desejo da mãe, sendo como ela gostaria que ele fosse.

Voltamos à dificuldade da educação de uma criança, que é essa antinomia entre a necessidade de levar em conta a personalidade, os desejos da criança, de não tomar o lugar dela, ao mesmo tempo que não lhe dá sempre satisfação. O desejo da criança enfrenta o desejo da mãe e há uma etapa que lhe permite estruturar-se em torno das frustrações, sendo capaz de esperar para satisfazer suas necessidades.

Há, aliás, um período em que esses fenômenos assumem todo o seu tamanho, que se situa mais ou menos entre 18 meses e 2 anos. Como a criança adquiriu o domínio do corpo, e em particular o de seus esfíncteres, ela se sente todo-poderosa. Há a idade em que a criança bate os pés quando não tem o que quer de imediato. É aí que a ação da mãe e do pai intervém para marcar certos limites. Quando as frustrações impostas são fortes demais, a criança reage ou pela revolta permanente, ou por uma submissão passiva, e não pode desenvolver sua personalidade própria.

Na evolução libidinal da criança, a relação com a mãe vai diferir conforme se tratar de um menino ou de uma menina e conforme o que a criança representar para a mãe.

Objeto de identificação para a menina, objeto de amor para o menino, é conforme esses critérios que a criança poderá ter seu desenvolvimento.

A influência da mãe se exerce também conforme a sua disponibilidade e, quando a mãe trabalha, a escolha do substituto a quem o filho será confiado é primordial e renova as exigências feitas à mãe. Mas, naturalmente, para o substituto materno, o filho não representa a mesma coisa que para a mãe; no entanto, ele toma lugar em seu inconsciente e em seu desejo.

Há aí toda uma rede que vai se desenvolver através da linguagem e que vai se constituir, formando o inconsciente da criança.

A mãe, o pai e o filho

A função da mãe também implica sua função em relação ao pai, a saber, que ela ama o filho enquanto filho do pai tanto quanto o seu próprio, enquanto desejado um do outro (o que é válido para o pai igualmente), e que ela preserva em seu justo valor o papel primordial do pai e seu papel de mulher em relação a ele.

Em outras palavras, que as exigências de disponibilidade materna chegam a se ajustar às exigências de disponibilidade feminina. As mulheres que dizem "Sou mãe antes de tudo" estabelecem o filho num papel de intruso quanto ao casal e dão ao pai um estatuto de genitor impessoal. Mas, considerando que nos primeiros meses de vida é sobretudo com a mãe que o filho está às voltas, o que ela sente, tanto no que diz respeito ao pai quanto no que diz respeito ao filho, será mediatizado pela fala. É nessa dialetização que vai se preparar a relação triangular que é o eixo do desenvolvimento e da estrutura da personalidade. Podemos dizer que o inconsciente do filho é feito da fala da mãe, depois, da fala do pai e, enfim, da fala da coletividade, através dos indivíduos que a ele se dirigem.

O estádio essencial é esse famoso estádio do espelho, em que a criança apreende a sua imagem e é nomeada com seu nome pela mãe, e esta é uma identificação primária, uma vez que é homenzinho.

A função paterna com freqüência foi desconhecida, e para isso há várias razões:

Podemos dizer que ela preexiste ao nascimento da criança, na medida em que o esposo é socialmente reconhecido como responsável pelo casal primeiramente, pelo lar em seguida; daí uma espécie de continuidade de seu papel para com o outro, tornando-o menos espetacular que o da mãe, que encontra seu pleno desabrochar no momento de uma primeira maternidade. Esse papel materno, que se objetiva com brilho no nascimento, é como um ápice, ao passo que o papel do pai é muito mais contínuo.

Embora muito jovem, o filho sente a diferença entre o que lhe trazem seu pai e sua mãe, na medida em que o pai quase sempre faz intervir uma ação dinâmica na vida do filho; podemos dizer que, nas primeiras semanas, ela é indireta e se faz por intermédio da mãe.

A função do pai só pode ser eficaz se já estiver inscrita e iniciada no que diz respeito ao casal.

Durante o período de gravidez e nas primeiras semanas, há uma fragilidade da mãe, ela está mais vulnerável. Ela não pode mais, considerando o encargo que ela deve assumir, ter as mesmas atividades. Há, pois, aí, um papel necessário de proteção que deve ser assumido pelo pai, para garantir a segurança da mãe na hora de um nascimento.

Seu papel direto, mais tardio, só poderá se realizar plenamente se ele já o tiver preenchido junto à mãe enquanto jovem mulher, enquanto mulher grávida, enquanto mulher que alimenta uma criança pequena.

Por outro lado, é pela imagem valorizada e valorizadora que a mãe tem do pai que ela pode transmitir ao filho, desde a relação primitiva, a imagem do pai. Essa função do pai enquanto "presença" é talvez a mais importante. Essa presença pode ser real, e até na ausência do pai; ela existe sob uma forma simbólica. É, com efeito, na medida em que a imagem do pai no interior da mãe representa algo que até na ausência do pai sua presença se faz sentir no inconsciente da mãe. Sua presença e sua função permitem ao filho sair dessa relação dual com a mãe, a um só tempo necessidade e exigência de sua imaturidade, mas que não deve a preço algum ser prolongada.

O casal

A segurança material do lar, a estabilidade sexual da mulher funcionam diretamente sobre o equilíbrio da criança.

As dificuldades materiais, os fracassos profissionais são, por isso, ataques à imagem do pai e à sua função de segurança. Ele pode reagir pela abdicação de seu papel no meio familiar ou compensá-la por um excesso de autoritarismo. Disso veremos mais tarde as conseqüências.

Enquanto parceiro sexual, ele está necessariamente implicado no equilíbrio genital da mãe, ainda que ele não esteja diretamente em causa quanto à origem de uma inadaptação sexual (o caso das mulheres frígidas); mas ele está mesmo assim em causa, na medida em que sua escolha inconsciente foi a de uma mulher frígida e correspondia provavelmente a um certo modo de seu desejo.

Podemos nos colocar a questão: "Qual seria a posição, no seio da família, do filho concebido no nojo?".

Habitualmente, só uma função direta do pai é definida: a autoridade. É um complemento indispensável das primeiras exigências maternas, que a criança interioriza progressivamente. É diante do pai que o filho experimenta a realidade social.

Se o pai aprovar, e se for capaz de enfrentar as restrições e as injustiças da realidade familiar em sua estrutura hierárquica, o filho, na sociedade, saberá melhor enfrentar isso. O que não quer dizer submeter-se obrigatoriamente a todas as injustiças.

Depois do desmame, a disponibilidade e a atenção da mãe se voltam mais para o pai, e o filho às vezes se sente rejeitado, na medida em que deve ceder o lugar que ocupou temporariamente na atenção da mãe.

O pai a ele se impõe, portanto, como concorrente para quem a mãe se volta após o desmame. Ele se torna, portanto, o pivô da relação triangular nova para o filho, embora existisse antes de que ele o conhecesse, um pai diante do qual ele deverá se restituir após a relação primitiva; não mais como dominador de uma mãe atenta, mas dominada pelo casal; restabelecido em sua função pela presença real do pai.

É por essa primeira frustração e pela competição que ela inicia que o pai introduz a ação no desenvolvimento do filho. Essa ação-derivativo de uma rivalidade à qual o filho deverá renunciar (é o essencial da lei; ele deve renunciar à mãe, pois ela está proibida) permite a sublimação libidinal pela qual a situação edipiana poderá ser superada. O pai, objeto de identificação para o menino, objeto de amor para a menina, preside, com a mãe, aos fundamentos da evolução libidinal do filho e permite que ele supere a situação edipiana.

A função paterna é mais adquirida que instintiva, contrariamente à função da mãe. Ela vai se chocar, por isso, com o primeiro escolho que é a intrusão do filho no casal, pois há também para o pai essa ruptura com um período em que ele era único objeto de atenção da mãe.

Ele deverá aceitar o papel mais ativo da mãe durante os primeiros anos da vida do filho e, por isso, vai reviver sua própria situação edipiana de rivalidade com seu pai, na medida em que efetivamente renunciou ao amor libidinal de sua mãe; ele pode, por ter de certo modo sofrido sua castração simbólica, ser um pai e um homem.

Se o próprio pai se situa em relação à mãe como criança rival do filho, a autoridade que ele está encarregado de encarnar pode se transformar de medida educativa em coercitiva, desestruturante, marcando a relação triangular com uma culpa que a criança introjeta ao mesmo título que as interdições. É esta a origem da angústia.

Em outros casos, seu apego ao filho assume proporções que não o situam enquanto pai. Ele pode rivalizar com a mãe em relação ao filho, pode até tomar o lugar dela nas funções de criação (os "pais amas-secas"). O que não significa, é claro, que o pai não pode dar uma mamadeira ao filho.

É a uma espécie de maternagem do filho pelo pai que se está fazendo alusão, com um contato que vai muito mais no sentido erótico que no sentido da proteção.

Quando essa situação se apresenta em relação a uma menina, é que provavelmente os problemas com a mãe do pai não foram superados, e ele joga sobre a filha o desejo incestuoso que não foi superado.

Quando se trata de um menino, são os problemas homossexuais do pai que vão para uma fixação no filho. Este pode ceder a essa sedução do pai, o que pode conduzir a uma fixação do filho pelo pai e, portanto, a futuras relações homossexuais.

É uma outra forma de relação primitiva dual de que o filho não consegue sair.

Na família, é preciso que cada um assuma o lugar que lhe é destinado pela estrutura triangular da família.

O filho

Enquanto a função da família é preestabelecida, independente do filho, determinada objetivamente pela sociedade na qual ele vive, codificada para garantir seus direitos, poderíamos definir a função do filho em relação ao casal parental como sendo fonte de reorganização dos interesses e responsabilidades comuns, logo, unificadora.

Ela assim realizaria o desejo dos pais de selar uma situação triangular em que cada um se situa de tal maneira que nenhum dos três tome o lugar do outro.

Desde antes do nascimento, a realidade da função do filho é determinada em referência ao inconsciente dos pais, cujos desejos podem desfavorecer seu desenvolvimento harmonioso.

Acrescentemos, no entanto, que as funções diversas atribuídas ao filho pelos pais não são exclusivas uma da outra, elas podem coexistir para estruturar o inconsciente do filho, e que não são obrigatoriamente destrutivas para o filho, na medida em que os sentimentos hostis não são preponderantes.

Para o filho, a família é uma experiência relacional original. Para os pais, ela vai ser a sede de mecanismos de repetição que cristalizam e reproduzem numerosas ligações anteriores.

Em geral, o mais velho do filhos de uma fratria remete ao tipo de relação que cada um dos pais teve com sua mãe, se for uma menina, com seu pai, se for um menino.

Se a mãe, em seu próprio desenvolvimento, tiver permanecido fixada em sua mãe, isto é, numa situação dual pré-edipiana, sua relação com a filha será de mesmo tipo e arriscará afastar o pai dessa relação.

Se for um menino cuja estreita relação com sua própria mãe afastava seu pai, da mesma forma ela vai marcar sua rejeição hostil ao filho numa relação agressiva, que o aniquilará.

Se a mãe não superou a situação edipiana, ela arrisca estabelecer com a filha uma relação à base de rivalidade agressiva em relação a seu marido, tipo de relação que ressurgirá no momento da adolescência, sob a forma de oposição agressiva levada ao extremo por parte da filha.

Se for um menino, ela vai amá-lo com um amor marcado pela interdição do incesto, tal que será difícil para o filho superar a situação edipiana e amar genitalmente outra mulher, pois sua mãe o proíbe.

Se o pai não tiver superado a situação edipiana, seu apego amoroso às filhas, sobretudo à mais velha, impedirá elas mesmas de saírem da situação edipiana. A filha arrisca, então, não poder ligar-se a outro homem, ou fixar sua escolha num homem com o qual ela vai manter atitudes de menina.

Esse quadro quase caricatural de situações extremas é encontrado com mais freqüência do que se imagina, sob uma forma mais ou menos camuflada. Quando ele se desvela publicamente, é o escândalo e o drama.

Não se deve, no entanto, esquecer que a marca da situação edipiana pode ter aspectos positivos. A escolha, por um homem, de uma mulher com as qualidades positivas de sua mãe, que o ama pelo que ele é e respeita sua personalidade, a escolha, por uma mulher, de um homem com as qualidades de seu pai não são obrigatoriamente fatores de fracasso para a estabilidade do casal.

O filho pode, no desejo inconsciente de um dos pais, assumir o lugar de um outro, com o qual a relação foi marcada de hostilidade ou de amor intensos.

O filho receberá o afeto que dominava essa relação. Ele pode assumir o lugar de um morto amado ou invejado, de um outro membro da família, morto ou vivo, pai, mãe, irmão, irmã...

O filho está ali por um outro e as semelhanças, reais ou imaginárias, físicas ou psicológicas, vêm sustentar essas identificações ou mostrá-las, conforme a gênese desse mecanismo.

Há muitas maneiras de dizer: "Ele parece com o meu pai, com o seu pai. Ela parece com a minha mãe, com a sua mãe".

Quando o filho ocupa o lugar de um morto cujo luto não está feito, seu desenvolvimento sempre fica perturbado.

Por exemplo, uma jovem mulher dá à luz um menino alguns dias antes da morte acidental de um irmão ao qual ela é muito apegada. Ela obtém do registro civil que o prenome desse irmão seja acrescentado aos prenomes* do filho. É por esse prenome que ela o nomeará dali por diante, e é o morto que ele representará para toda a família.

---

* Na França, as pessoas costumam ter três prenomes. (NT)

O jovem Armand, cheio de vitalidade, não quer saber desse lugar de morto e reage com uma pulsão de morte, isto é, destruidora sobre todos à sua volta.

Eis um outro exemplo clínico:

Um menino de 5 meses nos é trazido ao Hospital das Crianças-Doentes com mericismo, isto é, com uma ruminação permanente dos alimentos que culmina na rejeição mais ou menos voluntária. O menino rumina quando está só, raramente quando cuidam dele. Quando rumina, tem uma expressão de satisfação beata que marca de auto-erotismo o sintoma.

Eis a história da mãe, jovem mulher espontaneamente calorosa cujos dois outros filhos se desenvolveram normalmente, apesar de algumas dificuldades alimentares.

Essa mulher nasceu em 1931 (a mais velha), depois vem um jovem irmão, em 1937. Não parece haver dificuldades particulares até a guerra; seu pai vai para o exército, é feito prisioneiro e a vida é bem dura. Ele volta em 1944. É uma grande alegria, mitigada no entanto, pois o pai se readapta mal à vida familiar e profissional; mas, sobretudo, surge um novo irmãozinho, que não só retém a atenção do pai e da mãe, mas aumenta as dificuldades financeiras da família. Resultado: a filha mais velha vai trabalhar como doméstica, o que a deixa muito infeliz.

Mais tarde, ela se casa. Seu casamento parece feliz, ela tem primeiro uma filha, depois um menino que tem algumas dificuldades alimentares; quando a filha mais velha tem 14 anos, ela tem outro menino.

Em seu inconsciente, ele ocupa o lugar do pequeno irmão que a expulsou da família e, sem que ela esteja consciente disso, recebe todo o rancor que ela destinava ao irmão pequeno, aliás "mau sujeito", que "não deu certo".

Sob pretexto de que os mais velhos são barulhentos e arriscam perturbar o repouso do irmão pequeno, ele é deixado sempre só num quarto isolado. Os mais velhos não têm o direito de pegá-lo, nem de cuidar dele, a mãe lhe dá seus cuidados em horas regulares, depois o põe de novo para dormir.

Foi preciso o mericismo para que ela cuidasse realmente dele, para hospitalizá-lo, primeiramente perto do lugar onde ela mora, depois, em razão do agravamento de seu estado, de seu aspecto esquelético, nas Crianças-Doentes – em cirurgia –, pois, pensa ela, ele tem um tumor no estômago.

Foi graças a um só tempo à maternagem no hospital e às entrevistas com a mãe que, pela primeira vez, pôde exprimir sua agressividade para com o irmão, que a relação retomou seu curso mais normal, e que a cura da criança foi obtida.

Durante o nascimento de um filho, os pais fundam sobre ele esperanças, como se ele devesse compensar seus fracassos e seus desejos não satisfeitos.

Ele deverá ter êxito ali onde os pais fracassaram, de certo modo assumir o lugar deles. Os pais que não puderam estudar, embora o desejassem, esperam sucessos escolares; da mesma forma, eles tendem a fazer com que o filho reviva suas experiências decepcionantes no âmbito escolar, afetivo, profissional, compensando-os.

As feridas narcísicas diversas não integradas, não superadas deverão ser compensadas pelo filho.

Por outro lado, os pais, identificando-se com o filho, atribuem-lhe o próprio desejo e colocam-se como modelo de identificação. "Sou médico, você será médico".

Encontramos sempre esse mesmo processo alienante de substituição do desejo do filho pelo desejo dos pais.

O nascimento de um filho pode se acompanhar de um sentimento de culpa, ou quando o filho não é desejado, ou porque um interdito vindo do exterior, mas interiorizado, atuou: é o filho concebido fora do casamento, ou vindo apesar das tentativas abortivas, ou oriundo de um casamento não aceito pelos pais da mãe ou do pai.

Essa culpa se manifesta de maneira evidente quando um filho está doente. Não é preciso escutar muito tempo para entender que a doença é sentida pelos pais como um mal, uma punição, vindo sancionar um erro real ou imaginário cometido por eles ou por seus ascendentes. A doença crônica, o filho anormal, trissômico por exemplo, tomariam o sentido de um preço a ser pago pelo resgate desse erro.

Contra a angústia dessa culpa, os pais se defendem: "Não é culpa minha", "Eu não mereci isso". Às vezes, as reações de auto-acusação, "É culpa minha", sustentam o fundo do discurso mãe-filho. Este então fica preso num círculo destruidor que pode agir diretamente sobre sua saúde mental e física, já abalada de início.

É nesse ciclo que podem ser situados comportamentos que à primeira vista parecem incoerentes; por exemplo, pais que consultam vários médicos, buscando opô-los uns aos outros, não respeitando nenhuma de suas prescrições.

O filho pode servir para justificar certas ações que os pais não levam em conta, ele faz de certo modo função de álibi para um desejo não confessado. Exemplo: "Foi por causa dele que eu abandonei os estudos, que parei de trabalhar, que me casei".

Às vezes, essa justificação verbalizada ou inconsciente pode também estar na base de atividades construtivas, sem por isso ser testemunha da realidade dessa função que lhe é atribuída.

O filho não desejado

O filho pode, desde a concepção, não se inscrever no desejo inconsciente dos pais ou de um dos pais.

A recusa total da maternidade é bem rara e, sobretudo, raramente expressada: "Eu nunca terei filho, não quero" permanece excepcional, ainda que em razão das múltiplas funções que podem ser dadas ao filho. Desejar um filho não implica nem um pouco que os motivos não sejam neuróticos, em particular na medida em que o filho vem preencher uma certa falta da mãe. Com efeito, a menina, quando toma consciência da diferença dos sexos, sente-se como se lhe faltasse algo. Essa noção de falta deve ser considerada como a concepção de outra estrutura, mais que um defeito.

Na medida em que a falta da mãe é sentida como falta do pênis, é certo que a criança representa um papel para preencher essa falta.

A mãe pode não se sentir madura para a maternidade, vindo as dificuldades materiais reais, aliás, dar apoio a essa recusa.

A recusa de paternidade é mais freqüente. O filho é sentido pelo pai como um intruso no casal, vindo privá-lo da atenção exclusiva da mãe.

Os abandonos paternos expressos como tais (partida do pai quando a mãe está grávida, recusa de reconhecer um filho) são mais freqüentes que os abandonos expressos da mãe, que, para fazê-lo, é obrigada a assinar um ato de abandono, o que a marca mais que uma simples fuga.

Como veremos, os abandonos de fato são freqüentes.

O filho pode também ser rejeitado de modo mais ou menos consciente quando há decepção quanto ao sexo.

Mas o que é encontrado com mais freqüência é o filho não desejado, porque ele vem depois que o desejo de maternidade foi saturado pelas gestações anteriores.

O número de gestações desejadas pela mãe e pelo pai evidentemente depende de fatores múltiplos.

Uns são muito reais: saúde física da mãe, situação material, etc. Mas, seja qual for a situação real, outros fatores intervêm.

Segundo a minha experiência, dois, três ou, mais raramente, quatro filhos podem ser desejados.

Nas famílias muito numerosas, o cansaço da mãe pode recair sobre todo o contexto familiar, ultrapassando o quadro do filho não desejado.

Porém é muito espantoso observar que, nesse caso, é o terceiro ou o quarto filho que "cria problema" para a família, por seus sintomas. Em geral, é de modo bem fácil que a mãe indica que, realmente, aquele filho, ela não o desejava. Depois, diz ela, habituou-se ou resignou-se.

O filho pode ter sido objeto de uma tentativa de aborto que não deu certo.

O problema do aborto sempre é muito difícil de resolver para uma mãe.

Quando é realizado, ela sempre experimenta um sentimento de mutilação, e o filho seguinte sempre sente isso.

Quando essa tentativa fracassa, o filho que disso foi objeto suporta o peso de uma culpa e de uma agressividade muito grandes. Acontece de numa família um único filho "criar problema". Percebe-se, então, que a idéia do aborto tinha aparecido na mãe. O desejo do aborto basta para acarretar a sua culpa.

Quando a rejeição do filho chegou a esse ponto, podemos estar certos de que haverá enormes problemas.

Enfim, o filho pode ter sido desejado, mas não aceito, ou pelo jogo das identificações inconscientes de que já falamos, ou porque foi desejado contra alguém. Quantas jovens mulheres são mães solteiras contra a família, ou por revolta contra as exigências da sociedade.

As posições conscientes ou inconscientes determinam nos pais:

1. ou uma rejeição expressa (abandono oficial) ou de fato (múltiplos encaminhamentos, desinteresse pelo destino do filho);

2. ou uma supercompensação (deixar tudo para lá, superproteção, entupimento alimentar ou escolar), equivalente inverso do desejo não confessado.

As reações da criança rejeitada são variáveis. Podemos observar uma espécie de submissão passiva, de abdicação de todo desejo próprio: a criança comportada procura fazer-se aceitar. No entanto, quase sempre, um sintoma isolado de conteúdo simbólico aparece: anorexia, enuresia, balanceado auto-erótico. Às vezes, é a revolta e distúrbios caracteriais evidentes.

Em todo caso, é notável que a rejeição inconsciente da mãe quase sempre provoque no filho uma angústia de abandono, que se manifesta por um apego excessivo deste à mãe. São os filhos que recusam ir se deitar, ir à escola, ficar algumas horas com uma pessoa estranha, tanto é grande a angústia que sentem de ver a mãe desaparecer inteiramente.

A constelação familiar ampliada

As condições de vida atual tendem a restringir a constelação familiar à família conjugal, em que, no entanto, os avós e a fratria ainda desempenham um papel importante.

É em relação a três gerações que se estrutura a personalidade da criança. Isso parece evidente se nos reportarmos aos cursos precedentes, mostrando:

1. a função repetitiva da paternidade e da maternidade.

2. o papel dos avós na evolução edipiana dos pais.

Os pais, eles mesmos filhos oriundos desses avós, estão implicados nas demandas e desejos da geração anterior, e isto ainda mais porque as dificuldades de moradia costumam acarretar difíceis situações de coabitação, até mesmo de dependência.

Os avós podem ter um papel positivo, na medida em que este não procede de uma ingerência no casal, ingerência sentida como infantilizante, permanecendo num papel complementar e de apoio.

Quando as relações dos pais com os avós não comportam agressividade demais, os pais aceitam mais facilmente um apoio material, às vezes podem até lhes confiar os filhos quando querem sair, pedir uma opinião, um conselho. Os avós se situam, então, como figuras parentais de identificação para os pais.

Os avós podem ser, em relação à criança, um complemento à autoridade parental, contanto que não tomem o seu lugar.

Eles são mais disponíveis às necessidades afetivas das crianças na medida em que o papel educativo que desempenham é secundário.

Eles toleram melhor que os pais certos caprichos. Como já viveram seus conflitos com os pais, o resultado é que os fatores neuróticos podem ser reduzidos na mesma proporção.

Eles também têm um papel de identificação para as crianças. Segundo Françoise Dolto, a criança se identifica com o avô do mesmo sexo que ela, na linhagem edipiana. Assim, o menino se identifica com o avô materno: o homem que ama a sua mãe e é amado por ela castamente. Ela é carne de sua carne, como ele é carne da carne de sua mãe. Falando, ele exprime o que lhe aconteceu na idade precedente, suas primeiras lembranças conscientes. Da mesma forma, a menina se identifica com a avó paterna.

As identificações de segundo grau em geral comportam menos ambivalência e agressividade que as identificações diretas, que comportam mais rivalidade.

Se os avós não aceitarem a autonomia do casal, pode haver competição de autoridade e de afeição.

Os conflitos entre os pais e os avós são muito angustiantes para as crianças pequenas, todavia num grau menor que os conflitos entre os pais.

A destruição precoce demais da imagem parental onipotente arrisca ser desestruturante para a criança. É um processo que deve se cumprir progressivamente.

Quando os avós não tiverem resolvido suas exigências afetivas com seus filhos, estas recairão sobre os netos, sufocados por "amor demais", centro de interesse e de gratificação de toda a família, ou ao contrário, oprimidos, os avós vão além das reprimendas dos pais.

Os conflitos e as rivalidades às vezes são mais aparentes com os sogros que com os pais, pois menos culpados, logo, menos recalcados.

A fixação excessiva de um dos pais em seus próprios pais coloca em causa a autonomia do casal, na medida em que é exigida do cônjuge a mesma atitude de dependência.

Em geral, as relações com os sogros seriam menos conflituosas que com as sogras, pois o pai estaria mais disposto a reconhecer a autonomia de seus filhos. As relações de sogra com nora seriam mais difíceis de equilibrar, na medida em que reavivam os conflitos mãe-filha, dividindo o amor de um mesmo homem.

As relações agressivas de sogra com genro podem resultar de uma fixação excessiva da mulher em sua própria mãe, mas, segundo Freud, elas esconderiam uma defesa contra uma atração calcada na ligação filho-mãe, o que é proibido.

Os irmãos, as irmãs

Irmãos e irmãos são necessários, mas não demais.

Para os pais, a fratria ampliada dilui os problemas neuróticos, compensa as relações defeituosas, reequilibra quanto ao casal o que o filho único poderia ter perturbado pela atenção exclusiva de um único.

Costuma ser o mais velho dos filhos de um sexo que carrega o peso dos problemas edipianos não resolvidos do pai do sexo oposto, ou do mesmo sexo, conforme a natureza do problema.

Quando o filho permanece único, o problema se mantém, mas, quando chegam outros filhos, é como se o problema edipiano tivesse sido resolvido com o primeiro filho, e os outros carregam menos peso. Outros elementos intervêm: os pais são menos angustiados, pois, como já tiveram a experiência da paternidade e da maternidade, estão mais à vontade em seu papel e são menos perfeccionistas.

Também pode ser fator de desequilíbrio, já que introduz a noção de ciúme entre os filhos, o que pode ter uma repercussão aguda sobre o casal. Como a harmonia fraterna é buscada em nossa sociedade, os pais acham esse ciúme anormal, particularmente perigoso, e alguns vão até negá-lo, mesmo quando é flagrante.

Esse ciúme é ansiógeno:

1. ou porque objetiva a rejeição própria dos pais;
2. ou porque atualiza antigos conflitos irmão-irmã;
3. ou porque se situa como anti-social.

A criança exprime mais facilmente seus desejos agressivos em relação a um irmão que em relação aos pais, porque isso é sentido como menos culpado.

Essa reação de ciúme, no entanto inevitável no nascimento de um irmão ou de uma irmã, é uma experiência desconcertante em que os pais não reconhecem mais esse filho, cujos instintos agressivos eles teriam desejado desconhecer. Ela pode condicionar uma rejeição do filho, cujo ciúme aumenta, e criar perturbações graves, com reações que retornam dos pais.

Às vezes, o ciúme de um mais velho para com um irmão é muito culpado, e os sentimentos expressos são, ao contrário, a admiração e a adoração.

Na medida em que os pais são tolerantes e permitem que esse ciúme se exprima (e não seja atuado), ele será integrado e superado. É quando é escotomizado que tem os efeitos mais nefastos.

É bom insistir no papel de proteção que pode desempenhar o mais velho para o caçula, esse papel proporcionando ao mais velho uma satisfação narcísica.

A definição dos respectivos papéis pode ajudar os filhos. Estes devem ser tratados diferentemente conforme o lugar que ocupam na família. Com efeito, as necessidades de um mais velho não são as mesmas que as de um caçula.

Uma família grande demais pode implicar uma sobrecarga material para o pai e um aumento da insegurança. As condições de moradia vão ter uma influência decisiva sobre um contexto já frágil.

Esses fatores podem determinar uma atitude de fuga do pai, ou no interior do lar, com reações restritivas para com os filhos, ou fora do lar, o pai abandonando seu lugar junto à mãe.

A sobrecarga de cansaço da mãe, a atitude do pai podem determinar:

1. uma fixação da mãe nos filhos, por tentativa de compensação das fraquezas do pai. "Mãe antes de tudo", ela deixa de lado o esposo e só se ocupa de seu interior;

2. uma carência educativa. Pode haver agrupamento dos filhos, solidários contra os pais. Assim, se a primeira experiência social deles tiver sido agressiva, ela se reproduzirá idêntica, em relação à sociedade.

Para a criança, a fratria ampliada também pode ter um efeito positivo ou negativo.

Efeitos positivos:

A frustração que ela impõe. Sabemos que a personalidade da criança se estrutura em torno das frustrações. Se não houvesse frustração alguma, a evolução da criança se faria rumo à psicose. Essa frustração naturalmente deve ficar limitada às possibilidades de tolerância da criança e depende da noção de tempo e de espaço.

A vinda de um novo filho diminui a disponibilidade da mãe e impõe frustrações suplementares à criança. Por essa frustração, se ela não for intensa demais, pela competição e pela consideração inevitável dos desejos do outro, a fratria acelera o processo de socialização.

Ela é um estímulo para o caçula que se identifica com o mais velho e que toma bem cedo iniciativas que o mais velho talvez nunca tenha tomado porque era superprotegido.

Ela permite ao mais velho assumir, enquanto líder, uma responsabilidade social, ao identificar-se com o pai do mesmo sexo. Essa identificação vai, por outro lado, acelerar a evolução da criança e ajudar na resolução do ciúme em relação ao outro.

Nas fratrias de três ou nas famílias numerosas, as frustrações repetidas para o mais velho podem, a cada novo nascimento, diminuir sua acuidade. O ciúme pode se atenuar ou então encontrar um derivativo na proteção do outro.

Ele permite um deslocamento do conflito edipiano, mais ao alcance da criança, que pode assim resolvê-lo melhor; ou fixando-se num filho de sexo oposto, ou rivalizando com um filho do mesmo sexo, menos temível que o pai. Protótipo do casal genital, o casal fraterno traz, para cada um, o conhecimento da estrutura do sexo oposto.

Os problemas sexuais são muito mais facilmente abordados quando a fratria é grande que quando o filho é único. As crianças aprendem mais facilmente a diferença dos sexos e se situam melhor em relação ao próprio sexo e em suas relações com os irmãos ou irmãs de sexo oposto.

Os jogos sexuais entre crianças de uma mesma fratria, que sempre existem, se são moderados, de certo modo são um aprendizado e têm lados positivos.

Eles também podem ter lados negativos:

1. se culminam numa fixação, tornam a inserção na vida social mais difícil;

2. se a erotização se faz sob o modo homossexual (casais de meninos, de meninas), a passagem à sexualidade adulta é difícil;

3. a fratria favorece o sentimento de solidariedade: se os pais são fracos, os mais velhos podem assumir uma função substitutiva. Pode haver também agrupamento e ajuda mútua fora do meio familiar.

Efeitos negativos:

Eles variam conforme a idade, o sexo, a posição na fratria. O elemento primordial disso é a frustração. É a tomada de consciência dessa frustração e não a própria criança que engendra o ciúme. Os pais vão reequilibrar a situação ou exacerbá-la.

Esses efeitos vão da dominação, da tirania e da agressividade para com o recém-chegado até a inibição, o agarramento à mãe, o esmagamento, a restrição social, a regressão.

A posição da criança na fratria

A vinda do recém-nascido coloca novamente em questão todo o universo do mais velho, já que ele é o único a ter vivido a experiência do amor exclusivo dos pais por ele. O nascimento de um outro será sentido como um perigo ao qual ele vai reagir, conforme a idade, os recursos de seu Eu [*Moi*] e o desejo da mãe, por atitudes diversas, ambivalentes, uma e outra não se excluindo:

1. agressividade aberta contra o irmão;

2. atitude protetora por identificação com a mãe ou porque ele é objeto de amor para a mãe;

3. regressão por identificação com o recém-nascido (desejo pela mamadeira, enuresia, anorexia para os sólidos).

Tratando-se do filho do meio, o ciúme pode ser tanto mais vivo porquanto houve vários nascimentos sucessivos sem adaptação nesse ínterim. O ciúme exacerbado pode fazer uma criança agressiva, anti-social ou deprimida.

Se a mãe se desobrigar das responsabilidades da fratria no mais velho, este assume toda a sua agressividade.

Em razão de sua posição na fratria, ele pode ter dificuldades para escolher uma figura de identificação, oscilando, conforme as gratificações em causa, entre o grupo dos mais velhos e o dos caçulas.

O caçula pode ser esmagado pelos mais velhos. O nascimento de um benjamim pode determinar um comportamento regressivo ou, ao contrário, liberar a agressividade reprimida pelos mais velhos.

Se um casal se formar entre os filhos, à sua função positiva de complementaridade se opõe o isolamento em relação ao grupo social que é a família. Isto se exprime de maneira caricatural entre os gêmeos, pois há não estruturação do Eu [*Moi*] em relação ao Outro, mas alienação do Eu em relação a um duplo. A tradição cultural tende a reforçar essa situação ao aceitar roupas, ocupações ou lazer em comum.

Ver-se continuamente diante de um duplo reproduz a situação do estádio do espelho, sem que ela possa ser superada, já que o gêmeo oferece um objeto real de identificação narcísica em vez de um objeto imaginário.

O filho morto

É muito difícil para os pais fazer o luto de um filho. As conseqüências disso parecem ser mais graves para a mãe que para o pai.

Durante um luto dessa espécie, as ocupações profissionais podem ser continuadas graças a um certo automatismo, na medida em que essas ocupações não implicam o sujeito em sua totalidade.

É possível lavar a louça corretamente, varrer ou fabricar um móvel, mesmo quando se está de luto. Ao contrário, cuidar de filhos vivos, enquanto pai ou sobretudo enquanto mãe, torna-se difícil.

A mãe de luto de um filho não está mais disponível afetivamente para os outros filhos, e as conseqüências são ainda mais graves quando os filhos são menores. Um bebê cuidado por uma mãe de luto arrisca ter cuidados tão impessoais quanto no berçário, ou receber cuidados marcados de agressividade causada por sua presença, ali onde o desejo seria ter o filho morto.

Para os mais velhos, quando um irmão morre no período de ciúme agressivo, os desejos de morte que puderam existir assumem um valor mágico, e tudo se passa como se o desejo de morte tivesse sido a própria causa da morte, daí a angústia de culpa.

Acrescentemos que toda morte na família de uma criança pequena segue esse mesmo processo, pois é impossível não ter havido sentimentos agressivos misturados ao sentimento de amor pela pessoa morta.

Nas análises de criança, isso é encontrado com muita regularidade: "Fui má com ela", "Dei-lhe um soco que provocou seu câncer", etc.

O filho anormal

É ainda de luto que se trata: luto das esperanças e dos desejos conscientes e inconscientes que haviam precedido o nascimento do filho.

Quando a doença é congênita, a questão da hereditariedade vem ainda aumentar as angústias, ainda que objetivamente a certeza de que a doença não é hereditária possa ser dada aos pais.

Quando a doença é hereditária, outras questões se colocam. Quem, pai ou mãe, está em causa, ou então os dois, nos casos de hereditariedade autossômica recessiva? E qual será o futuro do casal, caso se afigure que um dos dois pode ter filhos normais com outro cônjuge? Que pode fazer o médico com essa verdade envenenada, que não permite nenhuma solução inteiramente satisfatória?

Em muitos casos, a culpa dos pais os leva a dar cuidado e atenção ao filho deficiente, ainda que ele não possa aproveitar, e em detrimento dos outros.

As famílias adotivas

Numa família adotiva, a criança também toma lugar no desejo consciente e inconsciente dos pais. Não é durante o casamento ou a concepção que começa esse processo, mas quando o desejo da adoção começa a surgir.

Aí ainda, um processo de luto deve ser vivido e superado, o luto do desejo de paternidade e de maternidade.

Qual é a motivação real que sustenta o desejo de uma mulher de adotar uma criança, o desejo de um homem de lhe dar seu nome?

Afeto e desenvolvimento

Só após este longo preâmbulo sobre a função da família, suas estruturas hierarquizadas, que, como as da sociedade, são estruturas simbólicas, é que podemos abordar o estudo do desenvolvimento da criança.

De maneira geral, podemos dizer que a educação da criança culmina, nos casos de um desenvolvimento normal, numa utilização das estruturas simbólicas para condutas reais. Nos casos psicopatológicos, essas mesmas estruturas são utilizadas para condutas simbólicas, aparecendo sob forma de sintomas que mascaram a verdade do sujeito, nos casos simples, ou do grupo, nos casos mais complexos.

Sempre há um período no desenvolvimento da criança em que suas condutas são simbólicas.

O desenvolvimento motor requer naturalmente uma integridade física e a maturação do sistema nervoso e muscular. Mas essa integridade não basta para que a atividade motora tome sentido; ela só toma sentido através das experiências relacionais vividas pela criança.

Os primeiros movimentos da criança são sobretudo descargas motoras, ou movimentos necessários à sobrevivência da espécie, como os movimentos de sucção. Mas bem rápido os movimentos se tornam fonte de prazer ou de desprazer, e aqueles que proporcionam prazer são repetitivos.

A maneira como eles são recebidos pela mãe vai desempenhar um papel decisivo. É com a ajuda da mãe que o filho progressivamente diferencia o que ele é do mundo exterior.

Durante muito tempo, ele apreende seu corpo como despedaçado, assim como o de sua mãe; o seio aparece como objeto separável, parcial, da mesma forma que a mamadeira.

Bem rápido, desde o nascimento, o corpo é objeto de gozo. (A isso voltaremos a propósito do desenvolvimento libidinal). O domínio progressivo de seu corpo é gozo para a criança: quando ela atinge o momento da marcha, vemos a criança de certo modo inebriar-se com esse domínio do corpo. Ela caminha em todos os sentidos pelo prazer que isso lhe proporciona, deixando de lado qualquer outra preocupação, desinteressando-se às vezes da comida. De maneira imajada, Françoise Dolto diz que "o erotismo se desloca da boca para as pernas".

Considerando que o desenvolvimento motor, em particular a motricidade de locomoção, é uma etapa rumo à autonomia, o desejo da mãe intervém, conforme ela desejar ou não que o filho seja autônomo. Se ela preferir o filho bebê e dependente, a marcha pode ser retardada.

É bem evidente que pequenas salas cheias, onde a criança fica presa na cama ou na cadeira, não favorecem o desenvolvimento da motricidade de locomoção. Se a mãe for atenta e brincar com o filho, a motricidade manual se desenvolve rapidamente.

Seja como for, de modo algum o atraso da marcha implica um atraso global ou um retardamento. Muitas causas podem trazer um atraso da marcha para que se possa disso concluir o que quer que seja.

Dorothy Burlingham[2] e Anna Freud pensam que, mesmo num berçário, o desenvolvimento motor da criança é semelhante ao das crianças criadas na família. Não partilho essa opinião. Nos berçários, as crianças são menos ativas que aquelas criadas pela mãe. Elas não se interessam pelos brinquedos, pois os objetos não tomam sentido, na medida em que não representam nada quanto à relação com a mãe. Como não se interessam pelos brinquedos, não desenvolvem a preensão e o desenvolvimento manual. Por outro lado, a motricidade de locomoção costuma ser bem

[2] Dorothy Burlingham (1891-1978): psicanalista americana. Ela contribuiu para a realização, a organização e a gestão da famosa Hampstead War Nursery de Londres, fundada por sua amiga Anna Freud. Cf. Elizabeth Young-Bruehl, *Anna Freud*, Paris, Payot, 1991.

desenvolvida, mas também sem significação e sem objetivo; ela está ali enquanto tal.

No melhor dos casos, essas crianças permanecem famintas de afeição e de atenção; elas se animam quando nos aproximamos delas, desejando que as peguemos no colo, e rejeitando sistematicamente os objetos que lhes oferecemos, para iniciar uma relação personalizada. A criança de instituição persiste em brincar com partes de seu corpo, e sua atividade motora tende a se tornar estereotipada.

As influências culturais e uma certa rigidez podem favorecer a tolerância dos pais ao que eles chamam "maus hábitos": uso da mão esquerda, sucção do polegar, manipulação dos órgãos genitais, apego a um objeto mascote. Com muita freqüência, essas atividades são prazeres auto-eróticos que compensam uma frustração ou uma ausência temporária da mãe. Elas devem ser respeitadas como meio de defesa contra a angústia dessa separação. Se os pais se opuserem de modo muito severo a essas atividades, elas se tornam permanentes, obsessivas, investidas de oposição e de culpa.

O controle dos esfíncteres toma lugar nesse desenvolvimento da mesma maneira e deriva a um só tempo do prazer de dominar suas funções e de gratificar a mãe, assumindo assim um valor simbólico de dom na relação mãe-filho.

A limpeza só pode ser adquirida quando o equipamento motor tiver atingido um desenvolvimento que permita à criança não só urinar e defecar à vontade, mas também reter um certo tempo.

É habitualmente por volta dos 15 ou 18 meses que esse estádio é atingido, quando a criança pode não só caminhar, mas também subir um ou dois degraus de quatro ou apoiando-se.

É claro que é possível condicionar uma criança a ser limpa, mesmo muito jovem, de diferentes maneiras: supositórios, longos períodos no penico; mas, então, nem o desejo, nem a vontade da criança intervêm. Adestrar uma criança como um animal não tem nenhum valor educativo. Se esse adestramento for coercitivo demais, ou a criança se torna teimosa, colérica, às vezes anoréxica, e arrisca permanecer irascível e intolerante, ou então se torna passiva, dependente e inibida. Outras vezes, um sintoma de caráter simbólico vem tomar o lugar e mascarar o desejo agressivo da criança: encopresia, enuresia, erupção alérgica, etc.

A saúde física

A partir do advento da era pastoriana, o desenvolvimento físico da criança pôde ser assegurado em berçários. Antigamente, as crianças sem mãe ou sem ama eram crianças mortas e não colocavam, portanto, problema psíquico.

Os problemas se colocaram a partir do momento em que foi possível criar essas crianças sem mãe ou sem substituto materno.

Se, de maneira geral, consideramos que num primeiro tempo a mãe tem sobretudo que preencher as necessidades fisiológicas do filho, na realidade essa distinção não é tão radical quanto parece. Essas necessidades são muito rapidamente integradas, com seu valor emocional, no jogo da relação dual com a mãe. A interação é permanente e cada comportamento da mãe determina uma resposta do filho e vice-versa.

O filho é introduzido no discurso da mãe, dele participa e nele articula seus desejos próprios e suas modalidades de demanda e de exigência.

Segundo Spitz, no interior do casal formado por mãe e filho, a mãe representa o elemento dominante ativo, ao passo que o bebê é o elemento passivo receptivo. Essa definição é um pouco simplista?

Seja como for, as perturbações da estrutura psíquica da mãe surgem no filho não só através das desordens emocionais e dos distúrbios do caráter, mas também através dos distúrbios biológicos, tanto no feto quanto no lactente.

Nossa hipótese pessoal seria a seguinte: a incapacidade da mãe de dialetizar, isto é, de fazer passar pela fala e de simbolizar suas próprias experiências, e em particular suas relações objetais, isto é, suas relações com os outros, introduz, como conseqüência, uma certa desorganização nas regulações fisiológicas; especialmente aquelas que mantêm o equilíbrio biológico necessário à viabilidade do feto *in utero* e, mais tarde, à sua saúde física.

Atualmente, um certo número de dados clínicos permite verificar essas hipóteses, também a respeito de certos abortos de repetição, da intolerância de certos líquidos vaginais que são muito espermicidas. Conhecemos, por outro lado, a influência dos desejos inconscientes sobre a regulação das regras. Toda essa problemática vai ter uma influência sobre a saúde física da criança.

Habitualmente, quando sintomas psicossomáticos aparecem no adulto, o órgão ou a função atingidos são objeto de investimento libidinal e são utilizados como suporte significante de um discurso recalcado que tenta surgir. Segundo Sandor Ferenczi, não seria nada além da materialização de uma fantasia.

Seguindo a formalização de Lacan, a desordem fisiológica deriva do fracasso do sujeito em articular seu desejo a um só tempo ao significante e à realidade.

No caso do lactente que ainda não tem passado, não se pode dizer a mesma coisa; mas o sintoma da criança encontra-se em condição de responder ao que há de sintomático na estrutura familiar.

Nesse contexto, o sintoma se define como representação da verdade, verdade do casal – é este o caso mais complexo, mas o mais aberto a uma intervenção analítica –, ou verdade da mãe. Quando um sintoma aparece, ele é o produto de uma certa tensão nas relações entre a mãe e o filho. A partir do momento em que esse sintoma apareceu, ele focaliza toda a atenção e perde a sua significação; no entanto, ele mascara a verdade que era a perturbação da relação. A articulação se reduz de muito quando o sintoma tem a ver com a subjetividade da mãe. Aqui, é diretamente como correlativo de uma fantasia que o filho está interessado. O sintoma somático dá o máximo de garantia ao desconhecimento dessa verdade, que ele obtura ainda mais porquanto é real.

A idade da criança e seus sintomas

Antes dos 6 meses: o lactente reage sobretudo por sintomas digestivos – anorexia, diarréia, vômitos –, mas às vezes também por distúrbios do sono.

A diarréia seria, talvez, uma resposta específica do lactente a qualquer tensão ansiosa das pessoas à volta. Nos berçários, as epidemias de diarréia costumam coincidir com tensões nas relações da equipe médica, sendo encontrados os mesmos colibacilos patogênicos nas fezes normais em período de calma.

A partir dos 6 ou 8 meses: a imagem do corpo se precisa e a reação somática costuma ser mais diferenciada, assumindo às vezes um valor simbólico. Ela costuma ser ainda digestiva, mas marca uma certa autonomia: constipação obstinada, mericismo, recusa ativa de comida...

Esses sintomas costumam ser "significantes" para a mãe, que apresentou sintomas análogos em sua história, ou que investiu especificamente certos órgãos ou certas funções. Exemplo: quando uma mãe teve vômitos incoercíveis durante a gravidez, é muito freqüente o filho reagir por vômitos às tensões entre a mãe e ele.

Certas doenças como a asma ou o eczema podem ser consideradas testemunhas de uma relação mãe-filho perturbada (Spitz, Aubry, tese de Grigiac[3]).

A mãe de um filho eczematoso é incapaz de manipulá-lo normalmente, ela é irritante e sua hostilidade é cada vez mais aberta. As mães de crianças asmáticas são sufocantes, superprotetoras. Hostilidade, rejeição, culpa são mascaradas pela solicitude ansiosa da mãe. Esses dois tipos de mães costumam ser frígidas, é esta a verdade escondida pelo sintoma.

Por outro lado, o sintoma costuma ser para o filho a melhor maneira de atrair cuidados maternos e de retomar contato com a mãe; mas é também a marca de uma hostilidade para com ela que se volta sobre ele mesmo. A característica da personalidade alérgica é precisamente a repressão e o bloqueio da agressividade. Não existe praticamente alergia entre os esquimós e em todas as sociedades onde os cuidados maternos e o contato cutâneo são altamente desenvolvidos.

As doenças psicogenéticas também podem aparecer em famílias bem equilibradas, quando algum acontecimento exterior vem perturbar a família. Uma vez em três, tais acontecimentos sobrevêm nos dias que precedem a hospitalização de uma criança: briga entre pais, entre pais e vizinhos, entre pais e avós, dificuldades materiais, morte de um membro da família.

Às vezes é difícil dizer se o acontecimento traumático foi um fator determinante no aparecimento ou no agravamento da doença, ou então se a ansiedade por ele provocada causou uma hospitalização por uma doença menor. A hospitalização, que teria sido evitada em outras circunstâncias, torna-se, assim, um sintoma.

---

[3] Co-autor, com Jenny Aubry, do artigo dedicado ao eczema e retomado no capítulo 6 da presente obra.

Observações

Odile: 6 meses, quarto filho. Ela é hospitalizada com gastrenterite e anorexia, contra a opinião do médico que a trata. Nenhum dos outros filhos foi hospitalizado. O que aconteceu?

A avó da mãe acaba de morrer no hospital. Ora, essa avó serviu de mãe à mãe, a Sra. E., e criava o bebê. A Sra. E., desamparada, tentou se aproximar da mãe, com a qual não se entendia. A tensão entre a Sra. E. e sua mãe era tal que ela não podia dar o seio a seu primeiro filho na presença da mãe, achava aquilo indecente. Lembrava-se da mãe amamentando diante dela um irmão pequeno, o que a enojara, e depois disso ela não amamentou mais nenhum de seus filhos.

É, portanto, no momento em que a Sra. E. se recoloca sob a lei de sua mãe, e não mais de sua avó, que a relação conflituosa ligada a seu ciúme fraterno reaparece e provoca distúrbios alimentares (anorexia, depois diarréia) no lactente não alimentado no seio (desobediência à mãe). A jovem mãe é então tomada de pânico, pensa com angústia que sua filha vai morrer e decide hospitalizá-la de urgência.

Nesse caso, a hospitalização assume seu lugar na rede conflituosa de uma estrutura familiar em que padece a criança, uma vez que se torna objeto da fantasia materna (ciúme para com o irmão pequeno).

A reação da família à significação que dá à doença pode agravar e fixar sintomas. Eis um exemplo disso:

Claudine, 14 meses. É criada por uma ama desde a idade de 2 meses. A ama é muito agressiva com a mãe, que não se interessa pela filha. Ela é cuidadosa e até meticulosa e tudo se passa bem até a idade de 6 meses, depois Claudine come menos bem e até vomita. O pai de criação tenta alimentar a menina que regride, não se senta mais e acaba não aceitando mais comida senão à força, deitada na cama.

A ama nos revela que os distúrbios do apetite na menina provocaram nela uma terrível angústia: ela já cuidou de um bebê que tivera uma toxicose grave e brutal cujo único sintoma fora uma anorexia de um dia. Após esse alerta de que ela só fala chorando (ela passara a noite toda no hospital), a ama havia decidido não pegar mais lactentes.

Bem entendido, não procuramos conhecer os sentimentos inconscientes da ama para com Claudine, que tomara o lugar de um lactente querido do qual ela não soubera cuidar; mas é provável que sua relação com Claudine tivesse um fundo de angústia e de culpa e que seus sentimentos negativos lhe tornaram insuportáveis as primeiras recusas alimentares. É possível que sua atitude tenha contribuído para agravar o estado da menina.

Élizabeth: 13 dias. Sua doença mostra a imbricação dos sintomas reais com a angústia da mãe.

Élizabeth é hospitalizada com diarréia líquida, e um tratamento dietético de rotina permite a saída quatorze dias mais tarde; mas a menina é hospitalizada de novo com diarréia, vômitos, palidez, adinamia. A diarréia desaparece bem rápido, mas há sangue nas fezes e uma anemia progressiva requer uma transfusão. Foram necessários uns quinze dias para estabelecer o diagnóstico provável de uma intolerância congênita à sacarose, maltose, isomaltose, e para acertar corretamente o regime.

As entrevistas com a mãe foram pedidas pelo assistente pediatra em razão da tensão extrema desta, que, diz ele, "não consegue ouvir nada do que eu lhe digo e refaz o tempo todo as mesmas perguntas".

A jovem mulher, espanhola, foi criada por religiosas, e sua história, tal como ela conta, está marcada pela doença, pelo sangue, símbolo das relações sexuais proibidas pelas religiosas, pela morte sobretudo, morte de seu pai nas prisões espanholas quando ela tinha 8 anos, morte de um patrão, morte de duas mulheres no hospital onde a operaram de apendicite, e talvez, também, morte da menina que ela vê morrer em sonho, identificando-a com seu próprio desejo de morrer, uma vez que já tentou se suicidar.

O que escondem todas essas lembranças de morte evocadas com tal facilidade e a evocação de uma longínqua tentativa de suicídio?

O pensamento de que sua filha não merece viver, ou antes, que ela não merece que a filha viva?

Uma segunda entrevista mostra, nessa mulher separada do marido, o desejo de retomar a vida conjugal com um homem desaprovado por todas as instâncias femininas à sua volta: por sua mãe, que recusou assistir ao casamento, pelas religiosas que a acolheram e não quiseram mais recebê-la após o casamento, senão entre os visitantes, os estranhos, e por sua patroa atual, que racionaliza seu julgamento ao insistir no aspecto material: "É preciso que ele pague o que lhe deve".

O gozo sexual é culpado e a menina é dele a encarnação. Essa culpa provoca na jovem mãe um retraimento da realidade, uma impossibilidade de considerar os fenômenos somáticos de sua filha pelo que eles são, diarréia e intolerância à sacarose, e de tratá-los por um regime correto: essa atitude de retraimento pode, assim, agravar os sintomas.

A criança doente

Uma curta doença numa criança habitualmente bem de saúde pode ser bem tolerada. Uma criança doente sempre tem tendência a regredir a atitudes anteriores; essa regressão deve ser tolerada e aceita.

Se a doença se prolongar, o comportamento da criança muda conforme as reações da família. A mãe pode ou apoiar a criança, ajudá-la a viver e a resolver essa crise, ou agravar a sua descompensação.

Uma doença infantil bem vivida pode promover uma etapa no desenvolvimento da criança, contanto que a mãe cesse de ser ansiosa assim que os sintomas agudos desaparecerem, e que seja capaz de não ceder então às exigências excessivas do convalescente.

Ao contrário, se a mãe permanecer ansiosa e prolongar indevidamente a proteção que ela havia assegurado durante a doença, a criança sente esse medo da mãe e torna-se ela mesma ansiosa, persistindo em suas atitudes regressivas. Com muita freqüência, a doença desencadeia sentimentos de angústia e de culpa dos pais. A doença é então interpretada e uma significação consciente ou inconsciente lhe é dada conforme a estrutura dos pais e sua própria temática, agravando e às vezes fixando os sintomas.

Quando se trata de uma doença crônica grave, é difícil, tanto para os pais quanto para a equipe médica, enfrentar isso. O que pode ser também perturbador para a criança, pois até um pequeno de 2 anos é consciente de seu corpo e percebe a aproximação da morte.

Não conhecemos bem a influência da família no curso da própria doença, mas sabemos que superproteção e supergratificação das exigências da criança provocam nela angústia e aumentam o fardo da doença.

Desenvolvimento intelectual e subjetividade

O desenvolvimento da inteligência se insere e se inscreve na trama de relações do sujeito com o Outro, relações que estão elas mesmas na origem de sua vida afetiva e que a modulam.

Define-se a inteligência como:

1. "inteligência de algo": as provas psicométricas deduzem um nível, um quociente de acordo com os fracassos e os sucessos em provas tratadas estatisticamente. Lembremos a piada de Binet: "A inteligência é o que minha escala mede".

2. "faculdade de compreender": para Wechsler, a inteligência "é a capacidade combinada ou global do indivíduo de agir em vista de um objetivo, de pensar racionalmente e de se incluir com eficácia em seu meio de vida". De imediato, há a noção de adaptação que intervém e que é dominante no ensino da psicologia.

Cyril Burt[4] a define como uma "capacidade global e inata de conhecimento", o conhecimento sendo "aptidão para adaptar, guiar, dirigir as atividades mentais mediante procedimentos de discriminação e de integração".

Charles Spearman[5] a considera "o fator comum de êxito ao longo de todas as operações mentais".

Essas diferentes definições enunciam aquilo em que se pode julgar o valor, a presença ou a ausência de inteligência, sem definir muito precisamente o que ela é. Com efeito, ela se manifesta num comportamento, numa conduta do sujeito no mundo, isto é, na relação desse sujeito com o mundo, uma vez que ela exprime uma "compreensão". Esse termo compreensão deve ser entendido no sentido de "dar uma significação aos objetos". Tal atribuição, que comporta raciocínio, dedução, previsão, imaginação, implica a possibilidade de identificação do objeto e sua inserção num certo lugar numa série que lhe dá seu sentido (uma árvore não tem sentido sem a natureza).

---

4 Cyril Burt: psicanalista inglês conhecido por seus trabalhos sobre a psicanálise de crianças.

5 Charles Edward Spearman (1863-1945): psicólogo inglês, conhecido por seus trabalhos sobre a análise fatorial da inteligência.

As provas tais como o Matrix, saturadas de fator G de inteligência geral, são estabelecidas sobre esse princípio: que a inteligência do objeto implica a inteligência do conjunto no qual ele toma lugar; isolado de todo contexto, o objeto é desprovido de sentido, é o *non-sens*.

Para o ser humano, o objeto só toma sentido num conjunto significante comum, aquele que se exprime na linguagem. A posse desse sistema significante é um instrumento necessário ao funcionamento intelectual, e, por outro lado, essa própria posse é sinal de inteligência, na medida em que sua aquisição é feita por atos de inteligência.

Toda aquisição de um elemento significante implica a existência de um sistema de referência fundado na existência de significantes elementares. Esses elementos são preexistentes ao sujeito e à sua atividade intelectual: a linguagem existe antes do nascimento da criança. Desde antes do nascimento, o sujeito humano está imerso num banho de linguagem: falam dele, ele já representa algo que é traduzido na linguagem, no discurso daqueles que o esperam. Logo, desde antes do nascimento, ele está preso numa rede de linguagem, num universo de significantes. A criança é chamada primeiramente pelo nome pelo qual os outros a designam. Bem no início, ela está presa no discurso dos outros, ela é um Ele ou Ela que só descobre depois o discurso que emana de si mesma e o pronuncia enquanto Eu [*Je*]: muitas crianças falam de si mesmas primeiro na terceira pessoa.

Essa aquisição dos elementos significantes começa desde o nascimento com o desenvolvimento psicomotor e sensorial e o desdobramento de atividades intencionais, através da utilização das possibilidades motoras da criança, e em função da situação afetiva que ela vive.

Ainda que os primeiros gestos do lactente sejam apenas conseqüências de um estado fisiológico de tensão-distensão, eles assumem um valor de sinal cuja significação vem da interpretação que disso fazem os familiares e, mais particularmente, a mãe. Antes de a criança lhes dar uma significação, eles recebem significação no discurso da mãe (ou do substituto materno), discurso que implica um desejo que não é anônimo (ele é particularizado, não se dirige a qualquer criança).

Toda nova aquisição de um elemento significante remete, por um lado, ao sistema significante tal como é transmitido pela mãe e, por outro, ao adquirido e às circunstâncias de aquisição desse sistema pela criança.

Com Freud[6], é preciso distinguir o "desejo", que põe o aparelho psíquico em movimento, da "necessidade", puramente orgânica, que provoca a tensão e que é de origem biológica. Toda satisfação da necessidade não tem por único efeito a abolição da tensão na origem da necessidade, mas também o aparecimento do prazer: tendo sido satisfeita a necessidade, quando a tensão orgânica se reproduz, há uma representação alucinada da satisfação. Esse fato é essencial, já que todo sujeito está sempre preso na espera da renovação de uma experiência de prazer que ele deseja; essa espera faz parte, aliás, do prazer.

Suas necessidades são estruturadas em faltas e desejos, por aquele a quem ele apela como dispensador de todos os prazeres, julgado como todo-poderoso. Assim, sempre apela a ele para receber o complemento de sua falta; é colocado desde o nascimento numa dimensão de corte e de falta e inexoravelmente se choca com sua condição de estar a um só tempo submetido ao desejo do outro, sexuado e prometido à morte.

O desejo, que está além da necessidade fisiológica, funda assim a aquisição e a utilização do sistema significante. Captado pelos primeiros objetos, seio, olhar da mãe, voz, ele se mobiliza e se desloca por outros objetos, que, para se tornarem objetos do ato de inteligência, devem ser investidos pelo desejo do sujeito. Esses deslocamentos, esses investimentos se fazem através de uma rede de interdições, que vêm, por um lado, de agentes exteriores – família, educação, moral, religião – e, por outro, de interditos que emanam de um agente interno, que Freud chamou o Supereu, representando a Lei do Pai, tal como foi definida enquanto ordem e esquema organizador.

Definiremos o ato de inteligência como o fato de um duplo encontro:

1. encontro entre o objeto e o desejo do sujeito;
2. encontro entre o objeto e a Lei à qual se refere o sujeito.

O desenvolvimento da inteligência aparece, portanto, como essencialmente ligado à relação do sujeito com os outros, e com o Outro, personificado pelo personagem materno e seu discurso, e também, perfilando-se, atrás desse personagem, o Outro, representante da Lei Paterna. É esse

[6] Jenny Aubry aqui aplica à obra de Freud conceitos lacanianos.

Outro que é fundador, e não é uma pessoa como tal, mas um sistema constitutivo do campo humano, sistema que estruturou a linguagem.

Não pode haver inteligência se não houver um certo discurso feito de significantes, no qual o sujeito está preso, e que lhe permite dar sentido aos objetos. Enquanto não der sentido aos objetos, ele não pode desenvolver sua inteligência.

Nesse sistema, "o sujeito sempre é representado como significante para outro significante".

Lembremos o que é um significante: é um elemento distintivo formal, que toma seu lugar numa cadeia de outros elementos que se diferenciam e se opõem entre si. Nesse sentido, um significante é uma totalidade, uma marca, um representante que faz sentido, sem precisar de um significado que lhe corresponda exatamente. É desse fato – que o significado nunca corresponde inteiramente ao significante, já que há todo o contexto daquilo a que ele remete e que lhe modifica o sentido – que veio a leitura lacaniana, que um significante é um elemento formal que só tem valor como substituto de outro significante, ou ligando-se aos outros significantes de uma cadeia, e é dessa maneira que ele faz sentido e que a significação brota, a verdadeira significação só brotando da estrutura metafórica. Na metáfora, indica-se algo que faz sentido.

O sujeito está preso numa cadeia significante da qual o discurso materno representa um fragmento particular e privilegiado. A decifração, pelo sujeito humano, de suas articulações simbólicas nessa cadeia significante funda (fora de qualquer crise do equipamento genético) o desenvolvimento intelectual. Ora, essa decifração e esse desenvolvimento são indissociáveis das tentativas de dialetização das experiências afetivas, duais primeiramente, depois ternárias. É na medida em que essas experiências são faladas, passam pela linguagem, que elas podem ser decifradas e que a inteligência poderá se desenvolver.

Através da dimensão simbólica em que toma forma nossa linguagem como sistema de nomeação e de comunicação, o estudo psicológico do ser humano atinge a sua efetividade. Nós a definiremos como "aquilo que diz respeito à maneira como o sujeito, em razão de sua constituição e de sua história, é 'afetado' pelo que ele vive, a isso reage emocionalmente, disso tira sentimentos e nisso encontra motivações".

Nesse campo, o que conta não é a "situação objetiva" tal como acredita vê-la um observador, mas a maneira como o sujeito a imagina, a imagem subjetiva que ele dela tem e que é função de suas identificações, de suas experiências vividas e de toda a sua fantasmática inconsciente. É dizer todo o problema do exame psicológico tal como é concebido atualmente.

A "relação afetiva de base" é, pois, essa relação do sujeito com o campo do Outro. Nesse contexto, as emoções também podem se definir como "apelos ao Outro para que ele nos situe" (Kaufman).

O filho só pode se assumir como ser humano através do olhar e da voz de sua mãe, que o vê olhar-se no espelho e o nomeia. Importância do estádio do Espelho, que se situa entre os 6 e 8 meses, identificação narcísica primária com tudo o que ela comporta; o filho se vê, mas vê apenas uma imagem, que será a base do imaginário, e ele é nomeado por sua mãe. A assunção dessa imagem em geral se faz na jubilação e tem papel capital, já que tão logo a criança tomou consciência de que se tratava de uma imagem, de um engodo, ela brinca com isso. Ao passo que o macaco, muito mais desenvolvido nesse momento em muitos planos, tão logo toma consciência de sua imagem dela se desinteressa. A criança, ao contrário, brinca com essa imagem, a faz aparecer e desaparecer, experimenta gestos; é a fundação do imaginário.

Mesmo quando mais tarde ela falar em nome de Eu [*Je*], esse Eu [*Je*] será apenas uma identificação com um aspecto de si mesma, em particular o corpo, identificação sempre enganosa, já que imaginária.

Em sua relação emocional com o Outro, ela apela para que ele a situe, mas esse recurso não dá certo: a causa da emoção é a carência do Outro em significar. "Para o homem, isto é, para o sujeito significante, é a hiância aberta pela esquiva do Outro que coroa o paroxismo emocional. O Outro se esquiva uma vez que é fundamento de sentido".

Nessa perspectiva, é preciso definir certos paroxismos emocionais:

1. o pânico: Freud o encara como uma ruptura do vínculo social resultante do desabamento da identificação com o chefe dos membros do Grupo. O que o sujeito espera do chefe é que ele dê sentido a seu mundo (Lewin). O pânico estoura quando essa função é questionada;

2. a cólera: ela surge de um apelo ao Outro que permaneceu vão. O sujeito "em cólera" está "fora de si", apresentando assim um rosto de perigo para o outro;

3. o terror: é um medo sofrido, infligido por um ser poderoso. Assim, os terrores noturnos traduziriam a iminência de uma mutilação, aqui figurada pela perda da visão;

4. a piedade: ela nos faz sentir a um só tempo a proximidade de outrem enquanto semelhante e o afastamento a que estamos fadados em razão de nossa própria localização;

5. a vergonha: ela marca a irrupção do Outro em nossa intimidade, ela implica um apelo ao olhar de outrem e a recusa de a ele se submeter;

6. a alegria: é uma expansão de si com, ao contrário da cólera, a aceitação do dom de outrem.

Esses exemplos de paroxismos emocionais mostram bem que toda tentativa de dialetização de tais experiências emocionais será indissociável da decifração, pelo sujeito, de suas articulações simbólicas na cadeia significante; é este o fundamento do desenvolvimento intelectual. São, pois, a estrutura do discurso ambiente, tal como ele se atualiza no discurso da mãe, e o que ele traduz da relação mãe-filho (relação de desejo a desejo) que vão determinar esse desenvolvimento.

Consideremos quatro tipos de discurso:

1. a ausência de discurso: é o caso das "carências maternas";

2. as rupturas de discurso, por causa de uma emoção violenta agindo como um choque; o discurso não pode mais ser ouvido; assim acontece com certas separações brutais e precoces;

3. a deformação do discurso que induz uma relação neurótica;

4. a amputação no discurso, cujos efeitos se manifestam no nível da psicose.

Sabe-se que a ausência prolongada de cuidados maternos, isto é, a ausência de uma presença materna, quase sempre acarreta uma atrofia da estrutura psíquica. Além da incapacidade de se apegar eletivamente a uma pessoa, essas crianças ficam, em sua maioria, marcadas de maneira irreversível em seu desenvolvimento intelectual (caso das crianças-lobos).

Os estudos de Spitz mostram que as carências mais precoces são aquelas cujos efeitos se marcam mais sobre o desenvolvimento intelectual. Bowlby e eu mesma confirmamos esses fatos. A degradação do QD vai de menos

12, para três meses, a menos 25, para cinco meses de estada em coletividade e de relação não personalizada.

Goldfarb assinala uma diferença significativa no Wisc: as crianças que sofreram carências têm QI médios de 72,4, enquanto que o grupo de controle tem QI de 95,4 (mesmo meio, etc).

Os estigmas de deficiência ao longo do desenvolvimento intelectual são tanto menos reversíveis quanto as carências foram mais precoces e mais prolongadas. As carências maciças sofridas entre 3 e 18 meses marcam definitivamente a criança se uma relação materna de substituição não for restabelecida antes que esta tenha atingido a idade de 3 anos. Para além de 5 anos, essas deficiências não são mais recuperáveis, em particular no que diz respeito à linguagem. A criança de 5 anos que não fala por causa de carências e que não esteve presa num universo de linguagem significante não aprenderá mais a falar; não se trata de mutismo, mas de deficiência de linguagem.

Como entender esses efeitos de carência sobre o desenvolvimento intelectual, uma vez que a criança permanece objeto de cuidados de higiene, mas dirigidos numa coletividade a seu corpo unicamente, e de maneira anônima? Ela não está integrada nem no campo de um discurso, nem no campo de um desejo. Com efeito, o banho de linguagem não passa de cacofonia, gritos e choros de outras crianças, trocas verbais picotadas, entrecortadas, das enfermeiras entre si, que falam pouco com a criança. Esta raramente encontra o mesmo rosto, o mesmo olhar e a mesma voz para lhe responder: ela nunca pode se encontrar re(a)presentada, nem encontrar um Outro representado, a não ser nesses pedaços, fragmentos, estilhaços cintilantes de voz, de olhares, de corpos, estilhaços que nunca são idênticos, sempre referidos a um alhures. A cadeia significante é formada de imagens visuais parcelares, de ruídos, e cada significante só pode se remeter a si mesmo, sem "efeitos de sentido". Esse despedaçamento se traduz até na maneira como a criança apreende a imagem de seu corpo, caso consiga sair desse estado.

Carente no capital de elementos significantes indispensáveis, a criança é atingida em sua inteligência; essa criança não pode nem compreender nem ser compreendida. Aí se coloca o problema da significação de um diagnóstico de retardamento. A debilidade deve ser novamente questionada. A isso voltaremos.

Dos efeitos de ausência de discurso realizada pela carência diferenciaremos os efeitos das "rupturas de discurso", realizadas por uma separação brutal do meio habitual, acarretando a perda das balizas significantes, a desorganização do sistema de referência.

Acontecendo após 6 meses, isto é, na idade pré-verbal mas após o momento do "estádio do espelho" de identificação primária, as separações, pelo pânico e pelo desamparo que provocam, podem bloquear a linguagem e acarretar uma verdadeira quebra no crescimento intelectual, por um efeito de sideração. Constatou-se que crianças examinadas pouco antes da separação permaneceram exatamente no mesmo nível de desenvolvimento intelectual desde essa separação.

Num grau menor, as "rupturas" representadas pela entrada na escola maternal por exemplo, ou pela estada nas creches-dia, implicam uma mudança do sistema de referência dependendo do discurso e do desejo da mãe e marcam-se por um atraso na aquisição da linguagem e, como corolário, um atraso do desenvolvimento intelectual. Tais situações são intermediárias entre a ausência de discurso e a distorção do discurso neurótico. É bem possível evitar isso.

A estrutura neurótica da mãe, expressão de seu próprio fracasso em dialetizar suas relações duais e ternárias, a leva a atribuir ao filho, consciente, mas na maioria das vezes inconscientemente, uma posição particular, conforme a seu desejo. Se, para o filho, a família aparece como lugar de uma experiência original, para os pais ela vai ser a sede de mecanismos de repetição, "cristalizando e reproduzindo numerosas ligações anteriores". O filho é chamado a preencher, a reparar a satisfação narcísica da mãe, a compensar seus fracassos, a permitir o resgate de um erro real ou imaginário, a justificar certas ações. Essas exigências inconscientes se traduzem por uma constituição mais ou menos aberrante do discurso materno, em cuja rede o filho tem lugar definido. Nesse lugar ele recebe o que é necessário para favorecer seu desenvolvimento intelectual, mas isto ao preço às vezes bem pesado de sua própria neurose ou de uma perversão que não deixa de incluir efeitos sobre a utilização de sua inteligência. Esta dependerá da maneira como intervirão os processos de recalque.

Assim, em seu estudo sobre Leonardo da Vinci[7], Freud analisa a repercussão da relação exclusiva vivida por Leonardo com sua mãe durante sua primeira infância (nascimento ilegítimo e ternura excessiva) sobre seu destino. "De fato, só um homem que tivesse vivido a própria infância de Leonardo poderia ter pintado a Gioconda e a Santa Ana, preparado em suas próprias obras seu triste destino e tomado como investigador da natureza essa expansão inaudita, como se a chave, de todas essas realizações e também de seu infortúnio, estivesse escondida na fantasia de infância...". Sem que seja possível falar de neurose, o preço do desenvolvimento intelectual parece ter sido, neste caso, o recalque da sexualidade.

Em casos menos felizes para a humanidade, a inteligência é utilizada para fins perversos, até mesmo criminosos. Os exemplos não faltam.

A cadeia significante é amputada de um elo, inarticulável, não simbolizável. A essa patologia do discurso, que podemos identificar como uma foraclusão ou uma denegação, corresponde, acreditamos, o desenvolvimento patológico da criança rumo à psicose. Aqui, a inteligência enquanto tal não é alcançada: podemos até lhe atribuir um nível excelente. Mas tudo se passa como se essa hiperatividade intelectual pretendesse ser uma tentativa de reconstituição de um mundo impraticável. A foraclusão de um elemento do discurso impede o sujeito de encontrar a sua cronologia na cadeia significante; ele está fora do campo do Outro; e é propriamente falando a definição da alienação: o delírio do paranóico faz o sistema significante comum sofrer uma deformação, distorção qualificada de interpretação, de reivindicação, de megalomania pelo observador (o Outro), mas que é uma tentativa do doente de situar o objeto em seu universo e de compensar a fraqueza do Outro, operação na qual emprega toda a sua inteligência.

O hipômanes é preso no turbilhão das associações em detrimento da inteligência de sua conduta.

Essas diferentes perturbações da inteligência não indicam uma perda ou uma falta de inteligência, mas uma modificação do sistema significante

---

[7] Sigmund Freud, *Un Souvenir d'enfance de Léonard de Vinci* (1910), Paris, Gallimard, 1987.

destinada a proteger o sujeito de sua angústia – isto é, do desejo –, a reconstituir um universo sem falha, tarefa fadada quase sempre ao fracasso, na medida em que a falha é um defeito de estrutura.

O estudo psicanalítico da debilidade[8] mostra o débil como um "objeto" falado e manobrado, que não pode nem falar em seu nome, nem desejar. Para além da organicidade, irrefutável em certos casos, encontramos fatores comuns com a psicose: em particular, a situação dual com a mãe, cujo discurso exclui a Lei do pai e cujo desejo visa manter o filho como objeto parcial.

A debilidade pode ser considerada uma "doença mental", com todas as possibilidades de tratamentos e as esperanças de recuperação que essa ótica implica. Ela não deve continuar sendo uma etiqueta a assinalar um "déficit de capacidade" e a visar manter a exclusão do débil do campo dos seres humanos.

Nessa perspectiva que atribui à linguagem o papel fundamental de mediador entre os fatores emocionais e o desenvolvimento da inteligência, podemos nos perguntar o que se passa com as crianças vítimas de surdez congênita, que estão assim aparentemente cortadas do acesso à fala. É a essa questão que parece querer responder Vernon em seu recente trabalho sobre "*Relationship of Language to the Thinking Process*", no qual ele conclui pela ausência de relação funcional entre a linguagem "verbal" e o conhecimento ou o processo do pensamento.

Convém, no entanto – o que não faz esse autor –, distinguir a "linguagem", que é um produto social, a "língua", código adotado por um grupo cultural, e a "fala", ato do sujeito falante. Embora a criança surda não ouça as falas daqueles que a cercam, ela nem por isso deixa de estar presa num discurso, numa cadeia significante, numa "estrutura de linguagem".

De início, seu único modo de apelo ao Outro do ponto de vista verbal é o grito, ou seja, o inarticulado. Ela vive suas emoções sob um modo arcaico de descargas motoras e não pode tomar nenhuma distância em relação à sua vida emocional. A ausência de verbalização torna difícil o

---

8 Remeto aqui aos trabalhos de Maud Mannoni (JA). Cf. notadamente *L'Enfant arriéré et sa mère*, Paris, Seuil, 1964; *L'Enfant, sa maladie et les autres*, Paris, Seuil, 1967.

acesso ao simbolismo. Sua instabilidade motora tem como corolário a desatenção, a incapacidade de manter a aplicação e a concentração necessárias ao desenvolvimento intelectual. Entretanto, aí ainda, o prognóstico é função da relação com a mãe.

Para certas mães, a ausência de linguagem no filho equivale a uma destituição do estatuto de sujeito humano. O filho, sendo assim colocado como refugo, como um dejeto, não tem outra possibilidade senão a entrada no mundo da psicose, o refúgio no autismo com deterioração intelectual.

Certas mães, por outro lado, compensam o fechamento do filho ao som e à fala com outros modos de comunicação, utilizando em particular os significantes não verbais: gestos, olhares, mímicas. Entretanto, estes não têm as mesmas propriedades que os significantes verbais, a saber, a facilidade de evocação fora de todo suporte material. Vale dizer que a abstração permanece difícil, assim como o acesso ao simbólico. Porém, se não for rejeitada, se continuar sendo objeto de um desejo (e sujeito de desejo), a criança mantém a possibilidade de ter acesso à comunicação.

A desmutização é mais ou menos aceita pela criança, na medida do apoio afetivo e efetivo que ela recebe e que sente no Outro. É, com efeito, por uma aprendizagem difícil que ela adquire o manejo da frase, as noções de espaço e de tempo, de causa, que lhe permitirão não viver mais na instantaneidade, mas balizar-se como sujeito no mundo dos significantes.

A aquisição da linguagem permite um desenvolvimento intelectual que, no entanto, permanece marcado por uma certa rigidez no próprio exercício da inteligência, rigidez que é o preço a ser pago por tudo o que, sob o nome de reeducação, é fruto de uma aquisição artificial. É por volta dos 7 anos de idade, após a desmutização, que se poderia eventualmente estabelecer um modelo de relação terapêutica que permita a simbolização e o acesso à abstração. Com efeito, é quase certo que o surdo está "potencialmente" apto a ultrapassar essa etapa.

Notemos, no entanto, a ausência de contribuição de valor por parte de indivíduos vítimas de surdez congênita do ponto de vista da criação literária e científica e até artística.

Em resumo: os fatores emocionais que influenciam o desenvolvimento intelectual nos parecem situar-se na primeira relação do filho com a mãe, conforme o lugar que este e seu pai ocuparem no inconsciente desta, o desejo de que estão investidos. O discurso da mãe permitirá ou não o acesso à linguagem, depois à fala, sem a qual nenhum desenvolvimento intelectual é possível.

A ausência de discurso da mãe (carência materna) culmina no retardamento, nas rupturas no atraso intelectual. As distorções e as amputações do discurso, responsáveis pelas neuroses, pelas perversões e certas psicoses, não impedem de modo algum o desenvolvimento intelectual, mas modificam a utilização da inteligência.

Nota 1: distorção do discurso

Há perturbação das relações entre os três pólos: imaginário, simbólico, real.

O obsessivo imagina o simbólico como para dele se defender. Ele está no nível da linguagem, mantendo-se sempre à distância de seu desejo.

O histérico simboliza o imaginário para recusar toda forma e mudar como ele fala. Ele está no nível da imagem.

O perverso faz surgir no real um objeto cujo sentido simbólico ele não reconhece e que é assim um *non sens* (o objeto fetiche).

Nota 2: amputação do discurso

Na psicose, a alteração ocorre no nível mesmo da constituição do signo que liga o significante ao significado. Vemos a palavra dissociar-se em seus elementos constitutivos significante e significado.

O psicótico utiliza o signo amputado ou de sua função de significado, ou de sua função de significante.

No delírio, o significante é amputado do significado: a mesma palavra pode tomar todos os sentidos. Ele na verdade toma um sentido especial, aquele que lhe dá o delirante, o sentido dele.

Na esquizofrenia, os significados, os conceitos não podem associar-se de maneira estável com um significante. O significante perde seu valor de representante e perde seu lugar na cadeia significante. Não há mais sistema de referência.

Em todos esses casos, a significação não pode brotar do emprego da linguagem.

Desenvolvimento libidinal da criança

É necessário partir novamente da elaboração que dele fez Freud e que entrou de modo bem amplo nos conhecimentos correntes. De seus trabalhos, ele deduziu um certo número de conceitos que servem de base à psicanálise, na medida em que ela pretende ser uma ciência.

Desses conceitos, retomaremos o inconsciente e a pulsão.

O inconsciente

Freud diz: "São representações latentes, sobre as quais estamos no direito de crer que estão contidas na vida psíquica, como é o caso para os fenômenos mnésicos". Com efeito, ele compara o inconsciente a fenômenos de memória, que não estão presentes continuamente no espírito, mas que surgem em certos momentos, para a memória, quando a eles apelamos, e para o inconsciente, de modo inteiramente diferente.

A representação inconsciente passa despercebida enquanto tal e se manifesta por seus efeitos; em particular no nível da linguagem, pelos lapsos e também, numa certa medida, pelos chistes; no imaginário, pelos sonhos, mas que também têm estrutura de linguagem; no corpo, pelos sintomas, como é o caso entre os histéricos; no comportamento, no agir, pelos atos falhos.

No sentido psicanalítico freudiano do termo, intervém a noção de uma ação dinâmica do inconsciente e de uma certa força de que o inconsciente é dotado. Com efeito, só é possível entender o inconsciente na medida em que se admite o conceito de recalque, que é o único a poder explicar por que os pensamentos são inconscientes e por que guardam esse dinamismo.

A pulsão

É um conceito muito complexo. Para Freud, é uma força constante interna, um estímulo interno. Ele insiste nesse fato, dizendo que, quando se trata de estímulos externos que causam desprazer e tensão, é possível evitar isso mediante condutas de evitação, ao passo que não é possível escapar à pulsão, que é uma força interna[9].

Esse conceito, segundo Freud, está no limite do psíquico e do somático. Com efeito, a pulsão é um representante psíquico das excitações emanadas do interior do corpo e chegadas ao espírito.

Esse representante psíquico, que costuma estar ligado ao objetivo da pulsão e à sua satisfação, comporta um afeto, que é, de certo modo, como o retomou a formulação de Lacan, um representante da representação.

A pulsão comporta, portanto: 1) essa força, o impulso; 2) um objetivo, que é a satisfação da pulsão e o prazer que ela dá; e 3) um objeto que permite atingir esse objetivo.

É notável que o objeto da pulsão pode mudar; ele não é imutável, há deslocamentos. Entretanto, às vezes, a pulsão se limita totalmente a um único objeto; fala-se então de fixação.

A pulsão sempre tem um objetivo sexual, no sentido mais amplo da palavra, isto é, uma satisfação de caráter erótico, e não se deve confundir sexual e genital.

Quando ocorre a pulsão, seu objetivo e seu objeto às vezes são proibidos pelos pais, às vezes pelo próprio sujeito, na medida em que a sua satisfação arrisca causar angústia.

Há, pois, uma interdição e um recalque. O que é recalcado é o objetivo e o objeto da pulsão, o objetivo sobretudo; o que não é recalcado é o afeto que está ligado ao prazer dado pela satisfação da pulsão ou à angústia que acompanha a interdição. É esse afeto, não recalcado, que continua a agir e provoca "a volta do recalcado" sob formas substitutivas[10].

---

9 Sigmund Freud, "Pulsions et destin des pulsions" (1915), *Métapsychologie*, OC, XIII, Paris, PUF, 1988.

10 Sigmund Freud, *Inhibition, symptôme et angoisse*, Paris, PUF, 1951.

Segundo Freud, as pulsões atravessam vários estádios[11].

1. Estádio oral: ele comporta primeiramente uma sucção e uma mastigação. Está estreitamente associado às necessidades, mas a elas não se superpõe de modo algum. Acontece que a pulsão oral traz a satisfação de uma necessidade (a fome e a sede), mas o prazer em si mesmo é o da sucção, não o da satisfação da necessidade. Chupar e morder permanecem, pois, em si mesmos, prazeres; nessa fase, são as mucosas da boca e os movimentos dos lábios e do maxilar que se tornam erógenos.

Ora, morder é proibido pelos pais; mas também, na medida em que essa fase, em parte canibálica, implicaria a incorporação e o desaparecimento do objeto, que é um objeto de amor, isso arrisca suscitar angústia na criança, fora de qualquer interdição externa. É assim que ocorre o recalque. Notamos que há elementos internos ao indivíduo que favorecem o recalque, fora de toda civilização.

2. Estádio anal: ele corresponde ao período de domínio do corpo e dos esfíncteres, com as satisfações associadas a esse domínio; por um lado, o prazer de dar prazer à mãe, mas também a satisfação interna proporcionada pelas sensações anais. A isso é preciso acrescentar o elemento de todo-poder que acompanha nesse momento o domínio do corpo; é realmente a idade em que a criança se acha todo-poderosa em suas fantasias.

Essa fase compreende a separação de um objeto, que cai fora do corpo, objeto que, nas fantasias da criança, com muita freqüência está associado, de um lado, ao pênis e, do outro, à criança que sai do corpo da mãe. Freud já havia mostrado as equivalências pênis-fezes-criança na organização libidinal da criança.

Nessa fase se colocam os problemas do Édipo e da castração, que permitem o acesso à fase genital propriamente dita.

Nesse período de todo-poder, em que o filho deseja ser também todo-poderoso em relação à mãe, sucede uma fase de identificação com o pai, com uma angústia de castração (já que coisas podem sair do corpo e eliminar-se, por que outras partes do corpo não poderiam desaparecer também?)

---

[11] Jenny Aubry escreveu "fase" em vez de "estádio", o que mostra que, para além da referência maciça à obra de Lacan, que caracteriza esta exposição, a influência da escola inglesa sempre está presente.

reforçada no menino pequeno pela visão das meninas pequenas, que não têm pênis, e com todas as fantasias que correspondem a esse período, vale dizer, que a mãe todo-poderosa o possui certamente.

Só após ter renunciado ao amor exclusivo de sua mãe e ter-se voltado para o exterior é que o menino sai do Édipo e entra no período de latência.

É quando percebe que não possui pênis que a menina entra no Édipo, isto é, que ela deseja recebê-lo do pai; ela se desprende da mãe e se volta para o pai, embora se identifique com a mãe, isto é, desejando ser, como ela, a mulher do pai.

O problema da castração marca, portanto, a entrada no Édipo para a menina, e sua saída para o menino.

Ambos atravessam um período de latência, mas os rastros dessas diferentes fases permanecem no inconsciente e ressurgirão no momento da puberdade, de maneira mais ou menos aguda, conforme a maneira como essas fases tiverem sido vividas.

Se o recalque tiver sido mal integrado, se não tiver sido dialetizado, se tiver havido antes recalque que repressão voluntária, então os afetos ligados ao recalque surgem no inconsciente.

Recalque e repressão voluntária, renúncia a certos objetivos de pulsão, são diferentes. As diferenças referem-se aos afetos quando voluntariamente houve renúncia em lugar do recalque; o afeto que a ele está ligado não continua a estar em ação no inconsciente da mesma maneira a não ser se houver recalque e interdição do Outro.

Sucessores de Freud:

As contribuições desses sucessores já estão, em sua maioria, em germe, ou até explicitadas nos escritos de Freud.

Melanie Klein: Situou o início do Édipo muito mais cedo e insistiu nas fantasias das crianças muito novas, antes da aquisição da própria linguagem, e particularmente nos fenômenos da "introjeção", da boa comida e da boa mãe, da má comida e da má mãe, na fase canibálica sádico-oral, que se situa por volta do oitavo mês, correspondente a uma agressividade oral que se exprime pelo desejo de morder e também de mastigar[12].

[12] É raro Jenny Aubry se referir aos trabalhos de Melanie Klein.

Mas é preciso dizer que Freud havia notado a importância da agressividade e até da fase canibálica, cujos elementos ele retoma em *Totem e tabu*.

Serge Leclaire[13]: Ele insiste no fato de que todo o corpo pode ser erógeno; qualquer lugar do corpo pode se tornar erógeno, se tiver sido erogeneizado pela mãe ou seu substituto em seu contato com o filho. Ele situa essas zonas erógenas pelo que ele chama a diferença, vale dizer que uma zona não será nunca inteiramente igual às outras e que, ao mesmo tempo, a criança buscará essa mesma sensação de prazer erótico, buscando realmente a identidade de percepção, o que faz surgir o desejo.

Freud já havia notado que qualquer região da epiderme ou da mucosa pode se tornar erógena, mas que há zonas erógenas de eleição, ligadas mais ao modo de excitação que à qualidade da região do corpo excitado[14].

Jacques Lacan: Ele trouxe sobretudo uma conceituação e uma formulação que visam designar uma estrutura e uma topologia do sujeito, na maneira como ele apreende o inconsciente, estruturado como uma linguagem, a fantasia que tem sempre uma estrutura gramatical, e a primazia do significante, que aliás decorre também da leitura de Freud, já que se trata finalmente do recalcado e do inconsciente.

Ele talvez tenha insistido mais na maneira como aparece o desejo, que é muito central em seu trabalho, e na primazia do falo como significante do desejo; embora Freud diga textualmente que o primado é do falo e não do genital, em outras palavras, que a posição da criança antes do período genital, em relação ao pênis, é essencial e que, aliás, ela é a mesma para o menino e para a menina no início da vida[15].

Ele também falou em "as transformações e destino das pulsões" da pulsão escópica, isto é, do desejo de ver, sobretudo insistiu nas transformações da pulsão e suas sublimações do desejo de ver em desejo de saber, e faz disso a sublimação que traz a pesquisa intelectual e científica.

---

13 Serge Leclaire (1924-1994): psiquiatra e psicanalista, membro da SFP, depois da EFP. Autor de numerosas obras, entre as quais *Psychanalyser*, Paris, Seuil, 1968; *Démasquer le réel*, Paris, Seuil, 1971.

14 Sigmund Freud, *Trois essais sur la théorie sexuelle* (1905), Paris, Gallimard, 1987.

15 Sigmund Freud, *La Vie sexuelle*, Paris, PUF, 1969.

Outros elementos já estavam nos escritos de Freud e foram retomados e desenvolvidos: as fantasias que podem persistir na idade adulta, pelo menos no imaginário, da mulher fálica, as concepções cloacais e urinárias da vagina, as teorias sádicas do coito, todas baseadas no desconhecimento do real.

Igualmente em Freud é notado, a respeito do fetichismo, que todas as partes do corpo podem não só ser erógenas, mas, por transposição, tornar-se objeto da pulsão sexual, e até fixá-la.

Formulação moderna das teorias freudianas: isto é, releitura de Freud à luz da formulação dos filósofos modernos e, em particular, de Lacan.

De 0 a 2 anos, o sujeito deve integrar-se à ordem simbólica. Quando a mãe responde de acordo com a vontade do filho, ela se torna real, e os objetos tornam-se simbólicos, na medida em que são o testemunho do dom e do poder maternos. Eles vão, portanto, simbolizar um favor ou uma desgraça.

Sendo o falo o significante do desejo, a menina como o menino, enquanto filho desejado, tem primeiramente esse lugar do falo em relação à mãe, falo recebido do pai.

Para a menina, seu primeiro desejo, enquanto submetida, é desejo do desejo da mãe, isto é, desejo de ser objeto de desejo para a mãe, mas o filho percebe um terceiro termo, que cria esse mais além da mãe e onde se situará o falo enquanto significante de seu desejo, da mesma forma que a mãe visa o falo para além do filho.

O menino e a menina têm, portanto, uma posição idêntica em relação ao falo enquanto significante do desejo da mãe.

Como dar à mãe todo-poderosa aquilo que lhe falta e que falta ao próprio filho?

Para manter o amor da mãe, o filho se insinua em seu todo-poder, justamente pela falha de seu desejo, e, para satisfazer esse desejo impossível de ser preenchido, ele se coloca numa dialética muito particular de engodo, por exemplo em atividades de sedutor, sempre ordenadas em torno do falo, ausente-presente a um só tempo. É nas perversões que prossegue indefinidamente esse jogo de furão; o falo nunca está inteiramente presente ali onde ele está, nem inteiramente ausente ali onde ele não está.

Para a menina, no momento da irrupção do pênis no mundo especular, Lacan distingue:

O plano imaginário: em que a menina pode sentir uma certa inferioridade, por não ter pênis, ou ter um pequeno demais. A privação é a apreensão no real da ausência de pênis na menina, e a frustração, isto é, o sentimento sentido em relação à mãe, é a ausência do dom peniano. Em quase todas as análises de mulheres, encontramos esse ressentimento para com a mãe, não só porque ela é rival em relação ao pai, mas, num estádio mais precoce, porque ela não deu o pênis.

O plano simbólico: a castração é simbólica, o objeto é imaginário. Trata-se da noção de ausência-presença do falo, que implica para a menina que ela não o tem, mas que ela pode recebê-lo como dom do pai e, por aí, ela entra no Édipo.

Para o menino, a castração também é simbólica; ele não é o falo da mãe, mas pode tê-lo na medida em que se identifica com seu pai, mas renuncia à mãe. Na medida em que ele aceita que a mãe é proibida, é a castração simbólica do menino e sua saída do Édipo.

No momento em que se instaura o objeto simbólico, enquanto cortado em relação ao corpo, é aí que volta essa equação pênis-fezes-criança, objeto separável do corpo. Aliás, Freud descreveu longamente, na análise do pequeno Hans[16], em que as fezes são associadas ao pênis, até o momento em que a criança sai da neurose.

Mais tarde, essas diferentes fases se reproduzem de maneira repetitiva, na medida em que o que é recalcado, e até o que é integrado, sempre deixa rastros na organização libidinal. Logo, ainda que a menina ultrapasse esse estádio, não é menos verdade que receber simbolicamente o pênis como dom do pai é também receber um filho. Freud também insistiu nas fantasias das meninas pequenas que querem receber um filho do pai, e também nas fantasias dos meninos que, durante um nascimento na família, acreditam que deram um filho à mãe.

---

16 Sigmund Freud, "Analyse d'une phobie chez un petit garçon de 5 ans (Le petit Hans)", *Cinq psychanalyses*, Paris, PUF, 1967.

Pelo Édipo, o filho deve assumir o falo enquanto significante, o que supõe um confronto com a função do pai. Ora, essa função do pai é eminentemente problemática; parece, portanto, que os avatares do desenvolvimento da vida sexual na menina sejam mais freqüentes que no menino. Ela é, com efeito, mais sensível que o menino ao modo de organização libidinal que rege a relação parental, em particular à castração do homem.

Freud já havia mostrado que, quando fixações ocorriam em diferentes estádios, o caráter tinha certos componentes particulares. Por exemplo, a agressividade oral pode muito bem se manifestar, ainda que esteja sublimada num discurso agressivo, sem que se trate de morder no real, mas no figurado.

O período sádico anal tem seus componentes igualmente; como há uma certa assimilação das fezes ao dinheiro, Freud insiste no fato de que as crianças que permaneceram fixadas a um modo particular de evacuação das fezes, em particular os constipados, têm relações particulares com o dinheiro.

É certo que a maneira como as pulsões se organizaram, se sublimaram, intervém no caráter.

As carências afetivas, as separações

A privação de cuidados maternos e paternos, a privação de cuidados afetivos comporta dois elementos que é preciso dissociar: por um lado, o fato da separação, que em si mesma é um traumatismo; por outro lado, a privação de cuidados maternos em si mesma.

Separar-se da mãe sempre é um traumatismo nos dois ou três primeiros anos de vida e com freqüência até mais tarde. Tudo depende naturalmente das condições em que ocorre essa separação, do estado das relações entre a mãe e o filho no momento da separação e, enfim, da idade da criança.

A separação antes de 3 meses também se faz com um traumatismo. Este costuma passar despercebido e é certamente menos grave em suas repercussões, contanto que haja bons cuidados maternos de substituição; mas ele pode às vezes, até numa idade muito precoce, ter um efeito dramático.

Habitualmente, quando uma criança de 8 a 10 dias é separada da mãe, há pequenos sintomas – diminuição do apetite, sono um pouco mais agitado – até que a criança tenha se adaptado à mãe de substituição que lhe é oferecida, e contanto que esta traga aquilo de que a criança precisa. Às vezes, mesmo nessa idade, é possível encontrar reações dramáticas.

Françoise Dolto conta a história de um lactente de 8 dias que fora separado de modo bem dramático da mãe que bruscamente ficara doente e fora hospitalizada. Havia 48 horas que ele recusava beber e estava num estado de prostração alarmante.

Sabendo que muito cedo o filho reconhece a mãe pelo cheiro, Françoise Dolto aconselhou pôr em volta do pescoço da criança uma meia de seda usada pela mãe. Uma vez feito isso, logo o lactente pôde beber a mamadeira.

Esse caso é mesmo assim excepcional, pois o drama e a angústia das pessoas à volta, considerando as circunstâncias da separação, tinham certamente contribuído para que a criança sentisse as coisas de maneira dramática.

Em geral, até mais ou menos os 2 meses de idade, uma separação única, seguida de bons cuidados maternos, não parece, pelo menos no imediato, ter conseqüências graves.

Na idade de 8 ou 9 meses, a situação é crítica para as grandes reações de desamparo. Com efeito, nessa idade, o filho, que conhece perfeitamente a mãe, ainda não pode falar e só pode exprimir seu desamparo por choros, gemidos e, eventualmente, pela recusa de qualquer contato, e de cuidados maternos. É nos casos extremos – o que Spitz descreveu sob o nome de depressão anaclítica – que vemos as crianças caírem até no coma.

Nesse estado de desamparo extremo, as crianças estão num estado de mal-estar, de mal-ser total, precisando de carinhos, e recusando-os. Por exemplo, uma criança que está nesse estado deixa-se pegar no colo, mas costuma aninhar a cabeça no ombro, de tal maneira que não vê a pessoa que cuida dela. Depois, ela se acalma, levanta a cabeça, vê essa pessoa, que não é a sua mãe, e recomeça a soluçar.

É muito freqüente o caso em que a criança aceita carinhos, contanto que não veja quem cuida dela.

Com muita paciência, essa reações de desamparo intenso progressivamente se atenuam nos dias seguintes.

Depois de ter apresentado uma curva descendente, com perda de peso e mau estado geral, a criança lentamente se recupera e pode apegar-se a alguém de novo. No entanto, ela guarda uma espécie de fragilidade, de sensibilização que encontraremos quase sempre nas separações. Uma primeira separação age como na alergia, em que o organismo se sensibiliza a um produto e, em seguida, uma dose mesmo muito mínima desse produto desencadeia uma crise alérgica. Da mesma forma, as crianças que sofreram traumatismos de separação não podem, posteriormente, suportar as separações menores; elas estão sensibilizadas a toda separação. É um drama quando devem ir à escola, deixar a família por algumas horas ou alguns dias.

Na idade de 15 meses, quando a criança fala, as mesmas reações de desamparo agudo podem ser encontradas, mas, em geral, em vez de deixar-se ir, de ficar apática, ela protesta energicamente por seus gritos e por algumas palavras. Recusa com energia os cuidados que lhe oferecem e reclama pela mãe.

As visitas dos pais: tomemos o exemplo de uma criança hospitalizada; ela primeiro atravessa esse período agudo de desamparo, depois se habitua a uma enfermeira, acaba por aceitar os cuidados. É claro, se a mãe reaparecer, ela se agita, começa de novo a chorar, agarra-se a ela e recusa a enfermeira à sua maneira.

Exemplo: uma criança que parecia adaptada, comportada na ausência da mãe, pôs-se a insultar a enfermeira, "Vá embora, feia, má", quando a mãe reapareceu, isto agarrando-se a ela.

Compreende-se que as enfermeiras não gostem de passar por cenas desse tipo e tomam o partido de proibir as visitas.

Ora, constatamos que, se a mãe vier regularmente ver a criança, essas cenas dramáticas vão ocorrer nos dois ou três primeiros dias; mas, pouco a pouco, a segurança dos encontros e da permanência da mãe, que, mesmo quando vai embora, sempre volta, faz com que a criança reaja melhor em relação às enfermeiras e se adapte finalmente melhor aos cuidados e à estada hospitalar que se a mãe não vier nem um pouco.

A volta à casa: no caso de desamparo agudo, não se deve imaginar que tudo se acerta na volta à casa.

Nesse momento, tudo se passa como se, de certo modo, o filho tivesse esmagado a imagem de sua mãe para não sofrer; ele a escotomiza, tenta esquecê-la.

Ao voltar para casa, o filho parece ter reconhecido primeiro as pessoas às quais ele tem menos apego. Vi o caso de uma criança que tinha primeiro reconhecido o cachorro da vizinha, depois um brinquedo, o irmão pequeno, o pai, e só ao fim de 48 horas pôde reconhecer a mãe.

As mães podem ter a impressão de que o filho não as ama, já que não as reconhece, que as esqueceu. Assim se sucedem sentimentos negativos que podem perturbar de modo muito profundo a relação futura da mãe e do filho.

No caso de uma criança de 2 anos, é preciso em média dois ou três meses para que ela recupere aparentemente um estado normal.

Eis outro exemplo, provando que crianças aparentemente normais trazem a marca de separação.

Uma mãe vem me consultar com um filho de aproximadamente 4 anos, que é fóbico do barulho de portas que se abrem e se fecham. A mãe não entende. O menino parece bem normal. Ele está sentado em seu colo, parece doce, alegre. A mãe me conta que "tudo isso data de uma vacinação antidiftérica que deve ter-lhe dado medo, na idade de 15 meses".

Ao retomar a história precisamente com as datas, percebo que o menino foi vacinado em outubro, por exemplo, e que ele completara 15 meses em abril. Penso que a vacinação é uma racionalização da mãe e que deve haver outra coisa; pergunto-lhe, pois, se ela se lembra do que aconteceu em abril daquele ano. A mãe responde: "Lembro; meu marido e eu viajamos por quinze dias. Eu estava muito inquieta e fui embora sem prevenir o menino, que ficou em casa, com alguém que cuidava dele, nas melhores condições possíveis. – O que aconteceu na volta? – Ele não me reconheceu, fiquei muito envergonhada, etc".

Nesse momento, ouve-se no apartamento um barulho de porta que se fecha. O menino, que assistiu à entrevista, põe-se a berrar, apertando-se contra a mãe. Digo-lhe simplesmente: "Quando a mamãe vai embora, ela sempre volta". Ele me olha, pára de chorar, e sua fobia de portas acaba.

Todo esse relato, feito diante dele, da mágoa da mãe em deixá-lo, de sua mágoa de não ser bem recebida ao voltar, minha intervenção, tudo isso permitira que o menino integrasse esse traumatismo e que não o temesse mais da mesma maneira.

Em certos casos, o desamparo é menos agudo, pode até passar despercebido. As enfermeiras dizem dessas crianças que elas são muito comportadas, mas, quando entramos numa creche ou na sala para crianças pequenas de um hospital e pensamos no que são as crianças na família, damonos conta da diferença.

Elas são tristes, pouco ativas, não têm a mesma vitalidade, mesmo aquelas que ali estão em razão de doenças menores, ou em convalescença, ou ainda crianças deixadas na Assistência Pública.

Essa diferença, não nos dando boa consciência, costuma ser negada, escotomizada. Facilmente achamos que essas crianças se sentem muito bem no hospital, já que são muito comportadas.

Após o período agudo, as crianças se adaptam mais ou menos, contanto que tenham bons cuidados maternos de substituição. É aí que intervêm os fenômenos de carências.

Ainda encontramos alguns casos excepcionais de adaptação fácil aparente. Uma coisa deve ser notada: quando os pais são abertos, recebem amigos, têm numerosos contatos sociais, os filhos são fáceis e confiantes. O filho chega, não desconfia de nada; é muito alegre, e começa a se inquietar se não é a mãe quem troca a sua roupa antes de pô-lo na cama. O desamparo aparece, portanto, no momento em que sobrevém uma relação habitual com a mãe, isto é, cuidados corporais. No momento de ser despida, de ser colocada no vaso, de ser lavada, a criança desaba.

Existem até crianças que se adaptam bem em aparência; costumam ser crianças que foram habituadas a ficar sob guarda durante o dia. Mas na maioria do tempo, ao fim de três ou quatro dias, e justamente se a mãe desaparecer totalmente, sobrevém o desabamento.

Separei artificialmente a carência propriamente dita e as separações, mas as duas estão, é claro, intimamente ligadas.

Imaginem uma criança que sempre que consegue se adaptar e realizar um novo apego afetivo o vê rompido; vale dizer que está na casa de uma ama durante 3 meses, é hospitalizada por uma razão ou por outra, é enviada para a casa de outra ama de quem será mais uma vez separada, etc.

O que pode fazer essa criança senão recusar todo contato e voltar-se para si mesma? Mas há mais: uma criança separada da mãe, colocada num berçário residencial, não vê mais a mãe e não recebe cuidados personalizados; por conseguinte, volta-se para si mesma e pára de se desenvolver; mas uma criança que sofre múltiplas separações torna-se, antes, despedaçada em sua personalidade.

Por essas separações sucessivas, podemos reproduzir estados psicóticos, com imagens despedaçadas do corpo e um estado que é mais psicótico que autístico. Algumas vezes até, essas crianças falam.

Elas tiveram cuidados afetivos, mas sempre que criaram um vínculo afetivo, esse vínculo foi cortado. Sentem, assim, todo avanço do adulto como um perigo, e um perigo mortal, o que acarreta procedimentos de defesa, em particular a evasão na psicose. Todas as modalidades de doenças mentais da criança podem ser reproduzidas pela imbricação de separações e de carências, isto é: o autismo simples, a psicose, o retardamento mental, a instabilidade e os distúrbios de tipo delinqüência, todos os tipos de psicopatologia mental da infância.

Eis alguns exemplos.

Quando empreendi meu estudo no âmbito da Assistência Pública em Paris, fiquei impressionada com o número de mudanças e de encaminhamentos que aquelas crianças tinham sofrido: quatro, cinco, oito, até dez separações e encaminhamentos. Por quê?

A Assistência Pública deve receber crianças a toda hora do dia e da noite, quando as circunstâncias o exigem em razão da deficiência da família. Por exemplo, uma mãe deve ser hospitalizada de urgência, o pai deve trabalhar, não pode cuidar dos filhos; a ambulância que leva a mãe ao hospital leva todas as crianças ao depósito da Assistência Pública. Isto já se passa num contexto de agitação dramática.

No depósito, elas vão ser separadas por faixa etária e enviadas a diferentes lugares, conforme a duração, aproximadamente prevista, da ausência da mãe.

Um terço das crianças entregues aos cuidados de Parent de Rosan, onde foi realizado o filme a que os senhores assistiram, tinha entrado porque a mãe estava dando à luz; logo, em princípio, por dez dias. Portanto, elas não estavam entregues a uma ama, mas tinham primeiramente passado uns dois dias no depósito da Assistência Pública; tinham sido vacinadas e submetidas a diferentes exames antes de serem enviadas a Parent de Rosan. Já tinham passado por duas mudanças. Durante a passagem pelo depósito da Assistência Pública, um certo número delas havia contraído doenças contagiosas que se declaravam após alguns dias passados em Parent de Rosan, e exigiam uma hospitalização: terceira mudança. Acontecia de haver, durante essa hospitalização, uma complicação.

Enfim, em cinqüenta crianças que entraram porque a mãe estava dando à luz, um terço mais ou menos tinha sido separado da família durante mais de dois meses, uma tinha morrido e a maioria tinha ficado gravemente traumatizada.

Munida dessas constatações, pude obter, por exemplo, que fosse previsto algo para as crianças durante o parto da mãe. Obtive que as assistentes sociais setoriais tivessem direito de pedir um socorro de prevenção de separação, por exemplo o preço da viagem para que as crianças fossem para a casa de uma avó no interior, uma soma para ressarcir uma vizinha que cuidaria delas, ou qualquer outra solução que evitasse o encaminhamento para o depósito.

A objeção que me foi feita era o custo dessa operação, mas sessenta dias de hospital não custam mais?

Obtive ganho de causa, e a soma concedida nessa época era de dez mil francos antigos (cem francos novos).

São coisas tão simples assim que permitem pensar que é possível evitar um certo número de separações.

Outro caso: quando uma mãe solteira deixa o filho na Assistência Pública porque não pode cuidar dele, a criança é aceita em entrega temporária. Três meses mais tarde, a mãe é convocada para pegar o filho, se isso ainda não tiver sido feito. Se a criança tiver sido encaminhada a uma ama, ela é trazida ao depósito de Paris. Mas, como não foram feitas muitas coisas para melhorar a situação da mãe, esta continua na impossibilidade de retomar o filho. Ela fica enlouquecida, não se apresenta na convocação. A criança passa alguns dias no Centro, onde não é raro que ainda contraia uma doença contagiosa, vai para o hospital e, quando é entregue novamente a uma ama, é a outra ama, a primeira não estando mais disponível.

Não seria melhor primeiro se assegurar de que a mãe poderá retomar o filho antes de separá-lo de sua ama?

Se uma criança, sob os cuidados de uma ama, ficar doente e se o médico da localidade achar que está um pouco acima de suas possibilidades, a criança é enviada ao depósito das Crianças Assistidas, e o mesmo circuito recomeça; ela arrisca recomeçar com outra ama.

Certas amas são consideradas pela Assistência Pública como amas de lactentes. Não são numerosas, o que explica que, quando as crianças têm 2 anos, estas lhes são retiradas para serem confiadas a amas não especializadas, que, aliás, são menos bem pagas.

Se era uma boa ama, estava apegada à criança; tem, então, uma crise de depressão e recusa pegar outro lactente.

A criança, esta, está deteriorada pela mudança (trata-se, aqui, de crianças abandonadas); há reações de oposição na nova ama que não quer ficar com ela, e começam os sucessivos encaminhamentos.

Um certo número de coisas podia ter sido obtido durante um tempo, mas a Assistência Pública não tem mais a ajuda social; são serviços bem diferentes, com um pessoal diferente. Há, com certeza, uma parte do trabalho a ser refeito, e ele certamente deve ser feito no interior.

A partir do momento em que se está convencido de que uma separação é traumática, de que é possível encontrar soluções para prevenir um certo número de separações, não todas, mas ao menos 80%.

Durante um estudo que fiz tendo por objetivo o estudo das reações à entrada na escola maternal – enquanto separação menor –, para eliminar o máximo possível de fatores intercorrentes, eu havia escolhido crianças que viviam num lar com a presença de uma mãe e um pai, ainda que não fosse o pai natural, e, sobretudo, que nunca tinham sido separadas da mãe.

Ao fim de um certo tempo, ficamos impressionados com o fato de que nossa amostragem, de vinte a trinta crianças, não comportava nenhuma criança retardada. Elas todas tinham quocientes entre 90 e 110.

As diretoras dessas escolas, a quem relatamos essa constatação, nos responderam que elas tinham, no entanto, crianças atrasadas e que gostariam de que as víssemos. Cuidamos, então, de crianças que tinham quocientes entre 60 e 80: todas tinham passado algum tempo em instituições.

Creio que temos a prova de que a criança precisa da permanência de uma mãe e de um pai; da permanência de uma mãe, que desempenha o papel de vitamina da inteligência e da sensibilidade; da presença de um pai numa relação a três, enquanto fundador de uma ordem simbólica e da formação do caráter, vitamina do dinamismo e do agir, em condutas reais e não em condutas simbólicas.

É preciso ter agora em vista as carências propriamente ditas fora do traumatismo de separação.

Pode haver carência afetiva quando não há cuidados maternos, isto é, pela ausência da mãe ou de um substituto; mas também pode haver carência afetiva com mãe presente. Vamos encarar esses dois aspectos.

Ausência da mãe: imaginem o que pode ser a vida de uma criança numa instituição, num berçário, onde ela recebe cuidados relativamente impessoais, seja qual for a boa vontade das enfermeiras ou do pessoal. Em geral, numa creche, uma pessoa deve cuidar no mínimo de oito crianças, às vezes de dez ou doze até; vale dizer que, num dia de oito horas de trabalho, cada criança, fora das atividades coletivas, terá à sua disposição apenas uma hora, uma meia hora e, em certos casos, somente um quarto de hora de cuidados personalizados.

Tomemos o caso de uma criança de 6 meses, que ainda toma quatro ou cinco refeições por dia, no meio familiar; sua mãe a pega, troca sua roupa, depois lhe dá de comer, enquanto isso fala com ela. Tudo isso é acompanhado de um discurso que exprime os sentimentos da mãe; é uma relação muito personalizada. Uma refeição e os cuidados que a precedem ou que a ela se seguem duram facilmente quarenta minutos.

Como se faz para alimentar oito crianças ao mesmo tempo de quatro em quatro horas? Só é possível fazer muito rapidamente a limpeza e eventualmente pendurar a mamadeira num barbante para poder cuidar de outra criança.

Se a criança for maior, se estiver começando a andar, ela ainda não é capaz de estabelecer uma relação com outra criança, já que ainda é dependente. Essa relação com outra criança só pode ser estabelecida através da pessoa que cuida dela, mas esta não pode estar suficientemente disponível quando tem dez ou doze para vigiar. Disso resulta que a criança não está satisfeita e não pode começar uma atividade autônoma.

As crianças criadas inteiramente num berçário, desde a idade de 4, 5 ou 6 meses, ainda que tenham resistido ao traumatismo da separação, não se desenvolvem; não adquirem a linguagem. São retardadas, atrasadas. Nos casos mais graves, com muita freqüência se encolhem no autismo.

A carência permanente de cuidados maternos culmina no retardamento e no autismo, não nos aspectos de desorganização psicótica; é muito mais um recuo com uma incapacidade de estabelecer uma relação de desejo a desejo.

Quando a separação ocorre mais tarde, a criança tem em si uma espécie de capital afetivo. Mesmo assim ela cessa de se desenvolver. Em Parent de Rosan, havia crianças separadas da mãe desde a idade de 8, 9 meses, que, aos 3 anos, tinham o peso, o tamanho e o desenvolvimento de uma criança de 8 ou 9 meses. Tinha havido, portanto, uma parada de desenvolvimento.

No conjunto, pode-se dizer que as ausências totais de cuidados maternos que se prolongaram entre 3 e 18 meses, sem que a criança tivesse retomado com, por um lado, uma visada terapêutica, e, por outro, uma possibilidade de cuidados maternos de substituição, antes de 2 anos, essas carências provocam distúrbios provavelmente irreversíveis.

Num certo número de casos, consegue-se recuperar um desenvolvimento afetivo e físico mais normal, uma capacidade de estabelecer relações; mas parece que o desenvolvimento intelectual esteja definitivamente na incapacidade.

Recentemente foi publicado *A fortaleza vazia*, tradução do livro de Bruno Bettelheim[17], que tem a sua teoria sobre a produção do autismo e da psicose.

Num dos casos, após quatro ou cinco anos de tratamento, ele chegou a recuperar afetivamente uma das crianças; mas permaneceu uma incapacidade do ponto de vista intelectual. Há, aí, provavelmente, algo de irreversível.

Quando a separação aconteceu mais tarde e um certo capital afetivo foi armazenado, há muito mais chances de recuperação; mas é preciso ter em mente que os tratamentos começados após 5 ou 6 anos têm muito menos chances de ter êxito que aqueles começados mais cedo. Parece que, a partir de uma certa idade, a recuperação das possibilidades de linguagem não pode mais ser feita.

---

[17] Bruno Bettlheim (1903-1990): psicanalista americano de origem austríaca, especialista do autismo. Cf. *La Forteresse vide. L'autisme et la naissance du soi*, Paris, Gallimard, 1969.

Formas atenuadas de carência. Eis dois exemplos

O primeiro é tirado de minha experiência, das creches reservadas aos filhos das enfermeiras dos hospitais onde trabalhei em Paris. Essa primeira experiência desenrolou-se no Hospital Bichat[18], onde tenho uma consulta de neuropsiquiatria infantil. Como eu era a única pediatra do hospital (que é um hospital para adultos), pediram-me que cuidasse da creche do pessoal. Pude constatar que essa creche "fabricava" retardados, crianças que não só não se inseriam socialmente na idade da escola, mas que tinham atrasos intelectuais importantes. Várias vezes, pedi à Assistência Pública uma educadora qualificada, mas parece que não era possível. Um dia, a inspetora das escolas maternais do bairro veio me ver e me disse que era preciso que ela fizesse algo pelas "crianças de Bichat", que eram todas retardadas e apresentavam comportamentos associais. Ela pretendia criar uma classe especial para elas.

Perguntei-lhe como ela chegara a essa conclusão, e eis sua resposta: "Num dia desses, fui à saída da escola, falei com as crianças. Num banco, notei um grupo de oito a dez crianças, que se davam a mão, e que esperavam. Aproximei-me e perguntei a uma delas como se chamava. Ela me respondeu: 'Somos icha'; uma segunda, uma terceira me deram a mesma resposta". Elas queriam dizer: "Somos Bichat".

Eis a identidade dessas crianças de mais de 3 anos! Até essa idade, elas eram mantidas em permanência na creche-dia do hospital e em seguida eram conduzidas à maternal.

A inspetora das escolas maternais ainda me assinalou que aquelas crianças não tinham nenhuma atividade, que aquilo não funcionava mesmo.

Propus-lhe então, se ela tinha a possibilidade de criar um posto de professora, fazê-lo no interior do hospital, de maneira que cuidassem das crianças antes que entrassem na maternal, o que deveria permitir que lá se adaptassem muito melhor.

Estando a inspetora de acordo, foram feitos exames para apoiar o pedido. Percebemos que as crianças da creche se desenvolviam normalmen-

---

[18] Na Policlínica do Bulevar Ney, ligada ao Hospital Bichat.

te até aproximadamente 8 meses-1 ano, depois os quocientes de desenvolvimento progressivamente baixavam.

O teste de Gesell nos mostrou que o que era deficiente não era o desenvolvimento motor, mas a linguagem e as reações sociais, com níveis globais de 70, 80.

No ano seguinte, um posto de professora era criado no hospital. Em vinte e sete crianças inscritas (número suficiente para a criação do posto), muito menos estavam presentes. Com efeito, nos feriados, as enfermeiras ficavam com os filhos e, além disso, só aceitávamos as crianças que começavam a andar e que já tinham uma certa autonomia. Assim, a professora pôde trabalhar em ótimas condições, com doze ou quinze crianças de 2 a 3 anos.

No fim do ano, as crianças de 3 anos que entraram na escola maternal não só se mostraram capazes de se adaptar, mas ainda de tomar iniciativas, de dirigir certas atividades, de proteger as outras. Estavam, portanto, inteiramente aptas a se inserir numa faixa de crianças de 3 anos e tinham uma linguagem, um vocabulário bem refinado. Seus quocientes eram de 110 aproximadamente.

Essa experiência concludente foi renovada em diferentes hospitais.

Para entender a situação, é preciso saber que certas enfermeiras começam no trabalho às seis e meia da manhã; assim, saem de casa às cinco e meia e não podem cuidar do filho antes. As crianças deixadas na creche voltam de novo a dormir. Mais tarde, recebem um café da manhã, e a professora chega por volta das oito e meia, nove horas da manhã.

As enfermeiras às vezes estavam tão esgotadas ao voltarem para casa que nem tiravam a roupa dos filhos. Assim, era preciso que a creche-escola pudesse assumir o lugar dessas mães; ao verem o trabalho realizado e os progressos dos filhos, elas ficaram menos desencorajadas e cuidaram mais deles. Além disso, uma de minhas colaboradoras estava presente quando as mães vinham buscar o filho e estava disponível para aquelas que precisavam falar de suas dificuldades. Há, pois, todo um trabalho que foi feito para renovar o interesse das mães pelo filho, pois, nesse contexto, com condições de trabalho difíceis, havia elementos que favoreciam uma certa carência apesar da presença da mãe.

O segundo exemplo, de que aliás já lhes falei, é o de uma pesquisa feita para estudar os efeitos de uma separação menor, tal como a entrada na escola maternal.

Essa pesquisa se desenrolou em Paris, nas escolas maternais da 18ª circunscrição[19], bairro relativamente pobre, onde os conjuntos habitacionais são numerosos; conjuntos onde vivem avós, filhos e netos, alojamento alugado outrora aos avós. As condições de vida eram, pois, bem difíceis.

As crianças que escolhemos para nosso estudo viviam numa família, com pai e mãe presentes, e nunca tinham sido separadas da mãe. Tinham 2, 3, 4 ou 5 anos e entravam na escola maternal pela primeira vez.

Pudemos observar que a angústia de separação se manifestava diferentemente conforme a idade, mas nenhuma dessas crianças era retardada.

As que o eram tinham todas sido separadas da mãe durante um tempo mais ou menos longo, mas sempre mais de dois meses.

Um dos elementos maiores nos quais será preciso pensar em toda organização de sociedade é a prevenção da debilidade e dos distúrbios relacionais da criança, que requer cuidados particulares até a idade de 4 ou 5 anos.

Nas carências com presença da mãe, os mesmos sintomas podem ser encontrados apesar da presença da mãe. Há autismos, há psicoses com as mães presentes, e é aí que entendemos, talvez, o mecanismo que intervém quando há separação ou ausência de cuidados maternos, pois é o estudo dos pais, e sobretudo das mães dessas crianças, que vai nos esclarecer.

Praticamente, toda vez que estamos em presença de uma criança psicótica ou autística, o que importa é identificar, quanto à mãe, o que aconteceu, e como a criança o sentiu. Ora, a experiência prova que, para as crianças psicóticas ou autísticas, sempre houve um desejo de morte da criança, que pôde se marcar de diferentes maneiras; em outras palavras, há um significante de morte que marca a criança.

Esse desejo de morte da criança se insere numa história variável conforme os casos. Pode se tratar de um luto não integrado da mãe no momento do nascimento; por exemplo, outra criança acaba de morrer, e a mãe teria preferido que fosse o último que morresse em vez do outro. Pode ser também uma rejeição da criança, que não é querida e cuja morte é desejada.

Essas pulsões de morte, que, se não são inteiramente conscientes, estão em ação no inconsciente da mãe, são muito difíceis de suportar, para a criança naturalmente, mas também para a mãe.

---

[19] Pesquisa realizada no âmbito da Policlínica.

Assim, ela tenta defender-se dessas pulsões de morte e pode fazê-lo de várias maneiras:

1. Sendo ela mesma relativamente indiferente, suprimindo seus sentimentos hostis. Ela então se torna uma espécie de robô, que dá excelentes cuidados físicos à criança, mas cujo contato é desprovido de qualquer sentimento.

Essa atitude provocaria o autismo.

2. Acontece de a mãe não conseguir se defender dessa maneira. Nesse caso, como há sempre sentimentos positivos associados aos sentimentos hostis, a mãe oscila entre um amor excessivo e uma hostilidade que se marca em seu comportamento.

A criança vive assim numa grande instabilidade, ora coberta de carinhos, ora agredida, e seria essa instabilidade que favoreceria a psicose.

Isto está naturalmente esquematizado, mas, de qualquer maneira, o primeiro trabalho deve ser feito com a mãe, sobre tudo o que ela pôde sentir de depressivo e de desejo de morte, às vezes de sua própria morte. Se uma mãe tem vontade de morrer ou acaba de perder um filho, ela não pode estar disponível para aquele que acaba de nascer, por exemplo.

De maneira geral, pode-se dizer que a não disponibilidade da mãe favoreceria o autismo, ao passo que sua hostilidade mais ou menos manifesta favoreceria a psicose.

Talvez seja bom precisar a diferença entre autismo e psicose. No autismo, a criança é retirada de todo contato, ela não vê, não ouve, não fala. Há, portanto, um afastamento e uma ausência de desenvolvimento.

A psicose se caracteriza por uma desorganização no comportamento, algo de caótico, com períodos de autismo e períodos agressivos.

Essas crianças certamente viveram o que Bruno Bettelheim chama "situações extremas", sem esperança que isso termine, com a impressão de que querem a morte delas.

As carências paternas

Existem pais freqüentemente ou sempre ausentes. Podemos nos perguntar se certas escolhas de profissão não correspondem a um desejo de estar afastado da célula familiar e, sobretudo, das crianças. Certas profissões são dificilmente compatíveis com uma vida familiar: viajantes de comércio, marinheiros, etc; com certeza elas não favorecem a harmonia do casal, nem a relação com os filhos.

Coloca-se a questão de saber se foi a mulher que escolheu um marido que nunca está presente porque isso lhe serve, ou se são fugas em relação ao meio familiar. Provavelmente há os dois.

Buscamos as causas das carências paternas totais, analisando uma dúzia de casos em que o pai nunca tinha estado presente.

Percebemos que a maioria das mulheres se apresentava primeiro como sendo sós, abandonadas, e que um certo número delas tinha feito tudo para que fosse assim.

Por exemplo, uma tinha tido uma ligação e tinha querido um filho de um estrangeiro, embora soubesse que ele voltaria para seu país um ano mais tarde e não a levaria; aliás, ela não desejava acompanhá-lo. Que ele tivesse aceitado é também o sintoma de algo. É evidente que, numa relação a dois, os dois participam do desenrolar das coisas.

É interessante ver também que com freqüência encontramos em três ou quatro gerações os mesmos tipos de situações: divórcios, separações, mães solteiras. Isto só pode ser entendido através das identificações que necessariamente causaram a repetição das situações.

Isto dito, há, é claro, escolhas precoces que fazem que uma união não seja válida e que causam razoavelmente a separação.

Separação dos pais

O que é traumático para o filho é o desentendimento dos pais, vivam eles juntos ou separados.

A separação do pai e da mãe talvez seja menos traumática para o filho na medida em que ele puder compreender que quando não há entendimento as pessoas se separam, embora compreenda menos bem que fiquem juntas com dificuldades perpétuas.

Não é a separação dos pais, mas seu desentendimento que faz com que o filho se sinta dividido em dois.

O que é importante para o filho, nesse contexto, é que não lhe seja imposta uma escolha entre os pais, que lhe seja permitido amar um e outro, sem ter de suportar a rivalidade dos dois. Tudo aí reside na atitude dos pais, um em relação ao outro e em relação ao filho.

Quando a criança vive apenas com um dos pais, existe um vínculo afetivo intenso demais, do qual a criança terá dificuldade de se livrar mais tarde.

A criança é feita para ser um objeto de amor, em seu lugar, mas não para ser objeto de amor sexual; ora, nessa situação, ela se torna objeto de desejo, substituindo o objeto sexual, o que é muito traumatizante para ela.

A criança deve viver para si e só pode fazê-lo se os pais vivem para si.

Naturalmente um viúvo não deve se casar de novo para a criança, mas a criança tampouco deve servir de álibi: "Não me caso de novo por causa dos filhos".

Se uma viúva não quer ou não tem vontade de se casar de novo, é preciso ver por que ela amputa sua vida de sua função de mulher.

É dessa maneira que é preciso abordar o problema; de todo modo, uma mãe que vive apenas para o filho, e não para si, é nociva para ele.

15.
É possível ser médico psicanalista[1]?

Por que uma questão que vai ao avesso ou pelo menos de encontro ao dizer comum, a saber, é possível ser psicanalista sem ser médico?

Para entender o sentido dessa questão, é preciso que nos reportemos ao que acontece com a visada fundamental do médico assim como com a do psicanalista, ao que sustenta a iniciativa de ambos, isto é, ao desejo dos dois.

O que deseja o médico? Curar [*guérir*], é claro; lutar contra a doença e a morte, a qualquer preço. Mas por trás desse desejo, e sustentando-o, percebemos a angústia suscitada pela morte e talvez até uma tentativa de denegação da morte. O desejo de sobreviver não é fundamental em todo ser humano? As diversas religiões propõem formas de sobrevida, que são o eco das fantasias da criança, que se acredita todo-poderosa e imortal.

Nos fatos e discursos cotidianos, esse desejo está em ação: é possível atualmente manter em estado de "sobrevida artificial" seres sem consciência; foram necessários os progressos que permitiram os transplantes de órgãos para que surgisse uma nova definição da morte (eletroencefalograma

[1] Publicado em *Europe*, março 1974, pp. 126-132. Esse número, organizado por Catherine Clément, era dedicado a Freud e compreendia artigos de José Guey, Olivier Grignon, Jean Cournut, Bernard Michaud, Laurent Alexandre (Cornaz), Édith Hesnard-Félix, Élisabeth Roudinesco, Catherine Clément, Emmanuel Leroy-Ladurie, Jean-Claude Sempé, Pierre Trotignon, Sarah Kofman, Roger Laporte, Bernard Mérigot, Norbert Châtillon, Jean-Pierre Faure, Michel Plon.

plano) e que cessassem certas sobrevidas artificiais. No mesmo registro, eu situaria as palavras de certos médicos contra a liberdade do aborto; eles ficam tomados de angústia com a idéia de um desejo mortífero que assim se desvelaria.

Essa vontade de negar a morte é tão universal que achamos natural falar de "direito à saúde", embora as instituições mais evoluídas não possam nunca senão assegurar o "direito aos cuidados".

A iniciativa da psicanálise não pode se opor à iniciativa da medicina. As duas disciplinas são simplesmente diferentes. A análise é uma busca, visando o desvelamento do inconsciente do analisando, a verdade de seu desejo, que ele ignora, mas que se revelará progressivamente, às vezes sem que ele o saiba, ao longo de seu discurso.

Em princípio, o analista não deseja nada no lugar de seu paciente. Ele não pode, sem aliená-lo, colocar seu desejo no lugar do desejo do analisando. A rigor, ele deseja que o analisando analise, ainda é preciso que aí esteja seu desejo.

Os psicanalistas costumam afirmar que a cura psicanalítica [*cure*] não tem por objetivo a cura [*guérison*] ou o desaparecimento do sintoma. No entanto, a busca da verdade modifica o estado do paciente e pode aliviar seu sofrimento ou sua angústia, mas costuma ser acompanhada de um aumento momentâneo de todos os sintomas. A afirmação segundo a qual a "cura [*guérison*] vem a mais" nem sempre se verifica.

A análise pode revelar que o analisando deseja estar doente, que ele deseja a morte ou o fracasso, que ele sente como uma perda o desaparecimento de sua angústia e sobretudo faz questão de que nada mude em seu estado. "A psicanálise" – sublinha Lacan – "no entanto, se distinguiu primeiro por dar acesso à noção de cura [*guérison*] em seu campo, a saber: devolver seu sentido aos sintomas, dar lugar ao desejo que eles mascaram, retificar sob um modo exemplar a apreensão de uma relação privilegiada[2]". É uma tarefa árdua e angustiante suportar, até mesmo sustentar a elaboração dos desejos mortíferos e agressivos dos analisandos. É mais difícil ainda enfrentar a pulsão de morte.

---

[2] Jacques Lacan, "Acte de fondation de l'EFP", em *Autres écrits*, Paris, Seuil, 2001.

Médicos e analistas estão às voltas com a morte: morte real ou às vezes imaginada para o médico que deseja evitá-la, morte imaginada mas às vezes realizada para o analista, que só pode intervir pelo viés das interpretações e se proíbe as afirmações inúteis.

Uma outra diferença existe entre a medicina e a psicanálise: ela diz respeito aos domínios da ciência e da filosofia. O conceito de cura [*guérison*] remete ao critério do normal e do patológico, que arrisca assumir o aspecto de uma referência ao bom e ao ruim, até mesmo ao bem e ao mal, em suma, a uma ética estranha à iniciativa analítica.

Para a psicanálise, cujos conceitos fundamentais são o inconsciente, a repetição, a pulsão, aos quais é preciso acrescentar a transferência, motor da cura psicanalítica [*cure*] e na qual se encontram os elementos precedentes, não há outra referência senão a verdade do sujeito, sem que intervenha qualquer julgamento de valor[3].

O médico, ao se tornar analista, é obrigado a renunciar à sua posição médica; ele não pode ser a um só tempo médico e analista. A posição de Freud é clara a esse respeito:

"Após quarenta e um anos de prática médica, o conhecimento que tenho de mim mesmo me faz dizer que não fui um verdadeiro médico, no sentido próprio do termo. Tornei-me médico porque fui obrigado a me desviar de meu projeto inicial e é o triunfo de minha vida ter encontrado, após um desvio considerável, minha tendência primeira[4]".

O desejo que pressiona Freud é a necessidade imperiosa de compreender algo dos enigmas deste mundo e talvez até de contribuir um pouco para a resolução deles.

---

[3] Cf. Jacques Lacan, *Le Séminaire, livre XI. Les quatre concepts fondamentaux de la psychanalyse* (1964), Paris, Seuil, 1973.

[4] Sigmund Freud, *La Question de l'analyse profane* (1926), Paris, Gallimard, 1985. Jenny Aubry propõe aqui um olhar para sua própria história que é desmentido por sua experiência real. Se é exato que ela fez estudos de medicina para cuidar de crianças e de histórias de família, também se viu, como mostram seus textos, que ela sempre teve a preocupação, em seus estudos clínicos, de associar o olhar médico à escuta psicanalítica, a fim de melhor diferenciar as duas abordagens.

Freud pertence a uma época determinada do desenvolvimento das ciências e, para ele, a psicanálise é uma disciplina bem distinta. Lembremos ainda estas palavras:

"Por razões práticas, adquirimos o hábito de estabelecer uma distinção entre a psicanálise médica e a psicanálise aplicada. Essa distinção é inexata. A verdadeira linha de divisão passa entre a psicanálise científica e as aplicações da psicanálise, seja na medicina ou num domínio exterior à medicina".

Essa divisão é retomada sob uma forma um pouco diferente por Jacques Lacan no ato de fundação da EFP. Ele propõe como campos de estudo: 1) a psicanálise "pura" (estudo teórico dos conceitos que permitem destinar à psicanálise um estatuto científico); 2) a psicanálise aplicada (teoria da práxis); 3) o campo freudiano[5].

A psicanálise não tem existência oficial. Ela não é reconhecida como ciência e os analistas não têm estatuto específico. Sob pretexto de um estatuto que não é o deles, e de que eles usufruíram conforme a natureza dos diplomas universitários adquiridos, eles podem, nas instituições públicas ou privadas, fazer um trabalho mais ou menos analítico.

Se o psicanalista passou pelo longo desvio da medicina, ele pode, a título privado, praticar a análise, "sem dizê-lo", dando a cada sessão o valor de uma consulta médica, ou seja, a letra-chave: C.

Nas instituições públicas, só a função de médico é levada em consideração, conforme os critérios hierárquicos habituais, já que a especialização psiquiátrica ou neuropsiquiátrica o autoriza a ocupar certos postos de responsabilidade nos múltiplos Centro médico-psicopedagógicos de visada adaptadora. Esses centros, sabemos, tornam-se facilmente lugares de segregação, onde o sujeito faz a sua entrada num ciclo psiquiatrizante.

Os diversos tipos de formações adquiridas ao longo dos estudos universitários e sancionados por um diploma de psicólogo, de fisioterapeuta, de fonoaudiólogo ou de reeducador não preparam mais que os estudos médicos à prática da psicanálise. Eles têm o inconveniente maior de colocar o analista sob a dependência total do médico, único autorizado a prescrever

[5] Jacques Lacan, "Préambule", op. cit.

a "terapêutica analítica". Nas instituições, nos serviços hospitalares, nos ambulatórios ou nos Centros médico-psicopedagógicos, ele cobre com sua assinatura a atividade analítica de seus colaboradores, quando deseja a presença de um analista em seu serviço. Nessas condições, não se pode afirmar que "o analista se autoriza por ele mesmo" quanto à conduta e às indicações da cura psicanalítica[6]. Por outro lado, pode-se pedir a um médico que assuma a plena responsabilidade por todas as atividades de seus colaboradores sem que seja informado do trabalho do analista?

Tive a oportunidade de ter pessoalmente essa experiência no Hospital das Crianças-Doentes de Paris. Introduzi a psicanálise num serviço de pediatria, graças a meu estatuto de médica dos hospitais e de chefe de serviço, que me dava o poder, aliás exorbitante, de dirigir um serviço segundo minhas idéias pessoais. A presença e a atividade dos analistas de modo algum levaram a uma medicina menos "eficaz", muito pelo contrário; no entanto, essa experiência constituiu para os pediatras que nela se viram comprometidos uma prova em geral geradora de angústia[7].

Com certeza o analista mete seu 'grão de sal' [o bedelho *] nas engrenagens da instituição, por sua atitude de escuta em relação ao discurso do sujeito doente e ao discurso de sua família e por sua aptidão para dizer algo do que ouve. Esse "grão de sal" pode rápido se tornar um "grão de areia" que bloqueia a iniciativa médica e a questiona. Num livro recente, Ginette Raimbault se faz o porta-voz exemplar dessa "atitude" analítica[8].

Poucos são os médicos que dão à psicanálise um estatuto científico. A formação analítica é assimilada a um rito iniciático[9], o reconhecimento do

---

6 Jacques Lacan, "Proposição de 9 de outubro de 1967 sobre o psicanalista da Escola" (segunda versão), em *Autres écrits*, op. cit., p. 243.

7 Os dois pediatras eram Jean-Claude Dalloz e Jean-Claude Gabilan.

* Duplo sentido em francês: *mettre son 'grain de sel'* [pôr seu grão de sal] é 'meter o bedelho', mas *mettre son 'grain de sable'* é 'pôr areia' [na engrenagem]. (NT)

8 Ginette Raimbault, *Médecins d'enfants,* op. cit., e Radmila Zygouris, "La consultation hospitalière. Du dialogue au discours", *L'Évolution psychiatrique,* T. XXXVIII, fasc. II, pp. 271-303.

9 Jenny Aubry critica aqui as palavras proferidas por Henri-Pierre Klotz, durante a mesa redonda que ela havia organizado a esse respeito. Cf. capítulo 12 da presente obra, "O lugar da psicanálise na medicina".

estatuto de analista é relegado aos bons cuidados dos médicos de Molière, algo como o *dignus es intrare*.

Na análise, dizem eles, "acredito" ou "não acredito", como se se tratasse de um fato de crença. Nos dois casos, a afirmação é tão subjetiva quanto a do médico que declarava a Pasteur: "Não acredito em micróbios". Aqueles que "acreditam nela" com freqüência tiveram contatos pessoais com analistas, para si mesmos, para a família ou seus pacientes. Isso não implica de modo algum que eles procurem conhecer os princípios teóricos da experiência freudiana. Aqueles que "não acreditam nela" têm uma atitude de temor em relação à psicanálise, com certeza a justo título. Pois esta obriga o médico a se interrogar sobre suas próprias posições, em relação à doença ou à morte, e sobre a imagem que ele crê dever sustentar de si mesmo diante dos doentes que vêm consultá-lo: imagem daquele que "sabe" o que acontece com o corpo que sofre, embora desconheça o gozo do corpo.

Durante muito tempo, os analistas aceitaram a posição marginal conferida pelos médicos à psicanálise. Isso seguramente os deixava satisfeitos. Alguns daí tiravam alguma glória em nome da "pureza da psicanálise". Outros consideravam necessária essa posição de descentralização fora do campo médico. Atualmente, os inconvenientes sofridos pelo analista, menor em tutela, não permitem mais tal complacência e alguns se interrogam sobre o futuro da prática analítica.

Um grande número de jovens analistas deseja trabalhar nas instituições. Alguns fizeram seu um grande projeto freudiano: a criação de institutos onde o acesso à cura psicanalítica não seria mais um privilégio (o que quer que façamos, a psicanálise nunca é "gratuita").

No estado atual das coisas, os analistas não médicos são obrigados a ater-se a uma prática liberal, pois é quase impossível, com raras exceções, fazer um trabalho analítico numa instituição sem ter o título de médico.

Os ministérios de tutela, se não puderam oficialmente proibir todo trabalho analítico aos analistas profanos, procedem por vias tortas. Eles não criam mais postos de psicólogos. O ato analítico torna-se assim um privilégio médico; isto vem mostrar uma situação contraditória, já que, no próprio interior dos internatos médico-psicopedagógicos, prefere-se, e até exige-se, que os educadores estejam "em análise".

Uma coisa é certa: a medicalização forçada da psicanálise desvia esta de seu sentido específico, sem lhe permitir, por isso, trazer sua contribuição para a medicina. Freud, muito consciente desse problema, escrevia a Oskar Pfister: "Não sei se você entendeu o vínculo secreto que existe entre *A questão da análise profana* e *O futuro de uma ilusão*. Numa, quero proteger a análise contra os médicos, na outra, contra os sacerdotes. Eu gostaria de destinar ao analista um estatuto que ainda não existe, o estatuto de 'pastor secular de almas' que não teria necessidade de ser médico e nem o direito de ser sacerdote[10]".

Dizer, com Freud, que o psicanalista não é um médico não implica a negação de todo saber médico; isso significa que a posição do analista "em função" não é médica. A esse respeito, eu gostaria de sublinhar a ambigüidade das diversas traduções do termo *Laienanalyse*. Marie Bonaparte não o traduz. Ela intitula *Psicanálise e medicina*[11] a obra dedicada a essas questões. Ela divide os praticantes da análise em "médicos" e "não médicos", Jacques Schotte[12] fala de "análise profana" e Jean-Paul Valabrega[13] de "análise leiga". Para escapar à dupla conotação médica e religiosa suposta por essas traduções, proponho restituir a esse termo seu sentido freudiano de análise de amador[14]. O amador não exerce profissão, não aprendeu muito o ofício. Segundo Littré, ele tem um "gosto vivo por uma coisa" e se esforça em conhecê-la bem.

Como "conhecer" a psicanálise? Como praticá-la? Um estudo aprofundado da extensão do campo freudiano e de seus limites serviria para

---

10 *Correspondance de Sigmund Freud avec le pasteur Pfister, 1909-1939*, Paris, Gallimard, 1966. Sigmund Freud, *L'Avenir d'une illusion* (1936), Paris, PUF, 1971.

11 É sob esse título, com efeito, que fora traduzida a obra de Freud.

12 Jacques Schotte: psicanalista belga, aluno e amigo de Lacan, membro fundador em 1969 da Escola Belga de Psicanálise (EBP).

13 Jean-Paul Valabrega, "La psychanalyse savante", *L'Inconscient*, 8, 1969. Retomado em *La Formation du psychanalyste, esquisse d'une théorie*, Payot, 1994.

14 O termo utilizado hoje, a justo título, é análise (e analista) profano e não psicanalista amador. Marie Bonaparte havia traduzido *Laienanalyse* por psicanalista não-médico. Sigmund Freud, *Psychanalyse et médecine*, em *Ma vie et la psychanalyse*, Paris, Gallimard, 1968, trad. de Marie Bonaparte.

determinar a contribuição de uma descoberta em campos outros que o da medicina diretamente interessada pela prática analítica: a filosofia, a literatura, a política, à exclusão com certeza da psicologia, que, sob sua forma atual, é antinômica da experiência analítica.

A questão da formação dos analistas permanece em suspenso, apesar de um acordo aparente. Na linha das posições freudianas, o único critério a ser utilizado para ter acesso ao conhecimento dos processos analíticos é com certeza a experiência do divã. Para além do impasse da auto-análise, desenha-se para o "futuro" analista, ainda analisando, a necessidade de falar com um terceiro de sua prática, para dela apreender os escolhos e os obstáculos. As modalidades de acesso à formação analítica permanecem objeto de litígio nas diferentes sociedades de psicanálise.

Na origem das diferentes cisões que marcam a história do movimento psicanalítico, há, mais que querelas de pessoas, o rigor científico de Freud e sua intolerância às formas desnaturadas da prática analítica. Um processo idêntico está em ação nas desavenças atuais que opõem as sociedades de analistas. No centro do debate, a dupla questão da formação dos analistas e da visada normativa das aplicações da psicanálise.

Já que falamos aqui de médicos e analistas, é tempo de se perguntar qual pode ser a contribuição da psicanálise à medicina. Parece que a psicanálise pode evitar o perigo representado para a medicina pelo progresso de uma tecnicidade cuja complexidade crescente impõe uma especialização cada vez mais avançada. Os médicos especialistas parecem promovidos ao nível de curadores de órgãos, enquanto o corpo doente se torna um corpo despedaçado privado de vida e de fala. Certos praticantes, conscientes desse perigo, "inventam" uma nova especialização dita de "medicina interna". Esses clínicos atendem o doente em sua totalidade e servem, assim, de coordenadores aos técnicos. Eles reivindicam a instauração de uma espécie de hierarquização das consultas. Umas, banais, seriam rapidamente expedidas, ao passo que outras necessitariam de um tempo mais longo de escuta do paciente.

O médico costuma ocupar um lugar difícil. Sentado entre duas cadeiras, ele não é nem completamente médico, nem realmente analista, embora se aventure pelas duas posturas. A floração dos grupos Balint e seu relativo fracasso mostram um mal-estar da medicina e suas dificuldades diante de um perigo que ela não pode dominar.

Qual é a formação, ou quais são as informações que poderiam permitir que os médicos permaneçam médicos, embora reconhecendo certas manifestações do inconsciente no discurso do sujeito doente? Parece-me impossível responder por enquanto.

Uma coisa é certa, a psicanálise não é uma medicina da psique ou de um cérebro separado do corpo. Ela seria, antes, uma busca da relação do sujeito com sua fala.

16.
Prospectiva[1]

Fazer da análise ficção, imaginar "casos exemplares" é o divertimento que eu me propunha ao anunciar o título do debate desta noite.

Certo, eu me diverti mas os acontecimentos se sucedem à toda velocidade e a realidade ultrapassa a ficção. Querer escrever a história de amanhã é um engodo que não ajuda a resolver os problemas atuais. Só a análise das más direções tomadas talvez pudesse nos evitar o implacável da repetição.

Numerosas batalhas contra as distorções da análise foram travadas. A psicanálise delas quase sempre saiu perdedora e, no entanto, continua vivendo, renascendo das cinzas, veiculando novas esperanças: os "encantados" da análise são incorrigíveis.

É possível, através dessas repetições, entender o sentido desses fracassos, delimitar o que permite à análise sobreviver, formular os princípios que limitariam, ou retardariam a volta desses mesmos erros? O futuro dirá.

---

1 Conferência-debate realizada no Hospital da Salpêtrière, em 12 de março de 1981, no serviço de psiquiatria infantil do professor-doutor Didier-Jacques Duché. Este devia sua nomeação de médico dos hospitais a Jenny Aubry e foi encarregado de pronunciar seu elogio fúnebre na Sociedade Médica dos Hospitais de Paris em 26 de junho de 1987. Esta conferência-debate foi publicada em *Le Bloc-notes de la psychanalyse*, 2, 1986. Durante um ano, Jenny Aubry realizou um seminário no serviço de Duché, do qual participaram notadamente Pierre Babin, Michel Plon, Mireille Cottin, Francis Hofstein. Simultaneamente, ela dirigia um grupo de controle. Alguns meses antes da morte de Lacan, ela evoca aqui, com, amargura, as peripécias da dissolução da EFP. Cf. Élisabeth Roudinesco, *Jacques Lacan. Esquisse d'une vie*, op. cit.

Enquanto isso, de todo modo proponho aos senhores começar pelo divertimento.

Imaginemos que os poderes públicos instaurem um estatuto dos analistas e que regulamentem sua formação. O estatuto será médico, ou paramédico como o dos fonoaudiólogos e dos fisioterapeutas, via de estacionamento para quem não ultrapassou o cabo do *numerus clausus* do primeiro ano?

Será ele universitário, como para os psicólogos clínicos, e comportará ele estágios hospitalares sob controle universitário?

Pouco importa! Ainda que um acordo para uma formação hospitalo-universitária tivesse ocorrido de início, a luta não tardaria a opor poder universitário e poder médico. O que está em jogo não é promover a análise, mas apropriar-se de um objeto – o analisando –, pois, em nossa sociedade de consumo, o analisando, sobretudo aquele que quer ser analista, tem um valor de mercado.

Não se trata unicamente de dinheiro, mas também, e posso falar disso pessoalmente, de nível social, de títulos universitários e hospitalares, de relações internacionais, em resumo, de influência presente e futura. O candidato analista é um "cliente", no sentido antigo do termo, um plebeu que se coloca sob a proteção de um aristocrata praticante. Curiosamente, cliente vem do latim *cluere* (ouvir). Parece-me que se trata de designar por aí aquele que ouve a fala do mestre. Como sublinha Élise Poyart[2]: o cliente será um analisando em devir aluno e não em devir analista.

A partir do momento em que o candidato é aceito, como para a compra de um apartamento "em via de acabamento", após ter verificado sua solvabilidade, garantem-lhe um bom término, isto é, o título de analista e o gozo que ele comporta.

Os acontecimentos de maio de 1968 estão longe de nós. Por isso o mandarinato retomou todos os seus direitos, se é que os tinha perdido. É preciso submeter-se, até mesmo lamber os pés, como nos *Morticoles* de Léon Daudet[3].

---

[2] Élise Poyart: médica, psicanalista, colaboradora de Jenny Aubry, membro da EFP.

[3] Léon Daudet, *Les Morticoles*, Paris, Charpentier et Fasquelle éd., 1894. Nesse romance, Daudet denuncia o "cesarismo" dos grandes patrões hospitalares. Cf. Élisabeth Roudinesco, *Histoire de la psychanalyse en France* (1982), t. 1, Paris, Fayard, 1994.

Dar uma explicação psicologizante do sucesso da EFP em seus primórdios, interpretada unicamente como transferência para com o Pai todo-poderoso, é realmente simplista demais.

Lacan de fato havia criado uma abertura e dado novamente à análise seu valor subversivo. Sabemos, com efeito, que se o desejo de ser analista não é nem analisado, nem contestado, o próprio sentido desse desejo não pode aparecer e permanece em sua dimensão imaginária.

Como eu disse mais acima, não se trata unicamente de dinheiro, mas um domínio sobre a formação analítica não é gratuito. Não há apenas o dinheiro gasto para a análise ou as supervisões, e ainda mais que as sessões são mais curtas, mas pontos acessórios frutuosos: publicações, livros, revistas, que dependem da notoriedade, do fazer-valer e às vezes até do talento dos autores, há o ensino paralelo, sobretudo aquele que depende da "formação permanente". As instituições que empregam educadores e, mais ainda, "terapeutas" são obrigadas a pagar as despesas, justamente se essa formação for um fundamento universitário. Certas publicações visam ridicularizar a análise. Mas não se pode impedir um burro de zurrar, a não ser amarrando uma pedra na ponta de seu rabo.

Já que não há critério do "ser analista", é preferível que cada um siga sua iniciativa pessoal, escolha para si um analista subjetivamente, depois eventualmente confronte sua prática com a de seus colegas conforme suas afinidades próprias, eventualmente apele para um mais velho cuja experiência ele pensa que lhe dará algumas chaves para progredir.

Por que não agrupar aqueles que se dizem analistas numa espécie de clube que permita dizer, como sublinha Leclaire: "Nós outros analistas", como se diz "Nós outros do Jockey-Club?".

Uma gestão puramente administrativa, reuniões, colóquios, confrontos, não ensino estruturado, não hierarquia, eventualmente a abertura à fala louca do "psicótico de serviço", como dizíamos na EFP[4] antes de 1975, o que dava boa consciência àqueles que preconizavam a fala livre.

---

[4] Jenny Aubry com freqüência prevenira Lacan contra o perigo que havia em fazer entrar um número excessivo de psicanalistas psicóticos na EFP, e notadamente em lhes atribuir poder demais na hierarquia.

Ignoro quanto tempo será preciso para que a fala se libere de novo, mas creio que por enquanto ela está congelada. A isso voltaremos.

Por isso, o medo pânico da organização "instituída" conduz alguns de nós a recusar toda instituição analítica. Em vez de analisar suas falhas, suas distorções, em vez de aceitar seus limites no tempo e no espaço social, é melhor proscrevê-la.

Assim é que Pierre Benoît[5] propõe que os analistas se agrupem em redes, conforme suas afinidades particulares e seu trajeto singular em relação à análise.

Na verdade, essas redes já existem e temos cada um a nossa: reconhecemos como analistas praticantes que têm nossa estima e nossa confiança, trabalhamos com eles, ouvimo-los interrogar sua prática, com a angústia inerente ao trabalho analítico, tentar delimitar suas próprias falhas e sua contratransferência.

Outros elementos intervêm, mais subjetivos ainda: ética comum, encontro de elementos significantes e, naturalmente, os encantamentos narcísicos descritos por Serge Leclaire e que nem sempre temos vontade de romper (essas redes não deixam de ter inconvenientes, basta pensar, por exemplo, nas dificuldades que são encontradas pelos filhos de analistas que desejam fazer uma análise).

Não há nada de espantoso na produção dessas redes se aceitarmos não esquecer algumas verdades primeiras, banalidades decerto, mas que esclarecem o nascimento, a vida, a velhice e a morte das instituições analíticas:

1. os analistas se reconhecem entre si: é assim que se constituem as redes;

2. é impossível praticar a análise sem ser reconhecido como analista, pelo menos por um outro. Mas essa necessidade rápido se transforma em desejo de ser reconhecido pelo grande Outro, que deixa o candidato analista de "sapato apertado", com o "calo" doendo. Ele não visa, então, ser suposto saber pela graça da transferência, mas reconhecido como sabendo.

É fácil imaginar as reações de imponência que daí decorrem, já enunciadas por Lacan em 1956, desejo de reconhecimento ainda mais vivo porquanto repete um desejo antigo existencial ligado à sua história singular;

---

[5] Pierre Benoît: médico, psicanalista, membro da EFP.

3. eu poderia intitular este parágrafo "continue falando". Se toda fala tem efeitos, estes podem ser contrários ao sentido que o enunciador esperava promover. Essa resistência ao sentido, simbolizada pela barra saussureana, é particularmente evidente na história da EFP.

Lacan havia insistido no fato de que *gradus* e hierarquia deviam ser distinguidos, mas foi letra morta. Quantas vezes não ouvi: você é didata, já que é AE[6].

Além disso, um certo poder era conferido aos AE, em particular o de designar passadores por exemplo, ou de fazer parte do júri de aprovação.

O dever deles de estar na ponta da pesquisa, em plena atividade, para resolver os problemas da análise, foi igualmente esquecido por muitos deles.

Ninguém consegue essa performance a não ser na exata medida em que se efetuou nele o abalo da categoria do poder enquanto tal[7].

Por que as instituições analíticas nascem, vivem e morrem de acordo com uma implacável repetição, primeiro representando simbolicamente o ideal do eu, o supereu dos analistas, depois tornando-se o imaginário eu ideal, lugar de suas identificações, através de uma rede complexa ligada à transferência, à intersubjetividade dos membros da instituição, aos inevitáveis efeitos de grupo.

Entre outros elementos, escolhi insistir em:

1. os malefícios do poder;

2. as relações da ética do psicanalista e da moral social que intervêm em toda instituição estruturada submetida ao imperativo da lei social, real talvez não simbolizável.

Que o sejamos ou não, dizer-se analista confere um poder, e até um poder exorbitante, cujas implicações narcísicas são tais que ninguém pode estar certo de não sucumbir à sua atração, um dia ou outro.

---

6 AE: analista da Escola, tendo ou não feito o passe, por oposição aos AME (analistas membros da Escola), reconhecidos simplesmente por sua atividade clínica. Jenny Aubry fora nomeada AE desde a fundação da EFP e antes da instauração do passe em 1969. Evidentemente, na EFP, o título de AE funcionava como o de analista didata. Sobre a história do passe, Cf. *Histoire de la psychanalyse en France*, t. 2, op. cit.

7 Frase pronunciada por Moustapha Safouan, durante o congresso da EFP em Roma em 1975.

Quando um *gradus* vem confortar as certezas narcísicas, quando poderes reais são conferidos a um analista na marcha de uma escola ou de uma associação e quando esses poderes são mais ou menos permanentes, eles trazem em si o germe da destruição.

Se fosse preciso a malícia e a sabedoria do eremita guru citado por Safouan para resistir à sutil decomposição produzida por um poder real ou imaginário, não teríamos muitos analistas.

Tranqüilizem-se, não é necessário ser eremita para ser o sujeito suposto saber e não "sabendo", para não atribuir ao analisando um valor ligado ao dinheiro que ele nos dá por preço de seu desejo, para não pôr seu próprio desejo no lugar daquele que ele vai revelar, para estar disposto a perdê-lo em fim de análise.

Na história da EFP, Irène Roublef[8], já em 1965, identifica os primeiros efeitos de poderes que tendiam a se tornar permanentes e congelados, mas também é evidente que Lacan havia fundado sozinho a EFP, por mais numerosos que tenhamos sido em segui-lo em seus desenvolvimentos teóricos.

É pela cabeça que o peixe apodrece *, diz a sabedoria popular, e talvez poder demais suba à cabeça.

Todo analista tem a sua ética, é claro, mas uma ética comum certamente é um vínculo que constitui a base das redes de cada um.

Só posso dizer o que é a minha: trata-se de preservar um conjunto de condições que permitem ao analisando prosseguir a cura psicanalítica até o seu termo, isto é: "Dar sentido aos sintomas, dar lugar ao desejo que eles mascaram [...]. Retificar sob um modo exemplar a apreensão de uma relação privilegiada[9]".

O analista deve estar atento a sua própria contratransferência, abster-se de pôr seu desejo no lugar do desejo do analisando, abster-se de qualquer prática que possa ser interpretada pelo analisando como uma tentativa de

---

8 Irène Roublef (1911-1993): psiquiatra, psicanalista, membro da EFP.

* *Slogan* que estigmatiza os intelectuais. (NT)

9 Cf. Jacques Lacan, "Acte de fondation de l'EFP" (1964), em *Autres écrits*, op. cit., pp. 229-243.

sedução, em particular abster-se de qualquer intervenção em seu currículo analítico, evitar, na medida do possível, que ele penetre as redes a que pertencemos.

Podemos eventualmente romper o contrato se acharmos que manifestamente o desejo do sujeito é não fazer análise, e não querer a qualquer preço que ele faça uma análise.

Como sublinhava Francis Hofstein[10], o caso dos "crápulas" às vezes é impossível de ser resolvido.

Mas um fato permanece importante: se o analista ou o analisando fizer parte de uma instituição analítica, o problema bascula da ética para a moral social.

Há aí uma articulação difícil, por isso é que acredito que uma instituição pode garantir uma formação, um saber, talvez até afirmar que alguém pode "escutar o não dito", restituir a "memória do esquecimento" conforme a expressão de Leclaire, mas ela não pode de modo algum garantir o uso que ele disso fará.

Se esse uso parecer escandaloso, em relação à moral social, ele pode ser excluído do clube dos analistas. Uma parábola para esclarecer a diferença entre competência e o uso que disso é feito:

Os estudantes de medicina aprendem a dissecação e um belo dia encontramos uma jovem retalhada no interior da faculdade. Não é uma razão para não formar nem cirurgiões, nem açougueiros.

É bem este o sentido que se deve dar à fórmula: "O analista só se autoriza por si mesmo". E logo é preciso acrescentar: "Quando ele for analista", isto é, em situação de ser analista na singularidade de sua prática.

É tempo de concluir.

A EFP morreu, Lacan diz que ele a dissolveu, na verdade ela já estava desfeita há um certo tempo. Por isso é que os convido a meditar sobre o que Lacan dizia no Congresso de Estrasburgo, em 24 de março de 1976: "Eu

---

10 Francis Hofstein: psiquiatra, psicanalista, membro da EFP, fundador da revista *L'Ordinaire du psychanalyste* (1969-1978).

gostaria muito de limitar os estragos que fiz nesse campo limitado, esse pequeno pedaço de real. O problema é que não posso fazer nada; uma vez que se entrou na via de certas escolhas, está feito". E mais adiante: "Os estragos que fiz não estão mais em meu poder... Só vejo uma saída, já que a escolha está feita, é levá-la ao menos até as suas últimas conseqüências[11]". E ainda: "Engendro – fiz a pergunta a alguém que é familiar a isso –, engendro com bastante freqüência uma balbuciação, mas devo dizer que essa balbuciação é antes astuciosa". Essas frases punham em evidência a doença da EFP e antecipavam sua morte próxima.

Hoje, as instituições se organizam de maneira mais ou menos estruturada, inclusive a rede informal que nos levou a propor as conferências-debates da Salpêtrière.

As instituições psicanalíticas são provavelmente necessárias para a formação dos analistas na medida em que o trabalho analítico requer confrontações entre analistas. Muitos são aqueles habitados pelo desejo de ensinar. Devemos apenas estar conscientes dos limites e das falhas deles: enquanto houver analistas, a análise viverá.

Somos numerosos em não experimentar, por enquanto, o desejo de nos ligar a uma instituição, mas numerosos também são aqueles, entre os jovens em formação, que desejariam referir-se a um grupo informal mais ou menos estruturado.

Na minha opinião, ainda estamos no "tempo de compreender" e não no "tempo de concluir[12]".

Alguns princípios diretores poderiam atualmente nos bastar e nos ajudar a preparar o futuro. São banalidades talvez, mas creio útil lembrá-las:

1. a análise não é uma ciência, mas uma prática baseada em conceitos, oriundos da experiência clínica;

2. o analista não tem estatuto próprio, ele utiliza para sua inserção social um estatuto médico ou universitário, pois não há critério do ser ana-

---

[11] Jacques Lacan "Discours de clôture du Congrès de l'EFP à Strasbourg", *Lettres de l'EFP*, 19, 1976, pp. 555-559.

[12] Fórmulas lançadas por Jacques Lacan em "Le temps logique et l'assertion de certitude anticipée" (1945), em *Écrits*, op. cit., pp. 197-226.

lista, e, além disso, alguns, que foram analistas durante um certo tempo, podem, enganados por uma ideologia, um poder, ou seu imaginário, perder temporária ou definitivamente sua qualidade de analista;

3. é possível garantir um saber e até uma formação na escuta do não dito. Uma instituição ou uma escola não podem de jeito algum garantir uma prática: "o analista só se autoriza por ele mesmo";

4. cada um, assumindo os riscos, pode tentar ensinar o que aprendeu de sua prática e o que pôde dela formalizar;

5. o analisando escolhe subjetivamente seu analista e decide a maneira como vai se referir a um ou a vários terceiros para falar de sua prática;

6. o analista não pode de modo algum intervir no currículo de um de seus analisandos nem garantir sua formação ou sua prática;

7. uma escola viva pode ficar doente e morrer.

17. Separação precoce e privação de cuidados maternos[1]

É preciso saber que, com muita freqüência, as separações ocorrem num contexto de drama, e, naturalmente, a criança percebe alguma coisa pelo fato de que as coisas são ditas. Costuma haver condições que fazem que a separação ocorra em condições desfavoráveis, em particular se a criança tiver de ser hospitalizada. Com freqüência, ela é hospitalizada com distúrbios benignos, ligados à angústia da mãe em torno de uma doença comum que poderia ter sido tratada em casa, sem separação. Então, o que acontece?

Não gosto do termo bebê e não consigo entender por que o emprego dessa palavra supõe a meus olhos que a criança seria um objeto, uma boneca, um ser desprovido de personalidade. Ela é pegada, colocada, mexida, etc.

Ora, parece-me que a criança é uma criança desde o nascimento. Digamos que *infans* diz bem do que se trata. A palavra vem do latim e designa um ser incapaz de ficar de pé, de se alimentar, etc. Prefiro empregar o termo lactente, porque evoca bem a necessidade de nutrir*. A observação do lactente demonstra bem que sua evolução depende, em grande parte, de vários fatores. Ele bem rápido reconhece a mãe, primeiro provavelmente

---

[1] Conferência-debate dada em Lausanne, em 7 de maio de 1985, por ocasião da projeção do filme *A carência de cuidados maternos*, no âmbito do serviço universitário de psiquiatria da criança e do adolescente, por iniciativa de François Ansermet. Texto estabelecido por Mario Cifali e publicado em *Le Bloc-notes de la psychanalyse*, 7, 1987, pp. 41-55, sob o título: "Separação precoce e carências de cuidados maternos".

* Em francês *nourrisson* [ainda nutrido pela mãe]. (NT)

pelo olfato, em seguida pela voz, muito cedo também, e um pouco mais tarde, pelos olhos. Creio que é importante que o rosto da pessoa que cuida da criança nunca fique escondido.

Quando uma separação acontece, ou porque a mãe abandona o filho, ou porque não soube cuidar dele, ou por outra razão, supomos que a criança pode ligar-se a outra pessoa, contanto que essa outra o considere como uma pessoa.

Acho que o lactente é uma pessoa e que é preciso que ele seja objeto de um desejo que se enderece apenas a ele, um desejo personalizado, ainda que existam momentos em que esse desejo é negativo. Qual é a mãe de família que um dia não afirmou num momento de irritação: "Meu amigo, você me enche o saco; eu gostaria muito de ficar livre dessas crianças todas". Às vezes, uma mãe está cheia, e ela não deve esconder isso de si mesma. É possível amar os filhos e ter sentimentos ambivalentes para com eles. Com efeito, é raro que sejamos "todo amor" ou "todo ódio". Quando o ódio vai até o voto de morte, a criança se torna psicótica e, a meu ver, o ódio está na origem das psicoses.

O que acontece quando um filho é separado de sua mãe? O que ele vai receber como cuidados maternos? Ele irá para uma creche ou para um berçário? Vai ele ser entregue aos cuidados de uma ama? O que vão fazer com ele? Eu lhes disse que, para que a criança se desenvolva, é necessário que ela seja objeto de um desejo que se enderece a ela enquanto pessoa. O amor não basta, está claro. Em toda a sua extensão, é preciso pensar: a questão não é simplesmente amar. Não! Primeiro, amar os filhos, o que isso quer dizer? Trata-se de amar os filhos em geral ou amar este ou aquele em particular? Como fazer para amar um filho de cara feia, que nunca está contente, que chora e que recusa os carinhos e as palavras de amor. Não é tão simples. Então, como o filho vai viver a separação? Vai ele ser entregue aos cuidados de uma ama? Por que não? Não digo de modo algum que as amas que os guardam por dinheiro são menos boas. Ao contrário, a criança representa para elas a possibilidade de comprar a máquina de lavar ou a televisão que o salário do marido não permite pagar. Há, pois, aí, uma fonte de prazer e de satisfação na vida cotidiana. É claro, as amas não podem ser "brutas", mas enfim, uma criança tem muitos meios de sedução: seu sorriso e sua fraqueza costumam emocionar as mulheres. Também é preciso que o pai de criação esteja de acordo, que aprove a iniciativa de sua mulher, caso contrário ele arrisca sentir-se incomodado pela presença de uma criança pequena.

Por outro lado, sou favorável às creches-dia, mediante certas restrições. Quando a criança vai parar numa creche, é preciso que fique em contato com a mesma pessoa à qual ela possa se apegar. Ela vai assim construir balizas fixas e bem rápido vai saber que a separação que ela está sofrendo é temporária e que sua mãe vai estar ali de novo ao fim de algumas horas.

Uma creche bem organizada deve levar em conta a dimensão da linguagem. Insisto nesse fato, pois creio que as pessoas empregadas nas creches têm dificuldade de entender por que é preciso falar com uma criança. Para lhe dizer o quê? "Sabe, você está aqui só por um momento". Para lhe falar do que está acontecendo: "Agora, vou limpar o seu ouvido, agora então estou fazendo isso ou agora aquilo, e depois você vai dormir um pouco" – se ela for muito pequena – ou – se for maior – "você vai brincar com os outros". Logo, é preciso comentar com ela o que lhe está acontecendo. Insisto muito porque as creches-dia não acolhem crianças com mais de 2 anos. Se uma criança, aos 2 anos, tiver adquirido linguagem, ela vai se adaptar à escola maternal. Caso contrário, se não souber falar, a ela não se adaptará e estará em situação de fracasso. É assim que começa. A partida é jogada aos 3 anos, pelo menos para a psicose. Uma criança que não é psicótica aos 3 anos não será psicótica mais tarde, salvo caso excepcional, é claro. Uma criança que é bem desenvolvida aos 3 anos, exceto catástrofe, tem chances de poder evoluir, contanto que tenha adquirido a linguagem. É realmente a linguagem que faz o homem. O ser humano fala, e ele é o único a fazê-lo. Existem códigos para as rolinhas, códigos para os pombos: são códigos e não linguagem. Será que entendem bem a diferença entre a linguagem e os códigos, isto é, a significação ligada à palavra? Vou tentar explicar-me sobre isso.

O exemplo trivial dado por Lacan[2] a esse respeito é o do trem que pára na plataforma de uma estação. Um menino e uma menina observam

---

[2] Jacques Lacan, "A instância da letra no inconsciente ou a razão a partir de Freud" (1957), em *Escritos*, Op. cit.

da janela a inscrição da entrada dos banheiros: "Senhoras" de um lado, "Homens" do outro. O menino diz: "Olhe, paramos em 'Homens'". Na verdade, trata-se da significação exata da palavra, já que esta, neste contexto, indica a entrada dos banheiros. Se falarmos de uma árvore, pode ser uma árvore genealógica ou a macieira do paraíso, ou ainda a expressão de um crescimento. Quando uma criança desenha uma árvore, sabemos bem que ela não está desenhando qualquer coisa e que seu desenho vai além da significação da palavra árvore. Há sempre algo que corresponde ao que é o sujeito e que se pode chamar um significante, o que quer dizer que esse significante se reveste, para o sujeito, em seu inconsciente, de uma significação singular. A linguagem é, pois, própria do homem. Aquele que não adquire a linguagem não é inteiramente um homem. Creio que essa proposição é capital para entender o que se passa numa creche-dia. É preciso que existam momentos de linguagem, coletiva, se necessário.

As crianças de 3 meses se adaptam melhor à creche que as de 6 meses. Em seguida, a adaptação é melhor entre 18 e 20 meses. As separações não são vividas da mesma maneira conforme a idade. Mas peço-lhes para refletir na seguinte coisa: quando uma mulher põe na creche seu filho de 3 meses, é porque ela deseja trabalhar de novo. Ela vai, portanto, utilizar ao mínimo o tempo que lhe é dado para o parto e o pós-parto. Ela está contente de voltar a trabalhar. Ao pôr a criança na creche, ela está contente, está feliz, porque ela pensa: "Vou poder retomar a vida ativa e meu trabalho". Aliás, é para isso que serve a creche. Se uma mãe deixa o filho na creche na idade de 6 meses, o que isso quer dizer? Isso quer dizer que ela não está contente de pô-lo na creche e que não está contente de voltar a trabalhar, que ela aproveitou ao máximo todas as possibilidades que lhe oferecem a Previdência Social e as diferentes ajudas à maternidade. Penso que, se a mãe estiver contente, a criança se adapta. Se, ao contrário, a mãe estiver infeliz, angustiada, torturada pelo fato de se separar do filho, ele não se adapta à creche. Vejam o que acontece com as jovens mulheres que põem o filho na creche. Creio que é bem geral essa diferença entre a criança de 3 meses e a criança de 6 a 8 meses.

Quando as crianças são colocadas aos 18 meses, a creche já é para elas quase uma escola onde é possível organizar jogos coletivos, atividades de falas, escutar um relato, etc: é o que eu chamo a creche-escola. É muito mais difícil para uma criança cuja linguagem é pouco desenvolvida ter acesso aos estudos superiores, é um fato. Mas a creche-escola pode remediar essa situação. Tive a experiência numa creche-dia para as crianças do pessoal do Hospital Bichat, onde a inadaptação das crianças na entrada na escola maternal era tal que a inspetora das maternais queria criar uma classe de atrasados para elas, o que não me agradava, porque eu havia pedido várias vezes pessoal qualificado para essa creche. Havia boas mulheres, ajudantes que cuidavam das crianças, mas que não falavam com elas, porque não sabiam que deviam falar com elas e também porque não tinham nada a dizer. As crianças ficavam amarradas em fileiras, eram colocadas no vaso sanitário todas ao mesmo tempo, quisessem ou não.

Reclamei, então, que fosse criado um posto "creche-escola" em vez de um posto para atrasadas, isto é, para crianças entre 18 meses e 3 anos. Eu queria um posto com uma voluntária com um horário especial, já que as crianças da creche do hospital chegavam cedo e iam todas embora entre quinze e dezessete horas. Obtive ganho de causa e a empregada da creche trabalhava conforme as regras, mas com um horário diferenciado em relação às normas em vigor: vinte e quatro horas de presença ao todo. Ela podia, portanto, dispor ainda de um meio dia como diretora de escola. Ela se interessou pela questão da linguagem e, ao fim de um ano, as crianças que tinham atrasos e um QI entre 70 e 80 viram de repente seu quociente subir a 110. É para lhes dizer que faz sentido aprender a falar com as crianças e não deixá-las, durante uma separação, ficar cozinhando em fogo brando, de certo modo. Enfim, não cuidar delas lhes falando. Insisto sempre muito nos efeitos de linguagem.

Vejamos a creche residencial, isto é, o berçário: sou a ele hostil. Nas melhores creches residenciais, há uma enfermeira para quatro ou cinco crianças. Quando uma mulher tem quíntuplos, ela é ajudada. Ali, as enfermeiras têm quíntuplos, e além disso há três equipes durante o dia. Elas trabalham durante oito horas, cinco dias por semana. Em conseqüência, ausentam-se e são substituídas. Não há, pois, nenhuma estabilidade. Por outro lado, quanto tempo é preciso para alimentar uma criança, trocá-la, botá-la de novo na cama? É preciso uma meia hora ou quarenta e cinco minutos. Bom, então multipliquem isso por cinco, e ao fim de três horas é preciso recomeçar. Não é possível, há aí uma impossibilidade material para assegurar cuidados corretos às crianças. É possível, decerto, amarrar a mamadeira na ponta de um barbante, mas não é a mesma coisa que dá-la, e sobretudo dá-la segurando uma criança no colo, falando-lhe, mimando-a um pouco, depois, cuidando dela, trocando-a, etc.

O filme que vou lhes projetar mostra crianças que sofreram separações múltiplas. Eu estava encarregada desse serviço: havia um pequeno depósito da Previdência Pública[3] para onde as crianças eram encaminhadas por um período de oito a dez dias. Para essas curtas ausências, não se queria enviá-las para as amas, que moravam fora da cidade, o que, aliás, era bem razoável. Quando cheguei nesse serviço, fiquei aterrada de ver que as crianças eram autistas. Os senhores sabem que, nos dias de hoje, o autismo é objeto de debates importantes e que há muitas pessoas que afirmam que não há nada a fazer, que a análise não tem efeito algum e que é preciso tratar os autistas exclusivamente com medicamentos[4]. O pior, se ouso dizer, é que os medicamentos modernos são eficazes e agem também sobre doenças congênitas. Hoje, não se pode mais dizer, como eu fazia naquele momento: "Não há o que fazer com a hereditariedade, então vamos tentar fazer outra coisa, tomando o problema por outro viés[5]".

Penso que, se conseguirmos contar a história de cada criança, encontramos as razões pelas quais ela nasceu autista. No filme, vamos ver que na realidade o autismo não é total. Essas crianças reagem por uma recusa. Pode-se, portanto, deduzir que não se trata de um verdadeiro autismo. No autismo verdadeiro, a criança é diferente. Se a pegam, ela não reage, se a deixam, ela não reage. Se a alimentam, ela não reage, ela não tem nenhuma reação. O autismo verdadeiro, o que chamamos a doença de Kanner[6], nunca o vi muito.

---

3 Trata-se, aí ainda, da Fundação Parent de Rosan e do documentário sobre a carência de cuidados maternos.

4 Jenny Aubry faz alusão aqui ao vasto debate que opõe de novo, nessa data, os partidários da organogenesia absoluta, herdeiros de Léo Kanner, aos psicanalistas.

5 Uma vez mais, Jenny Aubry, que nunca cessou de ser médica, leva em conta os progressos da farmacologia para distinguir o verdadeiro autismo, de origem sem dúvida biológica, de um autismo que seria apenas o sintoma de outra coisa: uma psicose, por exemplo.

6 Léo Kanner (1894-1981): psiquiatra americano. Seu nome permanece ligado à questão do autismo infantil precoce. Em 1943, a partir de onze observações, ele defende

Só um caso em toda a minha carreira de médica e de analista. Não é realmente freqüente, mas é realmente então a indiferença total, de uma ponta à outra.

Havia nesse serviço uma criança que não reagia nem ao barulho – e ela não era surda – nem à fala, nem realmente a nada, e, segundo os antecedentes, ela era assim desde que nasceu. De todo modo vamos ver que a psicanálise pode desempenhar um papel entre crianças autistas, carentes quanto aos cuidados maternos. A personagem central desse filme, uma menina, chegou com 18 meses ao serviço enquanto a mãe, com uma psicose puerperal, estava internada. Esta ficara com a filha durante alguns dias, mas a sufocava, alimentando-a, e a apertava a ponto de estrangulá-la. Em conseqüência, a menina olhava a comida como o instrumento de uma morte e de uma sufocação. Por isso recusava alimentar-se. Vamos ver como, progressivamente, ela chegou a se alimentar e a aceitar uma mamadeira, no colo da terapeuta. Vejamos, pois, como, para certas crianças, é suficiente sentar-se ao lado da cama ou colocar a mão em algum lugar para que um contato aconteça. Creio que o amor não basta para salvar uma criança do autismo. É possível pedir a uma mulher para não fazer nada e esperar que a criança o queira? É nesse nível que o sentimento de amor muda de direção.

Discussão

JENNY AUBRY: Proponho aos senhores abrir a discussão. Façam as suas perguntas, relatem as suas experiências pessoais, porque estas são antigas. Aliás, é por isso que posso falar delas sem temor de romper o anonimato.

X: Em seu Centro, houve uma relação privilegiada que se estabeleceu com o pessoal?

JENNY AUBRY: Minha experiência foi a seguinte. Para começar, o pessoal era não só cético, mas desconfiado quanto ao que íamos fazer. As

---

sua origem psicossomática e o liga à esquizofrenia. Mas, em 1958, ele volta a uma posição organicista ao criticar violentamente as concepções psicanalíticas e notadamente as de Bruno Bettelheim.

enfermeiras tinham sido sempre tranqüilas com um interno que passava todos os dias e que só cuidava da saúde física da criança. Primeiro foi preciso vencer o preconceito segundo o qual essas crianças arriscavam se tornar cobaias para um estudo científico. Tudo o que não era feito no interesse da criança era sentido pelas enfermeiras como uma intrusão insuportável. A subvenção do Centro Internacional da Infância nos permitiu contratar um pessoal, isto é, terapeutas, analistas e professoras de jardim de infância. Quando as enfermeiras constataram que as crianças progrediam, essa idéia de "criança-cobaia" não durou muito e as coisas se tornaram menos difíceis. Quando uma criança saía de seu estado larvar e autístico, havia, de repente, uma enfermeira para cuidar dela e iniciar com ela uma relação privilegiada. As terapias permitiram essa abertura. Nas terapias de autistas, é muito difícil analisar uma transferência qualquer, porque experimentamos o vazio que a criança traz em si. O que essas crianças têm de transferir é negativo, recusa. O analista deve aceitar essa recusa e não procurar quebrá-la.

X: A senhora é favorável às creches-dia. Ora, costumamos ouvir se exprimir um temor segundo o qual o apego à mãe seria diluído nessas creches.

JENNY AUBRY: Tanto melhor. É provavelmente por isso que não gosto do termo bebê. De uma certa maneira, a mãe deve saber "perder" seu filho, isto é, dar-lhe uma autonomia e deixá-lo ter seus desejos próprios, inclusive o apego a outros que ela. Por isso é que sou favorável a uma certa diluição dos apegos nas creches que tornará a criança capaz de estabelecer laços afetivos com outras pessoas. Se as pessoas guardarem um vínculo materno a vida inteira, o que isso quer dizer? Será que aos 18 anos o sujeito poderá ter uma vida normal ou permanecerá ele a vida inteira o bebezinho da mamãe? Não, acho que a creche pode ter um papel importante na socialização das relações com os outros. Insisto, o destino da mulher é perder: ela perde sangue na puberdade, perde o filho quando dá à luz e deve perdê-lo de novo para que ele possa viver os desejos dele.

Y: A respeito do primeiro caso apresentado, como a senhora julga a relação de uma mãe com seu filho se, em razão de uma patologia grave, ela não conseguir recuperar uma relação viável?

Jenny Aubry: É provável que, nesse caso, a relação com a mãe não fosse muito boa. Sabe, as mães fazem o que podem com o que elas são, com a história delas. E torná-las culpadas não adianta nada. Elas contam suas histórias e ficamos espantados com o que descobrimos. Assim, não posso lhe responder para essa criança, porque não tenho na cabeça todos os dossiês.

O que há é que às vezes uma criança é hospitalizada por uma razão x, com freqüência por causa da angústia dos pais diante de uma doença benigna que talvez pudesse ser tratada em casa. Às vezes, considerando que a hospitalização aconteceu num contexto de estresse familiar, a criança a suporta mal. Mas, mesmo quando está de início confiante, ela "descompensa" assim que chega ao hospital, quando os cuidados lhe são dados por alguém outro que sua mãe, isto é, quando a põem para fazer cocô, quando tentam dar-lhe de comer e ela reconhece que não está lidando com a mãe. Nesse momento, a criança entra em desamparo. Quando lhe tiram a roupa, quando ela perde sua identidade pelo fato de que não está mais com as suas roupas e lhe dão as roupas do hospital, a colocam numa cama que não é a dela, a comida lhe é dada por alguém que não é a sua mãe, ela não reconhece nem os cheiros nem todas as solicitações dos cinco sentidos que de hábito lhe permitem lá se reconhecer: aí começa o desamparo.

O desamparo é mais ou menos intenso, naturalmente, mas às vezes certas crianças separadas sentem a necessidade de serem carregadas. Quando as carregam, elas encostam o rosto no ombro de quem as carrega e se acalmam. Em seguida, levantam a cabeça, olham o rosto e percebem que não é o da mãe. Então recomeçam a chorar. Com freqüência observei isso em crianças em desamparo e que choramingam. Nós as pegamos um pouco para mimá-las, elas ficam contentes com o reconforto, colam a cabeça junto a nós, depois a levantam. Quando vêem que não é a mãe, recomeçam a chorar, dissimulando a cabeça. Esse fenômeno não acontece apenas quando a criança não tem mãe válida antes. A separação dá lugar a estragos, mesmo quando a criança teve cuidados maternos de substituição. Sabemos bem que uma criança reconhece a mãe bem cedo e a diferencia dos outros.

Há mais de trinta anos, Françoise Dolto recebera em consulta um filho separado da mãe no segundo ou terceiro dia após o nascimento. Como esta desaparecera, a criança se recusava a comer, a ponto de se tornar anoréxica. Françoise havia aconselhado enrolar em torno do pescoço da criança uma meia de seda impregnada com o cheiro da mãe. Ao perceber o cheiro do corpo materno, a criança recomeçara a comer. Segundo a minha experiência, posso dizer que a criança reconhece bem rápido a voz. Aos dezoito dias, ela reconhece a voz. Ela reconhece o cheiro seguramente antes, e o rosto um pouco mais tarde. É o triângulo descrito por Spitz que é importante. Além disso, penso que a criança possui numerosos meios de sedução. Mesmo um filho pouco desejado pode seduzir a mãe uma vez que está ali. Talvez até por causa de sua fraqueza e de sua necessidade de uma relação maternante. O primeiro sorriso da criança pode ser muito precoce: três ou quatro semanas, às vezes dois meses, isso depende.

Z: Eu gostaria de saber como a senhora se apresenta aos pais e se eles aceitam facilmente que uma psicanalista assista à consulta?

JENNY AUBRY: Acho que não se deve dizer: "Sou psicanalista". Precisamos saber como as coisas aconteceram, por que a criança está hospitalizada. Isso faz parte do que os pais esperam de um interrogatório, até médico. Isso não lhes parece extraordinário. Não os sufocamos com uma avalanche de questões. Dizemos: "Contem-nos como aconteceu, por que ele foi hospitalizado". Não intervimos no discurso dos pais, ao passo que, para a anamnese médica, lhes fazemos um interrogatório que preenche páginas e páginas. O analista deixa antes desenvolver-se o que os pais têm a dizer, pontuando um pouquinho, ou introduzindo uma observação quando aparecem fantasias inconscientes. Mas de modo algum devemos interpretar essas fantasias, nem mesmo levantá-las. Não temos por objetivo tratar os pais por uma psicoterapia, mas recolher uma fala esclarecedora sobre as circunstâncias de um acontecimento dramático. É preciso dar-se conta de que a hospitalização angustia os pais. Ora, quanto mais os pais ficam angustiados, menos a criança se cura. Algo do que eles dizem passa nessa angústia.

Se não houver conflito entre o pediatra e o psicanalista, não há problema. Em geral, as pessoas falam de bom grado, mas não se lhes dizemos: "Você tem de ver um psicanalista". Se lhes dizemos "É preciso ver um psi", eles não ficam contentes, sentem-se culpados, etc. Trata-se de outra coisa, trata-se de dar novamente um lugar à fala. Botar para fora os cadáveres do armário.

XX: O seu filme dá a impressão de que existiria uma relação entre uma desprivação[7] materna precoce e o autismo. A senhora conhece formas de desprivação materna ou afetiva menos espetaculares e suas conseqüências a longo prazo na criança?

JENNY AUBRY: Eu diria que é a moeda corrente nas consultas de psicanalistas de crianças. Eu poderia lhe citar exemplos. Vou lhes contar uma história: os casos clínicos são o que existe de melhor para ilustrar a teoria psicanalítica.

Um dia, pais chorosos vêm me consultar porque o filho não dorme. Mesmo quando desaba de cansaço, ele continua desperto. O filho estava muito agitado e a mãe fazia remontar essa insônia a uma vacinação. Faço perguntas sem levar a cabo uma investigação policial. E pergunto à mãe em que momento tinha acontecido essa vacinação. Ela me fala do mês de setembro. Retomo a história e percebo que o filho não dormia desde o mês de abril que antecedera a vacinação. Então lhe digo: "O que aconteceu em 15 de abril daquele ano?" Ela pensa e me diz: "Ah! sim, nós tínhamos viajado, meu marido e eu, à feira de Lyon por nosso trabalho". Eles não tinham explicado nada ao filho, com 1 ano de idade então. Eles tinham viajado e depois voltado. O filho tinha ficado agitado, não dormia mais e chorava toda vez que a mãe saía. Finalmente, os pais perceberam que, de todo modo, havia algo. Ora, de manhã, a mãe saía e não falava disso com o filho. De certo modo, ela fugia sem dizer ao filho que estava saindo. Naquele momento, ouve-se no apartamento onde eu estava – era uma consulta privada – o barulho de uma porta que se fecha. A criança se põe a chorar. Tomada de uma inspiração súbita, digo à criança: "Sabe, quando a mamãe vai embora, ela sempre volta". O menino me olhou com olhos grandes e brutalmente adormeceu. Não pretendo fazer milagres, mas, enfim, toda fala tem seus efeitos. A mãe saía escondida todas as manhãs, o que deixava o filho angustiado.

---

[7] *Desprivação*: termo utilizado pela escola inglesa e notadamente por Donal Woods Winnicott para designar a privação. Desprivação em francês é um anglicismo. Cf. D.W. Winnicott, *Déprivation et délinquance*, Paris, Payot, 1994.

Pode-se perfeitamente separar um filho de sua mãe, contanto que lhe dêem uma apreciação do tempo. Pode-se pô-lo, por exemplo, na escola de manhã e pegá-lo ao meio-dia. Uma criança de 2 anos pode muito bem conceber passar a manhã em algum lugar e que sua mãe venha pegá-lo para o almoço.

XX: Se, numa família, existe uma constelação tal que a situação não é tão desprivante, mas que, por exemplo, se tem uma mãe rejeitante e talvez menos adequada do que se espera, e se o pai com freqüência está ausente e é uma situação que dura, quais são as conseqüências para o filho?

Jenny Aubry: Isso pode ser muito grave. Tive em cura psicanalítica uma criança psicótica. Em geral, não me sinto capaz de enfrentar uma criança psicótica. Tomá-la em cura psicanalítica é extremamente penoso. Aí, a criança de quem estou falando nunca estivera separada dos pais. Sua mãe, originária do País basco, tinha se casado com um soldado americano que ela conhecera durante a guerra. No final da gravidez, quando estava morando nos Estados Unidos, ela se sentira privada da própria mãe e afundara na depressão. Ao nascer, seu filho foi rotulado grande retardado, autista. O avô cuidava muito do neto e o levava todos os dias à estação para que ele pudesse acolher o pai que voltava do trabalho. Mas eis que o avô fica doente e morre sob os olhos do neto. Este começa a ir de mal a pior e é catalogado e tratado de novo como um grande retardado, irrecuperável.

Os terapeutas americanos aconselharam aos pais, "para o bem do filho", ceder em todos os seus pedidos. Ele era, pois, insuportável, e foi depois de tê-lo visto que pedi que me contassem toda a história. Minhas primeiras sessões se passaram em tudo lhe proibir, exceto ir ao lugar onde ele tinha a autorização de fazer sujeiras numa pequena mesa de plástico. Ele sempre queria manchar uma cortina com tinta. Impedi-o de fazer isso. Comecei a lhe recusar tudo, embora sempre tivessem cedido a ele. Sabem, isso causa estranhas psicoses, quando não se dá nenhum limite às crianças. É preciso estabelecer para elas limites, evitando, ao mesmo tempo que sejam coercitivos. Essa criança começou a desenhar trens, e sempre trens. Eu me perguntava por que, uma vez que até então eu não conhecia a sua história. Um dia, ele me disse – ele havia começado a falar, tinha se recuperado e seguia de modo mais ou menos normal a escola: "Qual é a minha doença?". Respondo-lhe: "Não sei. O que é que você acha? Eu acho que você tem a doença dos trens". Ele nunca mais desenhou trens para mim e pôs-se a fazer verdadeiros desenhos.

YY: A senhora pode nos falar das relações, que nem sempre são simples, entre os médicos, os pediatras e os psicanalistas?

JENNY AUBRY: Como sempre, quando há conflito, as duas partes estão interessadas em partes iguais. Na França, os médicos costumam dizer que não precisam desses "chatos", e os analistas acham que os médicos não entendem nada disso. Ainda recentemente, uma jovem mulher, em plena crise de depressão, consulta um psiquiatra que lhe diz: "A senhora vai tomar remédios, vou cuidar da senhora, mas a proíbo de ver um analista". Bom, logo, ela foi ver um analista, é claro, e o analista lhe disse: "Sim, vou tomá-la em cura psicanalítica, mas a senhora não vai ver psiquiatra e não vai tomar remédios". É absurdo. Que o psicanalista não queira dar remédios, porque nas fantasias conscientes ou inconscientes dos pacientes, eles se tornam venenos, está entendido. Mas isso não quer dizer que, em certos casos, não se possa ser ajudado por um psiquiatra que, este, dará remédios sem derrubar o paciente. Há, pois, uma necessidade de estabelecer um vínculo.

Então, como isso ocorre com a pediatria? Penso que não há chance alguma que um psicanalista encontre seu lugar num serviço de pediatria se não houver, em algum lugar, a demanda de uma escuta diferente, isto é, se não houver um desejo quanto à presença de um psicanalista. Vou lhes falar de minha experiência das Crianças-Doentes porque ela me parece inteiramente característica. Em razão dos títulos e dos concursos que eu havia feito, eu me achava em situação de assumir a direção de um serviço de pediatria, embora há muitos anos eu viesse me orientando para a psicanálise, e não estava mais a par das técnicas pediátricas, ainda que só, por exemplo, a reanimação de crianças em estado de toxicose. Eu era, pois, pouco capaz de prescrever os tratamentos necessários. Mas eu mesmo assim tinha o desejo de tentar a experiência e de assumir a direção de tal serviço, cercando-me de pediatras competentes. Eu queria, a um só tempo, que as crianças fossem bem tratadas e que uma escuta psicanalítica existisse num serviço de pediatria. Meus dois pediatras não eram indiferentes ao fato de que ser assistentes no Hospital das Crianças-Doentes não era tão mal assim, ainda que fosse preciso agüentar uma "patroa[8]" psicanalista. De todo modo, havia algo da ordem de uma demanda: "Como um analista podia contribuir?". Com esses dois pediatras, fiz um contrato, e penso que a presença de um psicanalista num serviço de pediatria deve fazer um contrato análogo. O contrato era o seguinte: o analista de modo algum intervém no tratamento prescrito pelo pediatra, mas se reserva o direito de falar e de fazer falar as crianças e as mães das crianças. Baseados nesse contrato foi que pudemos fazer um trabalho que, na minha opinião, deu seus frutos durante um certo tempo. Presto homenagem a esses dois assistentes que aceitaram esse trabalho: Jean-Claude Dalloz, que se tornou psicanalista, e Jean-Claude Gabilan, que continua sendo médico.

Vou lhes dizer um pouco como tentei trabalhar. Eu tinha uma consulta de psicanálise, mas havia em cada sala um analista que, em princípio, devia respeitar o contrato. O contrato foi respeitado por Raymonde Bargues e Ginette Raimbault, mas menos por Anne-Lise Stern, que era sempre levada por sua paixão pela análise[9]. No conjunto, pode-se dizer que após uma certa flutuação, os analistas foram aceitos. Para cada criança hospitalizada, havia uma entrevista da mãe com o analista. Deixava-se a mãe falar do que ela havia sentido e das circunstâncias da hospitalização. Por outro lado, havia o trabalho nas salas com as crianças e as enfermeiras. Isso foi bem longo. Vou lhes dar um exemplo trivial. Um dia, durante a visita semanal, uma criança se pôs a chorar. Eu simplesmente disse à enfermeira presente: "Olhe, esta criança está chorando! Por que ela está chorando?". Não se sabia. Muito rápido, começaram a dizer que a "Patroa" não queria que as crianças chorassem. As mulheres são muito sensíveis e procuram fazer o

---

8 Há muito tempo, Jenny Aubry era apelidada "A Patroa".

9 Vemos perfeitamente aparecer as divergências entre a abordagem médica de Dalloz e a abordagem psicanalítica de Anne-Lise Stern no caso de Sabine, no capítulo 12 da presente obra: "Nicole entre a vida e a morte". Vemos também, nessa apresentação de caso, a síntese efetuada por Jenny Aubry.

melhor para as crianças. As enfermeiras perceberam que, quando consolavam as crianças, as pegavam mais, lhes falavam, elas se deixavam tratar melhor posteriormente. Acharam que não era ruim cuidar delas quando choravam. E, com isso, constataram que consolá-las encurtava as estadas no hospital.

Em seguida, houve o problema da máscara. Sabemos que é muito importante, sobretudo para as crianças pequenas, o reconhecimento das pessoas. Quando as enfermeiras estão sempre mascaradas, as crianças não podem reconhecê-las e sentem medo. A supressão da máscara colocou grandes problemas. Mas, pouco a pouco, ela foi suprimida, ficando entendido que se a enfermeira estivesse resfriada ela poria de novo a máscara. É preciso sempre levar em conta o real. Coisas impossíveis não podem ser impostas. Em seguida, houve o problema das visitas das mães. "Ah! elas são sujas, vão trazer micróbios, as crianças choram quando elas vão embora". Pouco a pouco, as enfermeiras aceitaram tornar menos rígidos os horários de visitas para facilitar a vinda das pessoas que trabalhavam. As enfermeiras também perceberam que, quando, após uma entrevista, certas coisas eram ditas – por exemplo: "Mamãe vai embora mas ela vai voltar, ela sempre volta" –, as crianças choravam um pouco na primeira vez, depois ficavam mais relaxadas. Logo, houve uma série de coisas que foram progressivamente sendo postas em prática.

18.
A respeito de Françoise Dolto[1]

MARIO CIFALI: Françoise Dolto e a senhora mesma estiveram ao lado de Jacques Lacan e foram membros da Sociedade Francesa de Psicanálise, assim como da EFP. A senhora poderia situar, por um lado, seu encontro com Françoise Dolto, por outro, sua referência a Lacan no seio do movimento freudiano?

JENNY AUBRY: Conheci Françoise Dolto depois da guerra, no momento em que eu começava a me dar conta da importância da psicanálise – seja a respeito dos distúrbios psíquicos ou físicos –, ao passo que Françoise tinha, desde antes da guerra, trabalhado com Édouard Pichon e publicado, em 1938, um livro: *Psicanálise e pediatria*[2].

Ela me censurava, não sem razão, por esconder parcialmente as atividades psicanalíticas de meu serviço. Eu achava, talvez erradamente, que a opinião médica ainda não podia aceitar a intrusão da psicanálise na medicina.

---

[1] Entrevista realizada em abril de 1986 e publicada a título póstumo em *Quelques pas sur le chemin de Françoise Dolto*, sob o título "Entrevista em torno de Françoise Dolto", Paris, Seuil, 1988, pp. 43-52. Volume coletivo dirigido por Mireille Cifali, com contribuições de Stella Baruk, Françoise Dolto, Claude Halmos, Michèle Montrelay, François Peraldi, Agnès e Jean-Jacques Rassial, Élisabeth Roudinesco, Jean-François de Sauverzac, Denis Vasse. Nota de introdução de François Wahl.

[2] Françoise Dolto, *Psychanalyse et pédiatrie*, Paris, Seuil, 1971. Édouard Pichon (1890-1940): médico e psicanalista, fundador da SPP e mestre em pediatria de Françoise Dolto. Cf. Élisabeth Roudinesco, *Histoire de la psychanalyse en France*, t. 1 (1982), op. cit.

A partir de 1955, Françoise aceitou vir trabalhar em meu serviço na Policlínica do Bulevar Ney, com toda liberdade: ela podia atender pais, tomar em cura psicanalítica crianças sem se reportar a ninguém, sendo retribuída enquanto psicanalista pelos fundos de uma subvenção da Fundação Rockefeller.

Meu desejo era, pois, introduzir a psicanálise nos hospitais graças ao poder atribuído aos médicos dos hospitais, ao passo que o desejo de Françoise era fazer análises. Em 1963, assumi um serviço nas Crianças-Doentes. Nesse momento, Françoise pôde ter sua própria consulta no Hospital Trousseau, onde ela fazia o que queria. Nas Crianças-Doentes, durante a criação da EFP, muitos membros trabalhavam oficialmente em meu serviço, o que era importante para Lacan, mais que minhas competências de analista.

Minha iniciativa não é, pois, paralela à de Françoise, ela é diferente. Ambas tínhamos vontade de ver a psicanálise se desenvolver para as crianças. O que nos reuniu não foi uma visão psicossomática, ainda que o trabalho que foi feito nas Crianças-Doentes tenha mostrado a importância do estresse familiar no desenvolvimento de certas doenças. Mas não foi realmente nesse sentido que Françoise Dolto trabalhou. Eu diria que ela era a pura psicanálise, com freqüência genial em sua escuta do inconsciente, e que eu sou antes um empreiteiro. Eu me situo exatamente assim, isto é, com os dados que tenho, tento aplicá-los da melhor forma. E certamente o problema do arcaico é inteiramente dominante numa psicanálise. Talvez até, diria eu, sem que Françoise o formule assim, que manifestamente ela ouve o arcaico.

MARIO CIFALI: A senhora poderia me dizer em que medida a prática de Françoise Dolto comporta afinidades com a sua?

JENNY AUBRY: Ela ouve o arcaico. Ela não teoriza o que ela faz. E mesmo quando ela tenta teorizar seu gênio, eu sou dubitativa. Se quiser, eu sou racionalista, o que talvez não seja favorável à escuta do inconsciente, tento aplicar da melhor forma os princípios da psicanálise. Acho que também ouço o arcaico, mas para mim foi um longo e difícil trabalho que me levou a essa escuta, ao passo que Françoise, ela, o ouve espontaneamente. Mas ela não consegue realmente teorizar suas interpretações. É a minha impressão.

Por exemplo, ela me enviou seu último livro[3]. Eu lhe escrevi, e ela respondeu dizendo-me: "Vejo que meu livro despertou ecos da sua parte". É ela quem me comunica em sua carta o fato de eu ter entendido o que ela dizia.

Mario Cifali: Em torno de Lacan, a senhora e ele atravessaram etapas históricas do movimento psicanalítico francês que hoje aparecem como atos significando um *parti pris*. É um resumo que lhe parece justo?

Jenny Aubry: Certamente é justo. Eu diria que Françoise Dolto era muito amiga de Lacan. Eles se tratavam por tu, tinham trabalhado juntos durante muito tempo. Para ela, não havia questões. Aliás, Lacan era completamente fascinado por Françoise, que lhe contava histórias de crianças. Ele a escutava com uma atenção enorme. Disso tenho múltiplas lembranças, se não bastasse o congresso de Aix-en-Provence em 1971, em que, durante um almoço, eu os convidei junto com outros psicanalistas da região e aqueles que tinham trabalhado comigo. Françoise contou histórias de crianças sensacionais, e Lacan bebia as suas palavras.

Agora, o senhor queria saber por que, eu também, escolhi Lacan. No que me diz respeito, no momento da primeira cisão, eu estava em análise com Nacht e em supervisão com Lacan. Além disso, haviam-me imposto uma segunda supervisão com Lebovici. Quando eu estava em supervisão com Lebovici, a modalidade das supervisões na SPP era inverossímil. Lebovici me enviara uma paciente. Tratava-se de uma menina, criada desde a idade de 5 anos na Legião de Honra. Haviam lhe dado cuidados totalmente anônimos e ela tinha uma frustração de cuidados maternos que fazia que ela me suplicasse para ser a sua mãe: ela queria que eu pegasse a sua mão, por exemplo. Então Lebovici, escutando meu discurso a esse respeito, dizia-me: "É preciso lhe interpretar a sua homossexualidade", o que eu não fiz. A queixa arcaica dessa menina, ele não a ouvia. Dei como interpretação a essa paciente isto: "Não sou a sua mãe" – o que lhe permitiu superar esse está-

---

3 Françoise Dolto, *Séminaire de psychanalyse d'enfants*, t. 2, Paris, Seuil, coll. "Points", 1991.

dio. Mas era uma pobre menina que me pedia um contato físico como um lactente faminto reclama o seio de sua mãe. Era manifesto.

Diante disso, eu estava em supervisão com Lacan, e eu achava que era ele quem me ensinava como praticar a psicanálise.

No momento da cisão, eu era porta-voz dos jovens. Havia toda uma revolta de que fui o porta-voz. As condições eram absolutamente impossíveis. Pedia-se um preço muito elevado, à SPP, para participar do ensino. Aqueles que já haviam pago uma análise não podiam pagar além disso o ensino teórico.

Logo, eu era o porta-voz dessa mini-revolução e fiz uma intervenção na SPP, dizendo: "Escutem, estou em análise com Nacht e em supervisão com Lacan. Vocês estão brigando, eu não entendo nada disso. Eu gostaria muito que me explicassem. Com o que rima essa disputa entre dois amigos psicanalistas, ditos didatas? De que se trata?". Considerando a minha experiência de supervisão com Lacan, minha escolha tendia mais para ele.

Nesse momento, sob um pretexto sem pé nem cabeça, porque eu estava me divorciando, Nacht me disse: "Ah, mas você está se divorciando, é real, logo, a sua análise não é possível, é melhor pará-la por enquanto", e ele me pôs para fora. Embora eu estivesse em plena crise em torno dessa escolha. Fui jogada na direção de Lacan. Já era uma escolha que eu havia feito, porque eu achava que Lacan me ensinava coisas e que Lebovici me ensinava o que não se devia fazer. Foi, aliás, o que eu disse à comissão Turquet[4], que devia estatuir sobre Lacan. Eu lhes disse: "Lacan me ensinou o que é a contratransferência, a análise da contratransferência quando se trabalha. Lebovici me ensinou o que não se deve fazer".

Mario Cifali: Françoise Dolto e a senhora com certeza foram levadas a não serem absolutas demais no que diz respeito às duas principais correntes da psicanálise de crianças? Quero falar da psicanálise concebida

---

4 Pierre Turquet: psicanalista inglês, negociador e membro da comissão de investigação diligenciada pela IPA em 1961 em vista da reintegração da SFP em seu seio. Cf. Élisabeth Roudinesco, *Histoire de la psychanalyse en France*, t. 2. op. cit. Cf. igualmente Jenny Aubry, "Où les chemins divergent", op. cit.

por Anna Freud e por Melanie Klein. Lembro-me que, durante uma conversa que tive, já há alguns anos, com Françoise Dolto, ela me confiou perceber-se como que exercendo a psicanálise na linha de uma Melanie Klein, tendo por diferença complementar a contribuição lacaniana quanto ao simbólico. A senhora também concebe a psicanálise dessa maneira, com um lugar dado à fala que não encontramos entre os kleinianos?

Jenny Aubry: Exatamente. Se me refiro a um texto de Lacan que o senhor aliás publicou, nele claramente se percebe qual é esse lugar. Cito-o: "Na análise, entendemos bem a importância que teve para um sujeito, quer dizer o que naquele momento era ainda absolutamente nada, a maneira como ele foi desejado. Há pessoas que vivem sob o golpe, e isso vai durar muito tempo na vida delas, sob o golpe do fato de que um dos dois pais – não preciso qual – não as desejou. É bem esse o texto de nossa experiência de todos os dias.

Os pais modelam o sujeito nessa função que intitulo simbolismo. O que quer dizer, estritamente, não que a criança seja de alguma maneira o princípio de um símbolo, mas que a maneira como lhe foi instilado um modo de falar só pode trazer a marca do modo sob o qual os pais o aceitaram. Sei que há nisso todas as espécies de variações e de aventuras. Mesmo um filho não desejado pode, em nome de alguma coisa que vem de seus primeiros tremores, ser mais bem acolhido mais tarde. De todo modo, algo guardará a marca de que o desejo não existia antes de uma certa data[5]". Lacan era um dos raros homens que ouviam o arcaico – porque os homens em geral não o ouvem. Françoise Dolto o ouve ao máximo. Eu tento ouvi-lo e me dei conta, com efeito, de que essa referência é capital nas curas dos sujeitos depressivos ou suicidas, ao longo das quais sempre se descobrem falas indicando um desejo de morte em relação à criança. Penso, às vezes, que para ouvir o arcaico é preciso que uma mulher tenha tido filhos, embora não seja absolutamente necessário. Não há dúvida de que Lacan ouvia o arcaico. A parte do feminino nele lhe permitia isso.

---

[5] Jacques Lacan, "Conférence à Génève sur le symptôme", 4 de outubro de 1975, *Le Bloc-notes de la psychanalyse*, nº 5, 1985. Texto estabelecido por Jacques-Alain Miller, e retomado em *Outros escritos*, op. cit.

Mario Cifali: O que a senhora percebeu de original em Françoise Dolto, referente a uma ou outra concepção da psicanálise de crianças?

Jenny Aubry: Eu diria que Anna Freud está sistematicamente do lado dos pais e – o que não deve nos espantar – que sua terapêutica visa à adaptação[6].

Mario Cifali: A senhora acha que o fato de Anna Freud ter sido iniciada pelo pai na psicanálise[7] desempenhou nessa abordagem um papel antes comportamentalista e ambientalista da psicanálise?

Jenny Aubry: É provável. Encontrei-a uma vez em Londres aonde eu fora para encontrar diferentes pessoas que cuidavam de análise de crianças. Ela me deu uma ótima impressão, embora eu não esteja de acordo com a maneira como ela aborda a psicanálise de crianças. Foi em 1948, quando eu trabalhava com Bowlby e a equipe da Tavistock Clinic[8]. Digamos que ela me deixou uma impressão marcante enquanto pessoa. Mas estou em desacordo total com tudo o que ela escreveu.

Mario Cifali: Lacan teria um dia dito a Françoise Dolto (cito-a de memória): "Você não precisa saber o que você faz para fazer o que você sabe fazer com as crianças que você tem em análise".

Jenny Aubry: É o sentido, em todo caso.

Mario Cifali: O sentido que guardei do que ela me disse, durante nossa conversa. Não é necessário, portanto, fazer o exame da teoria para

---

6 Vemos aqui o quanto Jenny Aubry modificou sua abordagem à medida que se aproximava da teoria lacaniana.

7 Anna Freud foi, com efeito, analisada pelo pai. Cf. Elizabeth Young-Bruehl, *Anna Freud*, op. cit.

8 Com uma dupla subvenção do Centro Internacional da Infância, dirigido pelo professor-doutor Robert Debré (JA).

entender uma verdade que fala no sintoma da criança, para enunciar numa linguagem audível, e que se dirige ao primeiro interessado, a criança da consulta, algo que possa se pôr a fazer sentido no nível do desejo dela.

Jenny Aubry: Estou inteiramente de acordo. Françoise não precisa dos matemas[9] para entender o inconsciente da criança.

Mario Cifali: A pureza de um formalismo não a interessa?

Jenny Aubry: A teoria, no sentido habitual do termo, no fundo, não interessa a Françoise, embora dela tenha guardado o essencial: isto é, a "conversa mole". O essencial é que é o simbólico que de fato a diferencia de Melanie Klein. Estou absolutamente de acordo com o que ela diz sobre esse ponto.

Ali onde diferimos é que ela acredita em Deus. Não especificamente em Deus dentro da Igreja Católica. Mas, se ela entrar numa igreja, ela pode, parece-me, fazer uma prece a um deus que não é forçosamente o deus representado pela Igreja Católica. Há algo da ordem da crença nela. Eu diria mística mais que crente.

Mario cifali: Em todo caso, ela às vezes estabelece aproximações entre uma dinâmica libidinal inconsciente e essa presença do Outro a quem ela se dirige...

Mas voltemos a uma outra questão: a experiência de uma fala transferencial na cura psicanalítica e a do discurso da teoria, como a senhora imagina que elas se cruzem no nível do balizamento clínico? Isso precisado para sublinhar que Françoise Dolto me parece pertencer, antes, a uma espécie de clínicos que confiam no dinamismo libidinal da colocação em ato transferencial e que misturam às suas interpretações uma fala inventiva. Como uma prática desse estilo lhe parece?

---

9 Matema: palavra inventada por Lacan em 1971 para designar uma escrita algébrica que pode dar conta dos conceitos da psicanálise e que permite transmiti-los em termos de estrutura.

JENNY AUBRY: Ela me parece como só sendo possível com um toque de gênio, que Françoise possui, é certo. Eu a admiro muito, sabe. Estou lhe falando, o ponto no qual divirjo é sua crença mística. Acontece que todos os analisandos que tive que tinham fé não a tinham mais após a psicanálise comigo. Isso tem um sentido, é certamente devido a minha pessoa. É um fato que a maioria dos que crêem também têm superstições e que, à medida que as superstições caem, algo também cai. Por isso que este é um aspecto de Françoise que para mim é estranho. Não posso dizer que o desaprovo. Se ela está bem assim, isso não me diz respeito, mas não tenho o mesmo sentimento que ela.

MARIO CIFALI: Seja no nível dos meios de comunicação ou então intervindo como ela faz na Casa Verde[10], como a senhora julga a ação que eu nomearia psicanalítica-e-pedagógica de Françoise Dolto?

Jenny Aubry: Não é o que eu aprecio mais na prática dela. Segundo o que ela me disse, quando ela fez a Casa Verde, ela queria evitar os efeitos transferenciais com pessoas que lá estavam, presentes, para cuidar das crianças. Era essa a idéia dela. Na verdade, portanto, havia todos os dias pessoas diferentes para cuidar das crianças, e, segundo esse princípio, ela pensava evitar as reações transferenciais das amas em relação aos educadores. Ora, segundo o que pude observar, mas talvez eu me engane, creio que as mães vêm com os filhos no dia em que há o educador ou o analista que elas já encontraram. De modo que o que ela esperava suprimir como efeito transferencial na realidade talvez não seja suprimido. Penso que Françoise é levada por sua necessidade de realizar, de fazer bem: é todo o lado místico de seus empreendimentos. Nesse ponto, separo-me dela. Não sou mística.

MARIO CIFALI: A preocupação que é a dela, de uma ética e de uma prevenção que se inspiram na experiência e no saber psicanalíticos, a senhora não a partilha?

---

[10] A primeira Casa Verde foi criada por Françoise Dolto em 1979. Tinha por objetivo acolher as crianças de 0 a 3 anos acompanhadas dos pais.

Jenny Aubry: Penso que não é a visada da psicanálise. Quanto a esse ponto, eu me separaria dela, como psicanalista, embora admire suas intervenções. Talvez seja eu que sou deficiente. Não ouço as mesmas coisas.

Mario Cifali: Será que ela se sente encarregada de uma missão terapêutica?

Jenny Aubry: Provavelmente, mas não sei direito, para falar a verdade. Ela não me disse.

Creio que um outro ponto de vista sobre o qual diferimos é o da supervisão em psicanálise, porque o dom não se transmite. Acontece, em certas situações, de ela vir quase a ditar as intervenções.

Mario Cifali: Embora tome a precaução de dizer: "Sobretudo não faça como eu"; aviso inútil.

Jenny Aubry: Ela vai muito mais longe – enfim, não sei se é ainda a convicção dela. Um dia em que eu lhe relatava o caso de uma de suas supervisionandas que me relatara ela mesma um caso para o qual ela fazia "como Dolto", e sem entender nada daquilo, e depois que transmiti a Françoise que me incomodava de todo modo dizer àquela moça que não se fazia uma intervenção sem entender-lhe o sentido, ela me respondeu: "Isso não tem importância alguma, sou eu a analista da criança". Ela se considerava a analista da criança de que ela tinha a supervisão. Ela me dizia que não tinha importância alguma se a moça não entendia nada. Não estou de acordo com isso. Agir assim não ensina nada ao supervisionando. O que me fascinava em Lacan é que, numa supervisão, ele interpelava o supervisionando no nível de sua contratransferência: "O que você disse? Por que você disse isso? O que você teve vontade de dizer? E por que você não disse isso?".

Mario Cifali: O que a senhora está contando aí é muito interessante, pois permite situar um dos pontos em que Françoise Dolto me parece funcionar como uma terapeuta-psicanalista *à la* Oskar Pfister.

Jenny Aubry: É preciso ressaltar que, quando não concordei com essa mulher que ela supervisionava, na verdade se tratava, também, de outra coisa bem diferente. Essa jovem analista tinha tentado pôr em contradição Françoise e eu. Aliás, eu lhe interpretara isso, dizendo-lhe: "O que significa me apresentar um caso supervisionado por Françoise Dolto, qual é o sentido dessa iniciativa?". Isso se referia, de resto, a um ponto de interpretação não muito interessante. Tratava-se de uma mãe que passava seu tempo a dar balas ao filho. Françoise teria dito que era preciso interpretar que aquele filho queria comer a mãe, ao passo que eu achava que era preciso dizer que ele queria comer um pedaço da mãe, como teria comido o seio. Era mínimo, e talvez sem interesse algum. Mas é precisamente no nível dessa diferença de interpretação que fiquei sabendo que ela estava em supervisão para o mesmo caso com Françoise. Primeiro, perguntei-lhe o que aquilo significava, depois eu lhe disse: "Bom, está bem... Talvez seja Dolto quem tem razão, talvez seja eu, sei lá".

MARIO CIFALI: Há, em Françoise Dolto, um uso central da teoria do desenvolvimento libidinal fundada em estádios, teoria que os psicólogos utilizam correntemente. Como a senhora aprecia esse uso?

JENNY AUBRY: Lacan era hostil a essa visão dos estádios, exceto para o estádio do espelho. Ele pensava que persistia o anal depois que esse estádio fosse supostamente superado. Justamente, através do objeto *a*, o estádio anal nunca está terminado segundo ele. Sempre há ainda algo na agressividade que mostra isso. Enfim, penso que Françoise emprega de modo diferente a referência ao estádio anal, uma vez que ela concebe que certos adultos ou adolescentes não o superaram, e não que há um resto de analidade apesar da evolução do sujeito.

MARIO CIFALI: Ao lermos o que escreve Françoise Dolto, sentimos que ela é levada, em muitas de suas intervenções, de suas interpretações, pela busca de uma superação. Temos a impressão de que ela permanentemente visa abrir as vias favoráveis a um desenvolvimento do ser humano.

JENNY AUBRY: Talvez. Venho acompanhando menos o trabalho de Françoise nestes últimos tempos. Gostei muito de seu *Seminário de psicanálise de crianças*. De toda forma, penso que, sem que seja evidente demais, e isso de maneira a não constranger os intervenientes, ela interpreta algo da contratransferência deles. É algo que eu não sei fazer. Recuso-me absolutamente a fazer uma supervisão coletiva, porque acho que uma supervisão deve evidenciar a contratransferência do supervisor e que isso não diz respeito aos outros. Françoise se vira e não creio que ela faça um mau trabalho. Ela consegue dizer coisas. Acho que, aí também, deve ser posto na conta do aspecto muito genial que ela tem em si.

19. Posfácio[1]

por Mario Cifali

Na França, Jenny Aubry foi uma pioneira na aplicação da psicanálise na pediatria. Chefe de serviço no Hospital das Crianças-Doentes em Paris, ela criou em 1963 a primeira consulta psicanalítica hospitalar. Já então, a partir de uma experiência excepcional com as crianças psicóticas da Fundação Parent de Rosan, como mostra sua obra publicada em 1955, *A carência dos cuidados maternos*[2], sua orientação tanto prática quanto teórica tem por fundamento a descoberta freudiana, lida e interpretada pelo espírito renovador que foi Jacques Lacan, seu amigo que apoiou seu início na psicanálise.

Particularmente sensível, primeiro como pediatra, depois como psicanalista, aos dramas da pequena infância provocados ou por separações traumáticas, ou por um clima familiar patogênico, ela não se contenta em observar ou em diagnosticar por exemplo o marasmo causado por uma hospitalização, mas busca, seguindo as vias abertas pela terapêutica psicanalítica, como remediar o sofrimento físico e psíquico com o qual ela convive diariamente. Por isso ela critica os trabalhos de René Spitz, o qual ela censura por ver as crianças se deteriorarem sem agir.

---

1 Publicada em *Pédiatrie et psychanalyse*, Paris, PAU, 1993, sob o título "Jenny Aubry: ouvir o arcaico", pp. 184-187. Fundador da revista *Le Bloc-notes de la psychanalyse*, Mario Cifali, psicanalista genebrino, foi aluno de Jenny Aubry quando esta voltou a Paris em 1978.

2 Jenny Aubry, *La Carence de soins maternels*, op. cit.

Uma ética dita seus atos de pediatra e sobretudo de psicanalista: conforme cada uma das situações que se lhe apresentam, essa ética tem por único motivo uma preocupação com a verdade que ela tenta pôr em evidência, traduzir com uma linguagem clara, em função das chicanas de uma história do sujeito, consciente ou inconsciente. Quem estudar de perto o conjunto da obra de Jenny Aubry – entendo por "obra" não só o rastro de seus escritos, mas ainda o efeito real do que foi sua fala viva – não pode deixar de ficar impressionado pelo potente projeto que a anima e que faz com que Jacques Lacan diga que ela é *valente*. Em momento algum o labor do psicanalista que trabalha numa instituição é para ela um simples instrumento de conhecimento a serviço de uma adaptação ou de um conformismo tecnocrata; ele é bem mais a busca renovada de uma justa fala emancipadora que decifra uma relação do sujeito com o desejo inconsciente. O "grão de sal" [bedelho] ou o grão de ouro da experiência psicanalítica lhe importa antes de tudo.

Não falamos nem ouvimos nunca senão a partir do próprio inconsciente: por parte do psicanalista, isso supõe uma participação dinâmica no sintoma do outro que faz eco em si mesmo. Essa dimensão, Jenny Aubry a sente em seu diálogo com os distúrbios graves da vida psíquica infantil sobre a qual ela se debruça com amor. O combate que ela trava no mundo hospitalar da pediatria pela existência efetiva de um "ouvido psicanalítico" é propriamente extraordinário: ele pede uma colaboração que dá frutos na medida em que pediatras e psicanalistas estão desejosos de se comunicar entre si. No seio dessa colaboração, o poder da fala é a alavanca de um possível entendimento e de um tratamento: ele tem por centro de gravidade a excentricidade inconsciente da causa do sintoma. A supor que essa excentricidade seja um pouco admitida, um melhor acesso à noção de cura [*guérison*] se perfila, acesso que pode ser concebido a título de um melhor aprofundamento do objeto em jogo para uns como para outros.

A indicação vem de Jacques Lacan, e Jenny Aubry não deixa de reivindicá-la como pertinente para o praticante: trata-se, da melhor maneira, como escreve este, de "dar sentido aos sintomas, dar lugar ao desejo que eles mascaram, retificar sob um modo exemplar a apreensão de uma relação privilegiada", desvendar a falha que existe entre a demanda (consciente) e o desejo inconsciente. Nessa perspectiva, a tarefa se afigura delicada, na maioria das vezes árdua: ela consiste em sustentar uma elaboração psíquica lidando com a angústia traumática dos pacientes e o forçamento de seus desejos destruidores e auto-destruidores que fazem fracassar a regulação pelo princípio de prazer. Desse ponto de vista, o texto da experiência tem razões que o habitual da ciência médica ignora; a desordem que acompanha esse habitual usa, na maior parte do tempo, os meios psíquicos da denegação. Tal como funciona, a pediatria nem sempre está pronta, portanto, para enfrentar essa tarefa. Para o uso dos doentes que precisam de um ouvido para a escuta de seus desejos inconscientes, a psicanálise é o único verdadeiro recurso – o organismo inteiro de um sujeito, em todos os níveis de sua erótica e de seu saber, está intimamente interessado por seus desejos.

Jenny Aubry sabe com perspicácia separar sua eventual função de pediatra e sua posição de psicanalista. Essa delimitação para ela é evidente: ela repousa na concepção que a dirige em cada domínio. Prover cuidados médicos para permitir uma cura [*guérison*] não é ouvir o gozo de um sujeito assim como a dinâmica de seu inconsciente, que não deixa nenhum dos sintomas fora de seu campo de influência. A transição de um domínio a outro é assunto de deontologia, de competências e de faltas respectivas.

Após longos anos de experiência, uma constatação se impõe para Jenny Aubry. Numa entrevista que realizamos juntos em torno de Françoise Dolto, ela me conta isso com um sentimento de certeza: ela me transmite muito bem o que lhe parece estar em seu poder e que ela partilha tanto com aquela que foi sua amiga e colega estimada, quanto com aquele, Jacques Lacan, que lhe fez descobrir as verdadeiras molas propulsoras da cura psicanalítica [*cure*].

Trata-se, diante do sintoma que um sujeito conta durante a consulta ou o encontro psicanalítico, de conseguir ouvir o arcaico, conseguir ouvir e dar a fala ao outro, a criança de quem não se quer saber nada. Eis o que ela me comunica em resposta a uma pergunta que lhe fiz a respeito da psicanálise de crianças: "Se me refiro a um texto de Lacan que o senhor aliás publicou[3], nele claramente se percebe qual é esse lugar. Cito-o: 'Na análise, entendemos bem a importância que teve para um sujeito, quer dizer o que

[3] Jacques Lacan, "Conferência em Genebra sobre o sintoma", op. cit.

naquele momento era ainda absolutamente nada, a maneira como ele foi desejado. Há pessoas que vivem sob o golpe, e isso vai durar muito tempo na vida delas, sob o golpe do fato de que um dos dois pais – não preciso qual – não as desejou. É bem esse o texto de nossa experiência de todos os dias.

Os pais modelam o sujeito nessa função que intitulo simbolismo. O que quer dizer, estritamente, não que a criança seja de alguma maneira o princípio de um símbolo, mas que a maneira como lhe foi instilado um modo de falar só pode trazer a marca do modo sob o qual os pais o aceitaram. Sei que há nisso todas as espécies de variações e de aventuras. Mesmo um filho não desejado pode, em nome de alguma coisa que vem de suas primeiros tremores, ser mais bem acolhido mais tarde. De todo modo, algo guardará a marca de que o desejo não existia antes de uma certa data'"[4].

Pois bem, "Lacan" – dizia ela também – "era um dos raros homens que ouviam o arcaico – porque os homens em geral não o ouvem. Françoise Dolto o ouve ao máximo. Eu tento ouvi-lo e me dei conta, com efeito, de que essa referência é capital nas curas dos sujeitos depressivos ou suicidas, ao longo das quais sempre se descobrem falas indicando um desejo de morte em relação à criança. Penso, às vezes, que para ouvir o arcaico é preciso que uma mulher tenha tido filhos, embora não seja absolutamente necessário. Não há dúvida de que Lacan ouvia o arcaico. A parte do feminino nele lhe permitia isso[5]".

Segundo meus próprios termos, o arcaico é a aurora da vida psíquica do ser humano. Sem que ela o teorize como acho bom fazer, enquanto psicanalista, Jenny Aubry sabe por experiência que o ouvido analítico é uma "orelha infantil", que só se torna operante na medida em que ouve em função do infantil inconsciente[6]. Seja pela via da interpretação dos sonhos ou dos sintomas, sua prática lhe impõe reconhecer, como Freud, que uma criança continua a viver no adulto com o conjunto de suas particularidades e de seus desejos, até aqueles que se tornaram inúteis.

---

4 Cf. "Separação precoce e privação de cuidados maternos", retomado na presente obra.

5 "A respeito de Françoise Dolto", retomado na presente obra.

6 Pretender exercer a psicanálise ignorando, como o fazem alguns, os acontecimentos da vida psíquica infantil me parece insensato.

Posso pessoalmente testemunhar o quanto ela conseguia ouvir esse infantil, fonte inconsciente, que ela preferia designar pelo termo: o arcaico; e isso pela graça de uma transferência e suas repetições em que ela se via intimada, diante de situações dolorosas e complexas, trazidas em sessão, a tomar a palavra. Sim, a criança que sobrevivia nela e no adulto que ela escutava a fazia conversar; a criança ou o adulto que se produzia diante dela com seus sintomas a conduzia a se exprimir: evidenciando a dinâmica de um desejo inconsciente, ela buscava revelar o sujeito a ele mesmo, esperando dessa maneira tirá-lo do perigo (segundo suas próprias palavras) e devolver-lhe a dignidade.

Jenny Aubry era consciente de que uma ciência do indivíduo humano privada dos recursos próprios ao entendimento psicanalítico arriscava ser uma ruína da alma*. No mundo da pediatria, a prática freudiana que ela defendia se opunha a essa ruína.

* Alusão à frase de Rabelais: "Ciência sem consciência é só ruína da alma" [*Science sans conscience n'est que ruine de l'âme*]. (NT)

Companhia de Freud
editora

OBRAS PUBLICADAS

Psicanálise e Tempo
Erik Porge

Psicanálise e Análise do Discurso
Nina Leite

Letra a Letra
Jean Allouch

Mal-Estar na Procriação
Marie-Magdeleine Chatel

Marguerite ou "A Aimée" de Lacan
Jean Allouch

Revista Internacional nº 1
A Clínica Lacaniana
A Criança na Clínica Psicanalítica
Angela Vorcaro

A Feminilidade Velada
Philippe Julien

O Discurso Melancólico
Marie-Claude Lambotte

A Etificação da Psicanálise
Jean Allouch

Roubo de Idéias?
Erik Porge

Os Nomes do Pai em Jacques Lacan
Erik Porge

Revista Internacional nº 2
A Histeria

Anorexia Mental, Ascese, Mística
Éric Bidaud

Hitler – A Tirania e a Psicanálise
Jean-Gérard Bursztein

Littoral
A Criança e o Psicanalista

O Amor ao Avesso
Gérard Pommier

Paixões do Ser
Sandra Dias

A Ficção do Si Mesmo
Ana Maria Medeiros da Costa

As Construções do Universal
Monique David-Ménard

Littoral
Luto de Criança

Trata-se uma Criança – Tomos I e II
Congresso Internacional de Psicanálise e suas Conexões – Vários

O Adolescente e o Psicanalista
Jean-Jacques Rassial

— Alô, Lacan?
— É claro que não.
Jean Allouch

A Crise de Adolescência
Octave Mannoni e outros

O Adolescente na Psicanálise
Raymond Cahn

A Morte e o Imaginário na Adolescência
Silvia Tubert

Invocações
Alain Didier-Weill

Um Percurso em Psicanálise com Lacan
Taciana de Melo Mafra

A Fantasia da Eleição Divina
Sergio Becker

Lacan e o Espelho Sofiânico de Boehme
Dany-Robert Dufour

O Adolescente e a Modernidade – Tomos I, II e III
Congresso Internacional de Psicanálise e suas Conexões – Vários

A Hora do Chá na Casa dos Pendlebury
Alain Didier-Weill

W. R. Bion – Novas Leituras
Arnaldo Chuster

Crianças na Psicanálise
Angela Vorcaro

O Sorriso da Gioconda
Catherine Mathelin

As Psicoses
Philippe Julien

O Olhar e a Voz
Paul-Laurent Assoun

Um Jeito de Poeta
Luís Mauro Caetano da Rosa

Estética da Melancolia
Marie-Claude Lambotte

O Desejo do Psicanalista
Diana S. Rabinovich

Os Mistérios da Trindade
Dany-Robert Dufour

A Equação do Sonhos
Gisèle Chaboudez

Abandonarás teu Pai e tua Mãe
Philippe Julien

A Estrutura na Obra Lacaniana
Taciana de Melo Mafra

Elissa Rhaís
Paul Tabet

Ciúmes
Denise Lachaud

Trilhamentos do Feminino
Jerzuí Tomaz

Gostar de Mulheres
Autores diversos

Os Errantes da Carne
Jean-Pierre Winter

As Intervenções do Analista
Isidoro Vegh

Adolescência e Psicose
Edson Saggese

O Sujeito em Estado Limite
Jean-Jacques Rassial

O que Acontece no Ato Analítico?
Roberto Harari

A Clínica da Identificação
Clara Cruglak

A Escritura Psicótica
Marcelo Muniz Freire

Os Discursos e a Cura
Isidoro Vegh

Procuro o Homem da Minha Vida
Daniela Di Segni

A Criança Adotiva
Nazir Hamad

Littoral
O Pai

O Transexualismo
Henry Frignet

Psicose, Perversão, Neurose
Philippe Julien

Como se Chama James Joyce?
Roberto Harari

A Psicanálise: dos Princípios
Ético-estéticos à Clinica
W.R. Bion – Novas Leituras

O Significante, a Letra e o Objeto
Charles Melman

O Complexo de Jocasta
Marie-Christine Laznik

O Homem sem Gravidade
Charles Melman

O Desejo da Escrita em Ítalo Calvino
Rita de Cássia Maia e Silva Costa

O Dia em que Lacan me Adotou
Gérard Haddad

Mulheres de 50
Daniela Di Segni e Hilda V. Levy

A Transferência
Taciana de Melo Mafra

Clínica da Pulsão
Diana S. Rabinovich

Os Discursos na Psicanálise
Aurélio Souza

Littoral
O conhecimento paranóico

Revista Dizer – 14
A medicalização da dor

Neurose Obsessiva
Charles Melman

A Erótica do Luto
Jean Allouch

Um Mundo sem Limite
Jean-Pierre Lebrun

Comer o Livro
Gérard Haddad

Do Pai à Letra
Hector Yankelevich

A Experiência da Análise
Norberto Ferreyra

A Fadiga Crônica
Pura H. Cancina

O Desejo Contrariado
Robert Lévy

IMPRESSÃO

GRÁFICA MARQUES SARAIVA
Rua Santos Rodrigues, 240 - Estácio / RJ
Telefax: (21) 2502-9498